明治維新期の政治文化

佐々木 克【編】

思文閣出版

はじめに

本書は京都大学人文科学研究所の共同研究「明治維新期の社会と情報」の研究成果をまとめたものである。この研究プロジェクトでは、一九世紀における国際環境の中で、明治維新を考えることを基本的なスタンスとして研究をすすめてきた。これは明治維新を、内からに加え外からも、そして遠くからも見つめることを試みる、という発想から出発したものである。

またこの研究会は近世史研究者と近代史研究者が、同じテーブルで研究し発言する機会を設定するという意図もあった。明治維新は大変革であるが、断絶と連続の両面があるのだから、双方向から検討する必要があるという理解に基づいたものである。

研究テーマの「情報」であるが、特に「情報」だけに焦点を定めることはしなかった。「情報」は各人に共通する、問題意識におけるキイ・ワードとして認識するという約束で、そのなかで各人が自由に「情報」について考えるという方法である。

このようにかなりおおまかなワク組みのなかでの共同研究であるが、これは巨視的にかつ多方面から、明治維新期の諸問題にアプローチしてみようという意図があったからである。これも明治維新という巨大な物語を読みとく一つの方法であると思う。さまざまなアングルから大河をみつめ、色いろな技法でその流れの一瞬を切りとってゆく、その作業の結実が本書の個別の論文であり、この集積を続けることによって、巨大な物語の全体像が見えてくるのである。

書名として用いた「政治文化」について一言ふれておこう。「政治文化」は政治と文化でもなければ政治および文化の意味でもない。文化と政治との関係性を一口でいえば、政治は文化を反映した運動であり、文化は政治的行為を表徴したものである、といえようが、そうした理解を基礎として用いた「政治文化」である。またこれまで一般に用いられてきた研究領域でいえば、政治史、文化史、思想史、精神史を融合したようなものと考えていただきたい。以下、本書におさめた諸論文の内容を紹介したい。

岸本覚「大名家祖先の神格化をめぐる一考察」

熊本藩細川家の祖細川幽斎の二〇〇回忌を翌年にひかえた文化六年（一八〇九）、京都の吉田家から熊本藩に、幽斎に大明神号を「推授」したい旨の打診があった。これに対して熊本藩は、吉田家や諸大名家の先例等の情報を収集した結果、吉田家の申し出を断った。その理由は、野狐の信仰に何々稲荷大明神などと、吉田家があたえる神号には価値がなく、熊本藩の祖先には不要であるというものであった。熊本藩が大明神号に冷淡だったわけではない。熊本藩が望んだのは「勅旨」によって神号を獲得することであり、そのために幽斎以来の由緒のある八条宮家を通じて勅許獲得に動き、霊社創建の準備も進めていた。しかし実現には至らなかった。熊本藩はこれを機に、藩（細川家）と朝廷との関係性を強調することを意図していたのである。また一九世紀前半期、熊本藩では民間において病気平癒などを祈願する「清正信仰」が広く行われ、かつ清正廟が熊本城の守護神として位置付けられていたように、加藤清正を領主・領民ともに顕彰していた。そして藩主の初入部や領内通行の際に、大勢の領民が集まる「殿様拝み」が恒例行事となっていた。これらのことは藩と領民の双方で、藩祖を神格化し祭る行為が進行する、すなわち藩祖をめぐる政治文化の共有がなされ、同時に幕藩関係あるいは支配と被支配の関係を越えた、領主と領民による新しい小世界が誕生していたことを明らかにしている。

塚本明「幕末異国人情報と伊勢神宮」

本論文は伊勢神宮とその周辺地域の住民をふくめた、いわば「神宮世界」における、異国人に関する情報の受容と、その認識の変化を検討したものである。「神宮世界」には幕府と朝廷そして和歌山藩や鳥羽藩等から異国人情報がもたらされ、またそうした情報にもとづいて自らも発信しつつ交換し、思いのほか豊かな情報空間を形成していた。そうしたなかで当初の伊勢神宮は、冷静かつ客観的に異国人を認識しようとし、神宮（神官等）には、異国人を穢れとして忌避する意識は薄かった。「神宮世界」の政治文化は度量が広く奥が深い。たとえば近世の伊勢神宮では仏教も禁忌の対象であり、タテマエ上僧侶の参宮は禁止されていたが、神宮門前の店で「付髪（鬘）」が公然と売られており、僧侶はそのマゲを付けると「俗の姿」とみなされ（僧侶とは見えなかったとして）参宮が黙認されたのであった。この例で行けば、あくまでも編者（佐々木）の勝手な想像であるが、異国人といえども、和服を着し和食を食べていると（獣肉を食べなければ）異国人と見えなかったということで、領内通行くらいは黙認されたかもしれない。しかし孝明天皇・朝廷が次々に伊勢神宮に命ずる攘夷祈願の祈禱命令書には、「神州を汚す」恐れのある「醜類」を忌避・排除するためとあった。そして圧倒的な武力を持つ異国の情報が氾濫し恐怖感を募らせてゆくなかで、文久三年（一八六三）に朝廷（橋本実梁）が主導した神宮改革によって、神宮側は朝廷の触穢観に従い、異国人と僧侶、そして被差別民を神宮世界から厳しく排除することに同意したのであった。だが物語はこれで終わらない。天皇の万機親裁を掲げた明治政府は、一転して明治四年（一八七一）八月から翌年一〇月にかけて外国人・僧侶・被差別民の参宮を許可した。まさに「手の平かえし」であったが、伊勢神宮にさほどの混乱はみられなかった。近世における「神宮世界」の懐の深さ・その伝統が、これを容認する背景にあったのである。しかし幕末に、ひとたび朝廷によって壊された「神宮世界」の豊かな政治文化は、再び以前と同じような活力を蘇らせることはなかった。

谷山正道「幕末大和の豪商と雄藩」

大和高田（奈良県）の豪商村島氏一族が、梅田雲浜（若狭小浜藩士、後妻が村島家の女）の仲介によって、長州藩との物産交易を行ったことは、上方の豪商と勤王の志士と倒幕をめざす雄藩が結び付いた事例として、幕末における注目すべき物語としてよく知られるものである。ただし豪商村島氏一族の位置付けは「新興の商業資本」による「主体的」な活動であったとする説（服部之総）と、雄藩権力（幕府からの自立を志向する長州藩）が上方中央市場の商人を、強権で「領主的に支配し組織」したもので、村島氏は雄藩権力の「従属商人」になることによって、自家の経済活動を維持しようとしたものだとする説（井上勝生）がある。本論文は村島家に伝存した新出史料等を綿密に分析検討して、村島氏の経営・経済活動を明らかにする。すなわち村島側は繰綿を、長州藩は生産過剰となっていた塩を主要な交易品とする（内陸部の大和・京都・近江等への販路拡大）のであるが、長州藩塩取り扱いの拠点となった大坂江ノ子島会所は、村島家から、その大坂出店を長州藩が買い取ったものではなかったことなどを明らかにし、村島氏は衰退しつつある「従属」商人などではなく、安定的な経営状態にあり、多彩なネットワークを基に、慶応期には薩摩藩との物産交易にも参画してゆく、自立的かつ主体的に行動した豪商であったことを証明したものである。近年幕末の潮流として〈割拠〉すなわち幕府からの自立を強める雄藩（例えば長州・薩摩・越前など）の活発な交易活動が注目されているのであるが、村島氏一族のような主体的に活動する豪商が、雄藩の運動を側面から支えていたといえるだろう。

佐藤隆一「攘夷・鎖港問題をめぐる老中水野忠精の情報収集」

水野忠精（山形藩主）は文久二年（一八六二）三月老中に就任し、慶応二年（一八六六）六月まで約四年あまり在籍して、幕府が最も困難に直面していた時期に幕政の中枢にあり、文久三年と翌年の、将軍家茂の二度の上洛に随行した人物である。ちなみにペリー来航以後、幕府が廃絶となるまでの一四年間に、老中に就任した人物は三五人（再任をふくめたのべ人数）におよぶが、この中で最も長期間老中職にあったのが村上藩主内藤信親で八年八カ月間の在籍（嘉永六年九月就任～文久二年九月免）で、次に長かったのが水野忠精の四年三カ月であった（なおその次に長いのが、堀田正篤・本多忠民・松平信義の二年九カ月である）。本論文はその老中水野の、文久三年における情報収集について検討したものである。水野の情報収集ルートは多様であるが、たとえば長門府中藩の奥女中が、アメリカとフランスの軍艦による長州藩砲台報復攻撃の模様と、府中藩が大混乱に陥った様子を記し、このようなことになったのは「元ハ御本家（長州藩）のくだらぬ故」であると結んだ報告が、水野の元にもたらされており、あるいは豊後岡藩士から手に入れたものとして、八月一八日政変で長州藩に落ちていった三条実美らについての、詳しい情報なども収集されている。水野が老中に在職している四年間に、実に一七人もの同僚の老中が辞職や免職で、老中の座を退いている。こうしたなかにあって水野が老中であり続けた理由は何であったのだろう。編者の推測であるが、水野の情報収集と分析の能力（誤った情報を判断できる）を幕府が必要としていたからだったのではないだろうか。幕末の老中については今後の重要な検討課題である。本論文はそのための手掛かりのいくつかを提供したものである。

奈良勝司「情報戦としての将軍進発問題」

禁門の変後、幕府首脳部において大老酒井忠績、老中諏訪忠誠、老中牧野忠恭の三人と老中阿部正外、老中松前崇広との間に対立があった。前者は参勤交代を復旧させ、禁裏守衛総督一橋慶喜の江戸召還を画策し、情報統制・管理を徹底させて幕府権威の復活を願望する「復古派」で、朝廷が求める将軍進発には消極的であった。一方、後者は京都の事情にも通じた将軍進発論の立場で、特に阿部正外は将軍が進発した上で、京か大坂において、有志大名が参加する新しい政治決定システムで開国を国是とすることを構想していた、いわば改革派であるが、勢力関係においては「復古派」が優位にあり、その中で、阿部と本荘宗秀の二老中が、元治二年（一八六五）二月に「復古派」に命ぜられ京都に赴き、慶喜の江戸召還を関白二条斉敬に申し出る。ここで二条は、家茂の直筆による上申によって、将軍名代として慶喜が京都に滞在しているものであることを知らぬのかと阿部らを叱責した。阿部と本荘はひたすら謝罪するのみで、そのうえ将軍の即時上洛を命じられて江戸に帰った。この事件は幕府の屈辱的失態として諸方に広がり、当然江戸にもその情報はもたらされ、幕閣に対する批判が高まった。その結果、上京を命じた諏訪と牧野の「復古派」二老中は辞職するはめとなり、阿部らが意図した将軍進発が実現する。ところが二条関白の阿部・本荘に対する叱責は、実は松前崇広が松平容保・松平定敬を通じて、二条を動かした「演出」によるもので、阿部も承知の上であったことを奈良はこの論文で明らかにした。「劇的」な失態についての情報を巧みに利用したのであった。こうした阿部と松前の動きが、幕末政治のダイナミズムとして語られる。

落合弘樹「佐賀の乱と情報」

本論文は佐賀の乱における政府の動きに焦点をあてて、主としてこれまで本格的になされてこなかった政治史・軍事史の両面から検討したものである。佐賀は旧藩士族の勢力が強く、政府にとっては難治の県の一つとして意識されていた。その佐賀士族が征韓党と憂国党を結成し、動き出したのが明治七年（一八七四）一月である。当時地方の状況を把握するために派遣されていた大蔵大丞林友幸は、佐賀の状況を深刻にとらえ、早く鎮撫すべきであり、場合によっては「討伐」も考えなければならないと、政府に報告していた。ところで佐賀の乱の発火点は、二月一日の佐賀士族による小野組出張所襲撃事件であったというのが通説であるが、落合はこの事件は困窮した憂国党士族が「無理の金談」をなしたもので、他府県であったなら旧藩主の説諭などで収まるレベルの問題であったと指摘する。しかし電報で報告されたこの事件に、先の林友幸の情報もあって、政府の決断は早かった。四日には熊本鎮台に出動（出兵、鎮圧）を電報で指令した。ところが政府はこの電報を佐賀電信局宛てに送ったのである（当時は熊本に直接電信がつながっていない）。当然佐賀士族の知るところとなった。その結果、県庁は征韓党に掌握され、武器弾薬も彼等におさえられた。熊本鎮台司令長官谷干城は拙速な出兵には反対である旨を打電するが、短い電文では、政府に真意が伝わらなかった。こうして一六日から佐賀士族と政府軍（鎮台兵）との戦闘が始まる。佐賀鎮撫のために全権委任状を受けて大久保利通が横浜を出港したのが二月一四日。一七日、大阪で戦闘の電報に接した大久保は即日大阪鎮台兵とともに博多に向かった。一九日、佐賀暴徒征討令が発せられた。二〇日、博多に佐賀征討軍が結集、即日行動に移った。こうして鎮撫のためではなく佐賀士族を征討する戦争が始まったのであった。結果論であるが、情報収集と情勢判断にもとづいた政府の対応は当を得ていたと評価される。熊本をはじめとする周辺の士族は、佐賀士族に呼応する動きを示しており、政府の対応が後手にまわれば、取り返しの付かぬ事態となっていたかも分からない情勢だったのである。

佐々木克「大久保利通と佐賀の乱」

大久保利通が「臨機処分」権をふくむ全権を委任されて佐賀に出張したことは周知の事実である。出張は佐賀士族を鎮撫するためで、場合によっては武力を行使する権限をあたえられたのである。二月一四日に大久保は東京を出発したが（一九日に博多到着）、一六日に佐賀で戦闘が始まったことにより、政府は一九日に佐賀県暴徒征討令を布告し、二三日に嘉彰親王を佐賀県暴徒征討総督に任命した（大久保はこの件に関しては何も相談を受けていない）。したがってこの日をもって大久保にあたえられた全権委任は解かれたのである。大久保と政府軍は二〇日から佐賀に進攻し、三月一日に「賊徒平定」を政府に打電したが、この間の大久保の行動は征討総督嘉彰親王の権限を代行したものと解すべきで、大久保はそのように理解していた（総督嘉彰親王は三月二日に横浜出港、九日に福岡到着、一四日佐賀着）。また大久保は賊徒処分も総督の権限内であると理解していた。しかし総督宮は征討平定後であるから自分の権限外であると主張した。大久保は政府に問い合わせたが、電報では意が正確に伝わらず、困惑した大久保は人を東京に派遣して、政府首脳部に掛け合い、ようやく総督の責任で賊徒処分を行うことが決定したのであった。また大久保が佐賀に出張中に台湾出兵が閣議決定となったが、これは大久保が意図していた問罪使の派遣ではなく、台湾領有をも意図した拡大出兵への重要な方針転換であった。後で知らされた大久保は「意外」の事件であると日記に記した。さらに大久保が強く反対していた島津久光の左大臣就任も閣議決定となった。征韓論政変後の政府を「大久保の政府」あるいは「大久保政権」と名付け、大久保が実権を握っていた政府であるとする説がある。しかし内乱と外征そして政府の重要ポストの人事にかかわる閣議に、大久保は関与せず、後日に政府から報告を受けていたのであった。

谷川穣「説教の位相」

教部省（明治五年三月設置）は、全国の神官・僧侶を「教導職」に任命して説教活動にあたらせた。教導職となった彼等は「敬神」や「愛国」という耳慣れない言葉（三条教則）を解説しつつ、天皇や政府の正統性と存在意義を民衆に吹き込んだ。と同時に、政府や県から次々と出される布告や達などを、民衆に解説する役目も、彼等の民衆教化の仕事の一部だった。とはいえ彼等は決して従順な末端官吏ではなかった。彼等個人の、そして彼等の住む地域の事情を背負っていた、国民の一人だったのである。たとえば曹洞宗僧侶安達達淳は筑摩県教導職の中で、仏教側の中心人物の一人であったが、彼にとっての説教活動は、仏葬の回復など仏教復興活動の一環としてなされたもので、政府が教導職に期待した説教内容に忠実なものではなく、三条教則を民衆に伝えることにたいしても特別意欲的ではなかった。また諏訪大社宮司岩本尚賢は政府や県の布達を民衆に解説する「布告講読」を、説教とともに教導職の重要な任務であると主張した。彼の発想には、民衆の生活に直接かかわる布告等について説諭を行うことによって、民衆の神官にたいする信頼感を培養する、それが神葬祭を広げ神官の生活の安定につながるという現実的な問題が根底にあったのである。はたして教導職の説教がどれ程民衆を「教化」したのか、今後の検討課題ではあるけれども、民衆が説教に興味を示したことは事実である。明治草創期の揺れ動く政治文化のまっただなかで、教導職自身が政府の民衆教化政策を完全に理解し受容していたわけではなく、彼等はいわば受容しつつ伝達するという位置にある、悩む民衆の一人だったのである。

永井和「朕は汝等軍人の大元帥なるぞ」

論文タイトルの言葉は、かの「軍人勅諭」（一八八二・明治一五年）で述べられたものである。この宣言と「天皇は陸海軍を統帥す」とする大日本帝国憲法（一八八九・明治二二年）により、天皇＝大元帥イメージが不動のものとなって国民に定着する。ところで一八六八年（明治元）閏四月の太政官布告では「主上御幼年」のため政務にかかわってこなかったと述べられていた。では幼年の天皇から大元帥の天皇へ、何時どのように変貌をとげたのか、この興味深い問題を解明したのが本論文である。上記太政官布告は「万機親裁」の布告と呼ばれている。しかし天皇の親裁はタテマエ上のことで、万機親裁（内閣と軍部双方の輔弼をもって行う＝二元的輔弼制）は、じつは一八七七年九月にはじめて実現し、それが制度的に確立したのは一八七九年（明治一二）四月であったことを永井は公文書館の太政官決裁文書を精査検討して、論文「万機親裁体制の成立」（『思想』九五七、二〇〇四年）で明らかにした。上記論文をふまえて本論文で永井は、天皇が大元帥として日常的に軍令・軍務の親裁（内閣が関与しない、統帥権の行使）を行うことが制度として定着する時点を求めたのであるが、天皇が大元帥として機能することを「自ら軍人である天皇が、参謀本部長と陸軍卿の補佐・進言（帷幄上奏）を裁可（軍務親裁）して軍令や軍事規則を定め、国軍の最高司令官として国軍を指揮すること」であると定義する。そしてこのように天皇が名実ともに大元帥となったのが一八七九年一〇月であったことを論証したのである。大元帥天皇をイメージの世界で語ったものは過去にあるが、制度の上で論じたものは、本論文が唯一・最初のものであり、かつ近代天皇制の国家意思決定システムを論じる上で、画期的意味を持つ研究である。

高木博志「紀念祭の時代」

本稿では一八八九年（明治二二）の大日本帝国憲法発布から、日清（一八九四年）・日露（一九〇四年）戦争を経て、一九一〇年代（大正前期）にいたる時期を「紀念祭の時代」と位置付けられる。たとえば東京開市三〇〇年祭（一八八九年)、平安遷都一一〇〇年祭(一八九五年)、横浜開港五〇年祭(一九〇九年)、加藤清正公三〇〇年祭(同年)、名古屋開府三〇〇年祭(一九一〇年)など各地で、多数かつ多様なイベント(祭り)が、それぞれに情報交換を行いながら挙行された。そしてこれらは藩の祖先の顕彰や地域の歴史を回顧するなど、地域の固有の文化を主張するかたちで行われたのであった。この「紀念祭」の時代は、近代日本の特徴的な潮流として、国家によって日本固有の文化が検証される時代であるが、まさにそうした時代の風潮と密接にリンクして挙行されたのが、これらの「祭り」だったのである。本論文では特に金沢・弘前・仙台の三都市において行われた「紀念祭」の展開が具体的に論じられる。明治維新の際に金沢藩(前田家)・弘前藩(津軽家)・仙台藩(伊達家)は、新政府(明治政府)にたいして協力的でなく、仙台藩は奥羽越列藩同盟を主導した反政府軍のリーダーであった。しかし時が移り行われたこの「祭り」においては、華族となった旧藩主の子孫が「祭り」の主役の一人となって登場し、その中で我が旧藩の基本的精神は、実は「勤王」であったと歴史の読み直しが行われるのである。幕末期の国家的政治的重要課題であった挙国一致体制の構築が、ここにいたり文化的挙国一致体制の創出のスタイルをもって現出していたのであった。すなわち高木の表現によれば「国家の文化的アイデンティティと地域の文化的アイデンティティ」との密接な関連が、ここで検証されたのである。

小林丈広「『平安通志』の構成と「志」の構想」

一八九五年(明治二八)に平安遷都一一〇〇年紀年祭が京都で大々的に挙行された。第四回内国勧業博覧会が開催されて大勢の人を集め、平安神宮が平安京の大極殿を縮小したかたちで創建され、また歴史的装束をつけて練り歩く時代祭りが初めて挙行され、世界に誇るべき古都であることが強調された。『平安通志』はこの記念事業の一つとして刊行された、京都の歴史を編んだ書である。本論文は、この『平安通志』の構成と「志」(「官制志」「法制志」や「美術工芸志」「名勝志」などの各分野の歴史)に注目して、本書の編纂意図や歴史認識を検討し、全体として歴史書としての特徴を明らかにしたものである。『平安通志』は日本の過去の史書(たとえば編年体の『六国史』や紀伝体の『大日本史』)の叙述スタイルとは異なり、「平安京」「大内裏」から記述が始まり、「京都古図」が掲げられ「桓武天皇御紀」に続いてゆくという独特な構成となっており、また「志」が重視され、古社寺や美術工芸に関する記述がなされ、当時において他に類を見ないものであることが指摘される。そしてこうした特徴のある史書となったのは、同書の編纂主事湯本文彦の構想によるものであったことが明らかにされた。明治維新の主役の一人である岩倉具視が、伝統への配慮を唱導し、平安京の「美と風俗の善」を強調して、京都を世界の古都にと主張したのが一八八三年(明治一六)のことである。この岩倉の構想が、この時国家的事業とリンクする形で実現に向かい、かつその構想の根が、『平安通志』という史書によって実証されたのであった。

一九世紀の日本が、動揺を始め激動の中で旧体制の倒壊を体験し、新国家を建設してゆき、さらにその過程を回顧する時を迎える、この一世紀の日本が以上の一一編の論文によって再現された。本書は断章で綴られた日本一九世紀史である。

なお本書の論文のテーマは執筆者が選びかつ自由に執筆したもので、記述の面で少々の統一を図ったにすぎない。できるかぎり制約をもうけないという、この研究会の基本姿勢を、本書を編集する上でも尊重したことによるものである。

佐々木　克

明治維新期の政治文化＊目　次

はじめに

【第一部】

【第二部】

第一部

大名家祖先の神格化をめぐる一考察——熊本藩を事例として——

岸本　覚

はじめに

一八世紀中期から一九世紀前半期における諸藩の祖先顕彰の動向を考える上で、大名家祖先の神格化は重要な課題の一つである。この時期祖先に神号を授与し、新たに霊社を創建していこうとする大名家は決して少なくはない。こうした大名家の神号をめぐる問題の背景には、全国の諸社を配下におさめようと拡大をはかる吉田・白川両家の動向や、幕藩諸家内における祖先顕彰の展開などをあげることができる。もちろんこれらは同時期に取り組まれていた幕府の系譜・地誌編纂事業などの文化的大事業や、大名家の官位・家格昇進運動や政治改革などと無関係に存在しているわけではないし、さらに地域や村における「由緒」勃興等々、近世中後期の復古的な潮流と切り離されて考えられるものでもないだろう。この全体像を描くことは今後の研究の蓄積が不可欠であるが、本稿ではその一環として、神号獲得を目指す諸大名、とくに熊本藩の動向に焦点をあてる。

本稿でとりあげた熊本藩の史料は、「藤孝公忠興公え御神号被進度由吉田二位様より被仰進候一件(1)」である。

これは、文化六年（一八〇九）に熊本細川家祖先「幽斎」（藤孝）と「三斎」（忠興）に神号を推授するように打診して来た京都吉田家に対して、同年から翌々年にかけて藩内で協議された内容を記したものである。この史料にでてくる熊本細川家の事例は以下の点で興味深いものである。

第一に、藩祖に神号を授与することについてさまざまな議論を展開し、その結果熊本藩は吉田家からの神号授受を断念した点である。この一連のプロセスにおいては、たんに神号を獲得するだけではなく、天皇からの勅許や、同藩の有する由緒など天皇・朝廷にかかわる熊本藩自身の自己認識を見ることができる。

もう一つはその協議にあたって、関係諸藩に問い合わせをして神格化に向けてのさまざまな情報を入手し、霊社創建構想案を示した点である。とくに幕府への届出有無や、九州・中国・四国地域の外様大名クラスの動向を踏まえた上で構想案を提示していることが、たんに熊本藩だけの問題にとどまらせない論点を有していると思われる。

そこで、本稿では、一九世紀初頭に熊本藩が藩祖への神号授与で持ち出してきた諸論点および神号授受断念にいたるプロセスをあきらかにする。そして、熊本藩が調査した諸藩の動向と、現在把握できる事実関係を照らし合わせながら、その特徴を検討してみたい。

さらに、本稿で触れてみたいのは、この熊本藩の藩祖顕彰や神格化が、決して領主層に限られた問題ではなく、地域における旧領主・現領主信仰と無関係とは思えない点である。この点にも目を向けることで、当該期の領主・領民を含めた顕彰運動の特徴を抽出してみたい。

一　神号「推授」をめぐる熊本藩の認識

吉田家は、文化六年（一八〇九）八月二二日、翌年執行予定の泰勝院（＝細川幽斎）二〇〇回忌にあわせて次のようなことを熊本藩に伝えてきた。

藤孝霊神

忠興霊神

右当八月藤孝霊神二百年御祭ニ付、御両霊共今度霊社号・明神号迄御推授被成度事[2]

熊本藩からではなく、わざわざ吉田家から神号の打診が行われたのである。ところが、この件について熊本藩は、直ちに受け入れに向けて動き出したわけではなかった。まず、①「推授」、②霊神号・大明神号、③霊社創建など基本的な用語などに疑問点を提示し、慎重に検討を始めたのである。

まず①についてだが、熊本藩では「推任」、「推叙」、「勅授」、「除授」、「奏授」は勅許を受けるものであり、「判授」はそれよりも軽く「官府」で衆議・判断され奏聞しないものであると理解しているという。では、「推授」とは吉田家が発給している「免授」なのか、それとも奏聞して宣命を受けることができるものなのか、あるいは奏聞しなくても「尊号」を呼称することが可能なことを指しているのか。吉田家から突きつけられた「推授」という形式にとまどいを持っていたのである。[3]

次に②霊神号・大明神号については、今までに大明神号を受けた会津松平肥前守の例をあげ、「大明神之額」を掛けひろめることは「日光」（＝東照大権現）に対して憚りや諸問題があるとの老中指示があったとする。このことから諸大名が大明神号を唱えることは、幕府の方針から考えれば相当の困難がともなう。また、霊神号は、「白川家学頭之一冊」に白川家の職掌と明記されていることから、霊神号は吉田家の特権事項ではないのではないかとの疑いも抱きはじめていた。(4)

さらに、③霊社を創建するには、「公儀」条目にある新規寺社創建を禁じる法令に抵触する可能性があり、容易なことではないとする。

熊本藩が、吉田家からの申し出に直ちに受けようとせず、このように慎重な態度で臨もうとしたのは、すでに寛政期頃より神号獲得への検討を始めていたことにあった。その認識および藩の基本的な考え方は、寛政六年(一七九四)六所宮神職行藤上総介(5)よりの提案、および京都詰藩士朝山斎之助(6)からの報告などを受けて、享和元年(一八〇一)右筆頭から中老職郡夷則へ差し出された書付(7)にはっきりと示されている。この書付に書かれている内容は、熊本藩の神号をめぐる基本的な認識を表していることから、長文ではあるがここに引用しておきたい。

御神号之事於京都追々承合候処、明神之尊号は容易之御沙汰ニ無之、近来ニ而は人丸幷秀吉公ニ宣下有之候計ニ而天子ニ被準候程之御事之由、東照宮百五十年御忌之節従京都御内意有之候得共関東ニ而御辞退其後御沙汰無之由、霊神之尊号は人臣之尊称ニ而其例も多有之由、雖然是は吉田・白川両家之許諾ニて天聴ニ不及相済事之由、連々御懇願之幽斎様御尊号之御事脇之通一時武威ニ而吉田・白川家ニ金銀を御費し被遊候と申計ニ而は尊霊之御本意ニも被為叶間敷恐入候次第ニ付、朝山斎之助其儀を思慮仕何卒従禁庭之御勅旨を以霊神之尊号宣下御座候様有御座度追々周旋仕、京極御所之諸太夫等え内密示談仕、猶又関白様之諸太夫牧甲斐守と申仁えも遂熟談、密々関白殿下之御内聴ニも相達候、然処右躰之宣下は大臣方御儀定之上及天聴、先関東将軍家え勅向有之将軍家之思召無之候得は其通相調候、若関東之御承引無之候得は不相調由相聞候、依之猶又示談仕、幽斎様御位階従二位ニ而被為在候付、此節従一位勅□《(虫損)》之儀は可相調御様子ニ而、左候へハ、又重而御神号之儀も年月を経相調可申哉ニ示談仕、右之趣は仙洞様ニも内々年寄を以御穏ニ相達候而調儀仕、大概相調可申哉ニ成行候処、如何成子細出来候哉、右之一条主意ニ申談候関白様之諸太夫牧甲斐守取計之儀相断候、依之京極御所之諸太夫も心底ニ不任歟と暫見合候ハ、又御様子も可有之段斎之助え申越候（後略）

ここでは、まず、「明神之尊号」獲得が簡単に進められていくものではなく、近年においては「人丸」（＝柿本人麻呂）[8]と豊臣秀吉のみに宣下されたものであり、家康の一五〇回年忌において将軍家すら辞退したという点を強調している。熊本藩は、将軍家ですら遠慮した「大明神号」を外様大名が獲得できるのか、その可能性はきわめて低く考えざるを得ないのである。

逆に、霊神号は天皇の許可を受けずとも吉田・白川両家の差配で十分可能であるとしている。それゆえ、たとえ多額の経費を投入し、吉田・白川両家から霊神号を獲得しても「尊霊」（＝細川幽斎）の意志に沿わないと判断し、霊神号であっても朝廷からの「勅旨」でなければならないとしたのである。そして、熊本藩は、「勅旨」獲得の最大の立役者関白鷹司政熙と「京極御所」（＝八条宮家）[9]への接触を開始している。

勅許を得るためには朝廷内の合意が必要である。それゆえ、その中心的役割を果たす関白の存在は決定的である。大明神号を獲得するためには、幕府からの承認をとらなければならないことを考えれば、関白の重要性は極めて大きいのである。[10]

では、なぜ八条宮家なのか。細川家と八条宮家をつなぐ関係は、いわゆる「田辺城開城」の際に、細川幽斎が智仁親王（初代八条宮）に伝えた二条家歌学正統の証である古今伝授を授けたことに基づいている。[11]それゆえ八条宮家のイニシアチブで勅旨を獲得することこそが、熊本藩にとってもっとも正当な方法であると認識されていたのである。歌人としての幽斎が朝廷と関わっているのだから、当然その筋から勅許を受けるのが正しいあり方である。朝山斎之助は、この認識で八条宮に打診した。しかのみならず、さらに「仙洞」（＝後桜町上皇）までにもこの話を持っていったのである。熊本藩は、このルートが勅許を得るのには最良の方法と認識していたことがわかる。

この点に関わって例えば、前述の柿本人麻呂を祀った社への正一位柿本大明神授与は、まさに天皇・朝廷の歌聖顕彰活動の一環であり、その後の奉納和歌を通じての継続的な関わりは注目すべきものがある。和歌を介したつながりは、柿本社を有する播磨国明石月照寺や石見国真福寺のように直接天皇・朝廷と結びついていくことになるのである。(12)熊本藩においても、すでに細川幽斎は代継神社に歌人として祀られていた。(13)これをさらに藩祖として祀るためには、天皇・朝廷との和歌を通じた由緒を有する八条宮ルートが必要だったのである。

そして、「吉田白川家之取計を以尊号之事は上にも不被遊御好、正路之筋にてとの思召にて被為在候(14)」というように、藩主細川治年も吉田・白川両家の取り扱いを好まず、「正路之筋」として、京極御所との由緒をもとにした交渉を望んでいたのである。

ところが、関白との交渉相手となっていた鷹司家諸大夫牧甲斐守が今回の神号の取り計らいを断ってきた。いくら宮家といえども肝心の関白がこの話にのってこない以上、かってに進めても空振りに終わるだけである。八条宮家もしばらく様子を見ることとなったという。

このような享和年間の経緯をみていくと、今回（文化六年）の吉田家からの「推授」打診で神号授受形式に執拗にこだわったのは、藩祖の神号は、古今伝授に関わる由緒を通じての勅許を得ない限り意味がないとした藩の基本原則が存在していたからといえるだろう。吉田家自身が勝手に発給できるような神号ではなく、幕府からの承認のもと、天皇から勅許を得たものこそが藩祖の神号にふさわしいのである。

二　熊本藩の情報収集と霊社創建構想

(1)同席大名への問い合わせ

同年一一月二日、熊本藩は、朝山恩地に「関東且同席中え振相も有之事ニ付得と相調家僕共えも遂商議否之御答追而可被申達候[15]」と吉田家に返事をするよう伝えた。つまり、幕府からの承認を得ることができるのかどうか、あるいは同じ大広間大名格との兼ね合い、また家中の同意がなければならないとして返答を一時保留したのである。確かに、藩祖の神格化を遂げていくためには藩主の意思や藩内合意の形成だけではなく、幕府の承認などが整わなければ実現することはできない。そのためには、まずこれまでに神号を授受された外様大名同席衆に問い合わせて情報を収集することが必要と判断したのである。

表1は、熊本藩が文化七年から八年にかけて江戸や京都の留守居等を通じて問い合わせた大名――松平金之助（会津藩）、松平肥前守（佐賀藩）、松平大膳大夫（長州藩）、立花左近将監（柳川藩）、松平備前守（福岡藩）、松平土佐守（土佐藩）、松平阿波守（徳島藩）――の回答を整理したものである。会津藩の藩祖神格化や神道に対する特殊事情は、当該期諸地域で広まっていたと思われる[16]。それゆえ熊本藩はまず筆頭にあげたのであろうが、近世初期で溜詰大名ということで、熊本藩が述べるような「同席」ではない。むしろ、会津藩以外の六藩が、熊本藩の比較対象となる大名家である。この六藩は、いずれも大広間の殿席に属しており細川家とほぼ同格にあたると認識されたことを示している。

まず、霊社造営に関しての幕府届出はきびしい統制を予想していたものの、実際に幕府に伺いを出したのは長州藩のみであとは届出をしておらず、未記載（不明）の大名が多い。おそらく表向きは届出未提出を公言するわ

表1　熊本藩による神号取扱等問合回答一覧

大名名（藩名）	祭神名	神号取扱	神号取扱者	幕府への届出	祭礼・菩提寺忌日取扱	霊社に関する事項
松平金之助（会津藩）	保科正之	先祖肥後守正之（保科）の遺言で神道の法を採用、吉田家より霊社見禰山社と呼称、吉田兼敬より大明神号授受、享保末年の見禰山社大明神額については日光（東照宮）に対して憚りあり	（記載なし）	（記載なし）	（記載なし）	（記載なし）
松平肥前守（佐賀藩）	鍋島直茂	明和六年三月久世家を通じて霊神号・霊社号・明神号まで推授、寛政七年一二月大明神号免許	社人上京	勧請社造営届なし	忌日・祭礼ともに実施。月々忌日・忌日年回も菩提寺法事	社は、城下外郭内に造営、社人付、社領米一〇〇石
松平大膳大夫（長州藩）	（毛利元就）	霊社号・大明神号勧請、取り扱い勧請年月日不明	不明	勧請社造営届・伺あり	霊社祭事は忌日ではなく例年九月晦日・一〇月朔日執行、菩提寺月々忌日・証忌日・年回法事等すべて正統の取り扱い	社は城三ノ曲輪内総社にて相殿。宝暦年中丸の内に社造営、大宮司一人、社家二人、随人一五人、社領一五石
立花左近将監（柳川藩）	（立花宗茂）	天明三年吉田家へ仰せ入れ、同四年勧請、取り扱い不明（このときは霊神号、明神	使者用人一人、側用人一人、副使大坂留守居	社造営届なし	菩提寺仏事は法号で取り扱い	城内山王社境内、祈願所境内に造営。社家受持、少々社領

		号は文政八年）				
松平備前守（福岡藩）	（黒田長政）	（明和五年藩主黒田継高により城内に神霊安置、神号「武威円徳聖照権現」）	（記載なし）	（記載なし）	月々忌日のさい菩提寺代香、証忌日のさい菩提寺直参、秋に祭礼、年回法事と神祭	（記載なし）
松平土佐守（土佐藩）	先祖三方（山内一豊とその室、忠義）	文化二年先祖三方神号霊神号・霊社号・明神号勧請	国許社人三人上京	（記載なし）	（記載なし）	（記載なし）
松平阿波守（徳島藩）	（蜂須賀家政）	文化三年霊神号・霊社号・明神号勧請、同五年大明神勧請	氏神八幡宮神主父子上京	（記載なし）	（記載なし）	（記載なし）

※前掲「神号一件」をもとに分類・作成した。（　）は出来る範囲で補足を書き入れ、未記載なものについては（記載なし）とした。
※問い合わせた内容には他に献備供物名などもあるが本表では省略した。
※参考文献『黒田家譜』、『徳島県史料』第一巻（徳島県史編さん委員会編、一九六四年）、『佐賀県近世史料』第一編第八巻（二〇〇〇年）等参照。

けにはいかないことから、不明のような取り扱いにしているのであろう。このことから、熊本藩は、幕府への届出が必ずしも絶対的な条件となっているものではなく、それぞれの藩の意向に基づいて神号獲得・霊社創建を行うことが可能であると判断した(17)。

次に、諸大名祖先の神号・霊社号の勧請に関わる点を見てみよう。このなかでもっとも詳しく神号授受の実態が確認できるのは、佐賀藩である。まず、『佐賀県近世史料』に記されたものを紹介すると、以下のように記されている。

（寛政七年）
一、十二月、日峯明神（直茂）様、大明神之宣命被仰請候大概
一　日峯明神様御神号、先年被仰請度吉田殿え被仰入候処、明神之御号迄御免許、其節大明神之御号御懇望被遊候得共、容易不相成事之由、尤年数相立候上は相済候処、追々相聞候付而大明神之御号可被仰請旨被仰出、先以久世様御家臣え相頼、吉田殿御方承繕否可申越旨、京都聞番川浪市左衛門え被仰付越候末、市左衛門久世様御方罷出、六角佐渡守え面談委細相談、吉田殿家臣え熟談有之候処、明神号被仰請候而より、最早二十ヶ年余ニ相及、此節被仰入候半而無滞相済可申、（後略）(18)

ここには、①先年（明和八年＝一七七一）に明神号まで免許を受けたこと、②その際大明神号まで願い出たが獲得は困難との回答だったこと、③此節（寛政七年）は明神号を受けてから二〇年を経過しているので、久世家家臣を通じて吉田家に願い大明神号を獲得したこと、以上三点が記されている。

熊本藩の「神号一件」史料ではさらにこの三点について詳しい記述がなされている。明和八年、大明神号を願い出た佐賀藩に対して吉田家は自家取り捌きが可能な明神号までを許可した。その際、吉田家は、大明神号を発給するためには、最初に霊神号を取得し、一〇年後に霊社号、そして一五・六年後明神号という流れで順序に沿って明神号までを取得することが必要だと説明したという。さらに大明神号を受けるには、正一位の勅許が必要であること、没後一五〇年が経過していること、明神号取得から二〇年を経過していることが条件として示されている。つまり、寛政七年（一七九五）は、直茂（一六一八年没）から一五〇年以上を経過し、明神号獲得から二〇年を越えていることから、その条件を満たしたと判断した佐賀藩が改めて申請を行ったことが確認できる。

しかも重要な点として、「大名家」による神号取得は困難なので、家臣ではなく領内の社人を派遣することが望

ましいとした。確かに、表1に見るように熊本藩は、神霊勧請に携わる担当者についての情報を収集しており、その結果ほとんどの藩は社人を上京させて神号獲得に乗り出していた[19]。佐賀藩の事例は、藩祖に神号を与えていくプロセスが吉田家側である程度定式化されていたことを示すものである。しかしながら、他の大名家も含めてこの原則が守られていたかどうか定かではない。

そして、費用について熊本藩は、表2にあげているように他の大広間大名家からの情報[20]をもとにして、霊神・霊社・明神までの惣金高(吉田家家老・取次への祝儀・礼物を含めて)をおよそ一〇〇両とし、大明神号には金五〇両が必要と概算していた。しかし、これはあくまでも表向きの経費であり、勅許となれば実際には関白をはじめ、多くの公家への礼物があり、さらに別途に多くの費用を要求される場合もあったと思われる[21]。確かに、吉田家側から、今回の「推授」はあくまでも「御寸志之思召ニ御座候間、決而御謝物等之儀は堅御断[22]」と、いってきているがまったく支払わないわけにはいかない。音物・礼物はたんに熊本藩と吉田家だけの問題ではなく、広く親王家・一条家など関係を有する皇室・公家衆全体や他の大名家とのバランスの問題もでてくるのである。

最後に、熊本藩が注目した事項として、創建社の性格があげられる。霊社に関しては、佐賀・長州藩は、それぞれ城内に造営し、社人をつけ、社領を付している。実際に造営することになれば、当然神社・社人の藩内における規模や格付けが問題となってくるので、他藩における取り扱いとの比較は重要な問題となる。

そして創建社の祭祀は、従来の仏教儀礼(年回忌・月々回忌・正忌日等)に対してどのような位置付けにするかが最大の問題である。新しい祭祀はどのように実施するのか、そして従来の法会はその後も実施するのか。つまり、藩祖への祭祀を仏式から神式へ切り替えるのか、それとも新たに神式を付け加えていくのか。これは今後の藩祖祭祀において、菩提寺の法会や他の祭祀に関わる重要事項で、藩財政にも少なからぬ影響を与える問題であった。

表2　大名家の礼金情報一覧

佐賀藩

	吉　田　家	役人3人	取次1人
霊神号	白銀10枚	白銀3枚宛	白銀1枚宛
霊社号幷御帳勧請	白銀20枚、金10両	白銀3枚宛	白銀1枚宛
明神号	白銀10枚	白銀2枚宛	白銀1枚宛
御礼	太刀金馬代1枚	白銀3枚宛	白銀1枚宛
大明神号	白銀10枚	白銀2枚宛	白銀2枚宛
額染筆	白銀5枚	白銀2枚宛	白銀2枚宛
御礼	太刀金馬代1枚	白銀3枚宛	白銀3枚宛

柳川藩

	吉　田　家	家老・取次
霊神号	白銀10枚	白銀2枚宛
霊社号	白銀20枚、金10両	白銀3枚宛

土佐藩

	吉　田　家	家来4人
霊神号	白銀3枚	金100疋宛
霊社号幷御帳勧請	白銀5枚	金200疋宛
明神号	白銀10枚	金子500疋宛
御礼	太刀銀馬代10枚、肴料白銀5枚	

徳島藩

	吉　田　家	家老・申次5人
霊神号	白銀10枚	白銀3枚宛
霊社号	白銀20枚	白銀3枚宛
明神号	白銀10枚	白銀2枚宛
御帳勧請	金10両	
	太刀金馬代1枚、干鯛1折	白銀3枚宛
大明神号	白銀10枚	白銀2枚宛
	太刀金馬代1枚、干鯛1折、紗綾2巻	真綿2抱宛

※「神号一件」より作成

以上のように、同席大名家からの情報収集は、藩祖神格化への具体的な諸問題を惹起させるもので、その規模から方法までどのように祀っていくべきかを考察する重要な材料となったといえよう。

(2) 藩祖霊社創建構想

江戸・京都の問い合わせ活動を通じて大名家祖先の神号に関する情報を収集した熊本藩は、今度は藩内の合意形成にとりかかり、霊社創建に向けて具体的な計画に着手することとなった。

藩首脳部からの要請を受け「寺社方・奉行共」から提出された書付には、「幽斎様・三斎様之従吉田家御神号御推授之儀、乍恐御両霊様ハ御格別之御事ニ付」と、細川幽斎・三斎は特別な存在と位置付け、それゆえ神号は許可すべきであるとした。[23] 藩内において神号授与に反対する理由はなかったものと考えることができる。さらに他藩も幕府への届出をしているわけではないのだから、それを踏襲した取り扱いで行うべきであるとしている。同席大名のほとんどが幕府の許可なしに神号を受け、あるいは神社創建しているとの事実を確認したことが、前向きに神号獲得へ向けて動き出す契機となったことがわかる。以下、提起された霊社創建・祭祀構想等から主な点を取り上げ、その特徴を検討してみよう。

霊社創建構想の要点は、

①両藩祖は相殿し六所宮の空地に霊社を造営すること、

②社領は五〇石、社家は六所宮社家小堀志摩の兼務とすること、[24]

③神体鎮座のときまたは祭礼のときは藩主直拝、在府中の代拝は一門家が行うこと、

④年頭・参勤・在国における藩主の参拝は藤崎宮・六所宮等と同様に扱うこと、

⑤鎮座祭式は社司が調査すること、
⑥「神用物等」は一切藩より譲渡すること、
⑦音楽に関しては新たに伶家の取立は行わず当面は藤崎宮の社家が兼務すること、
⑧家中参拝は願い出があれば許可すること、
⑨祭日は両霊の誕生日かその他両霊同一の日時を設定すること、
等々である。(25)

藩祖神社の候補地となった六所宮とは、三代細川光尚の氏神で豊前より沢村大学を遣わして勧請したもので、細川家にとってはきわめて重要な社であった。熊本藩にあっては、歴代藩主の菩提寺である妙解寺・泰勝寺と同様に、藤崎八幡宮・六所宮は別格の存在であり、東照宮を有する神護寺を含めて城西の一角藤崎台(現熊本市宮内)を占めていた。藩祖を祀る霊社を、藩の守護神として城内あるいは城郭近くに創建することは、ほぼ諸大名共通するところであるから、熊本藩においても必然的に定置されたものと思われる。

従来の祭祀との関わりから考えると、「明神号御推授後も於御菩提寺御法事之有無を承合候処、年々御祭礼御座候而も御法事之儀は御神号以前ニ相違候儀無之段返答御座候事」(⑨の但書)とあるように、基本的に神祭を実施しても、菩提寺における年回忌や毎年の法会などの変更は想定されていない。つまり、仏式から神式に祭祀を変更するのではなく、あくまでも新たに神式を藩祖祭祀に加えるという構想なのである。そのため、祭日は、法会日程(月々忌日・正命日)と重ならないような日程(両霊誕生日、適当な例祭日)を提案していた。諸藩も基本的にこの発想は同様で、仏式を廃するのではなく、まさに新しい祭祀をつくってしまうのである。

興味深いのは、東照宮との関係である。①の但書に、藩祖神社は、東照宮と同様「御宮間数御本社弐間四面、幣殿五尺ニ壱間、拝殿一間ニ九尺」で造営すべきあるとしている。もちろん、将軍家に憚って、「少々御縮」も考慮に入れる必要もあるが、今回は「相殿」ゆえ同様の大きさが適当と判断した。さらに、祭祀についても同様の意識を読み取ることができる。例えば、祭日の設定に関わる上部書込には「東照宮御年回忌之節ハ神護寺ニ而御法会御執行被仰付候間、御両霊様御神号御推授御座候而も御法会等は法事今迄之通御取扱可有御座哉、猶諸家様御振合御聞合ニも相成可申哉」と、東照宮祭祀を今まで通り行うかどうかを問題としている。他の大名家の動向によっては、おそらく東照宮祭祀の縮小も視野に入れたものと思われる。幕府への届もなく、しかも城内に東照宮と同大の社殿を造営し、東照宮祭祀の簡略化を視野に入れようとしたのである。

このような意見が藩内に存在しているのは驚くべきことであるかどうか即断はしかねるが、藩祖祭祀への重点化と東照宮祭祀の相対的縮小化は、決して熊本藩内だけの意識ではなく広く共有されていると見てもよさそうである。東照宮祭祀を縮小してでも、新たな藩祖社を創建しようとする背景には、単に財政改革や倹約政策の延長上ではとらえることのできない、熊本藩祭祀全体の改革の取り組みや、新たな熊本藩の活力を養成する意味を持たせていたと考えることができよう。

三　神号推授中止への経過

吉田家からの神号推授に積極的に乗り出し、霊社創建に前向きな姿勢となったころ、京都の朝山恩地より重大な知らせが送られてきた。

神号推授を前向きに進めてきたはずの京都の熊本藩士朝山自身から、思わぬ批判が右筆頭まで内々に送られてきたのである(26)。

一、御神号之儀当時ニ而は社人等より之願ニ而は難相済、御直ニ不被仰進候而は難相済由ニ而以御使者被成御願ニも有之候得共、矢張社人より之願ニ而相済候も有之一定無之由

一、大明神号之儀は正一位之勅許御座候得は夫ニ連候事ニ而吉田家ハ明神号迄御免許相定居候由候へども、大明神号無子細相済候義有之是又一定無之由

一、官位も無之氏姓も不分明之者墳墓ニ立願致候得は、利生有之抔と申触シ、右類を某霊神抔と称、又ハ野狐を致信仰、社を建、正一位稲荷大明神或ハ何稲荷明神など、称し類有之候、吉田家ニ而庶人たり共子細有之願候得は、霊神号・霊社号・明神号迄も相済、野狐を稲荷と唱候類ニも願候得は、明神号御免有之候由、右類吉田家より之御免ニ而勅許と申ニは無之、朝廷之官爵を被請候御方々様、右之通氏姓も不分明又野獣ニも神号免許有之候同様ニ吉田家之御免を御受、神号を称候儀先は珍重なる儀ニ而も無之哉と被存候

朝山が、極めて神号授受に関して懐疑的になる点として、三点をあげている。一つは、神号獲得には社人ではなく藩自体が直接願い出ることが肝要としつつも、実際には社人自身の申請で許可された場合もあり一定していない点である(27)。

二つ目に、大明神号の手続きは、吉田家に明神号までの免許が必要とあるにもかかわらず、実際にはそのような事例がなくとも大明神号が授受されており一定していない。これは、佐賀藩の事例と他の藩とを比べてみればわかるように、吉田家が主張する原則はほとんど貫徹していなかった。

三つ目に、官位についても由緒も不明確な在野の信仰が「大明神号」を称し、「庶人」でも願い出れば授受されているという神号の乱発状況である。この点については、当該期吉田家への批判が神道家や儒者から指摘されてきた(28)。朝山が指摘したような点に関していえば、太宰春台が、「今ノ世ニハ在々所々ノ小祠、或ハ都下ノ市中ニ在

ル稲荷ノ祠ナド、数ニモ足ラヌ程ノ賤キ神ヲ正一位ニ叙シ、白河《ママ》吉田ノ両家ヨリ、宣旨ヲ申シ下シテ、巫祝ノ輩ニ與ルコト甚多シ、サレバ所々ノ神廟ニ、正一位ノ額ヲ挂ザルハ稀也、是大ニ謂レナキコトニテ、吾国ノ古禮ニ違ヘル也、縦淫祀ニアラザル正シキ神ナリトモ、三品以上ノ爵ヲバ輙ク賜ルマジキ義也、況ヤ狐ヲ祭リ蛇ヲ祭ル類ノ淫祀ニ正一位ヲ賜ルベキヤ」（傍線筆者）と記している点が近い内容を示していよう。[29]こうした種類の批判が、一八世紀に入ってからほぼ一般化しつつあった。

吉田・白川両家から発給されている神号自体の制度的な不備が問題となっている状況を受けた中老松井直記は、右筆宛て[30]で、このまま神号を受けたならばもはや後で返却することはできないので慎重に構えるべきであるとし、来年下向の際にもう一度評議するのが適当と判断した。

藩祖に神号を授与するのには何も問題はないが、その肝心の神号がこのように価値を喪失している状況では、熊本藩祖に授受するわけにはいかないとしたのである。京都の朝山は、吉田家に対し、藩主のお礼とともに神号推授を「見合」と伝えた。しかしながら、それは今後神号を願い出ることがあるかもしれないと保留をつけたものでもあった。つまり、事態が好転すれば今後神号を願い出ることもありうるとしたのである。これは、神号自体を厳格なものとして制度化し、勅許のうえ授受できるような条件が整えば受けてもいいとしたといえる。そのため現在は時期尚早としたのである。

熊本藩が寛政期ごろより進めてきた藩祖の神格化はここで一つの終着点をみた。この後どのような動きがあったのか、管見の史料であきらかにすることは難しいが、決して神格化を断念したわけではない。問題なのは、それぞれの家や村・地域自体がそれらにとって重要な功績をもつ人々を神格化しようとする志向性にある。次章では、それを一九世紀初頭熊本藩内の領主信仰のなかに見ていくことにしたい。

四　近世後期祖先顕彰をめぐる熊本藩内の動向

(1)一九世紀前半期の清正公《せいしょうこう》信仰

一九世紀前半期における熊本藩祖の神格化を考えるうえで、考えて置くべきことが二点ある。一つは旧領主加藤清正の信仰、もう一つは細川藩主への信仰である。

前者について触れておくと、近世期一貫して（特に一九世紀前期）戦国武将加藤清正が日蓮宗布教とともに顕彰され、近世後期においては軍神というよりはむしろ除災や病気治癒といった庶民信仰として拡大した点にある。慶長一六年（一六一一）六月二四日に没した清正は、同年一〇月には葬送が執り行われ、中尾山（のちの本妙寺山）廟所に葬られた。菩提寺日蓮宗本妙寺は、それにともなって城外（現地）に移転し、「清正公御本廟」としての性格をあわせ持つことになっていく。寛永九年（一六三二）二代忠広の改易により本妙寺は存続の危機をむかえることになるが、新たに入国してきた細川家からは大きな打撃を蒙ることなく寺領四〇〇石余は保障され続けることとなった。

以下本稿では、先学の成果をふまえてその特徴を三点に絞って提示してみたい(31)。

第一に、加藤家改易後に入国した細川家当主が、本妙寺への参詣を行っていることである。もちろん、政治的な意図も含んでいたとは思うが、例えば、正徳二年（一七一二）七月藩主を相続した細川宣紀は、翌年閏五月一四日菩提寺である妙解寺・泰勝寺に参拝し、同月一八日藤崎宮に社参、そして同月二九日には本妙寺に参拝している。このように、細川家菩提寺や藤崎宮・六所宮・祇園社など細川家によって特別な保護を受けていた寺社と同様の存在として本妙寺は位置付けられていた(32)。

第二に、「清正公信仰」には病気平癒などの現世利益的な庶民信仰が広く行き渡っていた点である。例えば、熊本城下からはかなり隔たった肥後国北側山間部にあたる山鹿郡多久村（現熊本県鹿北町）の百姓高木熊太を取り上げてみよう。熊太は幼い頃から患っていた病気が全快したのは、名医の治療もあったが、両親が「清正公に立願」したご利益だと認識していた(33)。熊太の「清正公信仰」は、明治期に入っても絶えることなく続けられ(34)、生涯にわたって存在したものと考えられる。また、こうした「清正公信仰」は、当時の遊歴者の日記にも驚きをもって受け止められていた。まず、天明三年（一七八三）に九州を視察した岡山藩士古川古松軒は、「今清正権現と称して此地にはんじやう（繁盛）有事其理り有て、尤あがむべき社なり」とし、挿絵には「平生参詣の人数多なる故茶店あり、六月廿一日より廿四日までの祭事ありて国中の貴賤群集一山法華宗にて他方までも末寺末社あり」とその盛況振りを伝えている(35)。橘南谿も同様に「熊本にては別ての大社にて、一国の尊敬はなはだし」と述べているように(36)、庶民をはじめ多くの信仰があったことが理解できる。

第三に、清正公信仰の勃興期を迎える時期がほぼ細川家祖先の神号問題と重なる時期にあたる点である。文化七年（一八一〇）二月の二〇〇年忌法要を前後するころ、清正の法華信仰を記した「清正公御書」が流布し、ついには本妙寺から藩へ清正神号願が提出されるにいたった。神号願には、庶民信仰の存在を掲げ、さらに清正廟は熊本城守護神としても位置付けられていたという(37)。つまり、清正の神格化は、庶民信仰だけでなく熊本城＝藩全体の守護というものとの関わりを持たされてきたのである。

この実現はみられていないが、その後文化一四年（一八一七）に鹿子木量平によって浄池公廟碑が建立され、文政期には分霊も行われた。その趣旨は、とくに清正の「治国」の要である水利土木事業を顕彰したもので、「武」だけでなく清正の治政功績が顕彰されるようになってきたといえる。もちろんこれは、鹿子木自身の新田開発事業が関わっているが、注目すべきは、鹿子木量平が藩主細川斉樹の病気平癒を清正神霊に祈願したという点である。確かに、「清正公信仰」は病気平癒を含めるものであったが、これによって細川家や領民が清正を崇敬・信仰しているという方向性だけではなく、清正神霊からも守護されているという相互の関係が領民に意識されることとなったと考えることができるのである。

熊本藩内における領主・領民あげての旧領主加藤清正への顕彰は、一九世紀前半には神号を付与しようという運動を生み出しつつあった。しかも、清正顕彰こそが熊本藩の繁栄を保証する象徴としてとらえられていたのである。

⑵殿様祭とその伝播

次に、一九世紀前半期の「清正公信仰」とあわせて、細川重賢の宝暦改革以降に登場したといわれている「殿様信仰」[38]のこともふれておきたい。ここでは、「殿様信仰」として、殿様祭と殿様拝みを検討する。

熊本の殿様祭については寛政一二年（一八〇〇）藩士高本紫溟次が編纂した「銀臺遺事」の記述がある。

宝暦の中頃より、家毎に殿様祭といふ事を始めて、年に一度必ず仕けり、古の紀伝博士共が、いかめしく申伝へたる、生祠などいへるも、かゝる類にやと覚えぬ、其祭、定れる日はなくて、たゞ己が暇あるべき程を計りて、一里示し合ひ、餅を搗き、酒を作るなど、其身の程に随ひて営み、それを神に奉る如く供して、其日は、一里の者、己が業をせず、酒呑み歌ひて、此君に御代に、生れ合ひたる身の悦を述べ、一日の楽に、百日の労を慰めけり[39]

つまり、殿様祭は、①自然発生的に領内に出現しそれが年行事となったこと、②定日はなく時間に余裕のある時期に行われたこと、③細川藩主の支配のもとにあることへの喜びと慰労を兼ねたものであったことである。この殿様祭は、宝暦中藩主細川重賢の代にはじまったことに象徴されるように、有名な熊本宝暦改革に関わるものであった(40)。

これはある程度の継続性をもってその後も残り続けていた(41)。ところで、本稿においてとくに注目したいのが、「殿様拝み」である。これは特に藩主・世子の通行や初入国の際に行われたもので、多くの領民を集め、領主を崇拝する大きな恒例行事となっていた。例えば、天保一五年(弘化元＝一八四四)の菊池郡大津手永大津町日吉神社坂本家の日記に、細川斉護世子兵部大輔(慶前)が豊前街道筋の大津宿を訪れた際には、酷暑のなか「殿様拝み」に「幾千人」集ったという(42)。また、先述した山鹿郡多久村の高木熊太の日記、嘉永七年(安政元＝一八五四)条によると、

当国ノ領主若殿細川右京ノ太夫殿、江府ニ初登リニ付、国中殿様拝ミトテ、御通筋罷出デ拝上致ス時ナレバ、自身共列同年正月山鹿町ニ出テ拝上ノ事、此同行飯川四郎・横田市平・高木寿平同道(43)

とあり、細川(韶邦)初入国の際の殿様拝みは「国中殿様拝み」という恒例行事で、領主の通行する道筋で、領主への参拝が行われていた。領民による藩主通行の覗き見は禁止されていたので(44)、かえって初入国という藩においても大きな行事の際には領民も含めた行事として定着していたといえよう。

この殿様祭や殿様拝みはたんなる庶民信仰と断言することはできない。その理由は、前者は宝暦改革期の細川重賢の治世下からはじまっていること、後者は初入国や領主通行の際の直接的な政治イベントに関連していることからも、領主と領民とのつながりを象徴するものであり、あきらかに政治的な関係として構築されたものである。明治期の天皇祭、そして天皇巡幸の人々の様子を彷彿させるような、この政治文化が一九世紀を特徴づける

ものともいえよう。

こうした領主政治（仁政）への崇拝は、藩内だけにとどまっているものではない。例えば、越前方面を遊歴中の橘南谿が「細川越中守」と書かれてあった「守札」を見て、「細川侯は当時の大名なれど近き頃其国政勝れたる事既に日本国中に聞えて、其名を書きて守札とす」とあり(45)、「名君」細川の名は領域内を越えた拡がりをもって存在していたといえる。それは、熊本領外の人々が自らの領主を相対的に位置付けた場合の不満なのか、それとも名君や名代官を渇望する当時の民衆意識形態にあるのか、支配を直接受けない地域においても当時著名な大名を崇敬する慣行は、近世民衆の政治意識を考えるうえで多くの問題を有しているように思う。

いずれにしても、旧領主加藤清正の顕彰・神格化を熊本細川家の支配の正当性のなかに位置付ける一方で、他方現藩主への信仰を志向する領民の動向が存在し、まさにそのなかで藩祖の神格化は藩政府内で模索されていたのである。

おわりに

最後に本稿であきらかにした点を整理しておわりに代えたい。

まず、熊本藩細川家にとって藩祖細川幽斎への神格化は、幽斎の歌人としての由緒をもとに八条宮家を通じた神号獲得を目指すことなしには成立しえないものだった。これは藩全体の自己認識に関わる問題で、八条宮家を通じない神号授受はほとんど意味のないものとして受け取られていた。しかし、その一方で、熊本藩は同席大名の祖先神格化情報を重要視し、歩調をあわせることに主眼を置いた。

このなかで本稿が注目したのは、以下の二点である。まず、第一に、神祭化がもたらす影響である。それは従来の祖先供養などとは異なり、藩内部で完結するものではなく、京都の吉田・白川家や天皇・朝廷との関係を作り出すことになっていた。熊本藩の場合、それは藩祖細川幽斎の由緒という八条宮家との関係を再構築し、そこから勅許を獲得しようとする志向性を生み出したことである。

そしてもう一点は、東照宮祭祀との対応関係である。藩が東照宮をしのぐ霊社や祭祀を構想したわけではないにせよ、それに匹敵するものを考えていたことは注目に値しよう。熊本藩自らの自己認識の具体化（藩祖の神格化）は、公儀の頂点に君臨する将軍権力（東照宮）への崇敬を、藩内においては相対的に低く設定せざるをえない状況を創り出していくことになる。結果的には実現しなかったとはいえ、当該期の外様大名家の自己認識を知る重要な論点を有していると思う。

さらに、一九世紀初頭熊本藩において特徴的なのは、旧領主加藤清正への信仰と顕彰とあわせて、領主細川藩主へもその崇敬が領民の側から向けられていたことにある。それは肥後国を象徴する旧領主加藤清正と、現実の領主細川家双方が並び立つことで領民政治の安定が保証されていたことを見事に象徴するものであった。もちろん、これはある種の熊本藩の地域的歴史認識の問題として考えなければならない点でもあるが、藩政府も、そして領民側も同じような志向性を有していた点に一九世紀前半期の特色を垣間見ることができる。

そうなると、藩祖の神格化・神祭化を推し進めていけば、いずれは領内で行われている清正公信仰や藩主信仰とリンクせざるを得なくなっていくことになろう。しかし、その一方で神号の付与は藩祖に相応しい由緒で、そして庶民信仰の世界とも切り離されたものとして創造される必要があった。その意味では、明治初年まで藩側が積極的に清正公信仰・藩主信仰と結びつくことはなかったともいえよう。

王政復古後に、加藤神社・菊池神社が創建され、まさに国家的な歴史認識の再編成が開始された。王政復古のモデルが「神武創業」と「建武親政」にあるなかで、南朝旧臣菊池の別格官幣社化が始まり、加藤清正も直ちに加藤神社として成立したのである。近代日本の地域社会に細川藩祖・歴代藩主等が登場するのは、一八七八（明治一一）年の旧熊本藩士の歎願を待たねばならなかった。加藤清正の神格化が明治初年に急ピッチで進むなか、細川家の藩祖神格化、神社創建は西南戦争後の旧士族の危機的な状況のなかからはじまったのである。近世後期の藩祖神格化・殿様祭・清正祭は、明治前期の士族の解体過程と「知事祭」や知事塔建立のなかで、新たなかたちで熊本の地域社会のなかに実現し根を下ろしていくことになるが、この点は稿を改めて考えてみたい。

（1）「藤孝公忠興公え御神号被進度由吉田二位様より被仰進候一件」（永青文庫、熊本大学附属図書館蔵）、以下「神号一件」と略記。

（2）前掲「神号一件」。

（3）なお、下記にみていくように享和年間の交渉においては、吉田家の「推授」という形式について熊本藩で認知された形跡はない。おそらく、文化七年（一八一〇）の吉田家からの打診の際に始めて知らされたことと思われる。しかし、この「推授」についての踏み込んだ検討はこれ以降みられず、藩としても一応納得したものと考えられる。

（4）この「白川家学頭之一冊」とは、神祇学頭管領平孟雅による「霊神号之事」応答書を指している（前掲「神号一件」）。そこにははっきりと「霊神号祭儀等に於テハ神祇伯王職掌」と明記されており、ここでの記述はそれを受けたものである。吉田神道への対抗処置として、白川家は学頭を設置して伯家の神道説の充実を図る。近世中期にその中心的な役割を果たしたのは臼井雅胤であるが、平孟雅（臼井孟雅）はその家筋に関係する人物と考えることができる（『補訂版　国書総目録　著者別索引』、岩波書店、一九九八年）。

（5）『肥後読史総覧』（鶴屋百貨店、一九八三年、八二一頁）。

（6）おそらく京都留守居に関係する役職に就いていると思われる。朝山は石高一〇〇石。松本寿三郎編『熊本藩御書出集成（一）』（細川藩政史研究会、一九九九年、五頁）、同編『熊本藩侍帳集成』（細川藩政史研究会、一九九六年、四三三頁）参照。

（7）「御神号之儀寛政六年行藤上総介より御内密申上御評議有之、且又於京都朝山斎之助より承合候一件、享和元年夷則殿え御右筆頭より差出置候書付写」（「神号一件」所収）。享和元年当時郡夷則眞勝は、大目付から中老職に昇任している（前掲『肥後読史総覧』、二一三・二六六頁）。

（8）享保八年（一七二三）柿本人麻呂一〇〇〇年を記念して「正一位柿本大明神」神位神号が宣下された。これらの経緯等については『明石市史』上巻（一九六〇年、二一八～二三頁）および『高津町誌』（高津町尋常高等小学校、一九三八年、六九～八五頁）等参照。

（9）先代京極宮は、明和七年（一七七〇）に没し、当主は不在であった。光格天皇の四男盛仁親王が京極宮を継承するのは文化七年（一八一〇）八月、同時に桂宮に改称されている（『系図纂要』第一冊、名著出版、一九七三年）。享和期においては当主不在であるが、宮家の組織は存在しており、その経路を利用したものと思われる。

（10）勅許を必要とする手続きについては、長州藩を例に検討した拙稿「毛利家祖先の神格化と京都」（『佛教大学総合研究所紀要別冊　近代国家と民衆統合の研究――祭祀・儀礼・文化――』二〇〇四年）参照。

（11）西和夫「古今伝授の間と八条宮開田御茶屋」（『建築史学』第一号、一九八三年）および『長岡京市史』本文編二（長岡京市史編さん委員会、一九九七年）によると、古今伝授を受けた建物は、近世初期に今出川本邸から宮家別荘である開田御茶屋内（現長岡京市）に移築されており、明治期熊本へ引き取られていくまでここに置かれていた。

（12）前掲『明石市史』上巻（二一八～二五頁）、『益田市史』（益田郷土史矢富会、一九六三年、三四四～七頁）参照。

（13）『熊本市史』（一九三二年復刻、臨川書店、四三一頁）。

（14）前掲「御神号之儀寛政六年行藤上総介より御内密申上御評議有之、且又於京都朝山斎之助より承合候一件、享和元年夷則殿え御右筆頭より差出置候書付写」（「神号一件」所収）。

（15）前掲「神号一件」。

（16）拙稿「江戸湾警衛諸藩と村落祭祀」（『歴史学研究』七一二、一九九八年）。

（17）前掲「神号一件」には、藩内意見として「公辺」への届出は、諸家の「問合」つまり同席大名の回答を見る限り必要なく、本藩もその「振相」で取り扱ったらどうかとしている。原則ではなく、同席大名との均衡を重視したのである。

(18)『佐賀県近世史料』第一編第九巻（泰國院様御年譜地取Ⅴ、佐賀県立図書館、二〇〇一年）七五頁。
(19) 長州藩は、文化年間白川家からの霊神号書継に際して藩士を入門させていたが、その後霊社社人中麻原備後守が、吉田・白川両家の祭祀を一人で担うことになる（前掲拙稿「毛利家祖先の神格化と京都」参照）。
(20) 土佐藩だけが白銀三両と廉価になっているが、おそらくこれは祖先一人当たりで算出されたもので、この三倍（三人分）が実際には贈られたものと考えられる。
(21) 長州藩の場合は、文政一二年（一八二九）のときに一連の経費（官費、吉田当主・家老・取次への礼物）以外に、二〇〇両を吉田家より要求され納入している（前掲拙稿「毛利家祖先の神格化と京都」参照）。
(22) 前掲「神号一件」
(23) 前掲「神号一件」。
(24) 小堀については、「豊前以来之御家来小堀八郎右衛門二男小堀亀之助と申者を明暦年中御取立御給扶持被下置六所宮え被附置候」（前掲「神号一件」）とあり、豊前以来の由緒が兼任の根拠となっていることがわかる。
(25) 他に、鏡餅は賄物所仕出・献備のこと、松飾等は作事所取り計らいのこと、御宮番人は御家人か外様足軽とすること、掃除人は六所宮兼任のこと、出火の節駆付町火消としその増人・家中駆付人数も決めておくことなどが提示されている。
(26)「朝山恩地より吉田家之振合兼て見聞仕居候付而存意之趣右筆頭迄内々申越書抜」（前掲「神号一件」）。
(27) この点に関しては、長州藩の白川・吉田両家に対する働きかけをみれば一様ではない。藩士を派遣するか、それとも代りに社人とするかはそのときどきの状況に応じた藩側の判断によるものであった（前掲拙稿「毛利家祖先の神格化と京都」）。
(28) 井上智勝「近世中期における吉田家批判の現実化——神位宗源宣旨を題材に」（今谷明・高埜利彦編『中近世の宗教と国家』、一九九八年、岩田書院）、井上寛司「中世末・近世における「神道」概念の転換」（『大阪工業大学紀要　人文社会編』、二〇〇三年）等を参照。
(29) 享保一四年（一七二九）に著した「経済録」（瀧本誠一編『日本経済大典』九、鳳文書館発行、一九九二年、一九二八年啓明社発行の再版、五四七・八頁）参照。
(30) 文化八年九月一一日「右筆頭宛松井直記書状」（前掲「神号一件」）。

(31) この件については、圭室諦成「清正公さん信仰」(『日本歴史』一八八、一九六四年)、池上尊義「肥後本妙寺と清正公信仰の成立——近世庶民の法華信仰展開の一側面」(笠原一男博士還暦記念会編『日本宗教史論集』下巻、吉川弘文館、一九七六年)、同「清正公信仰の展開——江戸後期における庶民信仰の一動向」(立正大学史学会創立五十周年記念事業実行委員会編『宗教社会史研究』、雄山閣出版、一九七七年)、同「法華仏教と庶民信仰——清正公信仰の成立過程」(宮崎英修編『近世法華仏教の展開』、平楽寺書店、一九七八年)、田中青樹「民衆の信仰としての清正公信仰」(『名古屋市博物館研究紀要』二三、一九九九年)を参照した。

(32) 細川藩政史研究会編『熊本藩年表稿』(一九七四年、一三五頁)。同書を見ると、すべての細川藩主が相続後本妙寺を参詣しているわけではなが、安永五年(一七七六)四月一七日には嫡子として、天明七年(一七八七)二月には藩主として治年が参詣している。他に文政一二年(一八二九)斉護の代にも行われていた。

(33) 『熊本県史料集成第九巻高木熊太日記』(国書刊行会、一九八五年)。

(34) 前掲『熊本県史料集成第九巻高木熊太日記』。

(35) 「西遊雑記」(本庄栄治郎ほか編『近世社会経済叢書』第九巻、改造社、一九二七年、一二七〜三〇頁)。

(36) 「西遊記」(『東西遊記』、東洋文庫、平凡社、一九七四年、九四〜六頁)。

(37) 前掲池上論文参照。

(38) 長州藩の殿様祭については、三宅紹宣『幕末・維新期長州藩の政治構造』(校倉書房、一九九三年)、熊本藩については三澤純「維新変革と村落民衆」(『新しい近世史④村落の変容と地域社会』、新人物往来社、一九九六年)等参照。ともに、民衆の「政事」意識を考えるうえで重要な提起がなされている。

(39) 「銀臺遺事　同拾遺」(萩野由之監修/堀田璋左右・川上多助共編『日本偉人言行資料　立花遺香　銀臺遺事　同拾遺』、国史研究会、一九一六年、二二一頁)。

(40) 寛政期編纂の「菊池風土記」(『肥後文献叢書』第三巻、六一四頁)にも、同様の指摘がある。

(41) 前掲三澤論文参照。

(42) 『復刻・増補寿賀廼舎日記』(大津町教育委員会、一九九三年)。後年編纂されたものなので「幾千人」も相当誇張した表現として受け取らなければならないが、下記の史料に見るように決して偶発的なものではなく領民に恒例行事として受け取られていたことは事実である。

(43) 前掲『熊本県史料集成第九巻高木熊太日記』一三頁。

(44) 前掲『復刻・増補寿賀廼舎日記』二一頁。

(45) 「東遊記後編巻之四」(『東西遊記1』、東洋文庫、平凡社、一九七四年)。

〔追記〕 本稿は二〇〇〇年度日本史研究会大会報告に向けての準備過程において三澤純氏からご教示いただいた史料をもとに、京都大学人文科学研究所佐々木克研究班で報告したものをまとめたものである。この間お世話になった方々にこの場を借りてお礼申し上げたい。

また、本稿脱稿後、高野信治「民俗神や民族神との関係分析を通した近世武家権力神の基礎的研究」(科学研究費補助金基盤研究(C)(2)研究成果報告書、二〇〇一年度~二〇〇四年度、研究代表者高野信治)をえた。武士の神格化を考える上で貴重なデータが蓄積され、考察がなされている。あわせて参照いただきたい。

幕末異国人情報と伊勢神宮

塚本　明

はじめに

幕末期に異国人渡来についての情報は、公式・非公式に日本社会に広く伝播した。近年の研究の進展により、この時期に豪農層を中心として民衆の間に情報への欲求が高まり、日常生活の範囲を越えた情報伝達のネットワークが形成され、正確で豊富な政治情報が驚くほどの速度で民間に伝播し、共有されていたことが明らかになってきた。そのなかで、人びとの社会・世界への認識能力の高まりや、政治的な成長があったことも、指摘されている(1)。

だが、政治的情報、とりわけ異国人に関する情報は、必ずしも実態に即した客観的なものではない。とりわけ尊皇攘夷の風潮のなかでもたらされる異国人情報は、当然ながら維新後に積極的に外交交渉が進められるなかでのものと、そしてまた異国人の実像とは、大きく異なるだろう。

拒絶意識や恐怖感を伴うマイナスイメージは、いったん人びとの心に刻印されると、容易には拭いがたい。外交に携わる者たちは実体験を元に認識を改めることができようが、情報のみの世界に生きる場合は、そうはいかない。実際に接することなく、もっぱら文字や伝聞、意図的な宣伝によってのみ伝えられた異国人に関する情報を、当時の人びとはどのように受け止め、いかなる異国人認識を構築したのであろうか。

本稿は、伊勢神宮の神官たちが残した記録を用いて、神宮世界における異国人情報の受容と、その認識の変化を検討するものである。穢れを忌み、清浄さを重んじることに神社・神社領たる特質があるが、伊勢神宮では、幕末のある段階で異国人を「穢れた者」として拒絶した。こうした認識は、実は伊勢神宮の触穢体系のなかに本源的にあったものではない。伊勢神宮においては、新しい事態に直面した際に過去の類似の情報＝先例を探し、それに照らし合わせて現実を認識する。異国人渡来の情報は、いかなる歴史情報を想起させ、そしてそれがなぜ「穢れ視」につながっていったのか。またそれは、「攘夷」が否定され諸国と外交を取り結んでいく状況のなかで、とりわけ維新後に伊勢神宮が国家神道の中核に位置付けられるようになった際に、どのように転換していくのだろうか。

江戸時代の伊勢神宮は、朝廷・幕府との関係を持ちつつも、伝統的な神社世界、端的にいえば土俗的な民俗世界をも体現していた。伊勢神宮の観念・認識は、決して神社・神官に限定されたものではなく、また朝廷機構のそれとは必ずしも結びつかない。門前町たる宇治・山田及びその周辺地域の住民に広く共有され、さらには当時の日本社会全体にも、一定度共有されたものである。ゆえに、異国人に対する神宮世界の認識・観念とその転換の様相を検討することは、この時期の日本人の異国人に対する意識を考える上で大きな意味を持つと考える。

一　異国人の神宮領立ち入り問題

(1)ペリー来航後の状況

嘉永六年(一八五三)六月三日にペリーが浦賀に来航した情報は、同月一四日に伊勢神宮のもとに届いた。次に掲げる史料は、伊勢神宮のうち内宮の長官(一禰宜)機構で作成された公務日記(2)に記されたもので、内宮長官の家政機関(家司大夫)から外宮側に、対応を相談した書状である。

(嘉永六年六月一四日)

一、十四日晴、外家司江文通

一筆令啓達候、然者当方会合ゟ申越候者、此度浦賀表江異国船渡来ニ付、世上静謐之儀　両宮江御祈禱被仰下候段、於御役所被仰渡候ニ付而者、於会合も一夜参籠十五日列参相勤、御祈禱御祓　御役所江差上可申候、尤三方江も申合取斗候段申越候、仍右様之儀有之御取斗候哉相尋候処、例与申ニ者無之候得共、天保七年内府様御麻疹被遊　両宮江御祈禱被仰下候節御祈禱相勤御祓等差上有之候傍例ニ泥ミ取斗候段申聞候、付而者神宮ニも難捨置様存候、仍十六日御祈禱列参相勤、即日御祓并熨斗三ノ口七十作弐把差上可申存候、参籠中ニ付惣代権任両人を以相勤可申哉与存候、依之右御相談得御意度如此ニ御座候、恐々謹言

六月十四日　　内家司大夫

外家司大夫殿

まず情報の伝達ルートを確認しておこう。幕府の遠国奉行たる山田奉行の役所(「御役所」)において、異国船渡来に伴い「世上静謐」の祈禱を行うべしとする申し渡しを受けた「当方」(内宮側)の「会合」=宇治会合(門前町・

宇治の住民組織）が、神宮（内宮）長官機構に連絡してきた。[3]宇治会合は、外宮側の三方会合（門前町・山田の住民組織）と相談の上で翌日に参籠し、「御祈禱御祓」を献上する予定、とのことである。

ここで、伊勢神宮に祈禱を命じたのは幕府側の山田奉行である。その意志は「会合」を経て神宮に伝達された。幕藩体制のなかで伊勢神宮は、社会の安寧を祈禱する「国家的役」を務める存在として位置付けられていた。[4]将軍・天皇らの病気平癒の祈禱は、珍しいことではない。だが異国船渡来というのは、新しい事態であった。三方会合・宇治会合による祈禱と御祓いの献上は、神宮長官側には異例のことと映ったのであろう、こうした先例を尋ねた。返答は、天保七年（一八三六）に将軍徳川家慶が麻疹に罹った時の平癒祈願が、類似の例になるとする。神宮として何もしない訳にはいかず、内宮と外宮は相談の上で一六日に祈禱を行い、御祓いと熨斗を山田奉行に献上することを取り決めた。

山田奉行への献上がなされた翌日の一七日、こんどは大宮司[5]から、「速退攘夷類莫拘国體四海静謐天下泰平宝祚長久万民娯楽」の祈禱を七日間行うようにとの指示が、御教書と祭主藤波氏[6]の下知状によって神宮にもたらされる。「此節神宮無人」という状態ではあったが、七日間の満座の上、二三日に「一万度御祓大麻」と「御熨斗五把」を朝廷に献上した。

神宮に対しては、幕府から山田奉行を通したものと、朝廷から祭主・大宮司を介したものと二つのルートから、祈禱命令を伴いつつ、政治的な外交情報がもたらされていた。ただし朝廷からの情報は、逐次神宮から山田奉行所に報告されていた。

さて朝廷側からは祭主藤波氏を通じて一一月にも、正応六年（一二九三）の祈禱と、同年に両宮の風宮に宮号が宣下された事情について問い合わせがあった。祈禱を命じた対象が本宮か、それとも別宮たる風宮に出されたのか、も問われている。これが弘安四年（一二八一）の「異国船渡来」の後であることから、祈禱内容が異国船に関することであったか否かを、急ぎ取り調べることも求められた。京都の祭主の家司から二一日付で伊勢の大宮司に宛てた書状は翌日に着き、同日中に大宮司家の政所から内宮長官の元へ届けられている。しかし返答書の期限は二三日の巳の刻まで、つまり翌日に迫っていた。

朝廷からは二三日に熱田宮以下畿外の一〇社に、次いで一二月三日には伊勢神宮（内宮・外宮）及び伊雑宮と畿内一九社に対して、攘夷祈禱の命令が出されている。(7) つまり右の問い合わせは朝廷から攘夷の祈禱を命じる前提になされ、神宮側の返答を受けて、風宮はあくまで本宮に附属する別宮として扱われたのであろう。(8) ともあれ、幕末異国船の渡来は、朝廷に一三世紀の蒙古襲来を「先例」として想起させた。「神風」を起こした褒賞として宮号を宣下された風宮が、「攘夷」の武器として注目されているのである。

これ以後、朝廷から異国船排撃の祈禱命令は、雨霰の如く続く（表1）。神宮ではそのたびに、通常七日間の祈禱を行うこととなる。祈禱終了後に伊勢神宮から御祓いを献上する際には、朝廷から示される祈禱命令文言をいちいち反復して報告する。これにより祈禱命令文言の内容が次第に神宮神官の認識に影響を及ぼしていったことであろう。

注意したいのは、例えば安政元年（一八五四）に出された祈禱命令書のなかに「醜類退散」との語が見えることである。孝明天皇が攘夷を唱えるなかで、異国を「神州を汚す」存在として表現したことは良く知られている。「醜類」という語は、孝明天皇にとっては未開・野蛮の夷、これが土足で踏み込んでくることについての表現であろう。恐怖感の裏返しとはいえ、相手を見下し、差別視する表現である。ただし、「穢れ」としてとらえる観念とは異なることに注意しておきたい。

祈禱文言(抄　録)
近年異船見海上……万民安楽宝祚長久
烈風頻過、近来洪水及農業哉……天下泰平宝祚長久万民安穏
浦賀表江異国船渡来ニ付、世上静謐之儀
夷船来相模国御浦郡浦賀冲……速退攘夷類莫拘国体四海静謐天下泰平宝祚長久万民娯楽(６月21日再令)
夷類頻来乞求通商其情狡黠……不汚神州不損人民国体安穏天下泰平宝祚悠久武運延長(畿外十社・神宮・畿内十九社へ)
夷国船渡来之趣ニ付世上静謐
異船渡来、進退平穏雖無開兵端之聞、猶未退帆……異類速降伏、国家安全宝祚長久
亜美利加船又来、於東海応接雖穏人情不安……外夷摂服国家清平
火災内裏焼亡……攘災異弥天下泰平
地動及度々……速攘変異……天下泰平国家安穏万民豊饒
異船飄着、摂泉之辺事実未弁進退、雖穏去皇都不遠、因玆四海無異変、醜類速退散天下泰平国家静寧万民安穏
地震……無事天下泰平万民平穏
夷船度々渡来……京畿程不遠……諸国地震津浪等之変災……天下泰平宝祚長久万民安穏
江府地震……神明霊験莫拘国体、四海静謐武運長久
異船去秋以来雖穏応接……天下泰平宝祚長久万民安穏
去月亜墨利加登城、雖平穏……天下泰平国家安静
墨夷驕傲企望国家之大患……不堕皇威弥天下泰平宝祚長久万民娯楽
蛮夷事情人心不和之時節……彗星出現……異病流行……攘災孽於万里底静謐於四海弥天下泰平宝祚延長武運長久万民娯楽
諸蛮渡来情実雖穏神州之瑕瑾卒土之汚穢不容易……四海無醜類之変衆庶之患難早静謐、玆不堕皇威宝祚万歳天下泰平武運長久人民和楽
(当三月御教書之趣を以)
彗星出現……異病流行……蛮夷之情実雖似穏難量知……速退災厄兆庶無祟弥宝祚延長武運悠久天下泰平

表１　幕末祈禱一覧

No.	日記日時	祈禱命令の日時	命令主体
1	嘉永３年４月７日	嘉永３年４月５日	朝廷
2	嘉永３年９月６日	嘉永３年９月３日	朝廷
3	嘉永６年６月14日	嘉永６年６月14日	山田奉行
4	嘉永６年６月17日	嘉永６年６月15日	朝廷
5	嘉永６年12月５日	嘉永６年12月３日	朝廷
6	嘉永７年１月22日	嘉永７年１月22日	山田奉行
7	嘉永７年２月11日	嘉永７年２月９日	朝廷
8	嘉永７年２月26日	嘉永７年２月22日	朝廷
9	嘉永７年４月23日	嘉永７年４月21日	朝廷
10	嘉永７年６月17日	嘉永７年６月15日	朝廷
11	嘉永７年９月25日	嘉永７年９月23日	朝廷
12	嘉永７年11月19日	嘉永７年11月16日	朝廷
13	安政２年１月５日	安政２年１月２日	朝廷
14	安政２年10月12日	安政２年10月10日	朝廷
15	安政３年１月16日	安政３年１月12日	朝廷
16	安政４年11月27日	安政４年11月23日	朝廷
17	安政５年４月３日	安政５年４月１日	朝廷
18	安政５年９月５日	安政５年９月２日	朝廷
19	安政６年３月２日	安政６年２月27日	朝廷
20	安政６年５月８日	—	朝廷
21	安政６年７月16日	安政６年７月14日	朝廷

(2)日米修好通商条約前後の状況

安政五年（一八五八）三月、孝明天皇は日米修好通商条約の勅許を拒否するが、ちょうど同じ時期に祭主・大宮司から伊勢神宮に対して、開港を拒絶する嘆願書を差し出すようにとの働きかけが、ひそかになされていた(9)。三月二一日に、大宮司から両宮長官に対して、祭主の家司からの「極内々之書状」が示される。そこには次のような祭主の強い意向が示されていた。

開港開市を求めるアメリカに対して、朝廷では種々評定をしている状況である。しかし要求通りとなれば開港

(当三月御教書之趣を以)
京師幷諸国悪疾流行……無異病之患天下泰平万民平穏
彗星出現……異変妖国家之憂患無過之……攘禍害於未然宝祚延長武運悠久天下寧静万民娯楽
頻年戎虜追日跋扈方今驕傲之情態顕然、依之人心不穏……国内一和上下斎志不失神州之光暉外夷摂服天下清平宝祚延長武運悠久万民安穏
近年外夷追日跋扈……英夷之軍艦来横浜請求之旨趣必可開兵端之情態顕然矣、既蛮夷拒絶之期限決定之趣……以奮起皇国之勇威国内一和上下斎志、早攘醜夷于汎海之遠永令絶……不汚神州不損人民宝祚延長武運悠久(風日祈宮、風宮へ)
京都変事有之候ニ付為宝祚長久天下泰平
頻年戎虜数来航……去月十九日於禁闕下有騒擾之儀……速雖属鎮静猶以擁護四海人安宝祚延長武運悠久
近来国家多事……四海泰平宝祚延長万民娯楽
一橋中納言出陣儀御祈
主上有痘瘡御恙……良薬顕其験速可令復尋常給

開市の場所に拝礼所(教会)が建つこととなろう。そうなっては「社寺衰微之基」である。主だった社寺では、こうした風聞を聞いて嘆願書を上げる動きがあることを、内々に聞いている。だが「第一之神宮」＝伊勢神宮にそうした動きがないことは「不神忠」ではないか。ただし、他の社寺の状況はまだ不確定なので、日付は入れずに解状を認め祭主家まで出すようにされたい、情勢を判断して朝廷に出す、というものであった。

文中では「内々」「内談」が強調される。特に伊勢の山田は「風聞高き処」ゆえに、慎重に取り計らうべきことが求められている。一方で、「神宮之一大事」という状況のなか、「其御地ハ遠境之儀故、右等御存無之哉、何等御申越無之候間」と、神宮からの独自の動きがないことを、情報の乏しい伊勢の地にあるため、と断じてもいる。

両神宮は大宮司の説得を容れず、まずはこれを拒絶した。今回の異国情報は風聞のみで取り留めもないも

22	安政６年９月８日	—	朝廷
23	安政７年２月６日	安政７年２月４日	朝廷
24	文久元年６月４日	文久元年６月２日	朝廷
25	文久２年５月23日	文久２年５月21日	朝廷
26	文久３年５月18日	文久３年５月15日	朝廷
27	元治元年７月23日	—	（神宮）
28	元治元年８月11日	元治元年８月７日	朝廷
29	慶応元年10月８日	慶応元年10月５日	朝廷
30	慶応２年８月14日	慶応２年８月10日	朝廷
31	慶応２年12月19日	慶応２年12月17日	朝廷

のである。日付のない解状を差し出すことは「甚軽々敷」「甚軽卒之至」で、先例もない。また解状を出すのならば山田奉行への注進が必要だが、「内々」ということであればそれも出来ない、との理由をあげる。朝廷からの働きかけに対して、山田奉行に説明できないことを理由に拒絶しているところに、この時期の伊勢神宮の政治的位置と、神官らの意識が見て取れる。

大宮司側は、解状を出す前段階として、三カ条の「口上之覚」の文面をあらかじめ用意しており、神宮に示して添削を求めている。最初に教会建設について、キリシタン禁令の歴史を記し、異国人を対象とした施設とはいえ「国家の御大事、神道之興廃此一挙ニ可有之」とする。続いて開港交易となり鳥羽港が開かれ、異国人が神領近辺を徘徊することになっては困るとし、最後に三方海に面した神宮の厳重な警護を頼んだ。

さてこの二カ条目において、異国人に対する表現として「不潔汚穢之醜虜」という表現が出てくる。安政元年の祈禱命令に見える「醜類」の語をより具体的・攻撃的に、排除の意識をより過剰に表したものであろう。ここに「汚穢」という語が含まれるが、「不潔」や「醜」と同じニュアンスであり、神宮が触穢体系において忌避する「穢れ」とは質が異なる。

神宮側にも、祭主からの情報通りに異国人が神領近くに上陸するのは困る、という認識はあった。だがその危機意識よりも、山田奉行への説明の必要という手続き上の問題の方が優先された。その後も神宮内部で嘆願書、さらには解状の文言作成の相談はなされるが[10]、その過程で神宮の了解なしに、大宮司から「口上書」が祭主に提出されてしまう。しかもそれは伊勢神宮の総意であるかのように申し立てられた。神宮は「畢竟出し抜候様之仕方」と不快感を隠さない。なお大宮司の「口上書」は、祭主から朝廷へ、さらには老中に提出された[11]。朝廷は、幕府に対して条約勅許拒否の圧力を強めるために、伊勢神宮他の神社を利用しようとしたのであり、祭主・大宮司はその意向に従って動いたのだった。

この段階までの伊勢神宮の異国人渡来問題に対する認識を整理しよう。幕府や朝廷の働きかけに対して神宮の対応は基本的に受動的である。異国人の接近に拒絶意識はあるが、しかし危機感は弱く、朝廷への嘆願書を求められても、手続き論や形式に拘泥して積極的に対応しようとはしない。

危機意識が全くなかった訳ではない。同年の八月には開港地の候補地を抱える鳥羽藩の家老から神宮に問い合わせがあった。鳥羽藩領には内宮の別宮である伊雑宮があり、鳥羽港に異国船が押し寄せた場合の対応を相談してきたものである。神宮は「彼百錬抄東鑑等ニ如所見、熊野之悪僧乱入之節等之心得方を以、先当宮江可奉成遷御ゟ外詮方も無之事ニ候」と、神霊を内宮に遷御することを求めた。

ここで、先例としてあげられた歴史事実が注目される。『百錬抄』『東鑑』という鎌倉時代の歴史書に記される、熊野の悪僧の乱入が、今回の異国人が渡来するかも知れぬ状況において想起されたのである。伊勢神宮から見た熊野のイメージを考える上でも興味深いのだが、とまれ要は外から攻められる危機意識はそれなりにあるものの、異国・異国人ゆえの拒絶反応、特にそれ以後に明確に表れる「穢れ」意識は弱いのだ。これより先、嘉永六年(一八五三)に著された神宮神楽職・井坂徳辰の海防論[12]にも、攻撃された場合の戦略論は細かに論じられるが、異国人の「穢れ」を問題にする叙述はまだない[13]。

(3)危機意識の高まり

異国人渡来問題について、伊勢神宮の対応が大きく変化した契機が、安政六年(一八五九)に顕在化した異国人旅行問題である。この年の六月に、安政五カ国条約の条文写が山田奉行を通して神宮にも伝えられた。それまでも異国人が鳥羽港に渡来する可能性は念頭にあったが、神宮自体を訪れるかもしれぬという具体的な実感を伴う恐怖感が、この時に初めて芽生えた。「日本」一般に対する異国船の渡来については、幕府・朝廷からの情報に対しても伊勢神宮の反応は鈍かった。しかし、間近に迫る異国人の具体的な動きに関する情報により事態を深刻に認識し、外からの働きかけへの反応ではなく、神宮独自の対応が始まる。

新たな事態に直面した際に類似の先例を探すのは、神宮の基本的な思考様式である。内宮・外宮合わせて三〇〇〇冊を超える神宮長官機構の公務日記、『神宮編年記』(「神宮長官日記」)は、江戸時代を通して先例を勘考するために用いられた。この時には、八〇年ほど前の安永四年(一七七五)に、鳥羽に漂着した琉球人を、まず大坂の薩摩藩邸に送るために神宮領を通行した際の事例が見出された[14]。

神宮は琉球人一行について、往還筋はやむを得ないが、神宮境内に接する館町へ立ち入ることは拒絶し、同時に神宮領に対しては「御神領内之火を給させ申間敷」とする触を出した[15]。「異国人」を忌み避けることは「慥成格文も無之事」であるが、「畢竟者肉食等致し候ニ付、禁忌之程難斗候故」であった、としている[16]。琉球人を「異国人」としてとらえ忌避している点に注意が必要だが、安政六年にこの「先例」を見出した神官らは、琉球人はしかし「皇国附属之国人」であり、今度のような「驕強之異人共」とは異なる、としている。

幕末段階における異国人拒絶の意識の根底は、「驕強之異人」の表現に見るように、侵略に対する警戒感である。おそらくは恐怖感からの立ち入りを拒否する心性が、過去の類似した先例を尋ね、異国人は肉食ゆえに穢れているという、神宮の触穢体系に照らし合わせて拒絶できる理由が持ち出されることとなった。

八月二二日に山田奉行所を訪れた両宮・大宮司一同は、まず五カ国条約についての懸念の意を表す。山田奉行の渡邊肥後守孝綱は、江戸からの奉書を受けて近々参府する予定であったが[17]、神宮側に対して次のような見解を述べた。異国との条約は詳細は不明ながら「親睦之御取扱ニ相成」ことであり、神宮領市中を異国人が通行するのは問題がなかろう、と。神宮側は「太神宮領之儀者火物之穢専禁制」であるとして、京都に倣い「十里四方」の異国人立ち入りを禁止とすることを求める。肉食の穢れという論理を基にしていることはいうまでもない。渡邊は再び「当時の異人者日本人同様ニ而、言葉も大ニ通し」、漂着の異国船には薪水を給与するのが今の国策である、と説得する。「神領市中」あるいは「十里四方」の制限は非現実的であり、精々宮域に立ち入らない様にすれば良いのではないか、というのが渡邊の考えであった。

もちろんこれは、神宮側が容認できるものではない。彼らは奉行所を辞した後、相談を行う。京都で規定された「十里四方」とは「遊歩」についてであり、それだけでは旅行の異国人を拒めない可能性がある。ゆえに「古例」のごとく度会郡・多気郡・飯野郡のいわゆる神三郡と志摩国について、立ち入り禁止を願い出ることで意見が一致した。新たな情報に伴う危機意識の高まりは、現実とはかけ離れた過剰な提案を生み出していく。

二日後の八月二四日には、両宮長官・神主中と大宮司が連名で、神三郡、志摩国の異国人立ち入りを拒む願書を認め、間もなく参府する予定の渡邊孝綱に出した。両宮と大宮司の連署での願書は、寛文年中（一六六一～一六七三）以来の異例のことであったという。冒頭部分で、伊勢神宮は従来「為神慮人民食獣肉之汚穢甚厳制仕候」と、肉食の穢れを忌んできた点を強調している。

だが幕府の遠国奉行は、先にみたように神宮の主張をやんわりと拒絶していた。翌九月一七日に、祭主は神宮に対して「関東之上平穏之取斗」、すなわち幕府・山田奉行に歎願しても埒があかず、朝廷に出訴すべきではないか、との意見を伝え、神宮もこれに賛意を示している。

江戸時代初頭以来伊勢神宮は、万事について山田奉行の指示を重視しており、幕府側への帰属意識が強い。神事や官位叙任等の面では朝廷の管轄を受けるが、他のほとんどの領域、とりわけ神宮の利害権益に関わる訴訟などという問題では、頼るべきはあくまで山田奉行であった。前年の安政五年に神宮が朝廷側からの働きかけを拒絶した一番の理由は、山田奉行への説明が付かないという点にあったことを想起しよう。安政六年段階で、歎願先として山田奉行・幕府よりも祭主・朝廷を志向する兆しが見られることは、幕末の伊勢神宮の位置を考える上で重要な転換である。

しかし幕府からはもちろん、朝廷からも表だった動きはないまま二年近くが過ぎた。文久元年（一八六一）六月一二日に、大宮司家の役人橋爪左門が内宮五神主（内宮で序列が五番目の神主）に情報をもたらした。渡邊孝綱の後任の山田奉行・秋山安房守正老は、江戸で引き継ぎを受け異国人の神領立ち入り問題について老中松平和泉守乗全に伺ったが、神宮の願意はもっともなことながら、異国人の風儀として、禁止すればかえってしたがるものである（だから手をつけない方が良い）、という返答であった。

だが事態はそんな悠長な応対では済まなくなっていた。大宮司家が、おそらく祭主から得た情報によれば、摂津兵庫湊に入船した異国人が、奈良街道から加太山を越えて伊勢国に入り江戸に向かった。その途中、奈良において春日社参詣を求めた。一乗院（朝彦親王）が大鳥居に禁制札を出したので実現しなかったが、異国人に付き添った外国奉行と奈良奉行は参詣を容認する姿勢であったという。しかも風聞によれば、松坂を経由して伊勢に至り参宮をするつもりであったが、春日参詣を押し止められたために断念したのだと。異国人が伊勢参宮に訪れる可能性は、いよいよ高くなりつつあった。大宮司家では、神宮近在の武将である紀州・松平氏、津・藤堂氏、鳥羽・稲垣氏、そして信楽代官所の多羅尾氏に警衛を働きかけるのはどうか、と神宮に持ちかけている。

六月二七日に神宮から山田奉行に対して出願がなされたが、その返答は芳しいものではない。異国人が参宮を望んだならば老中からの沙汰があるであろう、また不意に参ったならば宮川より外で止宿させ、その上で奉行の組方の者が対応する、というものであった。ここに至り大宮司と両神宮は、山田奉行の対応をめぐって京都へ「内密書」を送ることを決めた。異国人旅行問題に関しては山田奉行を見限り、従来の原則に反して奉行に無断で、京都に働きかけることとなったのである。祭主の意向を受けて、大宮司側が伊勢神宮を取り込もうとする働きかけは、ようやくにして実りつつあった。

ただし、山田奉行の御師でもあった外宮の三神主は、山田奉行の方針に賛同している。また京都への密書を出すことについて、内宮の神主中は同意したものの、外宮で承知したのは二神主のみであった。神宮内部で、幕府―山田奉行に与する者と、朝廷―祭主・大宮司に与する者と、立場が分かれているのである。

(4)異国人忌避の論理

伊勢神宮が異国人を忌避した理由を整理しておこう。大きく①キリスト教への警戒、②侵略への恐怖、③穢れ観念、の三つの要素があり、さらに③の穢れ観念は、③a肉食に伴う穢れ観、③b醜い・不潔観、とに分けられる。

①②は一応朝廷にも神宮にも共通する。②の侵略への恐怖が、本心としては最も強いものであったことはいうまでもない。さて①については、神宮がどれだけ切実感を持っていたかは疑わしい。神宮側の訴状でキリスト教忌避があげられる論理は、ほとんど朝廷・祭主側から示された文書の文言を反復したもので、異国人旅行問題が浮上した段階では、取り上げられることがない。侵略への恐怖を感じ取った神宮が、動きの鈍い幕府・山田奉行に働きかける際に神宮独自の理念として持ち出したのが、③aの肉食に伴う穢れ観であった。そしてこれは、一八世紀後期の琉球人通行時に適用されており、「先例」として見つけだされたものであった。この先例を見出すまで、神宮にあったのは何より恐怖感であり、またその後も含めても、異国人を穢れ視する意識は強いとは思われない。対して朝廷側は、孝明天皇の祈禱命令文言に見られるように③bの観念、「醜虜」「汚穢」「不潔」の語を異国人に付していった。

醜く汚れたという相手を見下す差別表現は、しかし神社の触穢観念とは異なる。伊勢神宮が見出した、③a「肉食」の穢れは、神宮の伝統的な触穢の体系に含まれるものである。忌避の程度としては強いが、日本人も肉食すれば穢れとなり、また一定期間を過ぎればそれは解消される。異国人が即時的に「穢れ」なのではなく、肉食ゆえに穢れた「状態」になるに過ぎない。厳密にいえば、肉食を絶った異国人を拒絶する理屈はない。

伊勢神宮にとって、穢れとして忌避するためには従来の触穢体系に当てはめるしかないのであり、異国人の忌避もそれ以上のものではない。だが、恐怖感を背景に、いったん異国人に「穢れ」たものというイメージが付与されると、それは次第に増加してくる異国人情報に影響を受け、増幅されていった。

二　異国人情報の様相

(1)情報源と情報の質

表2に、神宮にもたらされた異国人情報について、内容の概略と情報源とを整理した。

まず第一に注目されることは、情報源の多様さである。伊勢神宮は幕府と朝廷から祈禱命令を受けるため、朝幕双方より情報を得ていることはもちろんである。朝廷（祭主）からは京都近辺の情勢、朝廷のもとに寄せられた情報が、山田奉行からは幕府及び独自の情報が寄せられた。だがそれ以外に近隣の紀州藩・鳥羽藩から、さらに藩機構のみでなく民間の情報も得ている。

紀州藩と鳥羽藩は、単に神宮領と地理的に隣接する関係からのみでなく、紀州藩は滝原宮、鳥羽藩は伊雑宮という内宮の別宮を領内に持つ。両藩とも、出火時など伊勢神宮の緊急時には警護に駆け付けるべき役務を負っており、幕末段階では、津藩と共に沿岸を対外勢力から守る神宮防衛体制の中心を担った。また年頭礼や御田祭、神馬の献上（紀州藩田丸領）等の行事を通して、神宮との儀礼的関係も深かった。両藩から神宮へ公式に情報がもたらされ、また神宮からこれら藩領へ人が派遣されて情報収集がなされているのは、そのためでもある。なお、伊勢神宮神官が学者（儒学者）として鳥羽藩に出入し、そこからの情報があったことも注目される。

住民の間でも、紀州藩領・鳥羽藩領と神宮領の大庄屋・庄屋層同士には、触の伝達、争論、紀州藩鷹場の問題等を介して情報を交換するルートが存在した(18)。幕末には藩領の庄屋層で、国学の影響から神宮に接近する人たちも出てきた。

情報源によりその質は異なるが、異国人について極めて具体的な情報がもたらされていることも特徴といえよう。特に近隣の藩・住民からの情報の多くは、現地での直接の見聞に基づき、酒を好み喧嘩をし、犬を連れているという様子、測量や商売取り引きのやり方、望遠鏡を使うこと、言葉についてなど、異国人の嗜好や行動形態に至るものを含む。また山田奉行からも、異国人を同じ人間としてとらえる認識が示され、冷静な対応を求められている。

伊勢神宮は、情報を受け取るばかりではない。慶応元年(一八六五)には鳥羽藩から得た情報を朝廷と山田奉行に注進し、加えて尾張藩などに非公式に情報を流す(「内々吹聴ニおよひ」)こともあったようだ。神宮にほど近い鳥羽港は、異国船の接近が頻繁な枢要の地であったこともあり、領地の範囲を越えて様々な情報が活発に交わされた。伊勢神宮は、まさに幕末の情報化社会のなかにいたのである。伊勢国の南部と志摩周辺において、伊勢神宮を核として、かなり広範囲にわたる、政治情報を共有する空間が成立していたといえないであろうか。少なくとも、安政五年(一八五八)に祭主側が嘆願書提出を求めた際、「遠境之儀故右等御存無之哉」——伊勢神宮は辺境に所在するゆえ、情報に疎いだろう、とした状況では決してない。むしろ、攘夷の観念にとらわれ、冷静さを失い過剰な反応から異国人の穢れ観をエスカレートさせていく朝廷に比べ、様々な組織・立場からの多様な情報、とりわけ異国人の生身の情報により、より実像に近い異国人認識を形成する可能性を秘めていた、といえよう。

異国人への対応をめぐり伊勢神宮内部で意見の対立が生じていた原因のひとつも、ここにあった。文久元年(一八六一)の異国人神領立ち入り問題に際して、祭主(朝廷)と山田奉行(幕府)とで対応が異なった際に、大勢に反して山田奉行側に付く神官がいたことは先述した。不安に怯える神官たちに対して、山田奉行所にたびたび出入りしていた外宮三神主は「一向心配不致」と言いはなったのである。(19)

異国人に対する認識にも分裂が確認できる。紀州藩が主導した西洋式軍隊調練の実施により、慶応年間にはこ

内　容(抄　録)
此度南嶋江異国船渡来(軍用人歩免除願)
近来夷国船所々入港ニ付而者、当地者渡来致間敷とも難申……両宮御守衛第一之事ニ付師職之輩武芸之義
異国渡来、防御之御備梵鐘類御召上ケニ相成可申
(開港拝礼所等ニ付嘆願書案)
鷹羽主税儀……儒学を以先達而ゟ鳥羽侯江致出入……家老稲垣主馬ゟ御神宮之御心得方内々御問合……
(集会、異国人旅行一条、安永四年先例)
江戸表江相伺……親睦之御取扱ニ相成候儀ニ付、異人旅行之節神領市中之処者子細無之……当時之異人者日本人同様ニ而言葉も大ニ通し……
此度異国交易相整候ニ付五ケ国異人日本部内旅行免許可有之ニ付……京都江可申立方可然……当地奉行所へ申上候而も関東平穏之御取斗
(山田奉行が老中から伺うには)異人之事故返而参り可申様申出候而者不宜……春日宮参詣之趣申……内外宮参宮可仕心得
(山田奉行所への申入)奈良春日社江も参詣可仕処……参詣者不仕、然処近辺之寺院を借受右寺中之屋根ゟ社内を窺測量致し候由
異人遊歩儀ニ付万一参拝ニ可及哉、然者汚穢神領内ニ相解……殊ニ邪教之徒神慮尤難斗
(紀州藩領山神村中村大蔵より檜垣三神主への話)此頃紀州辺測量致し罷在候旨若山ゟ申来(測量之様子。酒を好船中口論有)
無印蒸気船壱艘志州南張村前海江入津……異人而已乗組言語不通候得共段々相尋候処、英吉利与申儀者相分候之由……小筒持参、尤犬躰之者両疋連レ……
異船之儀、頃日専風聞ニ申候者、寒サ之時分者海岸ゟ弐三里先を通、暑サ之時者冲を通り候由、然ルニ日本之船米其外積入候船を見掛、異船追懸、冲ニ而交易致し呉候様申之ニ付、終ニ者交易致し候由
志州浜島村前海江異船壱艘入津、別紙之通印有之英吉利船与相見、尤小船ニ而人数者凡弐拾人斗
去四月十五日頃英夷伏見街通行一件ニ付種々風説

表２　幕末異国情報一覧

No.	日　時	情　報　源
1	嘉永７年10月17日	紀州藩領民
2	安政２年６月18日	山田奉行
3	安政２年９月23日	山田奉行
4	安政５年３月21日	祭主・大宮司
5	安政５年８月５日	神宮・鳥羽
6	安政６年８月17日	神宮
7	安政６年８月22日	山田奉行
8	安政６年９月17日	祭主
9	文久元年６月12日	大宮司
10	文久元年６月27日	(大宮司？)
11	文久元年７月25日	大宮司
12	文久元年９月15日	紀州藩領大庄屋 →大宮司
13	慶応元年４月21日	鳥羽藩
14	慶応元年５月22日	大宮司
15	慶応元年10月16日	鳥羽藩
16	慶応３年５月25日	祭主

の地域でも洋服（胡服）をまとうことが一種の流行を見た。慶応三年（一八六七）三月に、神宮は胡服を着用して参宮することを差し止めているのだが、内宮長官の記録によれば、あろうことか「権任」という、神宮の中枢を占める神官[20]のうちで「異人同体」の恰好をして徘徊するものがいる、としている（胡服問題は後述）。彼らには、異国人を穢れとし忌避する意識は薄い。

維新後のことであるが、明治三年（一八七〇）五月に英国軍艦が海岸測量を目的に志摩国的矢浦に碇泊した。神宮では警戒を強め、また乗組員が参宮を望んだならばいかに対応すべきかに苦慮しているのだが、この時に横地若狭という神官が、軍艦を見物に行ったのみならず、異国船に乗船して中をも見てきたことが発覚した。横地は志摩磯部の伊雑宮の御田祭を見学に行った際、宿の亭主の希望に従い同道したとする。神宮長官機構は彼を「叙爵之身分として右穢之場所へ被参候義、甚心得方不宜」と叱責した。とまれ、朝廷や神宮中枢の危機意識や異国人を不浄・穢れと見る認識とは別に、民間ではもちろん神宮神官たちの間でさえ、抵抗感なく「異国」と接触する人たちが存在したのである。

(2)異国的要素の忌避

伊勢神宮世界が「異国」を忌避する観念の特質を、朝廷世界のそれと比較してより掘り下げて見るため、ここで異国人自身から離れて、異国的要素を含むものに対する意識を検討する。

神宮の門前町たる宇治・山田、特に歓楽街である古市周辺では、芝居や見世物が盛んに興行された。見世物の一つのジャンルに、外国産の動物がある。これを見物させることは、三都を中心に流行した[21]。古市で異国の動物を見世物に掛けたのは、江戸時代を通じてのことだろうと思われる。だが、それが神宮領に相応しくないとして問題視されるのは、幕末に至ってのことであっただろう。問題となった虎と象について、忌避される原因と背景を見てみたい。

慶応元年（一八六五）一月一八日、まず前年末の一二月二九日から始まった、古市における虎の見世物が問題とされる。大宮司は、虎の食物として「如何之品」を取り扱っているとの風聞・「悪説」を聞く。魚のみを食わせているのならばともかく、獣肉を食べさせること、そしてその動物を見せていることは容認できないことであった。大宮司家役人の橋爪左門は、見世物小屋を市中の参道から野外に撤去させるべし、と神宮側に提案した。

だがこの見世物は、山田奉行に申請され正式な認可を受け、すでに興行が始まっているものである。一月二七日には内宮家司と外宮家司、そして祭主家司との間で、あえて停止を願い出るための理由について話し合われた。

祭主家司の橋爪は、確かにこれまでも異国の獣を見世物にしてきたが、もともと神宮領に相応しくないものである、そして「一昨年勅使山田御滞在中御改正茂被仰出」と、文久三年（一八六三）に朝廷から勅使が伊勢へ派遣され、綱紀粛正が命じられたことを、[22] 停止の根拠としてあげる。

内宮の家司は、「長官代行」の二神主の判断を仰ぎたいとしつつ、山田奉行がいったん認可した興行で、しかも始まって日数も経過していること、悪食（獣肉食）の有無については見世物興行者がそれを否定すれば検証は難しく、また事実が明確になるとかえってまずいことにもなりかねない（つまり、藪をつつくことになる）、とする。神宮側が、見世物差し止めの出願に消極的であることは間違いない。橋爪は、とりあえず見世物小屋に板囲いをして外と遮断することを提案し、一月二九日にはともかく奉行所に出願がなされた。以後数回の尋問がなされたが、おそらくは板囲いをすることで決着したのではないかと思われる。[23]

さて虎問題と並行して、間もなく当地へ連れられて来る予定の象についても、神宮に問い合わせがなされる。神宮は二月五日に行われた山田奉行所への返答のなかで「右象之義茂異獣ニ者候得共、禁忌ニ相拘候食類不相用、藁一通り之儀ニ候ハヽ、差障り無之奉存候、尤虎同様参道筋ニ候ハヽ、為規矩立板囲被仰付度、且鳥類之儀者別而悪食茂不相用儀与奉存候間、都而禁忌ニ拘り候義於無之者別段差支無御座候様奉存」としている。象についても虎と同様に板囲いをすることは求めている。だが虎とは異なり食物は藁であり、禁忌にかかわる肉食はしないため、鳥類と同様に支障はないと判断した。神宮にとっての基準は、触穢規定にのっとった獣肉食の禁忌の有無であり、「異国の獣」ではない。

だが同年の五月一七日に、次のような指示が大宮司を通して神宮に伝えられている。[24]

於横浜相求来候象、勢州於　神領地諸人ニ為致見物候旨、不容易儀、以来異獣於　神領右様之儀無之様被

仰出候事

但、武辺江茂御達置ニ相成候事

朝廷側は象や虎を、神宮のように獣肉食の禁忌規定からではなく、まさに異国の獣であるがゆえに、忌避したのである。何を食べようが食べまいが、区別されることではない。異国であることが、いけないのである。内実ではなく、見慣れぬ異国の要素が忌避された。

さて、内実はないにもかかわらず異国風の外観ゆえに忌避されたものとして、洋式軍装＝胡服がある。異国船の接近と共に紀州藩を中心にこの地域でも西洋軍隊式の調練が盛んになってきた。紀州藩では、特に第二次幕長戦争後に本格的な軍制改革が行われ、西洋銃隊中心の軍隊に編成されていった(25)。ことは神宮領にも及び、神領民も西洋式軍隊に編成する動きがあり、神官らにも武芸の奨励がなされる。訓練時には当然に西洋風の衣服を着用するのだが、この風俗が次第に広まり、胡服のままで参宮する者も現れるようになった。

慶応三年（一八六七）二月、「異人同体之衣服ニ而参拝之輩」を見受けることが両宮及び大宮司の間で問題となり、祭主を通じて幕府・山田奉行に働きかけ、「夷服着用」の者は参宮はおろか、神三郡と志摩一国には立ち入らせないように願うこととなった。

異国の服はなぜいけないのか。神官らは表向きはそのような服装であれば「真実之夷人同断ニ而、等差分別無之」と、本当の異国人と区別が付かないから、とする。だが、参宮者として紛らわしいことのみが理由ではなかろう。この時に神官の中枢たる権任らにも「異人同体」の恰好で徘徊する者がいることが問題になっており、一方で西洋式軍事調練の最中に、神宮領において西洋式の軍服を着用することに抵抗感が示されてもいる(26)。

「夷服着用」の者の排除を願った神三郡と志摩一国とは、異国人自体の立ち入りを拒んだ範囲と同一である。

異国風の衣服をまとった日本人は、異国人自身とほとんど同様に、忌避されたのではないか。

胡服を忌避する感覚は住民にも共有されたが、同時にこれを容認する論も存在した。当時の宇治・山田において、西洋調練を見物する町人たちの議論を紹介した「町人胡服論聞書」[27]には、「肉ヲ喰ヒ血ヲ啜之胡人ニ類スル衣」「禽獣ニ比（等）しき者之胡服」と胡服を否定する者がいる一方、これを自慢げに見せる者が存在し、その機能性を高く評価する主張や、西洋の製する砂糖や南蛮渡来の合羽等は受け入れながら胡服のみを拒むのは不合理、との論があったことが記されている。

さて胡服着用者の参宮禁止の請願について、祭主から幕府へ提出する願書の草案が神宮に示された。それには「何卒以来胡服着用之輩、僧尼同様御制禁御座候ハ、神慮可為快然歟」との文言があった。しかし神宮側は、「僧尼同様」の文言を削除するように願う。

江戸時代を通じて伊勢神宮では、仏教も禁忌の対象であり、僧尼の参宮は建前上は禁止されていた。しかし、実はその忌避は必ずしも強いものではなかった。その表れが、「付髪」（付髷）である。僧侶であってもこれで剃髪の頭を隠し、外見が俗の姿になれば参宮は許された。文久三年（一八六三）の勅使による神宮改革は、神宮内部から仏教色を一掃することを目的のひとつとしていた。「僧尼禁制札」が建てられ、神宮への立ち入り禁止が明示された。だがその直後、宇治会合からの「附髪いたし候ハ、宜御座候哉」との尋ねに対し、神宮は「俗之姿ニ相成、附髪致し候ハ、是迄之通宜候」と返答している。

付髪は神宮門前の店で公然と販売されていたものであり、神宮自体がこの装置を容認していた。当人が実際には僧侶であることは、衆人承知の上である。一時的に、見た目で僧侶の姿を離れればよい、ということだ。

神宮も朝廷も、実態と同じか、場合によってはそれ以上に「視角」、見た目の問題が重視される点では共通性がある。だが、その表れ方は大きく違う。動物や胡服について、神宮はその「実態」が触穢体系にのっとるか否かを主に問題とするが、朝廷は実質が禁忌に触れなくても視角の違和感＝異国的な外観を拒絶する。一方神宮は、付髪の僧侶のように、実態が触穢に該当するものでも、「見た目」を整えることで、適用を避ける方策を採っていたのである。(28)

三　維新後の異国人問題

文久三年（一八六三）に朝廷からの勅使として伊勢に赴き、異国人と仏教と被差別民を激しく排撃した橋本実梁は、維新後に度会府・度会県知事・同県令に就き、明治初年の神宮改革を主導する。神宮への「外圧」は、それを直接担当する人間は同じでも、中味はほんの数年で一変している。幕末に触穢の厳密化、とりわけ朝廷側の触穢観念を押しつけてきた勢力が、今度は伊勢神宮に、触穢の否定・一掃を強要していくのである。尊皇攘夷から文明開化への転換期には、こうした「手の平返し」は、様々な局面で起こった。「穢れたもの」として排撃を強要した異国人についても、一転して積極的に受容するようになった。まずは、どのような働きかけが神宮になされたのか、その様相を見ていこう。

明治三年（一八七〇）五月、測量船丁卯丸と英国軍艦が、志摩国的矢浦に着岸した。英国の乗組員が参宮を申し出たため、伊勢神宮には動揺が広がる。

この時の異国人参宮はまずは押し止められたが、神宮の権禰宜らが作成した願書の下書が残されている。その文言の一部を引用しよう。(29)

外国ノ人ニ於ケル、常ニ異教ニ浸潤シ、雑穢ニ混ジ、獣肉ヲ食フ、此ノ如キ者ヲシテ宮中ニ参入セシメバ、神慮ヲ冒シ奉ルノ甚シキ、其恐勝ゲテ言フベカラズ、既ニ外国人ヲシテ宮中ニ参入スル〻ヲ被為許候ハヾ、僧徒ハ勿論屠者穢人ノ徒モ亦皇国ノ民ナリ、随ツテ参入スル〻ヲ禁ズベカラザルニ至ルベク、太神宮既ニ斯ニ至ラハ闔国三千余座ノ神祇悉ク腥羶ノ汚穢不被為受〻ヲ得ズ

ここでは、異国人と仏教と被差別民とをワンセットとして、いずれも穢れとして忌避する論理が見事なまでに凝縮されている。しかしこれは、神宮の本来的な触穢観からのことではない。文久三年改革を起点とする朝廷による神宮への働きかけが強く影響し、浸透した結果なのである。

権禰宜だけでなく神宮としても度会県に出願している。だが五月一九日に県知事・大参事に面会した外宮六神主の朝昌は、異国人に上陸を認め、日本人と同様に扱うことは今年正月の布令で命じられたことであり、上陸差し止めも警備を出すこともできない旨を告げられた。神宮はその後、久居藩「軍艦」の浅木比と連絡を取る。浅木比は山田詰めの同役や神宮と情報を交換していた。彼らの間では、万一異国人が参宮したならば精々押し止めるが、力に及ばなければ致し方なく「鳥鳩抔も御神前御屋根等ニも居候間、夫ト思ヒ見捨居候ゟ致方無之、其積ニ可心得旨」とする。見て見ぬ振りをする、つまり実際には参宮していても、鳥や鳩等と同様に見て、認識しなかったことにすれば良い、という理屈を提示しているのである。(30)

さて、明治四年（一八七一）八月には賤称廃止令が発令された。明治三年一一月には度会県庁から「古法之如く」として禁じられた獣肉食用者の参宮も、明治六年正月には、牛肉食用が表向きになったことを理由に、容認する旨の度会県の達しが出された。かくして、伊勢神宮において制度的に被差別民を排除する根拠の一切はなくなった。

明治五年三月には、度会県庁から「先般御神領都テ上地相成候ニ付テハ」との理由で、触穢全般について「従

来土地限り之規則相廃」が命じられた。度会県と神宮司庁から神祇省に伺った上での達しである。ここで、宇治・山田における罪人処刑の例外規定[31]と死者を送る際の穢を避ける習俗＝速懸の停止、葬送の死穢に接した人間も三日後には参宮を認めることなどが触れられた。そして、僧侶の参宮も苦しからずとなった[32]。

同年の八月に、神宮少宮司の浦田長民・大宮司北小路随光は教部省に宛て、僧侶の参拝の規則、特に参拝の場所を定めたいとする。それは「左も無之候ハ、外国人参拝相望候節取扱之標準無之不都合」との理由であった。僧侶の参宮容認は、外国人参宮問題を連想させたのである。この問題に関しては度会県から神宮に、条約改正の状況下での対応についての問い合わせもあった。さて九月に教部省は次のような伺いを正院に提出する[33]。

正院伺之写

神宮大少宮司ヨリ外国人参拝之儀ニ付別紙之通伺出候、右者去庚午六月御評議之趣モ有之候得共、遠人モ来拝イタシ候様相成候ハ却而神慮ニ被為叶候儀ニ可有之候得ハ、向後参拝申出候節ハ御国人同様之振合ヲ以差許可申旨可及指令哉、此段相伺候也

壬申九月　　輔

卿

正院御中

あれほどまでに外国人を排撃し、伊勢神宮に対しても参宮の拒絶を勧め、強要した勢力が、遠国からも参宮に訪れることはかえって神慮に叶う、などという理屈で「手の平返し」を行っているのである。このレトリックに抗する選択肢は、伊勢神宮にはもはやなかった。先に見た異国人を鳥や鳩と見なすという言い方にしても、要は神宮世界の人々が、ともかく納得できる理屈を付けることが肝要だったのである。

一〇月末日に教部省から、正式に外国人参宮を日本人一般同様に認めるべしとの達しが出された。明治四年八月から翌年一〇月にかけて、わずか一年余りの期間に、幕末に激しく排除された異国人・僧侶・被差別民の参宮が、相次いで容認されることになったのである。神宮が固守してきた触穢規定――わずか一〇年足らず前には、その遵守が厳しく命じられた規定であったが――が、神祇省・度会府の主導により否定されることで、彼らを排除する根拠は失われた。

さて、外国人参宮容認が決まった直後の一一月二日には、大久保利通に伴われ英国お雇い外国人が参宮した。この時には尾上町の横山屋に止宿している。(34) ここで大半の神宮神官たちは、「情報」のみで築き上げてきた異国人の実像に、初めて接したのである。翌年三月にも英国人が参拝、『神都年表』(35)によれば「是ヨリ後外国人頻ニ参拝ス」とある。同八年にはアーネスト・サトウ、一一年にはハーリー・パークスの参宮もなされた。あれほどまでに激しく異国人を拒絶した神官たちだが、これらの参拝について、何かもめごとがあった形跡はない。

おわりに

異国船が接近した時期に伊勢神宮は、異国人を忌避することを朝廷から執拗なまでに強要された。その根拠として示された異国人に対する穢れ観は、神宮の伝統的な触穢観とは別体系のものである。そして当初は、必ずしも朝廷の認識・意向を伊勢神宮が共有していたとはいえない。だが、種々寄せられる情報と幕府側の対応により危機感を募らせた神宮は、拒絶の理屈として異国人への穢れ観の理屈を「先例」から見出し、次第にそれを増幅させ、政治的立場としても依拠する勢力を、従来の山田奉行・幕府から、大宮司・祭主・朝廷へとシフトさせていく。文久三年（一八六三）に朝廷が主導して行われた改革は、朝廷の触穢観に基づき、異国人と僧侶、そして被差別民を神宮世界から厳しく排除するものであった。

だが、維新後に諸外国との外交が本格化し、文明開化の状況下、宇治・山田世界で適用されてきた触穢規定・服忌令が、幕末期には触穢の厳密化を強要した勢力によって、否定される。伝統的な神社の触穢観は、伊勢神宮が神道国教化政策の中核を担う時には障害となったのである。そうしたなかで、異国人・僧侶・被差別民の参宮が相次いで容認された。伊勢神宮は、外国人への差別・排除を強く求められた幕末期を経て、こんどは一転容認を命じられる、「手の平返し」を受けた。

江戸時代を通じて伊勢神宮は、規定のタテマエとは違い、実際には彼らを排撃する意識はさほど強くはなかった。そして幕末段階では、異国人の実態に即した多様で豊かな、そして冷静な情報も一定度蓄積していた。維新後に表立ってさほどの混乱が認められないのは、本来神宮世界が持った触穢についての融通無碍な思考回路が下支えしただろうし、また異国人を客観視することが可能な情報を得ていたことも大きかったであろう。また、情報のみで形成された誤った認識は、それが精神の奥深くまで影響するものでなければ、現実のモノに接した時に崩れるのは容易い。

「汚穢醜虜」と蔑まれた異国人、文久三年から始まる神仏分離、仏教排撃により遠ざけられた僧侶・仏教、清浄な神宮の対極にあるものと排除された被差別民。彼らはいったんその存在自体を激しく否定され、排除された上で、容認された。

だが、神宮世界（神官たちも神宮領の住民たちも）の認識は、もはや幕末以前の融通無碍な思考回路にそのまま戻ることはありえない。幕末のある段階で、穢れ観とは無縁の異国人観も神宮世界に生じかけていたが、この芽がそのまま成長することはなかった。表面には出ずとも鬱屈した葛藤、真に受け容れる訳ではない形式的な受容・

容認、これらは、幕末の神宮世界が伝統的な観念のままでいたならば、持たなくても済んだものであった。神宮世界のみならず当時の社会において、幕末期の短期間に外在的な情報によって厳しく刻印された他者認識は、表面には出ず、そしてそれゆえに重く、その後の時代に規定性を与え、引き継がれたのではなかろうか。

(1) 保谷徹編『幕末維新と情報』(吉川弘文館、二〇〇一年)の諸論考及び同書所収の保谷「解説」を参照。
(2) 『神宮編年記』(神宮文庫蔵)。この史料については、神宮史料輪読会編「『神宮編年記』(内宮長官日記)慶安元年一〇月一五日~同二年七月七日」(『皇學館大学神道研究所紀要』一六、二〇〇〇年)の「解題」参照。内宮と外宮それぞれの長官機構で作成されるが、以下の論述において、特に断らない場合の史料典拠は、『神宮編年記』の内宮分である。
(3) 以下の叙述で、三方会合・宇治会合や祭主との関係において示す「神宮」とは、長官機構、ないしは長官以下一〇人の禰宜で構成される、神宮の最高決議機構を指す。
(4) この問題に関しては、拙稿「近世の伊勢神宮と朝廷――「触穢令」をめぐって――」(『人文論叢』一七、二〇〇〇年)参照。
(5) 伊勢に在住する神官で、神宮と京都の朝廷・祭主とを取り次ぐ立場にある。
(6) 藤波氏は京都在住の公家。伊勢神宮の大中臣祭主として、神官の叙爵や神宮の重要な儀式を管轄する。國學院大學日本文化研究所編『大中臣祭主　藤波家の研究』(続群書類従完成会、二〇〇〇年)参照。
(7) 『孝明天皇記　二』(平安神宮編、吉川弘文館、一九六七年)。
(8) 厳密には、風を司る伊勢神宮の別宮として、外宮は「風宮」であるが、内宮の別宮は「風日祈宮」である。別宮は内宮に一〇社、外宮に四社あるが、そのうちで伊雑宮のみが単独で祈禱命令を受けているのは、これが鳥羽藩領に位置しているためであろうか。
(9) 『三重県史　資料編　近世4下』(三重県、一九九九年。以下、『県史』と略す)一〇三号。
(10) 『神宮編年記』安政五年四月一二日条によれば、内宮・外宮との間で、諸社からの嘆願書について風聞はあるが「此節ニ至り左様之趣も無之」との情報があり、解状を止めることを検討している。

(11)『神宮編年記』安政五年四月二八日条。

(12)『県史』一二八号。竹川竹斎が筆写し、安政二年(一八五五)に幕府勘定奉行や目付が海岸を検分した際に、随行した勝海舟にこの写本が渡されたという。

(13)「嘆願書」をめぐる大宮司との交渉過程において、外宮側が独自に作成した解状案には「穢悪之醜虜」の語句が含まれている。だが、この解状案は先に見た大宮司側の「口上之覚」を下敷きに作成したと思われる。なお、内宮側は手続き上認められないと拒否した(『神宮編年記』安政五年四月一七日条)。

(14)『神宮編年記』安政六年八月一八日条。安永四年七月一九日条を抜粋して記録している。

(15)「同火」の問題については拙稿「近世の宇治・山田における被差別民禁忌について」(『人文論叢』二〇、二〇〇二年)参照。

(16)なお、天文年間には中国人の参宮の事例が二度ある(『宇治山田市史　上巻』)。いわゆる鎖国体制成立後に異国人の参宮が実態としてなくなり、安永四年の事例は伊勢神宮にとって、生身の「異国人」を意識する久し振りの出来ごとであった。この段階では、異国人を忌避することは世俗の習わしとし、その理由付けとして「肉食」の可能性をあげているのであろう。

(17)江戸に戻った後、外国奉行に転任している。

(18)拙稿「鳴物停止令と地域社会——伊勢神宮周辺地域を中心に——」(『三重大史学』創刊号、二〇〇一年)。

(19)『神宮編年記』文久元年七月二五日条。

(20)権任とは、神宮の中核たる一〇人の禰宜(十禰宜、十神主等と称する。この頂点が一禰宜=長官である)になりうる家格の神官をいう。

(21)吉田映二『新補　伊勢歌舞伎年代記』(放下房書屋、一九三三年)。なお、象や虎を見世物に掛けたのは鳥屋熊吉という著名な興行師である。詳細は、川添裕「勢州松坂　鳥屋熊吉(上)」(『歌舞伎　研究と批評』二七、二〇〇一年)を参照。

(22)藤枝恵子「幕末の伊勢神宮と山田奉行」(『日本史研究』三〇五、一九八八年)。

(23)『新補　伊勢歌舞伎年代記』によれば、四月上旬まで興行が続けられている。

(24) 直接には神宮は大宮司から命を受けている。大宮司は祭主から伝えられたが、それも祭主が「以来異獣於　神領右様之儀無之様御四折を以　仰出」とあるように、「仰出」を受けてのことであった。川添氏が指摘されていることであるが、『維新史料綱要（六）』（東京大学出版会、一九四三年）の慶応元年五月一四日条に、「野宮定巧国事私記」「政変録事」等を引いて「伊勢ノ民、横浜ニ象ヲ購ヒ、古市町　伊勢国度会郡　ニ於テ衆ニ観覧セシム。是日、所司代ニ令シ、爾後異獣ヲ神宮領内ニ入ル、ヲ禁ゼシム」とある。五月一四日に天皇の意志が所司代に示され、神宮には祭主・大宮司経由で一七日に伝えられたのであろう。なお、一八日には「武辺」＝山田奉行所にこの旨が報告されている。『新補　伊勢歌舞伎年代記』には象の見世物は「五月朔日ゟ始五月廿日迄興行」とあり、朝廷からの働きかけにより中止になったと考えて良いであろう。

(25)『県史』第一章第三節の二項。

(26) 同右一〇〇号史料。宇治・山田ではなく、内宮領の度会郡野後村（滝原宮の門前）の事例である。

(27) 同右一三〇号史料。

(28) 朝廷にも、実態はそのままに視角のみを忌避するという、同種の対応が見られる。勅使が市中を通行する際に、道沿いの仏像や寺などが目に付かないように、白布で覆うことを求める触が出される。隠そうが隠すまいが、仏像も寺も厳然とそこにある。白布で覆ったことで、かえってそこには仏教的なものが隠されていることは明示されるともいえよう。しかしなお、視角上の異質感がないことの方が重要なのである。虎の見世物について、祭主家司が板囲いをするとの妥協案も同様である。ただし付髪の僧侶は、これを拒否できるのにあえて受け入れるための方便であるのに対して、勅使通行時の白布は、除去できないものを視角上は隠蔽するための方策なのであり、方便・方策を用いる者の意識としては大きな違いがある。

(29)『宇治山田市史　上巻』四八頁。

(30)「氏朝日記草稿　七十六」（神宮文庫蔵）。

(31) 江戸時代に神宮領では、火刑をしない特別規定があった。拙稿「山田奉行の裁許権」（『三重大史学』2、二〇〇二年）。

(32)『宇治山田市史資料　触穢上』（伊勢市立図書館蔵）。

(33)「神宮司庁公文類纂　法制編」（神宮文庫蔵）。なお、維新後の外国人参宮問題については、中西正史「アーネスト・サトウと伊勢神宮」（『神道研究集録』第一五輯、二〇〇一年）参照。

(34)「外宮権禰宜日記」（神宮文庫所蔵）。

(35) 神宮文庫所蔵。

〔付記1〕史料の閲覧に際しては、神宮文庫、皇學館大学神道研究所、伊勢市立図書館にお世話になった。記して謝意を表したい。

〔付記2〕本稿は、日本学術振興会科学研究費平成一四年度〜一六年度（基盤研究C）「近世門前町、宇治・山田の社会構造に関する研究」課題番号一四五一〇三五五の研究成果の一部である。

幕末大和の豪商と雄藩——高田の村島氏一族と長州藩との物産交易をめぐって——

谷山正道

はじめに

幕末のわが国では、雄藩が台頭し、中央政局にも大きな影響力を及ぼすようになったが、これと併行して、流通面では、雄藩と結びつく新たな物産交易のルートが形成されるようになったことが注目される。本稿では、そうした物産交易のうち、安政期に開始された上方の豪農商と長州藩とのそれを取り上げ、前者の中心的存在であった大和高田の豪商村島氏一族と長州藩との関係に焦点を定めて分析を行うことにしたい。

ところで、上方の豪農商と長州藩との物産交易に関しては、服部之総氏と井上勝生氏の先行研究があり[1]、上方の「新興の商業資本」が「発展する経済力を背景にして産物交易を主体的に推進し、交易の真の『根底的な組織者』になっていた」のか、それとも雄藩である長州藩が主体となり、「中央市場の豪農商を領主的に支配し組織した」のか、が争点となってきた[2]。前者が佐伯仲蔵編『梅田雲浜遺稿並伝』（一九二九年刊）の記述や所収史料に依拠して展開された服部氏の論、後者が山口県文書館や国文学研究資料館史料館（以下、国立史料館と記す）所蔵の関係史料なども活用して展開された井上氏の論である（両氏の見解については、本論のなかでより詳しく紹介する）。ただし、立論に際して、服部氏はもちろんのこと、井上氏の場合にも、物産交易の実態に関する分析がきちんと行われてはおらず、この面の分析をふまえた上で、上方の豪農商と長州藩との関係について、改めて検討しなおしてみる必要があると思われる。

論文執筆時（一九八五年）に井上氏は、長州藩との物産交易に参画した上方の代表的商人であった村島家には「交易の性格を参照しうる史料は伝来していない」と述べられていたが[3]、幸いなことに、村島氏一族のうち分家の長三郎家＝仐家には、書状を中心に五〇点ほどの関係史料が伝存しており[4]（以下、村島家文書と記す）、そのなかには物産交易のあり方をうかがうことができる史料も含まれている。本稿では、（服部氏や井上氏が目を通された史料に加えて）従来未紹介であったこれらの史料も活用しながら、大和高田の村島氏一族と長州藩との物産交易の実態（の一端）を明らかにするとともに、（村島氏一族は長州藩に従属する商人になったとする井上氏の「従属商人」論を特に念頭におきながら）両者の関係について検討しなおすことにしたい。

一　雄藩の台頭と新たな交易関係の展開

周知のように、長州藩や薩摩藩などは、天保改革以降の藩政改革によって藩権力の強化をはかり、幕末の中央政局に大きな影響力を及ぼすようになった（また、ウエスタン・インパクトのもと、朝廷の政治勢力化も進み、幕末の政局は「朝廷(公)―幕府(武)―諸雄藩(武)の三勢力のバランスオブパワー」のなかで展開するようになった[5]）。

こうした雄藩の台頭は、新たな交易関係の展開とパラレルであったが、それに先立って西日本では、天保改革の前夜に市場面でつぎのような動きがすでに生じるようになってきていたことに注目しておきたい（天保改革時に大坂町奉行阿部正蔵が提出した有名な意見書[6]の記述による）。

①是迄百姓・町人より大坂問屋江廻し来候商物を、近年夫々領主地頭江買〆、物成外之蔵物ニいたし、邂逅百姓・町人より相廻候節ハ、蔵物ニ障候旨申懸、自余之売買差構、或他領産物をも手を廻買集、領分知行所産物之唱を以、勝手之場所江積送払方いたし候向不少哉ニ相聞、（下略）

②長州赤間ヶ関ハ船付弁理之所柄ニ付、風順等ニ不拘、諸廻船輻湊いたし候ニ付而ハ、所々姦商共義、近年諸色不融通之時合ニ乗し、右赤間関江寄集、国々より上方筋を目当ニ積登候品ハ勿論、大坂仕入之荷物をも猥ニ引留、其処之者馴合、高直ニ糴売糶買致、其外瀬戸内と唱、右赤間ヶ関より上方浦付之場所、或大坂最寄浦々ニ而も同様、高直ニ途中致売買候義、追々及増長候ニ付、大坂江廻着相減、（下略）

この文章の筆者である阿部は、「諸国取引第一之場所」であり「諸国相場之元方」であった大坂への廻着荷物が減少してきている（それに伴って物価騰貴が生じている）事実に着目し、その原因として、ここでは、①最近各藩で専売制が実施され、それまで「百姓・町人」から大坂へ送られていた商品が藩によって買い占められるようになり、（買い集めた他領の産物も含めて）「蔵物」として「勝手之場所」へ直送されるようになった、②国々から大坂に向けて送られる商品が、長州の赤間関（下関）をはじめ瀬戸内の浦々などで、集まってきた各地の商人によって「途中売買」されるようになった、という二点を指摘している。本稿との関わりでいえば、①の藩専売制の展開はもちろんのこと、②において、「姦商」たちが寄り集まって「途中売買」を行う場所として、赤間関がクローズアップされていることが注目されよう。

こうした阿部の指摘をふまえて、幕府は、改革政策の一環として、天保一三年（一八四二）一〇月に畿内以西の藩専売仕法を問題視し「諸国産物売買」の「悪弊」の改革を命じるとともに[7]、翌一四年（一八四三）四月には、赤

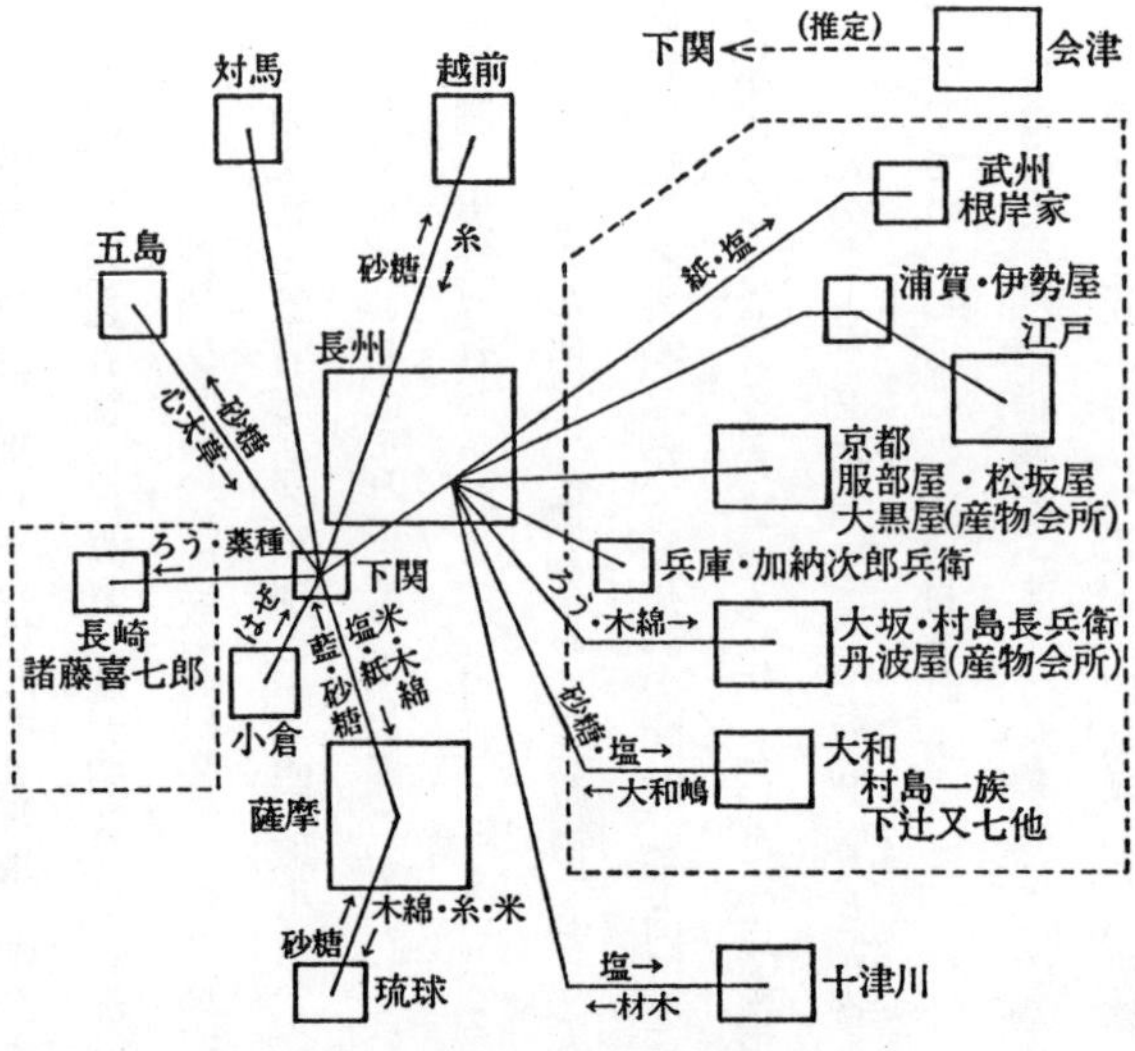

図1　長州藩、幕末期産物交易図

注1)田中彰「幕末薩長交易の研究」「薩州御交易録」「産物事」「忠正公伝」『周布政之助伝』「佐藤家文書」による。

2)産物は、主要なもの、あるいは判明しているもののみを記した。

〔備考〕井上勝生註(1)論文176頁の図を転載。

間関ならびに瀬戸内浦々における「出買糶買」（「途中売買」）を禁止する[8]に至ったが、その効果は一時的なものに止まった（指令が無視されるケースも少なからず存在した）。

さらに、安政期以降になると、天保改革期に阿部が①で指摘していた動き——藩が買い集めた国産品（等）を大坂以外の「勝手之場所」へ販売しようとする動き——がより進むようになった。長州藩についていえば、安政改革期以降つぎのような動きがあったことが、田中彰氏によって明らかにされている[9]。

①長州藩は、安政改革において、「産物取立」政策を積極的に推進していった。

②そうした折、赤間関（下関）の薩州問屋白石正一郎らが、長州藩に対して、薩州と長州との物産交易を赤間関を拠点に行いたいと願い出、安政六年（一八五九）二月に許可された（薩長交易の開始）。

③長州藩は、「勧農御内用懸り」に任命した領内の豪農商に交易をまずやらせ、「国益」があがる見通しがつけば、藩自らがこれに乗り出すという方針をとった（交易がいったん中断し、慶応期に再開されてからは、交易が直営となり、越荷方がこれを担当するようになった）。

④この薩長交易を基軸として、赤間関を拠点とする長州藩の物産交易網は次第に拡大していった（図1参照）。それは、大坂を中核とした「幕府の全国市場支配の交易路線」が切断されていく過程でもあった。

こうした動きと平行して、長州藩は、安政期以降、上方など中央市場の豪農商とも新たな交易関係を取り結ぶようになった。井上勝生氏が苦労して作成された図1を借りていえば、点線で囲まれた部分に名前が記された面々（非領国もしくはこれに近似した地域に属する、江戸周辺や上方、長崎の豪農商）がその主な相手であり、交易の形態は、図中の他のケース（藩際交易の形をとる）とは異なって、個人を相手としたものであった[10]。前置きが長くなったが、本稿で光をあてる大和高田の村島氏一族は、長州藩の交易相手となった上方の豪農商のうち、代表格ともいえる存在であったのである。

二　大和綿業の一中心地であった高田

村島氏の居村であった高田は、大和の葛下郡に属する大村であり（村高は、太閤検地時に一五七八石余、幕末には一五九五石余。なお、寛永から元禄までの間に山内村を分村している）、慶長六年（一六〇一）から天和二年（一六八二）までは布施（新庄）藩領、それ以降は幕府領に属していた。当初は本郷がその中心であったが、慶長年間に村内を流れる花内川の西側に真宗寺院（のちの専立寺）がつくられたことから寺内町が形成されるようになり、また村内を東西に貫く初瀬街道（横大路）に沿っても町場（新町）が形成されるようになった（さらに下街道も村内を南北に通っており、高田はまさに交通の要衝に位置していた（図2参照）[11]）。その後、町場の発展とともに、一八世紀の中頃には、本郷の百姓らが「高田村之内寺内町・新町と申ハ町場ニ而、家数も多商人多御座候得ハ、自然有徳人も多御座候故、本郷百姓次第相衰、右之者共江田地多買請候故、本郷高之出作百姓と申ハ都而寺内町・新町ニ多御座候[12]」と述べる

図2　大和高田の中心部　　　※▒▒はショッピング街

〔備考〕『大和高田商物語』（大和高田市、1996年）17頁の図を転載。

ような状況に立ち至っていることが知られる。なお、明和六年（一七六九）の「様子大概書」[13]には、「此村町場にて壱ヶ月に六度宛市立」「此村里方市場故少々賑ひ有」という記述がみられる。

年代が再びさかのぼるが、高田村は、一七世紀の半ば以降、奈良盆地における綿作を中心とした農民的商品生産の進展に対応して、遠隔地取引の拠点および地域市場の中心地として発展するようになった。たとえば、一八世紀前半の葛下郡神楽村と同郡曾根村の明細帳[14]に、それぞれ「田方反別弐拾四町五反余、例年六七分木綿仕付申候」（元文元年（一七三六））「田木綿作六分位仕候」（延享元年（一七四四））と記されているように、高田村の周辺地域は、奈良盆地のなかでも、もっとも綿作率が高かった地域であり、これに対応して、同村では実綿の繰綿への加工がさかんに行われ、問屋によって集荷された繰綿が関東をはじめとする各地へ販売されていた[15]。元禄一五年（一七〇二）の史料[16]によれば、同村には人数は不明ながらも多数の綿繰屋が存在するとともに、綿屋徳兵衛・井筒屋六兵衛・佐渡屋庄次郎の三名が繰綿問屋を営んでいたことが判明し、また、安永二年（一七七三）には、一七軒の綿繰屋と二七軒の綿仲買が寺内町を中心に存在していたことが知られる[17]。

繰綿問屋についていえば、一八世紀の前半から半ばすぎにかけて、その顔ぶれに大きな変化が見られるようになった。大和の各地の繰綿問屋とともに、集荷した繰綿を関東の在町（常州の真壁・下妻・下館や野州の久下田など）の商人へ主に売り捌いていた前述の三名の問屋が[18]、明和期に至るまでにそろって姿を消し、これにかわって江戸の繰綿問屋の注文をうけて大和の繰綿の買い次ぎを行う問屋が新たに出現するようになったのである。

その一人が、宝暦一〇年（一七六〇）から買次問屋を営むようになった村島屋長兵衛（村島本家）であった。彼は、寛延三年（一七五〇）から営業を開始していた同村の松村屋善助とともに、明和四年（一七六七）に結成された「和州江戸注文繰綿買次問屋仲間」に加入するに至っている[19]。この株仲間には、大和国内の一三軒の買次問屋が加入したが、江戸の繰綿問屋とのその後の取引高は、長兵衛店が最も多く、他をはるかにしのいでおり、[20]寺内町の寺門裏町通りにあった同店は、「ここはどこのかど　村島のかどや　綿のでんぼで　せもござる」と謡われるほどに、[21]賑いをみせる状況にあった。

その後、江戸の繰綿問屋への大和繰綿の販売高は、関東における綿作の展開に伴って、一八世紀の末頃から大幅に減少するようになり、長兵衛店の場合にも、その例外であることを免れえなかった。[22]これと歩調をあわせて（肥料代の高騰などもあって）大和の綿作は衰退傾向を示すようになったが、高田をはじめとする奈良盆地の中・南部では、漸減の傾向を示しつつも、綿加工業の進展にも対応して、幕末までなお高い綿作率を維持し続けた。[23]

一八世紀の後半以降、奈良盆地の中・南部では、木綿織生産が進展するようになり、一九世紀の初頭には農村内部にも専業的織屋が形成されるまでになった。こうした木綿織生産の発展は、生産用具の改良（いざり機から高機への転換）を伴うものであり、綿織生産力の飛躍的上昇に刺激されて、紡糸生産もおおいに進展するようになった。[24]

その後、当地では、幕末にかけて、工程分化を伴いながら、綿加工業がさらなる発展をとげるようになったが、木綿織に関しては、年間の織出高が一五、〇〇〇反余にも及ぶ織屋や一〇〇機もの織機を有する織屋すら出現するようになったこと、紡糸に関しては、嘉永六年（一八五三）に当地を訪れた長州藩の吉田松陰がその盛んな有様に驚き、「河泉之間、高田・上市・八木・今井女工甚盛、男子閑亦則紡績亦一奇也」と印象を述べていること、にそれぞれ注目しておきたい。[25]

高田は、こうした大和綿業の一中心地であり、寺内町を中心に、綿の加工・流通に関わる様々な稼に従事する人々が数多く存在するようになっていた。この点は、文政二年（一八一九）と明治二年（一八六九）における同村の諸商・諸職の人数を業種別にそれぞれ示した表1と表2から、よくうかがえよう（後者においては、より詳細な調査

表1　文政２年　高田村町別諸職諸商表

町名 ／ 諸商職名	寺内	新町	本郷	東口	八丁	古川	合計
酒造方	5	1		1	1		8
請売酒屋	8	1	2		3		14
醬油造方	3	1		1			5
糀売人	7	1		1		1	10
酢造方	4						4
味噌造方	3						3
絞油屋	3						3
請売油屋		1	1			1	3
藍染方	4						4
形附紺屋	2						2
荒物商人	12						12
木綿類売人	18	2	2				22
絹布類売人	4	1				2	7
青物類売人	7	2					9
菓子屋	3						3
小間物類売人	4			1			5
饅頭焼餅屋	5			1			6
旅籠宿並茶屋	3	1		3			7
温飩蕎麦切	5	1				1	7
豆腐菎蒻屋	7					1	8
素麺請売人	12	2				1	15
田葉粉屋	4	2	5			2	13
古手売人	6	2		1		3	12
柴薪売人	2		2			2	6
下駄草履売人	4			2			6
薬種屋	2	1					3
魚類売人	2		3				5
道具屋	3	3					6
材木屋	3	1	1			1	6
硫黄付木屋		6	9			4	19
実綿繰綿商人	12	2	3	1		4	22
大工職	10	1	1				12
左官職	2						2
屋根ふき職	1						1
綿打職	5		2				7
桶輪入職	5	1				1	7
鍛冶職	1						1
あんま導引	8						8
髪月代	4	1				1	6
ちょうちん屋	3	1					4
手伝小手口職			4				4
諸色中買口銭方		3	4			7	14
樫木屋	4						4
計	200	38	39	12	4	32	325

〔備考〕『改訂大和高田市史』後編（大和高田市、1987年）、168頁所掲の表を転載。

表２　明治２年　高田村諸商諸職人数

綿商内	12(1)	青物問屋	2	べっこう屋	1
木綿諸国出シ問屋	2	八百屋	44(2)	木綿銀附	1
綿打職	11	豆腐屋	7	かもじ屋	1
じんき屋	5(2)	こんにゃく屋	4	大工職	16
糸屋	20(2)	果物屋	14	左官	7
絹糸屋	4	湯葉屋	1	鍛冶職	4
木綿織屋	37(8)	煮売屋	8	瓦職	1
木綿商内	13(4)	膳飯屋	3	桶屋	5(1)
呉服幷唐物切商内	14	茶屋	2	石工	1
紺屋幷色染稼	13(4)	煎餅屋	1	樫木職	2
染物職	2	菓子屋	14	屋根葺	1
綟屋	2	まんちう屋	1	下駄屋	3
機大工職	2	紙類砂糖	1(1)	畳屋	3
人力油稼	11(4)	材木屋	2	植木庭造	2
請売油屋	4	荒物屋	22	髪結	3
油包職	1	小間物屋	16(1)	手伝職	13(3)
醬油稼	5	刻田葉粉渡世	21	金物餝屋	2
酢造稼	1	田葉粉仲買	10	指物師	2
請売酒屋	4(2)	蠟燭幷鬢附	4	表具師	2
酒道具一式	1(1)	提灯屋	2	刀根職	1
酒中次	1	硫黄屋	5	明珍屋	1
水車稼	1	鍋釜小売	1	塗師職	5
薬種屋	2	鳥屋	1	餝銀細工	2
合薬屋	6	白書屋	3(1)	雛人形	2
質屋	35(3)	木綿包渋紙羽口	1	肥屋渡世	14(2)
三商売	96(29)	簾屋	2	荷次問屋	3
雑穀仲買	9(2)	幟屋	1	旅籠屋	5
米屋幷雑穀小売	32	管笠商内	1	風呂屋	4
塩商内	8(1)	絵馬屋	1	医師	3
魚問屋	5	箒屋	1		
魚屋	42	傘屋	2		

〔備考〕明治２年「葛下郡諸商職人名前帳」（角尾家文書）から作成。（　）は新規。

が行われており、木綿織屋〔三七人〕や糸屋〔二〇人〕をはじめ、数多くの関係稼人の存在が知られる）。

このほか、同村には、やはり寺内町を中心に、絞油・酒造・醤油造といったかなりの資本力を有する加工業を営む者や、金融業に携わる者、売薬業を行う者、食料品や日用雑貨を販売する者、穀物の流通に関わる者や肥料商、旅籠屋や荷継問屋を営む者、各種の職人など、様々な業種の稼人が数多く存在しており（明治二年時点での延べ人数は実に七〇九人）、その数は、文政二年（一八一九）から明治二年（一八六九）にかけて、（調査の内容に精疎があるため単純には比較できないが）増加傾向にあったこともうかがえる。これと関連して、同村の人口が、明和六年（一七六九）の二四六三人から、天保九年（一八三八）の二四九九人、明治六年（一八七三）の三〇七三人へと増加し、戸数も、明和六年（六七四軒）から明治六年（七二二軒）にかけて増加している、という事実も指摘しておきたい。[26]

村島氏一族が長州藩と物産交易を行うようになったのは、大和高田がこのような状況にあった時だったのである（なお、当該期の村島本家や一族の状況については後述する）。

三　長州藩との物産交易の開始

上方の豪農商と長州藩との物産交易のルートは、周知のように、尊王攘夷派の志士梅田雲浜（元小浜藩士）が仲介することによって切り拓かれた。雲浜が京都を出立し、長州の萩を訪れて、当時同藩の政権の中枢にあった坪井九右衛門と面談したのは、安政三年（一八五六）一二月のことであったが、中原邦平氏の談話によれば、この時、雲浜は毛利家が朝廷と格別に由緒ある家柄であることを力説し、「長州様で一つ勤王の事に御着手下さるやうに願ひたい」と述べるとともに、此の端緒を開くのには、京摂の間と長州と気脈を通ずる機関を拵へなくてはならぬが、其の機関を拵へんとするには、物産交易が一番名義が宜しからうと思ひまする。長州には紙・蠟・食塩といふやうな産物がありますから、それを大阪で販売し、さうして五畿内地方の産物又は其の他の物と交易するといふやふなことにして、其の間に有志の士を入れて京摂の事情を探索するやうになさったならば、始終形勢に通ずることが出来ると思ふ。さうして置きますれば、機会があった時、直ぐにも手を出すことが出来ますから、先づ之を端緒として物産の交易を御開きになってはどうか（下略）

と、坪井にもちかけたという。[27]

後年に記されたこの内容にほぼ誤りがないことは、雲浜自身が、萩入りした際に「毛利家は外の大名と違ひ、御所には格別の御由緒有之候事故、上方諸人融通之筋にも可相成候為に、上方え御尽に相成可申」と藩側に説いたと、翌年三月二五日付書状[28]のなかで洛外葛野郡川島村の山口薫次郎に報告していることや、さらにその翌年三月二二日付書状[29]のなかで、赤禰忠右衛門（長州藩家老浦靭負の家来）に対して、上方との物産交易は「他日御国天朝ヲ御守護被成候基本」と述べていること、などから裏付けられる。こうした雲浜の「深慮」は、政治的意図にもとづくものであり、彼自身は萩入りを「政治向の事」と捉えていた[30]のである。

さて、雲浜から上方との物産交易の件をもちかけられた坪井は、雲浜の政治的意図については警戒感をもちながらも、「産物取立」政策を積極的に推進しようとしていた折[31]のことであり、「国力を富ますには、産物を奨励して、さうして其の販路を広めなければならぬ」という認識にもとづいて、雲浜の申し出に応じることを決断した。[32]

これをうけて、雲浜は、

私の親戚で大和（高田）の豪商に村島長兵衛といふ者が居る、此の者を御用ひになってはどうか。さうして大阪へ販売所を拵へて、其処で長州の物産を売捌かせる。それに大和辺は山国の事で、食塩などは最も乏しい所だから、其の食塩を大和へ入れて、さうして大和に沢山あるものは材木だから、その材木と交易して、それを伐り出して大阪で売る。又是からは外国に対して攘夷の戦をすれば、大きい船などを造らなければならぬから、材木は最も必要でありませう（下略）

というような話をしたと、後年に中原邦平氏は記している。(33) この文中に「親戚」とあるのは、萩入りの前年の六月に、雲浜が村島分家の内蔵進の長女千代を後妻としていたことによるものであり、そうした関係もあって、雲浜は、長州藩の上方との物産交易の主要な相手として、大和高田の村島長兵衛（村島本家）を推挙するに至ったのである。

長州藩は、雲浜の話をうけて、村島長兵衛をはじめ上方の豪農商と物産交易を行う方針を定め、翌四年（一八五七）五月に京都留守居役宍戸九郎兵衛を物産取組内用掛に任じるとともに、閏五月には坪井自身が上方に赴いて、以後上方の豪農商との間で物産交易についての詰めの協議を行った。(34) 交易の相手となったのは、大和高田の村島氏一族をはじめ、五條の下辻又七・乾十郎、十津川の上平主税、京都近郊の山口薫次郎・小泉仁左衛門、などの面々であり、雲浜に連なる「親類・門人ノ者」たちであった(35)（なお、上京した際に坪井は、雲浜に対して、物産交易から「表向」は手を引いてくれるようにと申し入れている。(36) 当時長州藩は尊王攘夷をまだ藩論とはしておらず、尊攘激派であった雲浜との関係が幕府に発覚するのを恐れてのことであったと思われる。雲浜は、いったんはこれに従ったが、やはり納得することができず、翌年三月二二日付赤禰忠右衛門宛書状(37)のなかで、「表向ハ下拙退キ居候事故、不都合ノ事共時々出来、奔走ニ迷惑仕候事ニ御座候」と述べ、「何卒下拙表向御出入、上方形勢探索聞合、御産物等迄心付候様」主君へ上申してほしいと懇願するに至っている。有名な「此度御産物之起りハ、下拙一人之胸中ヨリ出候事」という一文は、こうした脈絡のなかで記されたものであり、この点にも留意しておく必要があろう）。

坪井らが、京都から伏見（泊）・奈良（泊）を経て大和高田の村島家を訪れたのは、安政四年（一八五七）七月一六日のことであった[38]。これに先立って、雲浜らとともに、奈良で坪井一行の到着を待ちうけていた村島内蔵進は、一四日の夜に、高田の長兵衛・長三郎・長次郎宛に書状を送っており、そのなかで、坪井一行の予定を報じるとともに、

一水油百丁申上候得共、弐百丁ニ而も出来丈御手廻り被下置候事
一木綿　かま　とうしん是ハ下の分沢山入用　御手当被下度候事
一油堺引合慥成事御答被下様の手当テ置可被下候
右ハ十七日ニハ夫々立会御覧入候事也、此外万事御心廻り被下度事

と、依頼している。

こうした物産の見分や交易に関する細かな打ち合せが大和高田において行われ、いよいよ長州藩と村島氏一族との物産交易がスタートするはこびとなったのである。そして、九月には軌道にのるようになったことが、つぎの書状の文面からうかがえる（傍点は筆者）。

一筆致啓達候、未得御意候得共、弥御堅固奉珍重候、然ハ先達而坪井九右衛門其外其御地罷越、国産売捌之義及御示談候処、段々御懇情御取扱彼是不容易御配意被下候由、忝奉存候、則取下し之油・綿・木綿嶋其外致試売候処、殊之外気請宜、早々取下し之儀一流活望之風評ニ御座候間、其節及御談置之通、御下し方致御頼候、尚又爰元よりも塩魚類其外差送候間、相達候ハヽ可然御駆引乍此上御配意被下候様致御頼候、拙者共国産方所勤被申付候間、一応之御相拶（挨）御礼旁如此御座候、書余追々可得御意候、恐惶謹言

九月五日

神田九郎右衛門（花押）

田村吉右衛門（花押）

村嶋内蔵進様

この書状は、物産交易の実務を担当するようになった長州藩の「国産方」の役人から届いたものであり、傍点部の記述に注目しておきたい。

四　長州藩との物産交易の内容

上方の豪農商と長州藩との交易物産については、「長州よりは、米・塩・蠟・干魚・半紙の類を、上方よりは呉服類・小間物・薬種・材木の類を以て、互に交易する事となった」という『梅田雲浜遺稿並伝』の記載があるが(39)、村島氏一族の場合にはどうであったのか。

村島家文書のなかに、長州藩との物産交易を開始するにあたって、運送費がどれくらいかかるのかを調査した、安政四年（一八五七）八月付の覚書がある。ここには交易品も記されており、販売品として繰綿と木綿、購入品として塩・荒物・塩魚・白木綿・蠟燭・半紙の名があがっている。また、物産交易に関する書状（村島家文書）の記載により、村島側の販売品は繰綿・嶋木綿・油・灯芯などであり、長州藩側のそれは塩・塩魚・蠟燭・釘などであったことが知られる。

これらのうち、長州藩側の販売品の中心は三田尻産の塩であり、新たな販路開拓の必要性に迫られていた同藩にとって、大和（海のない国）は魅力ある新市場であった。当時の同藩の塩をめぐる状況について、五條の下辻又七はつぎのように推察している[40]。

長州様御国産之内塩之儀、其国々船頭之内水主躰之ものより風聞ニ承り候儀ニ者御座候得共、元来者塩防州三田尻浜方儀者、塩浜と申三拾浜余有之候よし、此内弐拾浜余者相稼来り候様子、拾浜上下と申もの者折々休浜之事共出来候由、何故と愚案仕候義者、北国辺斗りニ而者多分過塩ニ相成候趣ニ而、自然下直之仕切ニ相成、浜方難渋迷惑之よし、其御国御支配御役人江相聞へ候より、御仕法ニ而上方江御積登せニ相成候様、愚昧之私承知仕居罷在候事ニ御座候

従来北国筋が長州藩領の塩の主な販売先であったが、「過塩」のために塩の価格が下がってしまい、三田尻浜では三分の一ほどの塩浜が「折々休浜」を余儀なくされる有様となっていた。この状況を打開するために、藩が国産塩の上方への販売を企てるようになった、というのである。

上方のうち、特に大和は海のない国であり、生きていく上で不可欠な品である塩の新たな購入ルートの形成は、大和に住む人々にとっても歓迎すべき事柄であった。

こうした双方の事情により、交易の開始とともに、三田尻産の厖大な量の塩が大坂へと積登され、その過半が大和に廻され販売されるようになった。これに関しても、翌五年（一八五八）八月に五條の下辻又七が言及しているので[41]、以下に紹介しておこう。

長州様御領分之内防州三田尻と申浜より去巳十月中壱俵ニ付八盤升ニ而五斗三升入と申塩凡弐万俵大坂表江御積登せニ相成り、則着船ニ及

右塩大俵　　凡弐万俵之処

内三千俵程　　尼ヶ崎江積送りニ相成候

又内弐三千俵程　左海（堺）　右同断
内弐千俵余程　若山（和歌）より当所江相廻り申候
残ル壱万俵余
大坂江戸堀三丁目村嶋市兵衛方へ預り置、同人より右塩大坂塩問屋中江色々掛合ニ及候得共、熟談行届兼候而、右一万俵余分も追々左海表江積廻しニ相成、左海表塩商人中江も売捌仕候、残ル処粗大和江引取売払ニ相成候様私義者承知仕居候儀ニ御座候、其後少々宛者追々国元より左海住吉橋具足屋文兵衛方江御積登せニ相成、専商内出来候様之風聞承り居候

前年一〇月だけでも、三田尻産の約二〇、〇〇〇俵もの塩（一俵に五斗三升入）が大坂に積登せられ、うち大坂江戸堀三丁目の村島市兵衛方（村島本家の出店）に預り置かれた一〇、〇〇〇俵余の大部分が堺経由で大和に送られ販売されたこと、これとは別に二、〇〇〇俵余が和歌山を経由して五條の下辻又七のもとに送られたこと、が右の記述からうかがえる（なお、三田尻産塩の取引をめぐって、このとき大坂で生じた問題については後述する）。また、十津川の上平主税が、「産物之内塩ハ大坂表ニ而直段取極、和州葛下郡高田村長兵衛方より買入、紀州新宮江相廻、同所より私共方江引取候義ニ御座候」と述べていること[42]から、上述した一〇、〇〇〇俵余の塩の一部が村島から上平らに販売され、新宮経由で十津川に送られたことも知られる。

長州藩側の販売品の中心が塩であったのに対して、村島側のそれは繰綿であった。当時、村島分家の長三郎が本家にかわって「和州江戸注文繰綿買次問屋仲間」に加入していたが[43]、前述したように、他のメンバーと同様に、江戸方面への取引高の減少によって、新たな販路開拓の必要性に迫られていたのであり、長州藩の側でも、他国繰綿に大部分を依存する形で当時領内で木綿織生産が行われていた[44]関係上、良質でより安価な繰綿を必要として

いたのである。

安政四年（一八五七）九月二六日に、大坂に出向いていた本家の長兵衛が、高田の長三郎に送った書状のなかで、

只今藤八御屋敷江罷出候処、山県様被仰候ニ者、坪井様より綿・木綿夫々御持下り之品々御国受方宜敷候ニ付、右品々追々買入積下し候様申参り候ニ付、其段村嶋方へ早々申達し候との事、山県様より御咄し御座候、依而御国行綿も出残之分追々御送り出し可被下候

と述べているように（なお、文中に「御屋敷」とあるが、土佐堀一丁目・江戸堀三丁目に存在した長州藩の大坂蔵屋敷と考えられる）[45]、坪井が村島家を訪れた際に持ち帰った綿（繰綿）と木綿（嶋木綿）の評判は上々であったようであり、これを聞きつけた「防州舟商人」（「防州舟弐拾艘斗」）が早くも村島の大坂出店にやってきて、繰綿（まず「五、六百本斗」）の売り渡しを求めるという動きも生じている[46]。

高田から出荷した繰綿の種類と価格などについては、年次不詳ながら、長三郎が書き留めた「覚」が残っているので、紹介しておこう。

覚

一極上操（繰）綿六〆（貫）弐百目　但青莚入壱本
直段銀百匁ニ付
綿目五〆弐百匁かへ
代銀百拾九匁弐分三厘《七匁弐分九厘》

一真粉操綿六〆弐百目
直段銀百匁ニ付

綿目五〆五百匁かへ
　代銀百拾弐匁七分弐厘
代銀〆弐百卅壱匁九分五厘
　又
一銀六匁　　御荷物入用
一同弐匁三分弐厘　口銭
一同壱匁五分　　大坂迄下りだ賃
合銀弐百四拾壱匁七分七厘
右之通御座候、以上
　　　　村嶋長三郎

また、村島家文書のなかには、「産物方　糸口真粉繰　正味六三入　和州　村嶋改」と上書された袋も残っている。

つぎに、長州藩への繰綿販売に関して注目されるのは、交易開始の二年余り後、安政六年（一八五九）一一月に、村島長三郎・長兵衛・内蔵進が連名して、「長州藩御産物方」宛に、以下のような願書を提出していることである。少し長くなるが、貴重な内容であるので紹介しておこう。

　乍恐口上書ヲ以奉申上候
一去ル巳年より大和出来操（繰）綿御用被仰付候、有難奉畏候、追々奉差上候処当春之分代呂物不揃之由被仰聞奉恐入候、右ニ付此度操綿不同無之様仕法左ニ奉申上候

一壱ヶ年ニ譬ハ操綿六百本ヲ御入用高として、壱ヶ月ニ五拾本ト見積り、実綿買入操綿仕立候迄も一手ニ取極メ不同無之様仕度、相庭直段之義ハ月々奉申上候、尤代銀壱ヶ月分前月御下ケ被成下様奉願上候、左候ハ、品吟味方行届キ急度相改メ奉差上、乍恐壱ヶ年分御用御任せ被仰付候様伏而奉願上候、次ニ操出し之者迄も一ヶ年分商行仕候ニ付而ハ、油断ハ不致急度吟味可仕義ニ御座候、依之前件之始末伏而奉願上候

一大和綿之義ハ諸方他国より買入注文之多少ニ寄直段高下御座候間、下直と見込候節ハ早速奉申上候、御詮義被為在候而思召之上御用被仰付候様奉願上候、已上

安政六

未十一月

村嶋長三郎

（貼紙）「火急罷出候ニ付印形持参不仕、此段御断奉申上候」

村嶋長兵衛

（貼紙）「印形地頭表江持参仕居、落印御断奉申上候」

村嶋内蔵進　印

長州様

御産物方

御役人中様

同年春に送った繰綿について長州藩から「代呂物不揃」であるとクレームをつけられたことを反省し、今後はそうしたことがないようにしたいので、一年間に送る繰綿の量を六〇〇本（月々五〇本宛）と定めてほしい（そうなれば心積りもでき、品質の吟味も十分に行うことができる）、などと願い出たものである。この願いがその後聞き届けられるに至ったことは、翌万延元年（一八六〇）一〇月に萩入りした村島内蔵進が、二五日付で高田の長三郎宛

に、

（上略）綿方此節殊之外捌きよろし、尤受方申込弥昨冬奉願上候通月々五十本定ト相成候間、（中略）此後くりや御定手堅御取締御下し被成候、（中略）猶更御念入早々御下し専一奉存候、外々よりも綿下し方申出候得共中々御取上ケ無之無之儀、天上ヲ月々五十本定、是も御存之通国製宜一統評定之上ならてハ御治定無之事ヲ相極り候ゆへ、早々御地御取締月々無相違御差下し専一奉存候、（下略）

と、書き送っていることから確認できる。

六〇〇本の繰綿を使って織出すことができる木綿の高は二〇、〇〇〇反にみたず[47]、長州藩領における年間の木綿織出高（年代がさかのぼるが天保期の調査では約七〇万反[48]）からすれば、その一部を占めるにすぎなかったが、長州藩側が大和の村島から送られてくる繰綿の品質に注目し、これを高く評価していたことが右の文面からよくうかがえる。

五　服部之総氏と井上勝生氏の評価

本稿の「はじめに」において少し触れたように、大和高田の村島氏一族をはじめとする上方の豪農商と長州藩との物産交易に関しては、服部之総氏と井上勝生氏の先行研究があり、両者の関係をめぐって対照的な評価がなされている。

服部氏の見解は、明治維新を視野に入れ、「志士と経済」という観点から、こうした新たな物産交易のルートを切り拓いていった梅田雲浜と上方の豪農商の力量と功績を高く評価しようとするものであり、雲浜については、吉田松陰と対比しつつ、つぎのような高い評価を与えている点[49]が注目される。

雲浜は幕末尊王倒幕運動の組織者で、その組織運動ということにおいては松陰は雲浜の比ではない。松陰にはせいぜい長州一藩の組織しかできない。インター国家的な組織ということは松陰の関するところではない。雲浜は松陰と同じ段階において、幕末における最初のインター藩的な、超藩《ユーバー》的な、西は瀬戸内海沿岸を経て九州におよび、北は山陰、北陸から蝦夷におよぶ国内商業の新しい組織の網を着々と伸ばした。雲浜によって組織されたこの種の産商業家の組織が一つの政治的経済的な地下組織となって、雲浜処刑後の、あの安政の大獄直後の猛烈な反動の嵐の中にビクともせずに残っていた。

文中に「西は瀬戸内海沿岸を経て九州および、北は山陰、北陸から蝦夷におよぶ国内商業の新しい組織の網を着々と伸ばした」とあるのは、安政四年（一八五七）一〇月四日付の下辻又七宛雲浜書状[(50)]の記載によるものである。服部氏は、雲浜の仲介を得て長州藩との物産交易の主体となった上方の豪農商（「産商業家」）については、「ブルジョア的な門弟達[(51)]」と表現しており、（彼等に限定したわけではないが）「そういうようなマニュファクチュアの段階のブルジョアジー——これが明治維新の指導力である[(52)]」と述べている。こうした評価の前提に、氏の有名な幕末厳マニュ段階論[(53)]があることはいうまでもないだろう。

以上のような服部氏の所論を、正面から批判したのが井上勝生氏である。氏は、山口県文書館や国立史料館所蔵の関係史料なども活用して、上方をはじめとする中央市場の豪農商と長州藩との関係について分析し、服部氏とは対照的な、つぎのような結論を導き出すに至っている[(54)]。

長州藩（雄藩）は、領主的な意図をもって、中央市場の豪農商を組織した。「長州藩安政改革の商業政策」は、「既存のすべての流通組織を破壊し、その瓦礫の上に構築される性格のもの」であった。「領主的統一市場」を形成しつつ、要所に「従属商人」を創出する——これが雄藩の領外商業政策の要点である。

氏がこうした評価を下すうえで、屋台骨となったのが、実は、「長州藩と上方（京都・大坂・大和周辺）の産物交易において、上方豪農商の中心的役割を果たした」大和高田の村島氏一族の「商業資本としての性格」と動向に関する実証的分析であった。

氏は、長州藩との物産交易を開始する以前に、株仲間であった「和州江戸注文繰綿買次問屋仲間」による集荷独占と価格支配体制は崩壊過程を辿っており、仲間の中心的存在であった村島本家の長兵衛も、得意先を分家の長三郎に譲り、株を譲渡するに至っていたこと、を指摘[55]したうえで、幕末期の村島氏一族の状況と長州藩との関係について、以下のように述べている[56]（長文にわたるが、本稿と直接に関わる核心部分であるので、ここに引用しておきたい）。

以上のように村島一族と長州藩が交易を開始する過程の概要を検討してとりあえず言えることは、服部氏のように、村島一族を「マニュファクチュア段階のブルジョアジー」とするのはもとより、「新興産商業の勢力」と把握することの明白な誤りであろう。幕末における日本の産商業の発展段階をマニュファクチュア段階と規定するにせよ、しないにせよ、少なくとも村島一族は、商品生産の発展する勢力に対して、敵対する側に位置していたし、しかもその勢力のために敗退していた訳である。

次に、村島一族と長州藩の交易は、村島一族の前期的商業資本としての順調な展開から展望されたものでないことが明らかである。すなわち、第一に、村島一族は経営的に破綻しつつあったし、第二に、村島長兵衛は、和州買次問屋の権利を譲渡して交易に参加した。また第三に、次の事実に注目すべきだろう。交易開始に際して村島長兵衛の大坂江ノ子島の出店と借家が交易業務に使用されたが、一八五九（安政六）年、出店と借屋は、長州藩によってそれぞれ銀四〇貫目と銀二二貫二三四文（二三四匁三分）で買上げられ、以後、長州藩江ノ子島会所となり、村島善之助がその支配役に任命された。店と家は、長州藩の藩有するところになったのである（「先般御廃止之江ノ子嶋会所御払下之儀歎願書」）。一八七一（明治四）年、村島長兵衛と善之助が会所と借家を買戻そうとした時に、長州藩が「入札（公開入札）ヲ以、御売捌」（同前）が適当だと返答している事実は、村島家の権利（保有権）の脆弱さを明白に証明しているだろう。村島一族は、この売払いの翌年に五人扶持と御目見を許された（「産物事」）。

村島家の買戻し願書には、会所の長州藩による買上げは、村島家から願い出たと書かれている。だが注意すべき点は、「店」を領主（長州藩）に買上げられた商業資本は、商品の仕入先すら主体的に選択できないことである。この意味で村島家大坂出店は、前期的商業資本として主体的に活動する条件を欠いてしまったと言わねばならない。村島家大坂出店が村島一族の商行為の重要拠点であったことは、論ずるまでもないだろう。村島一族は、「店」買上げにより、扶持受領などに見られるように、領主権力へ急速に接近できた。しかし、村島一族の大坂出店は、服部氏のブルジョア的指導論とはぜんぜん逆に、商人としての最低の条件たる「店」を買い上げられ、長州藩に従属する商人、「従属商人」となったのである。

村島氏一族（「雄藩との産物交易に参画した、上方の代表的商人」）が長州藩に従属する商人になったとし、雄藩である長州藩が「領主的な意図をもって、中央市場の豪農商を組織した」ことを強調する、この「従属商人」論は、村島氏一族が「経営的に破綻しつつ」あり、商行為の重要拠点であった大坂出店も長州藩によって買い上げられたという点を、主な論拠として構築されている。一見、実証にもとづく妥当な論であるように見うけられるが、はたして論証は正しく行われているのだろうか。以下、氏が立論するにあたり主な根拠とした点について、検討しなおしてみることにしたい。

六　「従属商人」論は成立するのか

井上氏は、長州藩との物産交易を開始するようになった時期の村島氏一族の状況について、「経営的に破綻しつつあった」と評されているが、まずこの点について素朴に疑問に思うのは、そもそも「経営的に破綻しつつあった」ような存在を、長州藩が大切な物産の取引相手として選ぶだろうか、ということである。藩を相手に物産交易を行うためには、交易開始直後に村島長兵衛が「塩七千石も着相成候ハヽ、夕（駄）賃銀取替候而も五拾〆目斗之銀子入用相成、付而者綿・木綿買入候而も銀子手廻り致し置候ならて者甚心配仕居候事故、此儀御示談申度」と長三郎に書き送っている[57]ことからうかがえるように、相当な資金力が必要であった。また、雲浜が安政四年（一八五七）三月二五日付山口薫次郎宛書状[58]のなかで、「産物余程多分の事に候へば、一人にては出来不申候、京にても大家の内、人柄五、六人選び候事に候」と述べているように、「大家」（しかもそのグループ）でなければなしえぬことであった。こうしたことから、村島氏一族が「経営的に破綻しつつあった」というのは、いかにも不自然であると感じるのである。

それでは、当時村島氏一族は、実際にはどのような経済状況にあったのか。村島家文書によると、一族のうち、長州藩との物産交易に関わった人物として、本家の長兵衛のほか、長次郎・長三郎・長七郎・内蔵進、さらに市兵衛（長兵衛大坂出店支配人）・藤八[59]（長三郎大坂出店支配人か）・善之助（大坂江ノ子島会所支配人）らの名前を確認できるが、ここでは、史料の制約により、不十分ではあるが、（内蔵進とともに）交易の中心的担い手であった本家の長兵衛の様子について主に述べ、分家の長三郎家のそれについても言及することにしたい。

長州藩との物産交易を行っていた時期の長兵衛家の経済状況を直接的に示す史料は、今のところ見あたらないが、その前後の時期の同家のそれについては、間接的ながら、以下のような諸事実を確認することができる。
①飢饉に備えて、天保四年(一八三三)に高田村で囲米を行うことになった際に、村内で最も多い二〇石もの米を醸出している。[60]
②弘化三年(一八四六)に、同村の村島屋善四郎(造酒屋)と連名で、銀札の引請所となることを認めてほしいと、津藩の古市銀札会所へ願い出ている。[61]
③慶応三年(一八六七)一二月に、年貢皆済用として、一挙に五〇〇両もの金を高田村へ貸与している。[62]
④明治二年(一八六九)二月の時点では、すでに繰綿取引からは手を引いてしまっているが、資本力を要する人力油稼をはじめ、質屋、三商売、肥屋、太物絹物屋、荒物屋など、多角的な経営を展開している。[63]
⑤明治三年(一八七〇)正月に、窮民救助のため、村内で最も多い二五石の玄米を一挙に醸出している。[64]
ここに示したのは、村島本家が長州藩との物産交易を行っていた時期よりも前もしくは後の事例であり、しかも同家の経済状況を間接的に示すものばかりであるが、これらの事例からは、同家が「経営的に破綻しつつあった」ようには、とても見えない。同家は、幕末の時点では、もはや「新興」勢力ではなく、服部氏のように「マニュファクチュアの段階のブルジョアジー」とまで高く評価することはできないが、「地方産商業家」であり、のちにブルジョア化するその前身的存在であった。[65]
村島分家の長三郎家の場合も健在であり、慶応期には、同村の田中平助、奈良の辻川半兵衛・岡村左衛門、長尾村の椿本伊右衛門、下田村の村井又治郎ら、大和の豪農商とともに、薩摩藩との物産交易にも参画するに至っている点が、[66]特に注目される。このほか、幕末・維新期の同家に関しては、以下の諸点を確認することができる。
①元治二年(一八六五)二月に、四〇両の御用金を上納している。[67]

②明治二年（一八六九）二月の時点で、繰綿・実綿諸国買次問屋をはじめ、質屋、肥屋、塩屋、荒物屋などを兼営している。(68)
③明治三年（一八七〇）正月に、窮民救助のため、玄米六石を醸出している。(69)

なお、③に関わって注目しておきたいのは、このとき村内で施行出米を行った二一軒のうち、六軒が「村嶋屋」もしくは「村嶋氏」と記された家であり、全醸出高一八七石五斗のうち三〇パーセント余にあたる五七石五斗を六軒で醸出しているという点である。この時点における村島氏一族の、村内での勢力の大きさをうかがうことができよう。

つぎに、井上氏が、村島氏一族が長州藩の「従属商人」になったと評価するに際して、重大な論拠とされた、長兵衛の大坂出店の買い上げをめぐる問題について、検討しよう。そうした評価を下すにあたって、氏が導きの糸とされた史料は、明治四年（一八七一）二月に、村島長兵衛と善之助が長州藩の産物方へ提出した、つぎの願書(70)であった。重大な史料であるので、全文を紹介しておこう。

乍恐御歎願奉申上候

一去ル巳年已来御国産御取立被為遊候ニ付、江ノ子嶋御会所御買上ケ奉願上候所、去ル未年御買上ケ相成、則御銀四拾貫目御下ケ相成、尚又借家壱ヶ所御銀弐拾貫弐百卅四匁三分是亦御下ケ被為成下、善之助江支配被仰付置、難有仕合奉存候、然ル所近年御変革ニ付御産物御廃シ被仰出候ニ付、一昨年来より数度御歎願奉申上候通り、私シ共是迄之御由緒之廉ヲ以御下切被下置候様奉願上候処、尤之儀ニ者被思召候得共、御上様ニも御変革之折柄故右願之儀者御許容難相成旨御沙汰被仰付、恐入奉畏候、依之右会所手広御直聞之上御売払相成候段及承り候得共、前御買上ケ時節より者当時万物騰貴之時節故、大小御売上ケニも可相成候得共、其頃より者余程年限も相立居、追々造作等も仕候儀ニ而不表立失費も有之、尚手広ク御直聞被仰付候而ハ隅々迄被見留、善之助儀も前年より当地へ名前迄引越し居候事ニ御座候ニ付、世間へ面目旁気の毒千万、且者善之助眼前住居之場所も無御座、何卒是迄奉蒙御懇命候程之儀ニ付、前御買ケ直段ニ而御下ケ被成下候ハヾ右代銀者速ニ一時ニ御上納可奉申上候間、此段深ク御憐愍ヲ以右之次第御許容被成下度、取縋而奉願上候
右之趣御聞済被為成下候ハヾ広太之御慈悲難有仕合奉存候、以上

明治四年
未二月　日
村嶋長兵衛 ㊞
村嶋善之助 ㊞

長州様
御産物方
御役人中様

(貼紙)「本書手広入札ヲ以御売捌可被仰付候処、依歎出会処幷御貸家共弐廉金千両ニ而御売渡被仰付候事」

この史料には、井上氏が指摘されるとおり、村島家側からの願い出によって、「未年」(安政六年)に大坂江ノ子島に長州藩の会所が設けられることになり、その買上げ代銀と借家一カ所の買い上げ代銀が同藩から下げ渡され、村島善之助が同会所の支配役に任命されるようになった、という経緯が確かに記されている。しかし、このときに買い上げられたのが「村島長兵衛の大坂江ノ子島の出店と借家」であったというようなことは、文中には一言も書かれてはいないのである。前述したように、長兵衛の大坂出店は江戸堀三丁目にあったのであり、村島家文書によってみるかぎり、江ノ子島に出店があったという形跡はみられない。

この願書（明治に入り、江ノ子島会所が物産交易のためには使われなくなった後に提出された）のなかで、長兵衛らが同会所と借家の売り渡しを求める理由としてあげているのは、①これまでに「造作等」も行い「不表立失費」もあった、②善之助が「前年より当地へ名前迄引越し」ており、他人へ売却されることになると「眼前住居之場所」もなくなり、世間への面目も失ってしまう、という二点であり、それ以外の事情についてはふれていない。同会所と借家がもともとは自らの出店であり借家であったとすれば、当然そのことに言及したはずである。この出願に対して、長州藩側が、（最終的には応じるに至ったものの）本来は「手広入札ヲ以御売払」を行うのが適当であるとの判断を示している点も、安政六年（一八五九）に同藩が買い上げたのは「村島長兵衛の大坂江ノ子島の出店と借家」ではなかったと仮定してみれば、難なく理解できるように思われるのである。

以上のことから、「村島一族」は「商行為の重要拠点」であった長兵衛の大坂出店を買い取られることによって、「商業資本として主体的に活動する条件」を失い、長州藩に従属する商人になったとする井上氏の説は、成立し難いと考える。もともと江ノ子島には長兵衛の出店や借家は存在しなかったと見なされるのであり、万々一井上氏がいうようにそこにも出店がありそれが買い上げられたことが事実であったとしても、長兵衛の大坂出店が江戸堀三丁目にあったほか、長三郎も大坂に出店をもっていたようであり、「村島一族」が「商業資本として主体的に活動する条件」を欠くようになったとは、とうていいうことができないのである。

それではなぜ、村島長兵衛は、大坂の江ノ子島の地に会所を設けることを、長州藩へ願い出るに至ったのだろうか。これには以下に述べるように塩の流通問題が深く関わっており、会所を設ける地としては、塩船繋留場があり以前から塩市が行われていた江ノ子島こそふさわしい、という判断にもとづくものであったと思われる。[71]

前述したように、安政四年（一八五七）の交易開始後、長州藩から三田尻産の大量の塩が大坂へ積登せられてきた。村島方では、江戸堀三丁目にあった長兵衛の出店で塩を保管するとともに、長兵衛と内蔵進が出坂し、その取引を認めてくれるよう大坂の塩問屋中へかけあいに及んだが、九月三〇日付長三郎・長七郎宛書状のなかで「此間より塩一条塩問屋共かれこれ六ケ敷申居候」と内蔵進が述べているように、交渉は難行した。従来大和向けの塩は大坂の塩問屋が取り捌いており、村島の塩取引は彼等の権益をおびやかす性質のものであったからである（これに関わって、長兵衛が大和高田の長三郎へ、「御地ニ而御咄し之義御無用と申上候義者、余り多分御贈りニ相成候故、又々御地塩商人より当地塩問屋江彼是申越し候而者不宜候間、此段御含置可被下候」と、九月二五日に書き送っていることも注目される。また、さきに引用した内蔵進の書状には、「塩魚類」の取引についても、交渉が難行したが、これについては大坂問屋側の了解をなんとかえることができた、という記述もみられる）。

こうした事態に直面した長兵衛と内蔵進は、荷受した塩の大和への販売ルートを確保するために奔走し、「水戸屋敷吉川左右輔」の「引合」により、堺の住吉橋具足屋文兵衛に塩の荷継を依頼し、了解を得るに至った(72)。その後、大和へは、五條の下辻又七が、「追々国元より左海住吉橋具足屋文兵衛方江御積登せニ相成、専商内出来候様之風聞承り居候」と述べているように(73)、このルートを通じて塩が送られることになったのである。

さらに、その翌年には、長兵衛らは「塩大坂津越」の実現（具体的には長州藩の「国産塩」を大坂を経由して「京都・近江其外」へ販売するルートの形成）のためにも尽力し、「先年阿州塩大坂津越」の実現に貢献した大坂町奉行所与力山本善太夫に(74)「内談」に及んだ。これをうけての山本の意向は「御館入被差免候ハヽ、存分之取斗仕度」というものであり、長兵衛らから本件について報告をうけた長州藩は、安政五年（一八五八）九月一三日付で山本を「御館入」として処遇するに至っている(75)。

このあと、山本がどのような働きをし、どのようなサジェッションを与えたのかを具体的に記した史料は見あたらないが、懸案であった「塩大坂津越」のルートが実現するようになったことは、これに関わった村島長兵衛・内蔵進が万延元年（一八六〇）一一月二九日に褒賞され、「扶持方五人分宛」を給されるに至った際の文面[76]からうかがうことができる。

扶持方五人分宛

村島内蔵之進
村島長兵衛

右国産取開候付而ハ、去ル巳ノ年以来引続不容易被致心配、就中大坂塩津越一件不一形難渋之次第も有之候処、種々之作略を以程能相調、其後遠路之出萩彼是雑費も不被相厭、一途御誠心之段被致太慶候、就而ハ追々国中之潤沢猶漸々手広可相成之処、此往以万端駈引不容易事ニ付、乍纔用達中前書之通被致進入候事

ここには、「種々之作略」によって、懸案であった国産塩の「大坂津越」が実現するようになったことが記されている。

前置きが長くなったが、その主要な「作略」として、前年における大坂江ノ子島会所の設立を位置づけることができるのではないか、というのが私の考えである。これに関わって、注目しておきたいのは、一〇月一二日付周布政之助宛福原与三兵衛書状[77]に、「太郎右衛門事ハ御国産会所之名目有之、追々買手注文等も有之」と記されているように、京都にも長州藩の国産会所が設けられ、大黒屋太郎右衛門方がそれにあてられている、という事実である。大坂江ノ子島における会所の設立は、当地に積登せられてきた塩を、藩の蔵物という形にして、大坂塩問屋中の反対の声を封じこめ、「大坂津越」（長州藩→大坂江ノ子島会所→京都国産会所というルートでの「京都・近江其外」への「国産塩」の販売）を実現するための「作略」であったと考えられるのである。

おわりに

本稿では、従来未紹介であった村島家文書も活用して、幕末に行われた大和高田の豪商村島氏一族と長州藩との物産交易の内容を明らかにするとともに、両者の関係についての検討を行った。その結果、村島氏一族は長州藩の「従属商人」になったとする井上氏の論は、実証面に大きな問題があり、成立し難いものであることを論証することができたと思う。もちろん、西南雄藩による絶対主義的統一市場形成という脈絡のなかで提示された氏の「従属商人」論は、村島氏一族についての分析を屋台骨としているものの、それのみによって構築されたものではない。しかし、村島氏一族のライバルであり、氏がやはり「従属商人」として位置づけた大坂の丹波屋(78)のケースに即しても、最近批判的な見解が示されるに至っており(79)、氏の「従属商人」論やこれと表裏一体をなす「雄藩による絶対主義的統一市場形成」論については改めて検証しなおす必要があるように思われる。

これをはじめとして、なお残された課題も少なからず存するが(80)、最後に、長州藩との物産交易に参画した上方の豪農商の主体性がよくうかがえる事例として、村島分家の長三郎が慶応期には薩摩藩との物産交易にも参画するようになったという事実(既述)のほかに、以下の二例を紹介して、本稿を終えることにしたい。

その一つは、梅田雲浜が、安政四年(一八五七)一〇月四日に五條の下辻又七に宛てて出した書状(81)の内容である。そのなかで雲浜は、「若州」さらには「北陸道七ヶ国・奥羽・松前・蝦夷」などへの薬種販売の新ルートの開拓の件について述べているが、それらはいずれも「貴兄」の「知恵」によるものだとし、感謝の意を表している。下辻又七の側に視線を注げば、彼は「知恵」をはたらかせて「計略」を練り、物産の販路拡大のために雲浜を活用しようとしていたということもできよう。

もう一件は、文久三年（一八六三）三月に、乾十郎が、村島内蔵進・山口薫次郎とともに、吉野川の分水を計画し、これが実現すれば大和国中（奈良盆地）で二〇万石の米を増産でき、有事の際に京都の食糧を確保することができるとして、該事業の推進を国事御用掛であった中川宮に願い出ていることである[82]（周知のように、このあと乾は天誅組に加わったが捕えられ、京都において処刑されるに至っている）。

このように、彼等は彼等なりに、新しい時代を切り拓くべく、経済の分野を中心に、人によっては政治の分野においても、主体的な活動を展開していたことが確認されるのである。

（1）服部之総『志士と経済』（岩波文庫、一九三四年）・『近代日本のなりたち』（青木文庫、一九六一年）、井上勝生「尊王攘夷運動と公武合体運動」（『講座日本近世史』7所収、有斐閣、一九八五年、のち『幕末維新政治史の研究』〔塙書房、一九九四年〕に収録）・『開国と幕末変革』（講談社、二〇〇二年）。このほか、田中彰「幕末薩長交易の研究（一）・（二）」（『史学雑誌』六九編三・四号、一九六〇年）などでも言及されており、最近では荒武賢一朗「幕末期における大坂商人と西国諸藩」（『明治維新史学会報』四一号、二〇〇二年）が発表されている。

（2）井上前掲註（1）論文一七二〜一八〇頁参照。

（3）同右一九一頁。

（4）大和高田市内本町、村島正一氏旧蔵（現在、県立奈良図書館で保管）。なお、村島氏一族と長州藩との物産交易について、地元の自治体史である『大和高田市史』（一九五八年）・『改訂大和高田市史』後編（一九八七年）では全く言及されておらず、『大和高田商物語』（一九九六年）ではふれられているものの「長州との交易計画は実現せずに挫折」（六九頁）したと、誤った評価がなされている。

（5）田中彰「幕府の倒壊」（新版『岩波講座日本歴史』近世5所収、岩波書店、一九七五年）、など参照。

（6）天保一三年三月「諸色取締方儀ニ付奉伺候書付」（『大坂市史』第五、六三九〜六八五頁所収）。

（7）天保一三年一〇月「諸国産物売買悪弊改革之事」（『大阪編年史』二〇巻、三〇一・三〇二頁所収）。

(8) 天保一四年四月「上方筋へ積登候荷物を、赤間ヶ関其外瀬戸内浦々等へ出張、糴買致間敷事」(『大阪編年史』二〇巻、三六〇・三六一頁所収)。
(9) 田中前掲註(1)論文参照。
(10) 井上前掲註(1)論文一七六・七頁参照。
(11) 高田に関する以上の記述は、『改訂大和高田市史』後編などによる。
(12) 欠年「乍恐奉願上口上書」(『改訂大和高田市史』史料編三五一〜三五五頁所収)。
(13) 同右三六三頁所収。
(14) 元文元年「大和国葛下郡神楽尋差出帳」(同右六二二〜六二五頁所収)、寛保四年「(曾根村)村明細帳」(同右五七八〜五八一頁所収)。
(15) 林玲子『江戸問屋仲間の研究』(御茶の水書房、一九六七年)第一章第一節、谷山正道「近世大和における綿作・綿加工業の展開」(『広島大学文学部紀要』四三巻、一九八三年)参照。
(16) 「乍恐謹而返答言上」(『改訂大和高田市史』史料編一四三〜一四五頁所収)。
(17) 安永二年「綿方一件」(『斑鳩町史』史料編四二〇〜四二六頁所収)。
(18) 前掲註(15)と同。
(19) 杣田善雄「和州繰綿買次問屋仲間の存在形態」(『日本史研究』一六〇号、一九七五年)参照。
(20) 同右。
(21) 『大和高田市史』二八一頁。
(22) 杣田前掲註(19)論文参照。
(23) 谷山前掲註(15)論文参照。
(24) 同右、および『改訂大和高田市史』後編一一六〜一二一頁参照。
(25) 同右。
(26) 明和六年「葛下郡高田村様子大概書」(『改訂大和高田市史』史料編三六三頁所収)および『大和高田市史』二四二頁による。

(27) 佐伯仲蔵『梅田雲浜遺稿並伝』(有朋堂書店、一九二九年)一二二～一二六頁。
(28)『梅田雲浜関係史料』(東京大学出版会、一九七六年復刻)八一・八二頁所収。
(29) 同右九六～九九頁所収。
(30) 安政四年三月二五日付山口薫次郎宛書状(前掲註28と同)。
(31) これについては、田中彰『幕末の藩政改革』(塙書房、一九六五年)二〇六～二一九頁を参照。
(32) 佐伯前掲註(27)と同、一二六頁。
(33) 同右一二七頁。
(34) 同右一二七頁。
(35) 同右一四三頁、註(30)と同書状、などによる。
(36) 前掲註(30)と同書状。
(37) 前掲註(28)と同。
(38) 七月一四日付長兵衛・長三郎・長次郎宛内蔵進書状、七月一五日付「先触」(ともに村島家文書)。なお、以下の本文中で引用したり内容紹介を行っている書状などのうち、註記していないものは、いずれも村島家文書である。
(39) 佐伯前掲註(27)と同、一四三頁。
(40) 安政五年八月一五日「乍恐以書付奉申上候」(山口県文書館毛利家文庫「部寄」に収載)。
(41) 安政五年八月二〇日「乍恐以書付奉申上候」(同右)。
(42) 安政五年九月二日「乍恐口上書」(同右)。上平主税は、十津川郷士の中心人物で、のちに横井小楠の暗殺に関わった。なお、十津川から長州への販売品は材木であった。
(43) 長三郎は本家を継ぐ立場にあったが、甥に本家を任せ自らは別家した、という話を村島家でうかがった。長兵衛が長三郎にあてた書状に「仐　伯貴様」と記しているのは、このことに符合する。長三郎が本家にかわって繰綿の買次問屋を営むようになったのも、あるいはこうした経緯と関わりがあるかもしれない。
(44) 三宅紹宣「幕末期長州藩における綿織物の生産形態」(『産業の発達と地域社会』所収、渓水社、一九八二年、のち『幕末・維新期長州藩の政治構造』〔校倉書房、一九九三年〕に収録)参照。

(45) 長州藩の大坂蔵屋敷については、森下徹「萩藩蔵屋敷と大坂市中」(『近世大坂の都市空間と社会構造』所収、山川出版社、二〇〇一年)を参照。
(46) 安政四年九月一七日付長三郎宛長兵衛書状。
(47) 永原慶二氏の推定(『新・木綿以前のこと』、中公新書、一九九〇年)にしたがい、二〇〇匁の繰綿で白木綿一反を織り出せると仮定して計算すると、六〇〇本(一本に六貫二〇〇匁入)の繰綿から年間に一八、六〇〇反の白木綿を織り出せることになる。
(48) 『防長風土注進案』(山口県文書館、一九六一~一九六四年)による。
(49) 服部前掲註(1)『近代日本のなりたち』一六四頁。
(50) 前掲註(28)と同、八六~八八頁所収。
(51) 前掲註(49)と同、一六三頁。
(52) 同右一六五頁。
(53) 『服部之総著作集』第一巻(理論社、一九五四年)参照。
(54) 井上前掲註(1)論文一八五頁および一九九頁の記載を要約。
(55) 同右一八一~一八三頁。
(56) 同右一八三~一八五頁。
(57) 九月二五日付「追啓内用」。
(58) 前掲註(28)と同。
(59) 村島家文書によれば、当時藤八は大坂で活躍しており(所在地は不明)、高田の長三郎を「御主人」と呼ぶ存在であったことがわかる。
(60) 天保四年一一月「村々囲米取締書上帳」(『改訂大和高田市史』史料編三七六~三八〇頁所収)。
(61) 弘化三年八月「乍恐奉願上口上書」(同右三八一・三八二頁所収)。
(62) 慶応三年一二月「銀子借用証文之事」(堀江彦三郎『高田の星』三〇〇・三〇一頁所収)。
(63) 明治二年二月「諸商売諸職人取調書上帳」(葛城市新庄、角尾家文書)。

(64)　明治三年一月「（高価ノ時ニ当リ窮民救助ノ記録）」（『改訂大和高田市史』史料編四一八〜四二二頁所収）。

(65)　年代が下がるが、大和紡績株式会社や高田銀行設立の中心人物となったことなどを念頭においている。

(66)　これについては、『大和高田市史』三〇三〜三〇七頁や、「大和薩州産物会所取建の時期と場所について」（『東亜大学研究論叢』二一巻二号、一九九七年）をはじめとする長谷川洋史氏の一連の研究を参照されたい。

(67)　元治二年二月「御用金員数請印帳」（『改訂大和高田市史』史料編四〇二〜四〇四頁所収）。

(68)　前掲註(63)と同。

(69)　前掲註(64)と同。

(70)　国立史料館所蔵。

(71)　『大阪府の地名』（平凡社、一九八六年）五三五頁参照。「元禄年間には百間堀川に面して塩船繋留場ができ、享保十年（一七二五）から塩市が許可された」とある。

(72)　安政四年九月三〇日付長三郎・長七郎宛内蔵進書状。

(73)　前掲註(41)と同。

(74)　二年後になるが、安政七年（一八六〇）の時点では、「地方役」「吟味役」「盗賊役」をつとめていたことが判明する（大阪府立中之島図書館所蔵「（大坂武鑑）」による）。

(75)　安政五年九月九日「（山本善太夫の処遇につき伺状）」、同九月一三日「（山本善太夫を「御館入」として処遇する旨申渡）覚」（ともに山口県文書館毛利家文庫「部寄」に収載）。後者には、「先達而戸田与五郎其外御館入被仰付候節之御振合ヲ以御取計可被成候」という記述もみられる。なお、「御館入与力」については、藪田貫氏の先行研究（『日本史研究』四一〇号、一九九六年）があり、「情報のチャンネルおよびアドバイス」がその「存在意義」であったとされている。

(76)　山口県文書館毛利家文庫「自安政四年八月至元治元年　産物事」に収載。

(77)　山口県文書館毛利家文庫「綴込記録け印」に収載。

(78)　「薩州御交易記録」七ノ一（山口県文書館毛利家文書）の文久三年（一八六三）正月の記事には、「当地丹波屋由兵衛、村嶋長《（兵）》衛と中悪敷候」という一文がみられる。なお、丹波屋由兵衛については「大嶋郡之木綿を引受候家」、村島長兵衛については「御国産物引受人　江之子嶋ニ御国之会所有之」と記されている。

（79）西向宏介「近世後期の特産物をめぐる政策と流通」（『流通と幕藩権力』、山川出版社、二〇〇四年、一〇五～一〇九頁）参照。

（80）長州藩との物産交易がいつまで続けられ、どのような事情で行われなくなったのかという点や、村島氏一族内部の家や出店の関係がどうなっていたのかという点など、クリアーにできなかった問題がある。また、薩摩藩と大和の豪農商との物産取引に関する分析など、さらに取り組まなければならない課題がある。

（81）前掲註(50)と同。

（82）文久三年三月「乍恐口上書」（『贈正五位乾十郎事蹟考』二六～三〇頁所収）による。

〔付記〕本稿に関わる史料の調査・収集にあたり、高田の村島正一・村島忠一両氏をはじめ、河本福美・山崎一郎・荒武賢一朗の各氏に大変お世話になった。また、成稿する前に、京都大学人文科学研究所（佐々木克先生の研究班）、一の坂研究会（山口）、近世史フォーラム（大阪）で報告させていただき、それぞれ貴重なご指摘をいただいた。お名前は省略させていただくが、謝意を表したい。

攘夷・鎖港問題をめぐる老中水野忠精の情報収集

佐藤隆一

はじめに

文久三年（一八六三）三月の一四代将軍徳川家茂の第一回上洛により、ペリー来航以来混迷を続けていた幕府政治は、さらに新たな局面を迎えたのである。すなわち、三月七日の参内で孝明天皇は家茂に、「将軍職はこれまで通り御委任」「諸藩へ攘夷決行を沙汰すべし」とする二つの命を下した。これに加えて関白鷹司輔熙は、国事は幕府に委任するものの、事柄によっては朝廷が直接諸藩に命令を下す場合もあり得るとする指令を行い、庶政全ての委任を取り付け、その権力基盤の再建をめざす幕府の目論見を強力に牽制したのである。しかし、結局幕府はその政権延命のためにこれを受け入れ、いわゆる奉勅攘夷の体制をとることとなり、多くのより困難な政局に直面することになる。

さて、本稿の主体となる老中水野忠精《ただきよ》は、当時の譜代閣老を代表する人物と言ってよく、文久三年・元治元年（一八六四）の二回の家茂上洛に用係として随行し、慶応元年（一八六五）の三度目の上洛時には留守老中として江戸の政務を統括した。また一方で、老中に就任した文久二年三月より、幕府の機関としての関東取締出役・江戸町奉行三廻役（隠密廻・定町廻・臨時廻）・目付等を活用したり、また自藩の人材である歩横目田村五百代や藩儒塩谷甲蔵（宕陰）と彼につながる儒者のネットワーク等を駆使して、関東をはじめ畿内・中国・九州に至るまでの広範な情報収集活動を展開していたのである(1)。

そこで本稿は、当時常に将軍家の側にあって行動した水野忠精が展開した情報収集と政治的活動の実態を明らかにし、国政の最高責任者の一人である老中の立場から見た政局の推移という視点から、当時幕府・朝廷・諸大名やこれらに関わる諸勢力が国是の確立をめぐって活発な活動と模索を繰り返した、激動の政情を追ってみたい。

ところで、当該時期の政治過程についてはすでに数多くの研究蓄積がある(2)。まず、鎖港・攘夷の問題について小野正雄氏は、横浜鎖港交渉は幕府が朝廷および尊攘激派の攘夷実行の督促を回避するためにとった政策であり、八月一八日の政変で尊攘激派が京都から一掃された直後の文久三年九月の段階において、横浜鎖港の成功こそが攘夷という方法をとることなく外国勢力を日本から遠ざけ、攘夷の可否をめぐる国論の不一致を解消させる策として構想されていたとしている(3)。また、当時の破約攘夷の論理について青山忠正氏は、長州尊攘激派や越前藩の中根靭負・松平慶永らの見解を例示し、彼らの考えは安政通商条約をいったんは破棄し、その過程で対外戦争を覚悟することもやむをえないが、諸侯会議を開催して国是を評議し、全国一致の決議をもって新たに条約を結び直すことであり、最終的に検討される点は開戦を覚悟するか避戦を貫くかの問題であると指摘している(4)。

一方、箱石大氏は家茂上洛を幕府による朝廷からの大政委任取り付けの重要な画期と位置づけ、第一回上洛時大政委任の制度化は不完全でかえって尊攘派に逆用される結果となり、八月一八日の政変以降は大政委任の制度化と朝廷尊奉の充実によって公武合体が完結すると考えた幕府が行ったのが元治元年の第二回上洛であり、ここで家茂が外交措置について朝廷に上申したのが横浜鎖港の方針であるとしている[5]。また奈良勝司氏は、文久三年三月の将軍家茂の上洛・参内で、徳川将軍家は近世的「公儀」ではなく攘夷の実行機関であると確認され、これを契機に成立した奉勅攘夷体制は将軍家を朝廷の下部組織に位置づけ、条約の有効性が否定され、国家主権者としての将軍家の地位も正式に否定されたとしている[6]。このように、文久・元治期の政治状況は最近明治維新の前段階の重要な画期としてとみに注目を集める問題となってきている。

さて本稿は、文久二年三月の島津久光による卒兵上京から翌三年三月の将軍家茂上洛時の孝明天皇の賀茂上下社行幸への随行までの水野忠精の情報収集をテーマとした前稿（註1）を引き継いだ内容である。すなわち、前掲の先学の研究成果を参考にしながら、老中水野忠精の動向を軸に、家茂一行の帰府が済崩し的に延引となる政治的状況とこれにより生じた問題、長州藩による攘夷決行と外国側の報復に関わる問題、八月一八日の政変により尊攘激派勢力が京都から一掃され、公武融和の気運が高まるなかで朝幕間で打ち出された横浜鎖港問題、さらにはこのような状況のなかでの大政委任の取り付けをめざした家茂の再上洛、という順で見て行きたい。とりわけ、将軍家茂第一回上洛後に幕府を強く拘束した奉勅攘夷体制のなかで幕府はどのような認識により横浜鎖港案を推進したのかという問題を考察し、またこうしたなかで老中水野忠精のもとには多くの意見書や風聞探索書がもたらされるが、これらの情報と実際の政策決定内容とを検証してみたい。さらには、家茂再上洛時に幕府が朝廷から取り付けた大政委任の性格についても、若干の考察をしてみたい。

一　将軍家茂帰東問題と石清水社行幸

文久三年三月一九日、上洛中の将軍家茂は後見職徳川慶喜らを従えて参内し帰東の聴許を奏請したが、朝廷は攘夷祈願のため四月四日に石清水社に行幸するので、これに随行するよう令した。そもそも、先の賀茂上下社行幸と同じく、石清水社行幸は同年二月二八日の長州藩世子毛利定広による朝廷への建議が発端となって決定・挙行されたものであり、いずれも破約攘夷実現のために孝明天皇自らが親征を行う第一歩であるという位置づけがなされていたのである。(7)

これにより、『水野忠精日記』(8)三月一九日の条には、幕府が大目付・目付に将軍帰東を延期する旨を指令していることが記されている。

明後廿一日、当地

御発駕可被遊候處、

御所ゟ被　仰出候趣も有之候ニ付、御発駕御延引暫御滞京被遊候旨被　仰出候、此段向ゝ江可被達候事

先の賀茂上下社行幸において孝明天皇の背後に将軍家茂が控えさせられる屈辱的な光景をさらすこととなったが、大政委任の取り付けとその実行をめざす幕府はやむを得ず朝廷の意向に従う結果となったのである。

さて、京都における政令帰一をめざす公武合体路線が現実的には挫折したことにより、政事総裁職の松平慶永が三月二一日に無断で退京し、水野忠精は二五日に京都の旅宿に慶永の名代田付主計を呼び寄せ、慶永の政事総裁職罷免を申し渡している。(9)その他、山内豊信・伊達宗城らも相次いで帰藩し、その後将軍家茂はほとんど人質状態で済崩し的に京都に滞在延長をさせられることになる。

こうしたなか、上洛中の幕府の随行員にもしだいに焦燥感が見え始める。三月二五日には随行員の徒頭仙石政相・同諏訪庄右衛門の両名が水野忠精に書状「存寄之次第御内ゝ申上候書付」(10)を送り、将軍帰東延引についての世評や意見を述べている。まず、帰東延引により巷に怨言が満ちており、こうした事態は幕府にとって迷惑千万

であるとしたうえで、

仮令勅命ニ而京都御警衛被為在候とも、御居城を御立離ニ而平常御武備御充実無之、御館城ニ安閑与御永住者乍恐甚以薄氷を踏候様ニ奉存候、国主初列藩衆之所存者いかが御座候哉、衆意御構図無之候而者尤以不可然奉存候、下説ニ者八幡御祈禱抔頻ニ申候得共、乍恐御祖宗之御憲法を被廃、弥御動座抔申者恐入候次第、因ゟ国家之御祈ニ被為在候共、人事を御尽し候上之事ニ可有之、下々之浅間敷言ニ者禰宜・神主之事ニ御沈溺被為在候様ニ申、第一下々一同を御憐察薄キ様ニ聞へ、且何事ゟ斯俄ニ攘夷之儀京師ゟ被　仰出候か不可測候得共、先比生麦之一条ニ候ハヽ、衆人之説兎角三郎自儘に外国人を殺害致候ゟ之起り与申唱候、曲直判然ニ無之、聊も此方ニ曲有之兵端を開き候而者、勝敗者天哉ニ仕候而も天理人道ニ悖り候而者、当時之形勢伸輿中ニ相立候事叶申間敷、尤以不可然奉恐念候、所謂寸善尺魔故ケ様之御時節ケ様成御場所御永留者不可然、御供之向も覚悟之外、ケ様之次第ニ而永續罷成候而者必ス病人其外怪我人等も相増候者必定、程も離計江戸表万一之御供方数而一人之組耳ニ者有之間敷、諸向共同様ニ可有之、此上猶更御手薄ニ可相成甚奉恐念候、

という意見を述べている。仙石・諏訪両名は、諸大名の意見も反映した全体構図のないまま滞京が延びて行く奉勅攘夷体制の在り方に不満を述べ、朝廷主導の石清水社行幸への随行や生麦事件発生の情報に強い不安を表明して、将軍家茂の帰東延期に強く反対しているのである。ここでは翌年の将軍家茂の再上洛時にもみられるような、滞京幕閣と江戸留守幕閣とに分かれる状況が長く続くことによる幕府の指揮統率力の低下という問題を早くも指摘している。

また、同じく将軍上洛に随行中の目付池田長發は、三月二七日に水野忠精に開国・攘夷問題についての意見書

を提出している。[11] この書状で池田は、着京以来すでに二〇日間余を経過し、上洛中の一行が早朝の登城や夜分・夜半過ぎの退出など日夜の評議により心身共に疲労困憊している状況であり、内外危急の情勢のなかでこれ以上滞京することはいくら朝命とはいえ好ましくなく、攘夷の期限が切迫するなかで、朝廷を説得して速やかに帰府することが得策であるとしている。さらに、対外問題については次の三つの選択肢があり得るとしている。

①武備を充実させ、戦わずして諸外国と和を結び、開国すること（従来の幕府の避戦・開国政策を継続するもの）。

②無二念攘夷の決定を速やかに諸外国に通達し、外国人は一刻も早く引き払わせ、幕府・朝廷・諸大名共に力を合わせて国防に努めること。

③攘夷命令を受け、彼是因循しているうちに外国勢力の暴発に逢い、幕府が人望・権威共に失い、万民に不意の費を及ぼし、アヘン戦争後の中国の二の舞となること。

池田はこれらのうち自分がどれを選択するかについてははっきりと記述していないが、③については明らかに否定的なニュアンスを示しており、①の内容のうち避戦政策を基本的に維持しながら、②の鎖港・攘夷論を進めようとする考え方を暗示している。

特に②で池田は、

是者、海外各国之暴威を示し候事を審ニ被為奏聞、若一度戦て和を入候ハヽ、彼之属国ニ等しく相成、御当家者兎も角も　御國體之安危斯〻与被仰上、其上ニ而者五十歩百歩一日も早く各国人共為引拂、海外を敵ニ取、御國萬全之策を被為立、武威を張、考を正し、詮根を順ニし、民心を結固し、諸侯与共ニ力を幷せ、御國内専一与成候ハヽ、如何成難敵・暴兵与雖、主客之勢可不敗矣、

とあるように、現在幕府が直面している外国勢力の脅威について国体の安危に関わる問題であると朝廷に詳らか

に奏聞して理解を求め、戦闘行為に及ぶことなく外国人を国外に引き払わせ、国論を統一して軍備を増強し、諸侯と協力して挙国一致の体制をつくりあげることこそ、現段階で取りうる最良の策であると主張している。

池田は、この年の九月一二日に外国奉行に抜擢され、一一月二八日には横浜鎖港談判正使に任命されて、一二月二九日にはフランス軍艦ル・モンジュに乗船してパリに向かっている。前掲の池田の三月二七日の上書は、この段階で幕府が取りうる選択肢を示したうえで横浜鎖港政策の根幹をなす攘夷論を展開しており、幕府の重要な政策決定につながる意見書として注目に値する。

しかし、これらの将軍の帰東延期に強く反対する意見書があったにもかかわらず、朝廷の意向を重視した幕府は、同日(三月二七日)に石清水社行幸に将軍家茂が供奉することを上洛一行に布告している。

また、三月付で上洛随行員より水野忠精ら滞京幕閣に提出されたものとみられる風聞探索書[12]には、当時の朝・幕・藩をめぐる情勢が次のように明らかにされている。

①三月二一日に幕府に無断で退京・帰藩の途に着いてしまった松平慶永の消息についての、同藩用人の話。

②この頃、在京中の島津久光も西宮まで引き取ってしまったので、近衛家の家司や薩摩藩の留守居役がこれを追いかけて近日出京する由。

③帰東の勅許を奏請してすぐに江戸への帰途に着きたい幕府と、将軍家茂を随行させての石清水社行幸を強行したい朝廷との思惑の違いについて。

④横浜における英船の動静についての風聞。

⑤在京諸侯の動向。

特に、③では幕府と朝廷との立場の違いが端的に示されている。

大樹様御事、於
御所向者御滞在之御請相済候故、石清水行幸之供奉列ニも被為加、御酒饌等も其内可賜、且又　右府御昇進
之儀時節柄御請者被有間敷候共、御推任追而御暇、御参
内被　仰出、諸大名ニも昇官之
思召ニ御座候處、関東横浜ニおゐて異船戦争之様子御側御用取次衆江申参、右を以俄ニ御帰府之事共、関白殿
江御老中より被仰立御承知候得共、素々
主上ニ而前段之
思召ニ付、御發輿之儀御差留被成度儀ニ御用召、御参
内被　仰出候哉と奉存候、

このように、上洛中の随行員の間に疲れと焦燥感がただようなか、横浜に来航したイギリス船が三月一八日頃大砲を撃ちかけて江戸の民家が類焼し、これに対し防備の彦根藩一番手・二番手の兵員がこのイギリス船二艘を攻め取ったとする虚説が京都で流布してこれが「異船戦争之様子」と報道され、これを理由に老中が関白に帰東をしたい旨を打診して認められたものの、孝明天皇に石清水社行幸の意向が強く、ついに帰東が延引となった事情が示されている。

こうしたなか、四月二日には徳川慶喜は中川宮（後の朝彦親王）に書状を送り、石清水社行幸中止を嘆願している。当時、世上には賀茂上下社行幸に供奉した後に行方を晦ました侍従中山忠光が石清水社行幸にあたって長州藩世子毛利定広と共に鳳輦を奪い、淀川を下って乗輿を摩耶山に移して四方に号令するであろうという流言があったのである。(13)しかし、翌三日に朝廷は石清水社行幸の期日を四月一一日と治定し、これを幕府や諸大名に布

告したのである。そこで翌四日には、水野・板倉両老中が中川宮に面会し、さらに前関白近衛忠熙邸へも赴いて、石清水社行幸について用談している[14]。ここで両名は行幸の中止を強く求めたものと考えられるが、孝明天皇の意向が強く、結局幕府としても勅命には従わざるを得なかったのである。

ところで、石清水社行幸を四日後に控えた四月七日、将軍家茂は二条城で乗馬を行い、水野・板倉両老中がこれを参観している。『水野忠精日記』の同日の条には、その模様について次のように記されている。

一午後
御乗馬被　遊候ニ付、拝見被　仰出旨側衆申聞候、右御礼同人を以申上之
一無程
御乗馬為拝見、周防殿同道ニ而奥江相廻
一拝見罷出候處、自分・周防殿乗馬被　仰付之
右相済引候而、
御乗馬拝幷乗馬被仰付、御礼泊方を以申上之

このように、両老中の前で元気に乗馬を楽しむ家茂の様子が示されている。

しかし、周知のように石清水社行幸の前日である四月一〇日に至り、将軍家茂は突然朝廷に翌日の行幸供奉を断っている。水野忠精は同日の日記に、このことを次のように記している。

一明十一日石清水八幡江
行幸有之ニ付、
公方様奉従御勤可被遊候處、少〻御所労被為　在候ニ付、御断被　仰上、右ニ付御　延引被　仰出候

この頃、世上には石清水社の社前において孝明天皇が攘夷の節刀を将軍家茂に下賜するとの説が流布していたのである。[15]また、家茂不参加の理由については、四月一〇日付で前尾張藩主徳川慶勝が鳥取藩主池田慶徳に送った書状には「明十一日ハ石清水　行幸も有之　幕ハ御風邪ニ而御断残念之事存候」[16]とあり、一方『京都守護職始末』には「夜半になって将軍家が急に発熱し、ときどき眩暈もする容態となった」[17]と記されている。

一方、供奉した徳川慶喜が晩年に『徳川慶喜公伝』の編纂者たちに語ったところによると、慶喜は石清水社行幸に随行した場合に将軍家茂が他の供奉の面々から離れたところで天皇の面前に召され、ここで如何なる勅命があるか計り知れずと憂慮し、

　予は直に之を辭せんかと思ひしかど、斯くては議論むつかしかるべければ、寧ろ期に臨み不快と稱して辭し奉るに如かずと考へ、其場は程よく答へ置きたり

として、行幸直前に不快と称して随行を断わるのが最良の策と考えたことを述懐している。[18]

さて、忠精の日記には前掲のように「少々御所労」とあり、それほどの重病とはとても解釈できない記述である。また、行幸の当日に孝明天皇は欠席した家茂に代わって慶喜を社頭に召して攘夷の節刀を手渡そうとしたものの、この時慶喜は腹痛を訴えて山下の寺院に静養して御召を拝辞したので、このことはついに行われなかった。[19]忠精日記は家茂と常に行動を共にしていた老中の記録であり、これによると家茂は供奉を断った日の三日前の四月七日に水野・板倉両老中の前で元気に乗馬を行っていたのであるから、体調が悪かったとしてもごく軽度であると考えられ、やはり慶喜ら側近の説得によりこのときは方便を用いて供奉を断るに至ったと考えるのが妥当であろう。

かくして四月一一日、孝明天皇が石清水社に行幸し、幕府側においては将軍家茂が欠席のまま、後見職徳川慶

喜と水野・板倉両老中らが供奉するかたちとなった。

二　攘夷をめぐる幕府と長州藩

幕府の次の課題は、天皇の居住する京都および西国支配の最大の拠点である大坂城を控えた大坂湾の防備をどのように展開して行くかであり、このことは奉勅攘夷体制のなかで国政の主導権を確保するうえで重要な問題であった。

すでに、幕府は安藤信正・久世広周政権時の文久元年四月に若年寄遠藤胤統・酒井忠毘両名を海陸御備向並軍制取調係に任命し、五月・六月には講武所奉行・軍艦奉行・大目付・目付・留守居等をこれに加え、いわゆる文久の軍制改革に着手している。大坂湾の防備もこの流れで手がけられ、文久二年一二月二八日から翌三年一月一一日にかけて老中格小笠原長行による大坂湾の巡見が行われ、同年二月一日に幕府は小笠原を摂海台場築立用係に任命し、さらに二月一二日には小笠原を補佐していた幕臣勝海舟に摂海台場築造を命じ、本格的な台場築造が開始された[20]。

さて、四月一八日には将軍家茂が後見職徳川慶喜や水野・板倉両老中らを従えて参内し、摂海巡視の勅許と慶喜の東帰を奏請し、孝明天皇がこれを裁可している。また前述のように、四月二〇日に幕府は攘夷の期限を五月一〇日とする旨を奉答し、朝廷がこれを許可した。そこで、滞京幕閣は翌二一日に、攘夷の具体的方法として横浜・長崎・箱館の三港を閉鎖して外国人を三〇日以内に帰国させ、もし外国側が応じなければ一戦に及ぶこと等の内容を、江戸幕閣に伝達した[21]。同日の幕議では生麦事件賠償金支払いも決定し、水野忠精が万石以上・以下へ、攘夷の期日が決定したので自国の海岸防備を厳重にするよう指令している[22]。また同日、将軍家茂が京都を発して石清水社に参詣し、幕府としても将軍自らが奉勅攘夷の姿勢を明らかにしたのである。

家茂はその足で四月二三日に順動丸に搭乗して兵庫・西宮沿岸の防備を巡見し、二六日には摂津国神崎川方面に至り、岡山藩警守の砲台を見分している。水野忠精は四月二八日に大坂城に登城し、翌二九日に軍艦に乗船して兵庫沖に向かい、天保山下で将軍家茂一行と合流し、同所における大砲の操作を見学した後、一行は大坂城へ帰還した(23)。五月四日には、将軍家茂が水野・板倉両老中を従えて順動丸に搭乗し、舞子ヶ浜・須磨・明石・由良を巡見している(24)。翌五日にも、忠精は家茂の安治川砲台と備前島の巡見に供奉している(25)。ところで、奉勅攘夷体制の成立により、岡山藩主池田茂政が朝廷の命により将軍家茂の大坂湾巡見に供奉するなど、海防問題において朝廷が直接諸藩に指令を下す例がみられるようになるのである(26)。

こうしたなか、水野忠精のもとには幕臣からのいくつかの切実な意見書が提出されている。まず、大目付・目付が同年四月中に水野忠精へ、この節摂海警衛を命じられた津和野藩主亀井茲監《これみ》（四万石）がこれを辞退したい旨を嘆願してきたので、これを認めてはどうかとする意見書を提出している(27)。文面は次の通りである。

亀井隠岐守摂海御警衛之儀被　仰付候処、自国海岸引受居候儀、双方ニ而者難行届候間、御免奉願度旨相願候書面御下ヶニ付勘弁仕候処、小藩之儀ニ者御座候得共、御人撰を以被　仰付候儀御免相願候段、武門之不好筋ニ者候得共、當人右等心得も無之、御免相願候上者強而被　仰付有之候而も行届申間敷、御不安心ニ可有之候間、右之廉を以御免相成、代り之者被　仰付候方可然奉存候、依之私共評議仕、御達案相添、此義申上候

そもそもこの文久三年は、大坂湾防備担当藩の大幅な改変が行われた年であった。安政五年（一八五八）六月二一日に幕府により大坂湾海岸防備を命じられた長州・岡山・鳥取・土佐・柳河の五藩(28)のうち、土佐藩を除く四藩の

持場が他藩に引き継がれたのである。このうち、三月三〇日に幕府は長州藩の持場であった摂津国武庫川から湊川までの海岸防備を、津和野(西宮・打出海岸)・津山(御影海岸)・岡(神戸海岸)の三藩にそれぞれ命じたのである。[29]しかし、津和野藩主亀井茲監より免除の嘆願がなされたうえに、前掲の大目付・目付の意見書の趣旨を受け入れ、幕府は早くも九日後の四月九日に津和野藩の摂海防備を免じ、代わりに久留米藩をその任に着かせたのである。[30]

このような配置転換のしかたは、前掲の大目付・目付の意見書の文面にもある通り、絶大な強制力を伴う本来の幕府の諸大名への軍役賦課の原則とは違う判断でなされたといえる。また、幕府により海防を命じられた大名が嘆願によりこのように早く役を免除されたのは、管見の限りでは前例がないと考えられる。[31]これらは幕府にとっても、五月一〇日を攘夷期限と約束した状況のなかで、京都の朝廷の防衛にもつながる大坂湾防備においては即戦力となる大名を抜擢せざるを得ないという火急の状況があったことは間違いない。

また、同じく四月付で新番頭糟屋義明が水野忠精へ将軍家茂帰府の問題についての意見書「覚」[32]を提出している。その内容を要約すると、次の通りである。

①将軍還御(帰府)の風説がしきりに流れているが、これはかえって人心を惑乱させるので、正式な手続きのもとで還御を仰せ付けられたいこと。
②家茂が東帰する代わりに将軍後見職徳川慶喜が京都に残るという説があるが、これも不都合を生じさせてしまうこと。
③攘夷を先に行うか、あるいは恣行の国(長州藩)を征することによる国内一和を先決とするかの問題について。
④急務となる幕政改革の施策を内々に伺いたいこと。
⑤滞京中の者のなかには、奥向のために一刻も早く帰府したいという者もいるので、江戸に留守中の者と交代さ

せてはどうかとする意見。
⑥滞京中は、奥向はもちろん諸組書方の者も遊惰のないように指示すべきこと。
⑦京都守護の会津藩の勝手向が疲弊しているので、何らかの出財の道を世話した方がよいこと。

この糟屋の意見書は、石清水社行幸や奉勅攘夷に伴う大坂湾巡見などで上洛一行の滞京日数が長引くなかで、幕閣が江戸と京都とに分かれてしまっている現時点での急務となる問題点を列挙したものといえる。

また、五月六日には江戸の寺社・町・勘定三奉行が連署して前掲の滞京幕閣より通達された外交拒絶・三港閉鎖の断行の指令に対する意見書を幕府に提出している。(33) ここで彼らは、外国人に三〇日以内に退去を強制することの方針では外国勢力と名分のない戦争に及ぶことになりかねず、事理を尽くして応接し攘夷の名分を立てることが筋であるとし、「方今三港一挙ニ相鎖候御趣意ニ而は時勢之安危御據無之不論是非御難題ニ相當り」として、三港の同時閉鎖は現実的に不可能であり、欧米諸国と日本との国力の差をよく認識しなければ皇国の崩壊につながる所以を論じ、「無御據御場合前件之御次第被仰立御職務御辞退被遊御願候而」として、いったんは将軍家茂がその職を辞すべきことを幕府に建言している。これに対し、生麦事件への対応を命じられ急遽東帰した老中格小笠原長行が三奉行に再議を求める書面を遣わし、「今度改而追々及應接内地人心之不服且永久國力疲弊等之廉を以申談相斷候上は」という経過をふまえたうえで、もし外国側が兵端を開くのであればそれは無名の戦争とは言い難く、いたずらにこちらから兵端を開くことこそ無名に陥る旨を助言している。(34)

果たして、五月九日には小笠原長行が横浜に赴き、紛糾するイギリスとの問題を解決するために独断で生麦事件の賠償金および英国公使館襲撃事件に遭難したイギリス人への扶助料合わせて四四万ドルを英国代理公使ニールに交付している。(35) これは前掲四月二一日の幕議決定に基づくものであり、また生麦事件の補償を速やかにしなければイギリスとの衝突は避けられないとする、水野忠徳ら「親外派」とよばれる幕府吏僚の強い要請にもよるものであった。また同日、小笠原は各国使臣に書を送り、横浜・長崎・箱館の三港を閉鎖し、在留外国人を退去せしめんとすることを通告している(36)。ここまでの経過をみれば、小笠原自身の認識では償金支払いは外国との紛争を極限まで避けようとする幕府の奉勅攘夷の姿勢に基づくものであったといえようが、償金支払い自体を国威を損ねる屈辱的なものと考える人々の激しい反発を招くことになるのである。

さて、幕府が朝廷に攘夷決行の期限と約束した当日の五月一〇日、満を持していた長州藩により攘夷が決行される。横浜から長崎に向かうアメリカ商船ペムブローク号が田ノ浦沖に投錨したところを長州藩の軍艦庚申丸と癸亥丸が砲撃し、豊後に逃走させたのである。翌一一日、山口を発して萩城に帰った長州藩主毛利慶親は、この攘夷決行のことを朝廷および幕府に上申した。

このような長州藩の過激な攘夷行動に滞京中の幕府一行は動揺し、五月一四日には徳川慶喜が関白鷹司輔熙に上書し、現時点での攘夷決行の不可能を論じ、将軍後見職を辞したい旨を請うている(37)。同月二〇日夜には、水野・板倉両老中と京都守護職松平容保らが参朝し、奸吏処罰と攘夷決行を名目に将軍家茂東帰の允許を懇願している(38)。この嘆願は容れられ、召によって五月晦日に参朝した水野・板倉両老中は、六月三日を以て将軍東帰の勅許があるべき旨の朝旨を受けている(39)。水野忠精は京都の事務は守護職松平容保に当らせよとする将軍の内命を会津藩に伝えたが、同藩家老横山主税らが連署して同日に水野忠精に書を送り、将軍東帰に反対しその延期を請うている(40)。ここで彼らは、「若し将軍様輦轂の下を御離れ被遊候ては、萬事隔絶致し、東西の事情不相通」として将軍家茂が帰府することはすなわち朝幕関係の隔絶につながるとし、さらに「現在御東下と御滞京との理非を論し、麾下の御方々を御鎮静被遊候事も御行届無之候て、断然拒絶の御取計は乍憚無覚束奉存候」として、帰府か退京かの理非を随行員に理解させないまま江戸に帰っても、攘夷の実現は到底不可能であると言い切っている。帰府が決定した段階に至っても、京都における幕閣と会津藩との足並は揃っていなかったのである。

一方、攘夷を決行した長州藩に対し、被害を受けた諸外国側の報復も熾烈を極めたのである。六月一日には、アメリカ軍艦ワイオミング号が下関に至り長州藩と交戦し、庚申丸・壬戌丸を沈没させ、癸亥丸を大破させている。また、六月五日にはフランス艦隊司令長官ジョーレスが軍艦セミラミス号・タンクレード号を率いて下関に迫り、前田・壇ノ浦等の砲台を砲撃し、陸戦隊を上陸させて守兵を追い、備砲を破壊している。

さて、こうした諸外国軍と長州藩軍との戦闘の模様については、意外なルートから幕府に詳細な情報がもたらされている。水野家文書中の「長府侍女中文之写」[41]がそれである。これは、長州藩の分家である長門府中藩（藩主は毛利元周、以下長府藩と略す）の奥女中が書き付けて送ったものが幕府内で回覧され、水野忠精がこれを筆写したものであると考えられる。この女中が幕府側の人間と気脈を通じていたかどうかは不分明であるが、大変興味深い史料である。内容的には、左のように六月一日の米艦との戦闘を主とした①から④の前半部分と、六月五日の仏艦との戦闘を主とした⑤から⑦の後半部分とに分けられる。

①六月一日の米艦と長州藩軍艦との戦闘の模様。長州藩側の損害は甚大。

②長府藩の砲台からも米艦に向けて砲撃し、双方の撃ち合いの場面もあったが、長府藩側に大きな損害はなかったこと。

③長州藩のなかに、議論の末に斬り合いに発展する事件が起きたという風聞あり。

④このたび長州藩主毛利慶親は山口に引き移り、世子毛利定広も山中の寺に移動したという風聞あり。

⑤六月五日にフランス船が前嶋から四〇丁のところの海より城に向けて大砲を撃ちかけ、奥向の人たちは各所を

転々と避難し、結局井田村来福寺に落ち着くことになった旨。

⑥フランス軍兵士三〇〇人程が、長州藩の前田砲台に上陸して守兵と合戦に及び、双方に死者が出た旨。

⑦下関城下の女・老人・子供は山野に避難し、長府藩主と世子も来福寺で雨天の日は傘を差しての行水など、不自由な生活をしていること。

特に、①は米艦の激しい報復の模様が次のように克明に記されている。

アメリカ大船一艘ニて打かけ参り候由之処、御本家様との合戦此ハ大敗軍、庚申丸と申船江打込れ大騒之処、とふ〳〵当り強く海中江沈ミ、夫ゟはつていらとか申船江乗かへ大合戦之処、又〻平信丸と申船とも大合戦のよし、是も大そんじのよし、又蒸気船も大損し相成候処、アメリカすんしと帰り候由、其節日本之人江色〻とアメリカ船ニて笑ひつふやき申て参り候由、仍〻残念なる御事、御本家蒸気船者湯の釜へ鉄砲当り候故、其湯あひて六七人も即死いたし、其脇ニ居候人ニ大分〳〵怪我御座候処、強くはね候分者、二日夕両人死候由、何とハかる〳〵生て居候由、平信丸とかハ昨二日朝迄浮て居候、四ツ時頃是亦水中ニ沈ミ候よしも申立候、三艘切にて最早船軍ハ出来不申との御事、

六月一日の米艦との戦闘の模様については『防長回天史』[42]に詳細に記されており、これと比べて概略的ではあり、また女性の筆ということもあって長州藩の軍艦名を間違えている箇所はあるが、全体的に的確な戦闘模様の情報を摑んだ記述である。

また、⑦では米艦・仏艦との激しい戦闘により、長府藩主毛利元周とその世子らが居城から井田村の来福寺など城下に避難し、ここで日頃とは違う不自由な生活のなかで奉公しなければならない筆者(女中)の苦労が赤裸々に記されている。

当時被為入候井田村の来福寺にいらせられ候よし、漸百姓家二三軒計住居候所、俤〻あわれ成御事ニ御座候、何事も日〻二三里ツヽ、御調物ニ両人ツヽ、出候わてハ万事の間に会不申、長府町方にても老人・女・子供等ハ皆〻田舎へ引込、男子の分計居候よし、御家中ハ濱邊近き御事ゆへ大方自分〳〵知行所へ、高取の分ハ御引籠相成事ゆへ、何と中様なき始末、日〻荷物等送り候事にて、郷都の人〻も引足り不申候、（中略）左京様も十三日ニ御城を御立退、かくおん寺与申寺へ御住居相成候、御城ハ御家老持ニ而、中〻海近く御住居被為入兼候御事、実以心細く、日〻消息のみ御案可被下候、

これにより、藩士と家老と家臣団が分散状態となり、長府の城下町も老人・女・子供が疎開して男子ばかりとなり、もはや藩としての機能が麻痺してしまった状況が手にとるようにわかる。

さらに、筆者の女中は最後に、次のような添書を入れてこの書状を結んでいる。

添書

長府にてハ、日〻と唐船のミの騒き御座候御場所〳〵へ出張の御事にて、上へ下へといたし候中、御表・奥とも不残御道具外へ御預ニ相成候仰付にて、御城も大騒きに御座候、十一日ニもイキリス大船参り候處、朝六半時頃より前の嶋と申所へ滞留致、昼過頃迄居候處、測《そく》量のミにて出帆いたし候由、応接ニ出候所、色〻と云ひ事も御座候へ共、何れ又〻参り候由与存られ、色〻と心痛らしく御座候、何の為か分り不申候、只〻ひや〳〵とのミ致居候、御家来中も御当惑の様子ニ御座候、何も〳〵元ハ御本家様のくだらぬ故と申候事ニ御座候

全ては、本家である長州藩が播いた種により長府藩が否応なしに外国船との戦闘に巻き込まれ、家中が只々当惑して大騒動となってしまったとし、攘夷決行を行った本家長州藩に対する抜き難い不信感を表明する皮肉たっぷりの文面となっている。

この長府藩の女中による書付がいつどのようなルートで幕府側にもたらされたかについては今のところ不分明であり、今後検討を要する問題である。しかし、これは長州藩側勢力の内部告発による情報の伝達であることは明らかであり、幕府にとっては長州藩側の内情を知るうえで好都合な情報であったことは間違いない。

さて、この書付の主たる内容である外国船による長州藩への報復攻撃が行われていた頃、滞京中の幕府一行はいよいよ江戸への帰還に向けての具体的な動きを始めるのである。六月三日には、将軍家茂が将軍補翼徳川義勝・老中水野忠精・同板倉勝静・京都守護職松平容保・高田藩士榊原政敬らを従えて参朝し、孝明天皇より東帰の勅許を得、さらに外夷掃攘の功を奏すべきの勅を拝している(43)。

翌四日には、前掲のように生麦事件の事後処理にあたり、横浜で英国代理公使ニールに独断で四四万ドルの賠償金を交付した老中格小笠原長行が尊攘激派勢力打倒の卒兵上京をはかろうとして淀に至ったのに対し、水野忠精は会津藩士小野権之丞・尾張藩士水野彦三郎らを率いて同地に赴き、説得により彼らの入京を抑留している(44)。これは当時、賠償金が支払われようとしているとの情報が京都に達して、上洛中の幕閣が改めて物議を醸し、五月九日に朝廷が幕府に対してその違勅を責め、厳に攘夷貫徹を督促し、将軍目代徳川慶篤にその顚末を奏聞させていたなかでの出来事であった(45)。

六月六日に朝廷は幕府に対し、勅に背いた小笠原らを厳科に処すべきことを命じている(46)。三日後の九日、幕府は朝命に従って賠償金支払いに関与した老中格小笠原長行の職を免じ、小笠原に絶大な支援をした江戸町奉行井上清直・同水野忠徳・目付向山一履に差控を命じ、おのおのこれを大坂城代松平信古に預けとしている(47)。この水野忠精ら滞京幕閣による小笠原卒兵上京の阻止と彼らへの処罰は、奉勅攘夷を約束した幕府が朝廷への体面を取り繕う手段とはなったものの、二カ月後の八月一八日の政変では薩摩・会津両藩を中心とする勢力により尊攘激派勢力が京都から一掃されて幕府の威信を損ねる結果となり、後述するように鎖港政策が実現不可能なまま行き詰まって行くという、幕府自体の深刻な自己矛盾をもたらす大きな要因となったのである。

しかし、幕府は奉勅攘夷体制を利用して外国船砲撃を行った長州藩を、全く放任していたわけではない。将軍家茂の江戸への出立を翌日に控えた六月一二日、水野忠精は大坂において長州藩留守居北條瀬兵衛を召し、下関における外国船砲撃を妄挙として批判し、以後は幕府の指揮を待つよう迫ったが、長州藩側は断固として応じなかった[48]。このときの幕府と長州藩との往復書簡の内容は、両者の攘夷に対する基本的な姿勢の違いを端的に示している。まず、幕府が長州藩に遣わした書状には、

夷國拒絶之儀ニ付而内達之處、最早兵端相開き候ニ付、穏便之取計難相成旨被申聞候得共、最前拒絶之儀ニ付相違候節了解難致廉も候ハヽ、逐一相伺可申筈之處、其儀無之、殊ニ横濱表おゐて談判中ニ而、いまた御手切と不相成候處、猥ニ兵端を開き候而は御国辱を引起候ニ相當以之外ニ候、彌御手切ニ相成候節ハ早速ニ相達可申候、其節ハ無二打拂可申候、夫迄之處ハ彼ゟ襲来不申候内ハ粗忽之所行不致様可心得事[49]

とあり、幕府が攘夷を約束したとはいえ現在は横浜において諸外国と交渉中であり、手切を迎えていない段階でこちらから兵端を開けば国辱を招く結果となり、あくまでも外国側が襲来して来ない限り、こちらから軍事行動を起こしてはならないとする幕府の攘夷に対する明確な基本方針が打ち出されている。

これに対し、長州藩からの返書には、

於國元外夷拒絶之期限四月中旬と被仰出候節、國中江其沙汰仕、再度五月十日と被仰出候付、其砌ゟ及打拂、既ニ先般御内達之節申上候通御座候、其後も御届仕候通、外夷共襲来候故及戦争、従

朝廷別紙写之通
叡感不斜之御旨御沙汰をも被為在、家来末々迄一統勉励仕、
皇國攘夷之御国是相立候様ニと誠心を盡し、粉骨砕身之折柄、於大坂御達之旨
朝廷御沙汰之御旨と齟齬仕、於公武御合一之御根本不相立、
皇國内亂之基と相成可申と甚氣遣敷奉存候、元来御國辱と申候ハ外國ゟ
皇國之正氣衰弱仕候と被見込候儀第一ニ可恥事と被相考、勝負而已ニ付御榮辱を分チ候筋も有之間敷、六十餘州之人心只管正氣を振起し、
叡慮を遵奉仕候様御所置被仰付度御事と奉存候、[50]

とあるように、将軍家茂が孝明天皇に攘夷決行を約束し、その期限を五月一〇日と返答したことを前面に掲げて、水野忠精よりの書付の内容はこうした攘夷の国是と齟齬し、それこそ内乱の原因となるとし、全国の民が叡慮を遵奉し、戦いの勝算の有無を乗り越えて、正気を振起して国威を示し、攘夷の実現のために努力すべきであるという強硬論を述べている。幕府と長州藩との攘夷に対する認識の違いは、まさに水と油の関係であったといえる。

さて、翌六月一三日に将軍家茂が軍艦順動丸に乗船して大坂を出発し、水野・板倉両老中らがこれに随行した。[51]三日後の一六日には、順動丸は江戸の浜御殿に到着し、将軍家茂はここで川船に乗り換えて辰口より大手通へ行き、江戸城に到着して、ここに四カ月余にわたる家茂の第一回の上洛が終了するのである。[52]

三　横浜鎖港交渉と家茂再上洛

長州藩の攘夷決行に対し、朝廷は当初は期限を違えず攘夷を決行したことを嘉賞し、諸大名に対しても頻りに

長州藩援助を命じて、京都における攘夷熱はその極に達している。[53]これに対し、幕府は四月二三日の諸大名への攘夷期限の布告にあたり、外国勢力が来襲すればこれを掃攘するも、こちらから進んで戦端を開くべからずとする基本方針を令している。[54]

このような朝幕間の対応の大きな違いに対し、諸大名もその帰趨に戸惑う者が多く、幕府自体も朝命との齟齬に苦しみ、また外国勢力の強硬な抗議との板ばさみにもなり、大いに進退に窮したのである。[55]また、朝廷は六月一八日に大坂城代松平信古および摂海警備の諸藩に、各藩が協力して攘夷実行を期すことを令している。[56]ところがその一方で、幕府は二日後の六月二〇日に松平信古に対し、みだりに外国船艦を砲撃することを禁じるよう命じているのである。[57]

こうした政令二途に発する状況を回避するため、幕議はついに横浜鎖港の方針を決定し、八月一〇日に将軍家茂が江戸城黒書院で老中以下布衣以上の有司に、「近々鎖港之儀ニ取懸候間、何も熟慮いたし可申事」と告知している。[58]鎖港についての幕議は、そもそも外国奉行澤幸良が横浜・長崎・箱館の三港を閉鎖しなければ攘夷には当たらないと主張し、徳川慶喜もこれに同意していたが、老中板倉勝静らは当面は横浜一港を閉鎖することが現実的に精一杯の策であると述べ、将軍家茂もこれを支持したので、結局横浜鎖港政策に決定したのである。[59]

その一〇日後、京都では八月一八日の政変が発生した。この政変で会津・薩摩両藩を中心とする諸藩兵により長州藩尊攘激派勢力が京都から一掃され、公武周旋への動きが一気に加速されたのである。この政変発生の情報が江戸の幕閣にもたらされたのは四日後の八月二二日であり、[60]彼らがその対応を行ったのは、同月二七日であった。老中水野忠精は同日、大目付・目付を通じて、この政変で尊攘激派勢力が山口へ逃亡する事態に際し、西国の諸大名へ次のように指令している。

大目付
目付
江渡候書付
大目付
目付
江

今度上方筋不容易事変有之、人心動揺之折柄、右残黨者勿論、其餘心得違之もの有之、此上何様之事変を含可申も難計候間、万一之説明銘〻領分ハ勿論他領共申合、相互ニ應援致し、且又最前 御料所其外寺社領・小給所等警衛向手薄之場所者不待差図、時宜次第出勢いたし、取鎮方手抜無之様兼而心掛置候様可被致候
右之趣、中国・九州領分有之万石以上之面〻江可被相觸候
八月[61]

西国大名に相互に情報交換と警備体制の充実を主とする協力関係を強化させ、尊攘激派勢力を徹底的に鎮圧させて封じ込め、政治的な形勢挽回をはかろうとする幕府の意図がよく伺える。

また、同日老中板倉勝静が大目付・目付を通じて諸大名に、自国海岸や受け持ちの台場の警衛はこれまで通り厳重に行い、今度新たに命じられた海岸や口々の警衛も厳重にすることはもちろん、持場のない大名もその屋敷近傍の守衛を心得、命令しだい人数を動員するよう令している[62]。

ところで、水野家文書中には八月一八日の政変で山口へ逃げ延びた三条実美ら七卿が各地の有志の者に宛てて政変の模様を伝え、彼らに形勢挽回を呼びかける書状「密書」[63]（文久三年八月）が存在している。この書状の封紙の裏側には「京士一同中川修理太夫御家来持参」と記されている。中川修理大夫（久昭）を藩主とする豊後岡藩士がどのような経過でこの書状を手に入れたかは今のところ判然としないが、幕府にとっては京都から逃走した尊

攘激派勢力の動静を探るうえでは実に有益な情報となったことは間違いない。この書状の後半部分には、国々有志の者へ決起を呼びかける内容が、次のように記されている。

　前文略

仭者、年来天下之勢一変、當夏上京仕候ニ付、殿下儀三條公等御懇命被下、依而都裏吐露、速ニ大権御収攬、五畿　御直隷相成候様御親征之御手始として、行幸所々被為入候様五件建念仕候処、御取用相成、既ニ相進候處、中川公會津之賊と被申合、八月十八日之大変ニ及申候、右邪正曲直之儀者御聞ニも入可申、今更不申述候、其後案之通幕威又々熾ニ相成、攘夷之事も日々薄、皇宮之衰弱前日ゟも甚敷、行末如何ニ相成候哉、当冬中ニて興亡相決可申候、憤慨之至奉存候、幸ニ三條公奉始七卿御下向ニ相成居候間、西国ニ而急度大業恢復相計申度、京坂ニ者殿下儀烏丸・万里小路・徳大寺黄門・豊岡卿等御残ニ相成、東西申そへ如何様ニも出来候事故、御見込之事も御座候ハヽ、此節機會ニ付、奮然人意表之御取計被置度奉存候

ここではまず、先の賀茂上下社行幸と石清水社行幸を自分たちが建言して用いられた孝明天皇の攘夷親征の手始めと位置づけている。そもそも攘夷親征は、文久二年五月に孝明天皇自ら幕府が一〇年以内に攘夷を実行しないならば、自分が公卿百官と共に攘夷親征を行うと発言したことにより初めて表明され(64)、翌文久三年六月五日には中川宮が自分が「攘夷先鋒」の任に当たりたい旨を上表し(65)、さらに真木和泉が同年七月二四日に朝廷に提出した『五事建策』のなかで、天皇が石清水社に行幸して攘夷の勅令を下すべしとする提案をしたことで、準備が進められていたのである(66)。しかし、前掲史料では三条ら七卿はその後中川宮が考えを改めて会津藩と結託して八月

一八日の政変を起こしたとし、これにより幕威高揚・朝権衰微の状況を迎え、京都を追われた七卿の勢力と、依然として上方に残る烏丸・万里小路・徳大寺らの公家勢とで力を合わせ、「当冬」に形勢挽回をはかろうとする決起文となっている。

さて、幕府にとって攘夷・鎖港問題における難局はなおも続く。京都の政変の二日前の八月一六日には、横浜において英国代理公使ニールは幕府に書状を送り、最近横浜に生糸が集荷されない事態は江戸商人らの策略であり、イギリスをはじめ外国商人は大きな損毛を出して難渋しているとし、幕府が速やかにその事情説明をしてくれないならば、自分は江戸に赴いて直談判するつもりであると伝えている。(67) ところが、その三日後の八月一九日に京都では、朝廷が諸大名に対して累年の叡慮貫徹のため「勤　王之諸藩不待幕府之示命速可有掃攘之由　叡慮被仰下候事」として、幕府の指揮を待たずに攘夷を決行するよう令しているのである。(68) 九月一日には孝明天皇が追い討ちをかけるように、有栖川宮熾仁親王を東下させて幕府に攘夷の成功を督促する勅使に任命し、(69) さらに同日徳川慶喜に対して速やかに鎖港談判に着手するよう命じている。(70)

こうしたなか、いよいよ老中板倉勝静は九月一三日に大目付・目付を通じて万石以上・以下へ、翌一四日から軍艦操練所においてアメリカとオランダに対し鎖港談判を開始する旨を達している。『水野忠精日記』に記されたこれについての文面は、次の通りである。

一大目付・御目付江周防殿被相達候書取、左之通り

明十四日、於御軍艦操練所亜墨利加人・阿蘭陀人江鎖港之談判及候ニ付而者、彼方軍艦ニ而出府可致候間、右應接中如何様虚唱之所業有之候共、差図不致候以前決而發砲等致間敷候

一非常合図之儀者、当五月中相達置候通可被心得候

右之趣、万石以上・以下之面〻江不洩様可被相達候
九月[71]

この鎖港談判が決裂し、双方が発砲することをも想定した、一触即発の極度に緊張した状況が見てとれ、幕府が物々しい警備をしこうとしていたことがわかる。非常の際の合図として「当五月中相達置候通」とある心得とは、文久三年四月二〇日に幕府が朝廷に攘夷の期限を五月一〇日と回答し、その期限の迫った五月四日に幕府は英国との国交断絶の危機が迫るのに備え、町火消を芝・高輪・数寄屋橋などの海辺の要所に配置し、海岸付の住民に避難を命じた前例[72]を指しているものと考えられる。

果たして、翌九月一四日には老中水野忠精・同板倉勝静・同井上清直らが米国弁理公使プリュインと蘭国総領事フォン・ポルスブルックを築地軍艦操練所に招いて、予定通り横浜鎖港のことを提議する会見を行っている[73]。プリュインとポルスブルックの両名は幕府の提議を拒否したが、会見そのものは平穏のうちに終えたようである[74]。しかし、四日後の九月一八日にはポルスブルックと仏国全権公使ドゥ・ベルクールは各々プリュインと英国代理公使ニールを含めた四か国の代表が共に、今後横浜鎖港に関する会合には一切出席しない旨を幕府に通告している[75]。こうして、鎖港交渉は袋小路にさしかかり、水野忠精ら閣老は連署して九月二九日に京都守職松平容保に書状を送り、横浜鎖港談判がこれ以上進歩し難い実情を報じている[76]。

さて、横浜鎖港談判中において、水野忠精のもとにはいくつかの意見書や風聞探索書が寄せられている。まずは、大番頭大久保教義組与頭の神谷平七郎が八月付で、鎖港と交易謝絶についての意見書を忠精に提出している[77]。要約すると次のような内容である。

①幕府は諸外国に対して、交易謝絶の理由として国内の商品欠乏をあげているが、通商条約締結時に商品の一〇

年程の見積もりはできたはずであり、今にわかに欠乏を唱えるのは日本の見積もり不行き届きと言われてしまうこと。
②開国通商は幕府の本意であり、これを勅命によって止むを得ず謝絶することに対して、幕府は外国側に弁明できず、残念であること。
③西南の諸藩が外国と戦争に及び、幕府が外国と平和的に通商を行うという全国両端の状況では四民が安堵せず、ここは西南諸藩の兵端を落着させることこそ急務であること。

基本的に幕府の開国通商政策を是とし、朝廷や一部の大名の圧力がかかる困難な情勢のなかで、何とかこれを維持しようと模索する意見内容となっている。

しかし、神谷の意見書があったにもかかわらず、幕府は横浜鎖港の方針に基づいて貿易の管理・抑制に向けて動き出している。九月一一日と一二日には、江戸町奉行の命令により横浜における生糸流通の実態についての探索を行った隠密廻が、その報告書「上 隠密廻」(78)を提出している。これは、前掲の八月一六日にニールが幕府に提出した生糸集荷についての書状とも関連の深い内容である。水野家文書中にあるこの史料は、隠密廻の報告書の写本と考えられる。その内容は次の通りである。

①九月五日に江戸南町奉行所において、生糸荷物は江戸問屋が送り状へ改印を押して横浜へ発送するよう命じられたので、生糸九貫目一箇に付世話料(口銭)銀三〇匁を江戸問屋が荷主から受け取ることになった旨。
②九月六日より九日までの横浜への生糸発送数。このところ減少気味であるが、荷主が元方値段を引き下げて荷の確保をはかっていること。
③世話料三〇匁は、天誅事件を防ぐために派遣された新徴組浪士などへ支払う雑費に使われるという情報あり。

そもそも、開港以来横浜への生糸直送は従来の三都中心の国内経済を混乱させる原因とみなされ、幕府は万延元年（一八六〇）閏三月に五品江戸廻送令を発令して混乱の収拾をはかったが、この法令はほとんど守られなかった。そこで、前掲の隠密廻の報告書提出後の文久三年九月二四日に、江戸町奉行が改めて生糸・呉服・雑穀・水油・蠟の五品目を直接横浜に積み出すことを禁じ、江戸問屋がこれら五品の他に荷主から口銭を取ることのないよう命じ、もし不正があった場合は厳重に吟味を行う旨を令している(79)。

さて、横浜鎖港問題が紛糾するなか、朝幕間では将軍家茂の再上洛に向けての動きが活発化する。一〇月八日に幕府は老中五名が連署して京都守護職松平容保に対し、外国奉行池田長發・同河津祐邦を横浜に派遣して横浜鎖港の交渉に着手したことを報じ、これを朝廷に奏聞せしめている(80)。一方、朝廷は一〇月一一日に松平容保に命じて、将軍家茂を再び召す朝旨を宣達せしめている(81)。これに対し、幕府は一〇月一七日政事総裁職松平直克・老中酒井忠績・同水野忠精・同板倉勝静らが連署して朝廷に上書し、現在は横浜鎖港談判中であるので将軍家茂への召命を辞退し、代わりに将軍後見職徳川慶喜を上京させたい旨を願い出ている(82)。

一方、京都では一〇月三日に上京した島津久光と朝廷上層部とが協力して、旧一橋派の有力大名を京都に集め、将軍家茂に再上洛を求めて幕府に政務を委任したうえで、勤皇奉勅の道を立てようとする政治的方向性が模索されていた。さらに久光は、朝廷を開国政策に転じさせようとすることも画策しており、幕府にとっては即座に上洛して朝廷に開国通商政策の続行を説得する絶好の機会でもあったはずである。ところが、幕府は前の第一回上洛時の朝廷側の巧みな演出にいいように振り回された苦い経験から、再上洛には反対かあるいは極めて慎重な姿勢をとる意見が大勢を占めていた。

しかし、一〇月二九日には朝廷が幕府に重ねて将軍家茂の上洛を促し(83)、また、老中酒井忠績の上京に随行した軍艦奉行並勝海舟が一一月四日に帰府・登営して将軍上洛に関する京情を報告し、一刻も早い将軍上洛を望む京都守護職松平容保と前福井藩主松平慶永の意を伝えた。翌日、将軍家茂が海路上洛する旨を布告し、随従および留守諸員を定めたのである。ここで、老中酒井忠績・同水野忠精は将軍家茂への随従を、同板倉勝静・同井上清直・同牧野忠恭は江戸留守居を命じられている(84)。

ところが、一一月一五日に江戸城本丸・二ノ丸が焼失する大火災が発生し、一九日には老中六名が連署して書を京都守護職松平容保に送り、江戸城の焼失を報じ、将軍上洛が遅延することを告げている(85)。

さて、水野家文書中には、将軍再上洛を目前にした各地の情勢を入念に認めた一一月八日付の風聞探索書（差出人の記名なし）(86)が残存している。その内容を列挙すると、次の通りである。

①将軍再上洛の期間は二〇日ないしは三〇日程ならばよいが、五カ月・七カ月の長期化となると甚だ心配であるとする風説あり。
②将軍上洛の随行を命じられた幕閣有司の風評について。
③攘夷を決行した長州藩に同心する九州の諸大名は皆無の由。
④長州藩への取締を厳重にしたうえで、将軍再上洛は沙汰止みにした方がよいとする風聞あり。
⑤大和国の浪人約三〇〇人が甲府に立ち入り、幕府の金蔵から金子七〇、〇〇〇両を盗み取ったとの風聞あり。
⑥高崎藩領の下総国銚子へ水戸浪士ら六・七〇〇人が潜伏しているとの風聞あり。
⑦将軍が上洛する場合には、孝明天皇の国事用係中川宮朝彦親王と同調する薩摩藩を取り込んだ方がよいとする説あり。
⑧島津久光一行が上京の途上に長州藩領内を通行中、何者かが鉄砲を撃ちかける事件発生の風聞あり。

⑨当時、在京の諸侯の名前を列挙。
⑩長州藩から小倉藩への出兵要請に対し、小倉藩内においては五分五分の意見で、結局一味せずとの由。
⑪薩英戦争発生の報告。
⑫萩へ逃走した三条実美ら七卿とその一味の者都合八人が、この節京都から沙汰を受けたこと。
⑬京都の薩摩藩屋敷にはこれまで五、〇〇〇人程が詰めていたが、この秋より五〇〇人の詰め合いとなった由。
⑭薩摩藩領の甑島において、同藩士が文武の習得に精を出している由。
⑮九州各地の城郭の要害としての特色。
⑯京都における小松帯刀ら薩摩藩士の居所。

特に③では、

○萩藩乱妨相働候ニ付而者、九刕大名之内同心之向も無之由ニ候得共、久留米同心、熊本半分身軽之者同心、其余福岡・佐賀・柳川・豊後辺之大小名不残取入候計畧ニ候得共、誰一人も同意不致よし、薩刕様も此節萩ゟ種々計畧を以味方ニ取入候趣ニ候得共、素來薩刕家者大臣故、萩之尻ニ者付ケ不申ト家中之向上下一同一知いたし申居候由

とあるように、長州藩の働きかけに対し、九州の諸藩が一向に同調せず、長州藩が孤立する状況がよく示されている。この風聞探索書の情報源も畿内・九州・中国・関東と多方面にわたる入念なものであり、将軍再上洛に備えて各地の情報を総括的に収集・整理して筆写した書付であると考えられる。

また、水野家文書中にある西国郡代屋代忠良（増之助）が一一月二一日付で豊後岡藩主中川久昭に送った書状(87)には、天草島樋島村に久留米儒官と称する茂次郎なる者が来訪し、人々を同志に引き入れるべく長州藩の動静や勤

皇の議論をなし、懐中より差し出した二通の書状のうち、一通は長州三田尻に漂泊する三条実美ら七人が発した文書で、もう一通は久留米水天宮神官の真木和泉に加わる清助なる者より同志の者に遣わした書状であったと記されている。この二通の内容について、同書状ではさらに続けて、

> 且当節七人事諸浪人を集メ、農民をかたらい、人数一萬ニ相成候ハヽ、上京可致。長藩後詰可致抔与、右計策専評議中ニ而、茂次郎舎弟ハ和泉門人ニ而、付添供ニ三田尻ニ罷在候趣も茂次郎申聞候段、樋島村より天草島冨岡陣屋江御訴いたし候旨右陣屋引受候ゟ申越候、真贋虚実ハ難計候得共、分窮る事件ニ而、書發文幷和泉書状与も事実ニ立ハ九州筋へ間者差入人氣扇動為致間敷ニも無之、右ハ疾達御聴候哉ハ難計候得共、不取敢御心得之ため寫差上候、同書印封を以此段申上候

とあるように、八月一八日の政変後の三条実美ら七卿や尊攘激派志士の報復を警戒する幕府にとって、天草冨岡陣屋に届けられたこの情報は重要性を帯びており、「西国郡代屋代忠良↓豊後岡藩主中川久昭↓江戸の幕閣」というルートで速やかに伝達されたものと思われる。前掲文久三年八月の「密書」[88]と同じく、豊後岡藩が関わった情報伝達である。水野忠精と中川久昭との関係は今後検討を要する問題であるが、豊後岡藩は文久三年三月三〇日より長州藩と入れ替わるかたちで摂津海岸の防備を担当しており、国元の豊後と併せて西国大名とりわけ長州藩に関わる良質な情報を収集できたものと考えられる[89]。

さて、これら各地の生々しい情報に接しながら、幕府は将軍再上洛への準備と紛糾する諸外国との関係調整に力を入れて行く。一一月二八日に幕府は、外国奉行池田長發を横浜鎖港談判正使に、同河津祐邦を同副使に、目付河田熙に同行を命じ、彼らのヨーロッパ派遣を決定している[90]。さらに一二月五日には、幕府は仏国全権公使ドゥ・ベルクールに、同国公使館書記官ブレックマンを横浜鎖港談判使節に同行させることを要請したところ、

ベルクールはこれを承諾している。[91]

また、一二月一一日に老中板倉勝静は、大目付・目付を通じて万石以上・以下へ、上洛を間近に控えての浪士の取り締りについて、次のように令している。

近頃、浪人共水戸殿浪人或者新徴組抔与唱、所々身元宜者共江攘夷之儀を口実ニ無心申掛、其余公事出入等ニ携、彼是申威し、金子為差出候類有之候處、追々増長及ひ、猥ニ勅命抔与申觸し、在々農《武》家を黨類ニ引入候類も有之哉ニ相聞、今般御上洛被　仰出候折柄難捨置、依之以来御領・私領村々中合置、帯刀致し居候とも浪人躰ニ而怪敷見受候分者無用捨召捕、手向いたし候ハヽ、切殺候とも打殺候とも可致旨被　仰出候間、悪事ニ不携もの共者早々旧主へ帰参之儀相願、神妙ニ奉公可致[92]

この達書ではさらに続けて、用向により家来を旅行させる場合は必ず道中奉行に届けて先觸を差し出し、調印の書付を持参して関所を通るようにと令し、違反者は召し捕え、手向いする者は斬殺せよとの厳命を下している。三条実美ら都落ちした七卿の動静・薩英戦争・水戸浪士の動向など多くの不穏な事件の情報がもたらされるなかで、上洛を直前に控えた幕府が各地の治安維持に大きな注意を払っていたことがよく読み取れる。

さて、一二月一七日に幕府は将軍家茂が一〇日後の二七日に海路再上洛の途につくことを大目付・目付を通じて布達し、予定通り江戸城を進発した将軍家茂は浜離宮より乗船し、品川沖で軍艦翔鶴丸に乗り移って西上の途につき、明けて文久四年（元治元年）一月八日に大坂天保山沖に着船し、いったん大坂城に入った後、一五日に二条城に到着したのである。[93]

おわりに

では最後に、まとめと若干の展望をしてみたい。

①将軍家茂第一回上洛において京都における政令帰一をめざす公武合体路線が挫折し、有力な大名が次々と退京して行くなかで、上洛に随行した幕臣の仙石政相・諏訪庄右衛門・池田長發らがこうした状況を憂慮して、一刻も早く帰東すべきであるという意見書を水野忠精ら滞京幕閣に提出している。彼らは、将軍一行の滞京が長引けば長引くほど、諸外国勢力の圧力に直面して苦慮する江戸幕閣と奉勅攘夷を最優先する滞京幕閣との温度差は拡大し、幕府自体の統率力低下につながるとして大きな危機感を抱いていたのである。しかし、奉勅攘夷を約束した滞京幕閣はその強い拘束力により石清水社行幸に供奉するなど済崩し的に滞京延期をはかり、彼らの即時帰東論は結局等閑にされることになるのである。

②家茂第一回上洛において、朝廷に奉勅攘夷を約束した幕府(具体的には将軍後見職徳川慶喜や老中水野忠精・同板倉勝静・老中格小笠原長行らいわゆる滞京幕閣)がとった攘夷への基本姿勢は、外国勢力との軍事的衝突を極限まで回避し、万一外国側から軍事的攻撃を受けた場合に初めて応戦するというものであり、あくまでも根気強く対話を重ねて外国側を説得して国外に退去させようとするものであった。すなわち、説得を尽くした後に外国側が戦闘をしかけてきた場合にこちらが受けて立つ戦争こそ、攘夷の名分にかなうものであるとする考え方であった。しかし、この方針は攻撃的な攘夷論を主張する長州藩からの激しい反発を招くことになる。前掲の文久三年六月の大坂における水野忠精と長州藩留守居北條瀬兵衛との対談と往復書状の内容は、両者の攘夷に対する取り組みの決定的な違いを示している。また、朝幕関係においては石清水社行幸や生麦事件償金支払いに

対する双方の認識の大きな隔たりが浮き彫りになり、さらには幕府が五月一〇日を攘夷期限と公表して以後しばらくの間朝幕双方により攘夷に関する政令二途に発する状況が生じたのである。そこで、幕府は八月一八日の政変で長州藩尊攘激派勢力が京都から一掃された後、外国勢力との軍事的衝突を回避し、一方で朝廷からの外夷掃攘の要求に対応するために、横浜鎖港の交渉に向けて本格的に動き出すのである。

③朝廷による執拗な攘夷の督促に対し、幕府はまず天皇の居住する京都を控えた大坂湾の防備に力を入れることで応えている。大政委任を成就し国政のイニシアティブを握ろうとしていた幕府にとって、大坂湾防備の指揮統率は重要であった。すなわち、台場の新規築造や防備担当大名の大幅な配置転換を行い、将軍家茂自身が軍艦に搭乗して備場各地を巡見したのである。また、防備担当大名の配置替えについては、前掲の津和野藩の例にあるように、従来にない大名側の事情をよく配慮した対応を行っている点は注目される。

④老中格小笠原長行による横浜でのイギリス人への生麦事件賠償金の支払い断行と攘夷激派打倒の卒兵上京は、前掲の滞京幕閣と江戸幕閣との温度差のなかで起ったことである。水野忠精ら滞京幕閣は、奉勅攘夷体制堅持のために小笠原らの入京を断固阻止し、朝廷の命に従って小笠原をはじめ償金支払いと卒兵上京を推進した吏僚を処罰したのである。しかし、忠精らが小笠原を信頼していなかったわけではなく、これはあくまでも奉勅攘夷を約束した朝廷への体面を重視した処置であったといえよう。

⑤こうした政情のなかで、文久三年五月一〇日に長州藩による外国船砲撃が決行され、さらには長州藩を中心とする尊攘激派勢力が京都から一掃される八月一八日の政変が発生した。帰府した老中水野忠精ら幕閣のもとには、長州藩の動静や三条実美ら都落ちした公卿の生々しい情報がもたらされている。前掲の「長府侍女中文之写」「密書」「西国郡代屋代忠良書状」などがそれである。これらはいずれも西国大名関係者を経由してのもの

であり、忠精の文久三年段階の中国・九州地方の情報収集に関しては、自藩の人材や幕府の機構よりも西国大名関係者の通報により正確な情報を入手していることがわかる。

⑥横浜鎖港交渉においては、文久三年九月一四日の水野忠精による米・蘭両国代表への鎖港提案は一方的に拒否され、翌々日には米・蘭・仏・英四か国から鎖港交渉の会合を開くこと自体も拒絶されている。これで、幕府は鎖港そのものがいかに実現不可能かをよく認識したにもかかわらず、あくまでも公武一和のための鎖港に固執し続け、一〇月八日には京都守護職松平容保を通じて朝廷に、鎖港に向けて鋭意努力している旨を報告させているのである。

⑦将軍家茂の再上洛はこうした政情のなかで準備され、行われた。朝廷は、八月一八日の政変により尊攘激派勢力が京都から一掃されたものの、朝廷政治を担う人材の欠乏という事態に直面し、これを幕府と有志大名による参預会議とに委ねようとしたのであった。一方、幕府は第一回上洛で達成できなかった朝廷からの完璧な大政委任の取り付けを実現するためにも、その交換条件としての横浜鎖港にこだわり続けるのである。その意思表明のひとつが、将軍家茂江戸進発二日後の文久三年一二月二九日に神奈川を出航した鎖港談判使節池田長發らのヨーロッパ派遣であった。結局、訪問国フランスでは横浜鎖港の提案は完全に封じられ、池田は鎖港の不可能を悟って帰国するのであるが、彼の渡航前の持論はあくまでも避戦により外国人を国外退去させ、朝廷を周旋して挙国一致の防備体制を築こうとするものであり、幕府の奉勅攘夷体制に最も適う攘夷論であった。

⑧将軍家茂の再上洛に随行する老中水野忠精の事前の情報収集は、地域的には関東・畿内・中国・九州地方にわたり、第一回上洛前と同様の広範囲にわたる入念なものであった。これらは、八月一八日の政変で京都から逃走した三条実美ら七卿の動静、攘夷を決行した長州藩が政治的に孤立して行く状況、公武合体を推進する島津

久光の動向や薩英戦争など薩摩藩関係情報、横浜における生糸集荷状況と外国勢力との関係、関東で不穏な動きを続ける水戸浪士の動静など、どれをとっても国政を左右しうる内容であった。水野忠精は将軍家茂再上洛に先立って重要な政治情報は着実に入手して朝廷との折衝に備え、奉勅攘夷体制を堅持しながらも、尊攘激派勢力や外国勢力との正面からの衝突は避け、あくまでも対話と説得により幕府の方針を理解させようとする穏健的姿勢を基調としていたのである。

さて、再上洛した将軍家茂は元治元年一月二一日には後見職徳川慶喜・紀伊藩主徳川茂承・老中水野忠精らを従えて参内して孝明天皇に謁見し、天皇から自分は無謀な攘夷は好まず、然るべき策略を議して奏上せよとする勅書を下されている[94]。さらに、二七日にも召により参内した家茂は、再び天皇により摂海の防衛に全力を尽くし、雑費を減じて武備を充実させ、攘夷に努めよとする勅書を下されている[95]。この二度の勅書への対応をめぐり、朝廷により参預に任命された徳川慶喜・松平容保・山内豊信・伊達宗城・島津久光ら有志大名（参預会議）と上洛した幕閣は激論を交わすことになるが、参預会議は滞京幕閣との意見の一致を見ずに間もなく解散した。

結局、四月二〇日に関白二条斉敬は、参内した前尾張藩主徳川慶勝・政事総裁職松平直克・老中酒井忠績・同水野忠精・同稲葉正邦らに大政委任の制度化を再確認する勅書を下し、幕府は第二回上洛における主たる目的を一応実現する。

しかし、尊攘激派勢力が京都から一掃されたなかで朝廷から大政委任を取り付けたといっても、問題はむしろ奉勅攘夷体制のなかで深刻な自己矛盾を来たしていた幕府自体にあったのである。その主たるものが、横浜鎖港に対する外国勢力の頑強な抵抗、またこれによる江戸幕閣と滞京幕閣との温度差の拡大、世界情勢を見つめ開国政策を推進しようとする親外派幕府吏僚の動向、一方で横浜鎖港の実現を強く要求して関東各地で気勢をあげる水戸浪士の問題、さらには参預大名が解散し帰国した後の諸大名との意見調整、などの困難な問題であった。

とりわけ、元治元年の大政委任が外国勢力の猛反対によりその実現が全くといってよいほど不可能な横浜鎖港を主な条件に成立していたこと自体に克服しがたい矛盾点があった。その後、フランスとの鎖港交渉は失敗に終わり、外交問題はさらに混迷を続け、一方で幕府の主たる政治課題は、朝敵とみなした長州藩の処分問題に移行して行く。

こうして、行く手には解決不可能に近い多くの内政・外交問題が山積し、幕府はなおも政権の厳しい舵取りを余儀なくされたのである。

（1）佐藤隆一「将軍家茂上洛をめぐる老中水野忠精の情報収集」横浜開港資料館・横浜近世史研究会編『幕末維新期の治安と情報』（大河書房、二〇〇三年）。

（2）紙面の関係でその多くは割愛させていただくが、本稿で大いに参考にしたものとして、原口清「文久三年八月十八日政変に関する一考察」明治維新史学会編『幕藩権力と明治維新』（吉川弘文館、一九九二年）、同「幕末政局の一考察――文久・元治期について――」『明治維新史研究』一号（二〇〇四年）、小野正雄『幕藩権力解体過程の研究』（校倉書房、一九九三年）、家近良樹『幕末政治と倒幕運動』（吉川弘文館、一九九五年）、三谷博『明治維新とナショナリズム』（山川出版社、一九九七年）、青山忠正『明治維新と国家形成』（吉川弘文館、二〇〇〇年）、箱石大「公武合体による朝幕関係の再編――解体期江戸幕府の対朝廷政策――」家近良樹編・幕末維新論集3『幕政改革』（吉川弘文館、二〇〇一年）、芳即正「文久三年八月十八日の政変と島津久光」『明治維新史学会報』第三九号（二〇〇一年）、佐々木克『幕末政治と薩摩藩』（吉川弘文館、二〇〇四年）、奈良勝司「幕末の幕府改革派勢力の動向――『条約派』有司層の政治姿勢――」『日本史研究』四七六号（二〇〇二年）、などをあげることができる。

（3）小野正雄氏前掲註（2）書、一七四～一七六頁、二一八頁。

（4）青山忠正氏前掲註（2）書、四六～五一頁。

(5) 箱石大氏前掲註(2)書、三七～四三頁。
(6) 奈良勝司「奉勅攘夷体制下における徳川将軍家の動向――文久三年将軍上洛後の性格規定をめぐる相克――」『日本史研究』五〇七号（二〇〇四年）。
(7) 『維新史』第三巻（維新史料編纂事務局発行、明治書院、一九四一年）、三七六～三七八頁。
(8) 首都大学東京図書情報センター所蔵・水野家文書。
(9) 水野家文書、『水野忠精日記』文久三年三月二五日の条。
(10) 同右、A一〇―一〇四（文久三年三月二五日）。なお、番号は首都大学東京図書情報センターにおける文書番号である。
(11) 同右、A一〇―一〇七（文久三年三月二七日）。
(12) 同右、A一〇―一〇九（文久三年三月）。
(13) 『維新史』第三巻、三八七～三八八頁。
(14) 水野家文書、『水野忠精日記』文久三年四月四日の条。
(15) 『維新史』第三巻、三八九頁。
(16) 『鳥取池田家文書』（日本史籍協会叢書、一九一七年）、二九一～二九三頁。
(17) 『京都守護職始末』1（平凡社東洋文庫、一九六五年）、一〇四頁。
(18) 『徳川慶喜公伝』史料篇一（続日本史籍協会叢書、一九七五年）、四九九～五〇〇頁。
(19) 『維新史』第三巻、三九三頁。御召を拝辞した慶喜については、仮病ではないかと噂されたが、慶喜は晩年における述懐において「世には節刀を賜はんことを恐れ假病をつかひしやうにいふもあれど、前にもいへる如く、節刀の事は幕府にては全く知らざれば、恐を抱く謂なし、實際病気の為に御召を辭したるなり」として、仮病説をきっぱりと否定し、節刀拝受の儀式についても元々知らなかったとしている。『徳川慶喜公伝』史料篇一、五〇〇頁。
(20) 原剛『幕末海防史の研究』（名著出版、一九八八年）、五七～五九頁。
(21) 『徳川慶喜公伝』史料篇二（一九七五年）五一〇～五一七頁。『肥後藩国事史料』第三（国書刊行会、一九七三年）七六四～七六五頁。
(22) 水野家文書、『水野忠精日記』文久三年四月二一日の条。

(23) 同右、同日記、文久三年四月二九日の条。
(24) 同右、同日記、文久三年五月四日の条。
(25) 同右、同日記、文久三年五月五日の条。
(26) 針谷武志「安政～文久期の京都・大坂湾警備問題について」『明治維新と西洋国際社会』（吉川弘文館、一九九九年）八二～八三頁。
(27) 水野家文書、A一〇—一一四（文久三年四月）。
(28) 『兵庫県史』史料編・幕末維新一（兵庫県史編集専門委員会、一九九八年）、四三～四四頁。
(29) 同右、五六～五七頁。原剛氏前掲註(20)書、一七九頁。
(30) 原剛氏前掲註(20)書、同右頁。
(31) 例えば、弘化四年（一八四七）二月に相州海防を命じられた彦根藩は、本来の軍事的役割が京都警備であると主張して度々免除願を提出したが認められず、安政元年（一八五四）四月まで海防の任に着いている。また、小浜藩は津和野藩とちょうど同じ日付で兵庫海岸の防備を命じられすぐに高松藩と入れ替わっているが、同藩は文久三年八月一四日の段階で大坂湾岸江口の防備を担当している。『兵庫県史』史料編・幕末維新一、五六～五七頁、七一～七二頁。原剛氏前掲註(20)書、一七九頁。
(32) 水野家文書、A一〇—一一五（文久三年四月）。
(33) 『続再夢記事』二、（日本史籍協会叢書、一九二一年）六～七頁。
(34) 同右、七～八頁。
(35) 『七年史』一（続日本史籍協会叢書、一九〇四年）、二九六～二九七頁。『維新史料綱要』巻四（東京大学出版会、一九三七年）、四二三頁。
(36) 同右。
(37) 『七年史』一、三〇三～三〇四頁。
(38) 『南紀徳川史』第三冊（名著出版、一九七〇年）、四八七頁。
(39) 同右、四四八頁。

(40)『七年史』一、三一四〜三一七頁。
(41)水野家文書、A一〇―一一八（文久三年六月）。
(42)『防長回天史』上巻（末松謙澄著、柏書房、一九六七年）、四四九〜四五二頁。
(43)『東西紀聞』一（日本史籍協会叢書、一九六八年復刻）、五七七〜五七八頁。『維新史料綱要』巻四、四五三頁。
(44)『維新史』第三巻、四四六〜四四八頁。奈良勝司氏は前掲論文（註6、一〇一〜一一〇頁）において、老中格小笠原長行による生麦事件のイギリスへの賠償金支払いと卒兵上京を背後から強力に支援していたのは、水野忠成・浅野氏祐・山口直毅・井上清直・向山一履・小栗忠順らいわゆる「親外派」とよばれる開国派の幕臣たちであり、彼らにとっては賠償金支払いの破棄は万国の公法に背き世界の信用を失うものであり、ゆえに卒兵上京は将軍家のレベルを越えた「日本」そのものの安寧をめざすものであったとしている。
(45)『京都守護職始末』1、九三〜九四頁。
(46)『維新史』第三巻、四四九頁。
(47)同右、同頁。
(48)『吉川経幹周旋記』一（日本史籍協会叢書、一九二六年）、一一〇〜一一二頁。
(49)同右、一一〇頁。
(50)同右、一一一〜一一二頁。
(51)水野家文書、『水野忠精日記』文久三年六月一三日の条。因みに、忠精の家臣の大半は東海道と木曾街道より帰府の途に着いている。
(52)同右、同日記、文久三年六月一六日の条。
(53)『維新史』第三巻、五二四〜五二八頁。
(54)同右、五二五頁。
(55)同右、五二八頁。
(56)『防長回天史』上巻、四三一頁。
(57)『維新史料綱要』巻四、四六九頁。

(58)『東西紀聞』二(一九六八年復刻)、三七~三八頁。
(59)『徳川慶喜公伝』史料篇一、六一一~六一四頁。『鹿児島県史料』史義公史料(一九七六年)八四~八五頁。
(60)『会津藩廳記録』文久三年第二、一八七~一八九頁。『鳥取池田家文書』第一、七二八~七二九頁。
(61)水野家文書、『水野忠精日記』文久三年八月二七日の条。
(62)同右、同日記、同日の条。
(63)同右、A一〇—一二三(文久三年八月)。
(64)『孝明天皇紀』第三(平安神宮、一九六八年)、八九二頁。
(65)同右、第四(一九六八年)、六八七~六八八頁。
(66)『真木和泉守遺文』(真木保臣先生顕彰会、一九一三年)、三一頁。
(67)『続通信全覧』編年之部五・文久三年(雄松堂、一九八三年)、六二三頁。
(68)『続再夢記事』二、一一七頁。
(69)『孝明天皇紀』第四(一九六八年)、八六五頁。
(70)『維新史』第三巻、六四八頁。
(71)水野家文書、『水野忠精日記』文久三年九月一三日の条。
(72)『東京市史稿』市街篇・第四六(臨川書店、一九五八年)、一〇〇九頁。
(73)『維新史』第三巻、六六四頁。
(74)同右、六六四~六六五頁。
(75)『七年史』二、二一~二三頁。
(76)『続通信全覧』編年之部五・文久三年、四一二頁、七六六~七六七頁。
(77)水野家文書、A一〇—一二二(標題なし)。
(78)同右、A一〇—一二五(文久三年九月)。この書付は、隠密廻による風聞探索書の写本と考えられる。
(79)『横浜市史』資料編一(有隣堂、一九六〇年)、一八一~一八二頁。
(80)『会津藩廳記録』二(日本史籍協会叢書、一九一九年)、五七九頁。

(81)『七年史』二、三〇〜三一頁。
(82)『維新史』第三巻、六五九頁。
(83)『京都守護職始末』1、二一三〜二一四頁。
(84)水野家文書、『水野忠精日記』文久三年一一月五日の条。
(85)『七年史』二、六〇〜六二頁。
(86)水野家文書、A一〇—一二八(文久三年一一月)。
(87)同右、A一〇—一二九(標題なし、文久三年一一月二一日)。
(88)(63)に同じ。
(89)『兵庫県史』史料編・幕末維新一、五六〜五七頁。また、時期と地域は異なるが、幕府の情報収集に諸大名が協力した例として安政五年(一八五八)から万延元年(一八六〇)にかけての井伊政権による水戸風聞探索に絶大な支援をした高松藩(藩主松平頼胤)の情報収集活動をあげることができる。詳しくは、佐藤隆一「幕末期井伊政権による水戸風聞探索」『茨城県史研究』第八三号(一九九九年)を参照されたい。
(90)『維新史』第三巻、六六六頁。
(91)『続通信全覧』編年之部五・文久三年、八〇八〜八一五頁。
(92)水野家文書、『水野忠精日記』文久三年一二月一一日の条。
(93)同右、同日記、文久三年一二月一七日・二七日・二八日〜同四年(元治元年)一月一五日の条。
(94)同右、同日記、文久四年(元治元年)一月二一日の条。『続再夢記事』二、三六六〜三六八頁。
(95)『続再夢記事』二、三七八〜三八二頁。

〔付記〕成稿にあたり、貴重な史料の閲覧をさせて戴いた首都大学東京図書情報センターに厚く謝意を表します。

情報戦としての将軍進発問題——将軍進発要請期の江戸幕閣再考——

奈良勝司

はじめに

慶応元年（一八六五）閏五月二二日、禁裏御所は異様な雰囲気に包まれることとなった。長州征討のため五月一六日に江戸を出発した将軍がこの日上洛・参内したものの、一通の書付をめぐって朝幕の首脳が対立、議論が徹夜に及ぶ事態となったのである。参内の模様を伝えた当時の書簡には、この間の対立の様子が以下のように記されている(1)。

勅諚之趣、左右大臣書留御渡相成候処、大樹公畏候上御頂戴、御持下り直ニ閣老衆へ被仰聞候処、閣老衆被申上候は、ケ様之もの御頂戴相成候而は不相済、早々御返上と申中、堂上方閣老大議論、阿部豊州《（老中阿部正外）》尤強、公家衆は柳原公《（柳原光愛）》、互ニ議論ニ及、尹宮《（朝彦親王）》・内府公《（近衛忠房）》中ニ入、一応拝見も不致返上とは閣老甚不埒之申出に候、先拝見致候上可然と被仰、則閣老拝見之上と、彼是ニ而御徹夜ニ及ひ大樹公御退出

書付は正確には当日出された勅語を文章化したもので、その内容は「長防之儀所置滞在于華城、篤と遂評議公

平至当之処言上可有之、国家重大之儀ニ付」軽挙の無いように云々、というものであった。[2] 書簡によれば、こうした内容の書付が将軍に下されたところ閣老衆が激しく反発し、その返上を主張して「堂上方閣老大議論」となったというのである。

書付の意義には後で触れるとして、ここで「長防之儀」について確認しておくと、これは、前年七月一九日の禁門の変により「朝敵」となった長州藩処分のことを指している。変直後の七月二三日、朝廷は長州追討のための将軍進発を要請したが、江戸の幕閣はなかなかこれに応じず、一年近くもの間政治問題化していたのである。その意味では、この日は一年越しの将軍進発問題が解決した記念すべき日と位置づけられても良いはずであった。ところが、現実の状況は上述した如くであった。中でも幕閣側で最も強硬姿勢を見せた老中阿部正外は、「朝廷よりの仰出されとあれは何事をも御請ハ仕るへけれと、さてハ万機御委任とありし御主意に適ハす、いよ〳〵今日の仰出されを奉すへしとの御事ならは、御委任の廉を御取消なされ然る上今後天下の政務渾へて朝廷より仰出さるゝ事に遊はされたし」と言い放ったという。[3] ようやく実現した将軍参内の場は、朝幕双方の深刻な矛盾を露呈する場となったのである。一体、この一年近くのいわば将軍進発要請期に、当事者の間で何が生じていたのであろうか。

将軍進発問題に言及したこれまでの研究は、大きく二つの段階に分けられる。一九八〇年代以前の研究は、参勤交代の復旧や一橋慶喜の江戸召還を図った当時の江戸幕閣の政策を、旧体制の「保守性」「守旧性」の現れとし、その理由を時代錯誤的な自己の力量への「過信」や一橋慶喜への「嫉妬」に求めてきた。[4] ただ、幕末の徳川政権に関する一次史料自体が乏しい状況下でのこうした江戸幕閣理解は、基本的には維新史料編纂会編『維新史』以来のそれを継承したものであり、厳密な実証に基づくというより多分にイメージ先行の側面の強いものであった。

これに対し、一九八〇年代から近年にかけては、諸藩の探索書などの積極的活用により政治過程分析が大幅に進み、当時江戸で行われた一連の政策の背景に老中諏訪忠誠らによる「復古」志向が存在したことが指摘される反面、進発実現については、主に会津藩など在京勢力の周旋活動の成果によるものとされた(5)。

しかしながら、進発実現をもっぱら江戸幕閣が在京勢力に受動的に「引き出された」結果とする見方では、結局のところ冒頭に述べたような参内時の両者の対立構造を十分には説明できない。また、史料状況の進捗にも関わらず、従来のステレオタイプな江戸幕閣イメージそのものには基本的に変わりがないように思える。筆者がこの点にこだわるのは、こうした江戸幕閣イメージが、将軍進発要請期に限るというよりも、むしろ幕末の徳川政権全体の基本的性質を象徴するものとして捉えられてきた側面が強く、その意味で当該期の江戸幕閣理解は従来の明治維新像全体に関わる問題とも言えるからである(6)。

こうした問題関心に基づき、本稿では特に以下の二点に注意して考察を進める。一点目は、進発実現主体の分析である。在京勢力の周旋があったとはいえ、一年近く拒み続けてきた進発に江戸幕閣が踏み切った理由と意義は、やはり彼ら自身の主体的動向の中から見出す必要があろう。二点目は、情報の流れの把握である。すでにこれまで指摘されているように、将軍進発要請期は江戸で強力な情報統制が敷かれた時期でもあった。こうした環境の下では、情報の中身のみならず、その流通の様相を明らかにすることが重要であると考える。諸事象に関する情報の流れはいかなるものであったのか。また、その実態は何を意味するのか。これらの点を意識しながら当該期の江戸幕閣の動向を見ていきたい。

一　諸藩の探索活動と情報統制

将軍進発の見通しが容易に立たない元治元年（一八六四）後半から翌年にかけ、その実現を目指す勢力は活発な周旋活動を開始する。中でもその中心となったのは、在京幕閣や外様有志大名の、京都や江戸留守居及び周旋方役人であった。彼らは江戸で幕閣への手入れを試み、また当地の状況を京都や国許に伝えるなど、精力的な活動を繰り広げることになる。近年の研究における当該期の実態解明の進展にしても、彼らの残した史料に負うところが大きい。そこで、ここではまず彼らの手による江戸幕閣情報の傾向と特質を確認しておきたい。

表1は、彼らの手による当該期の江戸の状況や江戸幕閣の評価に関する情報を、主な刊行史料からピックアップしたものである。ただ、史料作成者が京都や国許など江戸以外の地域にいてその入手情報が二次的なものについては、ここに含めていない。情報により多少の差異はあるが、老中諏訪忠誠を筆頭に、現任の幕閣に対する批判的見解が非常に多いことが一見してわかるだろう。これだけを見ると、確かに当該期の江戸幕閣は、朝廷や在京勢力に対して敵対政策をとる一括りの政治集団であるように見える。

しかしながら、一方で当時の江戸では厳しい情報統制が敷かれていた。諸藩の探索書には、進発実現のため出府した周旋方や江戸留守居がことごとく老中に面会を拒まれ、周旋活動を満足に行えない状況が数多く訴えられている。また、こうした状況は外様大名や在京幕閣の家臣だけに限られるものではなかった。「御目付は平生閣老へ何事も相談仕候ハ当然之儀ニ御座候処、諏訪侯之説にてハ御目付ハ惣体参政之支配ニ候得は直ニ閣老へ議論を致も差越ニ相成候とて、良もすれハ辞之誤抔を尤《とが》〆られ頓と熟談等ハ出来不申」(7)と言われたように、大小目付なども老中とまともに面会できない状況にあり、将軍お膝元の紀伊徳川家の家老すらこの状況に変わりはなかった。[8] 公式ルートで建白できない幕臣がコネを通じて上書提出を試みている例もあり、[9] この情報統制が単に江戸政権外部に対する敵対行為というよりは、親藩や旗本も含め幕末に台頭した諸勢力を封じ込め、国政決定における譜代老中層の影響力回復を目指すものであったことが窺える。

また、こうした情報統制策は地理的、空間的側面においても施行された。同年一二月、江戸城と大名屋敷を結ぶ外桜田・馬場先・和田倉の三門の通行に「入切手」「出切手」を導入し、諸藩士の往来を管理・制限する旨が布告された。[10] 閣老層への面会が極度に制限される中、諸藩士の実際上の空間移動にも統制が加えられるようになったのである。

このように、当時の江戸では人や情報の流れを厳格に管理・統制する政策が行われていたのであり、こうした状況は諸藩の探索活動にも大きな影響を及ぼすこととなった。そのことは、情報をソース別に検討するとよくわかる。表1に挙げた情報のうち、その出所がわかるのは主に会津藩及び肥後藩経由の情報であるが、これらはさらに大きく二つの系統に分けられる。一つは①や②などの情報で、元老中板倉勝静と関係の深い旗本から出たものである。[11] 情報ソースの明らかでない他の会津藩経由の情報についても、次に述べる特徴などからこのタイプである可能性が高い。このタイプの情報の特徴は、情報源が政権外部か内部でも末端部分にあり、内容的には政権全体に厳しい批判が加えられている反面、板倉勝静を中心に無役の幕臣に対する高評価が見られることである。他方、精度は低めで根拠を記さない一方的評価が多く、先の情報統制の影響を受けていたことが窺える。

この点で、元治二年三月二九日付の、会津藩江戸留守居の同僚宛書簡の記述は大変興味深い。これは②書簡に添えられたものであったが、情報提供者に関して「右方々ハ当時何れも無役ニ而、自然御再勤被成度御含も可有之哉、彼是と評議等被相尽御役人方黜陟等之義御家(会津藩)ならてハ無之抔と中様之御口気も相見候処、右様之所へ御乗

内　　　　　　　　　容	典　　拠
諏訪忠誠・酒井忠行・勘定奉行が進発に反対しており、水野忠精・松前崇広・大小目付・水野忠徳は賛成している。	『藩庁』5、497～9頁
諏訪忠誠・牧野忠恭が言路を閉塞しており、水野忠精はよい。	『肥後』5、253頁
諏訪忠誠・松前崇広が言路を閉塞している。	『肥後』5、353頁
「閣老」が進発に反対しており、阿部正外・大小目付・徳川家茂は賛成している。	『肥後』5、355頁
「閣老」・伊達慶邦が進発に反対しており、阿部正外・大小目付は賛成している。	『肥後』5、397・8頁
奥右筆頭などが賄賂を以て諸事を決している。諏訪忠誠・酒井忠毗が意を得ており、松前崇広はただ私営を営んでいる。	『海舟日誌』1、228頁
諏訪忠誠・松前崇広が意を得ており、言路が閉塞している。	『海舟日誌』1、228頁
松前崇広・水野忠精・牧野忠恭・酒井忠毗は所領替を企んでいる。言路閉塞が甚だしい。	『海舟日誌』1、229頁
正義之者：板倉勝静・小笠原長行・秋月種樹・稲葉正巳・岩田半太郎・設楽岩次郎他。奸吏之者：諏訪忠誠・松前崇広・酒井忠毗・竹本正明・小栗忠順・塚原昌義他。	『藩庁』6、87～92頁
勘定奉行小栗忠順は様々に改革を推し進め、幕臣の人望が厚かったため、閣老の忌諱に触れ先日勘定奉行から軍艦奉行に左遷された。	『玉里』3、755頁
板倉勝静がいたころは「美政」であった。	『往復』下、122～4頁
諏訪忠誠・松前崇広・「上野」は一橋慶喜と会津の勢力を殺ごうとしており、水野忠精が心配している。	『往復』下、124・5頁
奥右筆・勘定奉行などが議論を立てている。	『玉里』4、37頁
諏訪忠誠・水野忠精・酒井忠毗が権威をふるっている。先日、酒井忠績が大老になったが、これは諏訪忠誠・水野忠精のはかりごとである。	『玉里』4、57・8頁
勅命を以て役人の黜陟を行うべきである。罷免すべきは諏訪忠誠・酒井忠毗・竹本正明であり、松前崇広は信用できない。	『往復』下、261・2頁
諏訪忠誠・松前崇広・本荘宗秀・酒井忠毗・田沼忠尊・平岡道弘・竹本正明・松平正之・神保長興・駒井信興・田沢政路・山口直毅・栗本鯤・柴田剛中・田村直廉は辞め、板倉勝静・小笠原長行らを登用すべきという議論がある。	『往復』下、284～7頁

藩往復文書』→『往復』、『鹿児島県史料　玉里島津家史料』→『玉里』と記載。また、下線は筆者による。

表１　将軍進発要請期の江戸幕閣情報

年月日	差し出し	所属	宛　先	情報ソース
元治元年 ７月晦日	石澤民衛	会津	会津藩庁	③水野忠徳
９月３日	森井惣四郎	肥後		石野則常→高野一郎左衛門
10月12日	上田久兵衛	肥後		森七郎左衛門→道家角左衛門
10月13日	森井惣四郎	肥後		④神保長興→小栗忠順→高野一郎左衛門
11月３日	森井惣四郎	肥後		⑤阿部正外→野村左兵衛
11月５日	勝海舟	幕臣	(日記)	
11月９日	勝海舟	幕臣	(日記)	柴田権之進
11月12日	勝海舟	幕臣	(日記)	
11月18日	糟屋義明	幕臣	広沢富次郎	①糟屋義明
12月28日	柴山良助	薩摩	大久保一蔵	
12月	石澤民衛 柏崎才一	会津		
12月	田口治八	会津		
元治２年 正月３日	柴山良助	薩摩		
正月29日	柴山良助	薩摩		
３月29日	上田一学 萱野権兵衛	会津	神保内蔵助 他二名	②糟屋義明・岩田半太郎・設楽岩次郎・大久保忠恕・杉浦勝静・堀錠之助
３月29日	田口治八	会津		

注：典拠史料は、それぞれ『会津藩庁記録』→『藩庁』、『改訂　肥後藩国事史料』→『肥後』、『幕末会津

被成候義ハ無之義」と述べられている。[12] 留守居によれば、情報提供者には自らの再登用のため現任の幕閣をとかく批判する傾向があり、こうした策略に騙されてはいけないというのである。この見解はやや勘ぐりすぎの側面もあるのかもしれない。しかしながら、①書簡で糟屋義明が知己の岩田半太郎や設楽岩次郎を「正義之者」としているように、彼らが身内を政権に送り込もうとしていた傾向は確かに窺える。したがって、板倉派――会津藩ラインの情報をそのまま江戸幕閣の実態とすることには、少なからぬ問題があると言えよう。重要なのは、当該期江戸幕閣の基本政策が人や情報の流れの統制にあった以上、諸藩周旋方の収集情報の出所が政権末端の不満分子に偏るのは自然な流れであり、その点で収集情報の内容がやや公平性と正確性を欠くものとなるのは、ある意味当然の帰結であったということである。

それでは、進発をめぐる江戸の実情はどのようなものであったのだろうか。そこで注目されるのが、板倉ラインとは別ルートで収集された情報である。③④や⑤書簡などがそれにあたる。ここでの情報提供者は、板倉に近い旗本とは違い皆政権に参加している人物で、[13] 情報内容も具体的である。その特徴としては、一様に進発をめぐる政権内部の対立構造に言及していることが挙げられる。次章では、中でも名前の目立つ老中阿部正外の動向を中心に、将軍進発をめぐる政権内の実態について見ていきたい。

二　阿部正外の上京と周旋工作

(1) 進発問題

元治元年七月の禁門の変と翌八月の四ヶ国艦隊下関砲撃事件は、文久年間から続いていた全国的な攘夷運動に致命的な衝撃を与えたが、この時期江戸においても大きな変化が生じていた。朝廷から横浜鎖港の最高責任者に任命されていた政事総裁職松平直克が内訌の末失脚し、「其虚ニ乗し洋癖家之政府と一時ニ相変候[14]」と、一年前の鎖港路線採択時に政権から放逐されていた開国派の有司層が一斉に復権することとなったのである。

こうした状況のもと、徳川政権は八月二二日、イギリスに横浜鎖港要求の事実上の撤回を通知した。対外政策の根本的転換は、鎖港実現を絶対条件としていた同年四月の朝廷からの大政「再委任」の趣旨に反するものであったが、朝廷側としても最早従来通りの攘夷要求を貫徹するのは困難な状況であった。こうした情勢の中、朝幕関係を再規定する必要性が生じ、老中阿部正外が朝廷との折衝のため上京することとなる。阿部は元々旗本で、生麦事件の時には神奈川奉行・外国奉行として償金支払いに尽力した経歴を持ち、この年三月に前藩主死去の跡を継ぎ本家筋の白河阿部家当主に抜擢されていた。「惣体開国之御説御唱被成居候[15]」と言われた彼は、直克罷免の当日に町奉行から寺社奉行に移り、二日後に老中に転じるという異例の昇進を遂げており、まさに上述したような江戸の状況を象徴する人物であった。

九月一二日入京した阿部は、二四日に関白二条斉敬と会談を行った。阿部は西洋諸国の圧力を理由に横浜鎖港の困難を訴え[16]、朝廷側では「扨々困入候次第」となるが、二八日の二回目の会談では「(阿部は)早々御暇大樹進発是非々々可申入、且外夷之義は長追討之後」と、征長問題を最優先とし、鎖港問題は将軍進発後に京都において協議することが決定される。二条は鎖港路線の放棄を明言することには難色を示したが、当面は長州征討のための将軍進発を優先して鎖港の一時棚上げを承諾したのであった。これにより朝幕の断絶は回避され、政局の焦点は名実ともに将軍進発の是非に移ることとなる。

それでは、阿部は将軍進発についてどのような考えを持っていたのであろうか。彼は滞京中、越前藩在京指導部ともしばしば接触し、この問題に関して協議していたが、九月一六日には越前側の本多修理・酒井十之丞の質問に対し、「是ハ必定有之」「遅々相成とも当月中ニは是非御進発ノ筈也」とその実現に非常に積極的な姿勢を見せている。(17)

ここで注目したいのが、この件に関する在府閣老への報告である。阿部が一〇月一日付で老中水野忠精に送った書簡(18)には、京都における周旋活動の報告の後、「京師丈は惣開国と相成申候、併禁中ゟ被仰出候儀は、何分御上坂之上ならては六ケ敷御座候」と、開国策への転換のためにも進発が不可欠であることが訴えられているが、問題はこの書簡の別紙の記述である。本文の宛名には水野の他に老中諏訪忠誠、牧野忠恭の名も併記されていたが、別紙の中で阿部は、「別紙壱封差遣申候、篤御一覧之上、御指支等も無是候ハヽ、御順回可被下候、万一御不都合之廉も御座候ハヽ、帰府迄御留置可被下候」と水野に依頼している。これは、自分の進発意見を諏訪や牧野に知られることへの留保に他ならない。鎖港凍結と進発実現のうち阿部の正式な任務が前者であったことは、前者のみが話し合われた二条との最初の会談の直後に、彼が江戸の同僚全員宛の報告書中(19)に「御使無滞相勤難有奉存候」と記していることからも明らかである。進発実現に向けた周旋活動は独断によるものであり、江戸で予想される反発に対しては、阿部は情報をこの時点で信頼していた水野だけに伝え、予想される諏訪や牧野の反発を防ごうとしていたのである。

(2)対外問題

進発実現に積極姿勢を示した阿部であるが、先の水野宛書簡からも窺えるように、その意見は対外問題と密接に結びついたものであった。一六日の越前藩在京指導部との会談では開鎖問題についても話し合いが行われ、越前側から、外国艦隊が摂海に渡来するという風説があるがその対応如何という質問がされるが、その際のやり取りは以下のようなものであった。ただし、読みやすいよう表記や構成には多少手を加えてある（傍線は筆者、以下同様）。

越前：（外国船が）来船ノトキ公儀御処置如何

阿部：自然摂海へ来ル時ハ、此方ニ十分策略ヲ定メ置カサルコトアタワヌ事故、橋公へも十分ヲッパッテ御談中上置、然ルニ只今其儀ヲ出ストキハ直ニ紛々擾々、泄漏、嫌疑相起リ、却而何も行レ不申様可相成（中略）摂海渡来ノ策ヲ定メサキ今ハ申出サス、自然摂海ノコト起り候節持出スコトニ致シ置

越前：開鎖之御決議等ハ、如何被成候御事ニ候哉

阿部：夫ハ何ニも此度ハ十分ヤル積リ、先左様申テモ今ハ云難く、細工ハ流々ニトヤラ、追々ノ事ヲ見テ被下

越前側の質問は、西洋列強が渡来の際開鎖問題の決着を迫って来るであろうことを踏まえたものであったが、阿部はこれに対し、「今ハ云難く、細工ハ流々ニトヤラ、追々ノ事ヲ見テ被下」などと微妙な答弁を繰り返している。すでに対策は立てているものの、今は表に出さないというのである。この阿部の対外政策は「極々機密之御咄」とされ、九月末時点で「薩邸ニ弐三輩、越前三四輩」にしか知られていなかったという[20]。

阿部の真意を考える上で参考になるのは、当時在坂中であった勝義邦の発言である。九月一一日に自邸を訪れた薩摩藩士や越前藩士に開鎖問題について尋ねられた勝は、「明賢之諸侯四五人」を交えた「共和政治」で対応する構想を伝えていた[21]。一方、阿部は一六日に越前側から征長終了後の「御体裁」を尋ねられた際、「其節ハ是非大蔵大輔《松平慶永》様ニは御出被下候様、無左テハナラヌ」「何レ有名之諸侯会集、事ヲ議スル様ニ不相成シテハ不叶、是非御成功之上は十分ニ御取行候積也」などと、極めて興味深い発言をしていた。彼はこの時期勝とも会談を重ねており、開鎖問題でも勝の構想を共有していた可能性が高い[22]。つまり、阿部は中長期的には、国内問題対外問題の

双方において、有志大名を加えた新しい政治決定システムを想定していたと考えられるのである。[23] そして進発の実現は、こうした政治構想実現のための不可欠のプロセスであった。このような考えが、当時江戸で行われていた「復古」政策と真っ向から矛盾するのはいうまでもなく、阿部がこの時点で情報の漏洩に神経をとがらせていたのも無理のないことだったのである。

ところが、阿部の意見にはさらに奥があった。九月二一日に再び越前側と会談した彼は、その席上、「開鎖の可否ハ諸侯の議を俟たす幕府限り断然決定してハいかゝ」と開鎖問題の決定を幕閣独断で行うことを提案したのである。それでは「幕府の私」となるが、反論が出ても「威力を以て圧倒」する程の覚悟があるのなら格別のことである、と越前側の中根靫負が返すと、阿部は「天下の大勢を察するに、幕府ハ到底永く維持するを得さるへし、されハ決定すへき事を決定し夫か為め倒るゝハ却而本懐なるへし」と答えている。[24]

阿部の態度は対外情勢の急変を踏まえたものであった。この前日、彼は上京した目付塚原昌義から、外国公使が開鎖問題の即時解決を求め、朝廷の了解が得られないなら直ちに摂海に乗り込む姿勢を見せている、との報告を受けていた。[25] 将来の課題として議論されていた外国艦隊の摂海侵入が、現実に明日にも起こりかねない事態が生じていたのである。[26] こうした点を踏まえれば、先の発言は、彼が緊急時には「幕府」の存続を度外視して開港を断行する決意を固めていたことを意味すると言えよう。ただ、この件は先の諸侯会議論と異なり、管見の限りでは酒井と中根以外には全く伝わっていない。諸侯会議以上に論議を呼びそうな独断開港については、阿部は身内の勝にも伏せていたのである。

以上見てきたように、京都で進発実現に向けた周旋を展開した阿部は、情報の流れを巧みに操作することによって、江戸での反発を最小限に抑え、また在京勢力の支援を得ようとした。しかしながら、これらは短期的には共に失敗することとなる。次節では、進発推進派がいったん閉塞状況に追い込まれていく過程を見ていきたい。

⑶周旋の失敗

朝廷側との合意を達成した阿部は、将軍進発を促すため、直ちに一〇月二日京都を出発し帰府の途に着くこととなるが、江戸ではこの問題をめぐって政権内で激しい対立が生じていた。当時の模様について、勘定奉行であった小栗忠順は次のように語っている。

当時閣老衆と大小監察議論異論を生し、御進発之一條監察ニおひてハ一日も早ク御船ニ而御上坂有御座度との説ニ候へ共、閣老衆不同意尤閣老内ニも議論異同有之候由に而議論次第ニ切迫ニ相成、遂ニ大小監察一統相仝し大樹公へ御直ニ御進発之儀言上ニ相成候（中略）然処阿部閣老京師より来着、右閣老ハ京師之事情洞察之事故速に御上京と申説ニ而、既ニ到着即下ゟ議論有之、大小監察も大ニ力を得被申候付、多分御船ゟ至急ニ御上坂ニ可相成、しかし当時之勢内輪大変を生し候も難計、迚も閣老之内一両侯ハ仆レに相成可申[27]

閣老層と大小目付層が対立し、帰府した阿部を後者が一致して支援する事態となったのである。彼らは当初から進発に積極的で阿部の重要な支持基盤であったが、注目されるのは、先述した江戸の大幅な人事異同の際、前年五月に行われた反攘夷派の旗本層による武装上洛事件——所謂小笠原率兵上京——の関係者が数多くこの職に就いていることである[28]。具体的には、山口直毅・京極高朗・向山一履やその知己の栗本鯤の名前が挙げられる。また、表1でも情報提供を行っている水野忠徳と小栗忠順は、当時の代表的な進発推進論者で会津藩周旋方などにも度々その必要性を訴えていたが[29]、共に武装上洛事件の中心的人物であった。つまり、江戸幕閣内部の進発論は、元武装上洛グループを中核として、主に鎖港路線の破綻以降要路に復帰した急進開国派の旗本層に支えられていたと言えよう。
対する進発反対派についても見ておきたい。「寛政度之御政事ニ被為復度と御趣意御座候」[30]と言われたように、当時江戸では参勤交代制や服制の復旧、前に述べた言路統制などの「復古」政策が行われていたが、先行研究の成果と照らし合わせても、その中心に老中諏訪忠誠の存在があったことはほぼ間違いない（表2）。進発反対論にしても諏訪の影響は強かったと思われる。表1にも彼に対する批判は数多くあるが、それでは逆に、これ程の批判を浴びながら諏訪はなぜ主導権を維持できたのであろうか。

その点で注目すべきが、徳川家茂と天璋院篤姫の支持である。阿部は滞京中に一橋慶喜と会談した際、「諏訪侯ハ天下を乱さるゝ人物故指置而ハ不相成候へ共、何分ニも将軍様万事因幡（諏訪忠誠）々と被仰候故致方無之」という現実を訴えていた[31]。当時「諸侯伯より使せし者上旨に入らず、又京師の形勢掩て上聞に達せず」[32]と言われていたことからも、側用人の如き「勤柄」であった[33]諏訪が、将軍の信任を背景にその情報入手を管理していたものと思われる。天璋院についても同様で、奥御用も勤めていた諏訪は「奥殿之方へも取り入、且又天璋院様の寵遇尤甚し」と言われていた[34]。事実、当時薩摩藩が血縁の彼女を通して

表2　将軍進発要請期の江戸における老中の在任状況

役職	名　前	在　任　時　期
大老	酒井雅楽頭忠績	慶応元・2・朔～同・11・15免
老中	水野和泉守忠精	文久2・3・15～慶応2・6・19免
〃	諏訪因幡守忠誠	元治元・7・23～慶応元・4・19辞
〃	牧野備前守忠恭	文久3・9・13～慶応元・4・19辞
〃	本荘伯耆守宗秀	元治元・8・18～慶応2・7・25免
〃	本多美濃守忠民	元治元・10・13～慶応元・12・19辞
〃	阿部豊後守正外	元治元・6・24～慶応元・10・朔免(蟄居)
〃	松前伊豆守崇広	元治元・11・10～慶応元・10・朔免(蟄居)

※続日本史籍協会叢書『公武重職補任』(東京大学出版会、1980年復刻)をもとに作成

周旋を試みているが、[35]管見の限りでは成果を挙げていない。進発反対派は、情報統制により伝統的な徳川権威を掌握することで、その影響力を保証したのである。

進発をめぐる対立はこの後もしばらく続くが、一一月には阿部側の敗北が決定的となる。朔日、阿部は来邸した会津藩士野村左兵衛に対し、「同僚共ハ拙者東下之一條甚不平ニ而無用ニ罷下候様心得居申候、右之次第にて御進発御神速之論仕候而も固ゟ一人も応し候者無之、却而拙者を同僚共より愚弄いたし」という実情を述べ、また進退に窮していったん辞職を決心したが、大小目付層の引き留めでようやく思い止まったことなどを語っている。[36]阿部の置かれた状況は厳しく、他藩士との面会も満足に出来ない状態であった。一〇月九日には、朝廷の要請を受けて一度は布告されていた将軍進発の事実上の一時延期が通達されるが、[37]これが一連の事態と関連するものであったことは間違いないだろう。

このように、江戸幕閣内部の進発実現運動はいったん完全に行き詰まることとなった。諏訪ら主流派は自信を深め、この後は懸案であった一橋慶喜の排斥に乗り出していく。[38]一方、進発実現を目指す勢力は体制の立て直しを迫られることになる。次章では、翌元治二年二月に生じた阿部・本荘率兵上京を中心に、進発実現に至る推移を見ていきたい。

三　将軍進発態勢の創出

(1)阿部・本荘率兵上京

元治二年（慶応元＝一八六五）二月、江戸幕閣が突如兵力を率いて上京するという事態が生じ、五日老中本荘宗秀が、七日には同阿部正外が多数の洋式歩兵部隊を率いて入京した。二人は朝廷の参内要求にも容易に応じなかったが、一二月二二日に参内が実現すると、その席上在京の一橋慶喜の江戸召還が要請された。これに対し関白二条斉敬は、将軍の上洛が実現していない段階でこのような要請を行うのは不届きであるとして「余程々々怒発」、二人の要求を退け、また慶喜自身も東帰を拒否した。「二条公よりしたゝか圧倒せられ」た二老中は即座に朝廷側に謝罪し、逆に将軍の即時上洛を命ぜられた。これをうけて阿部は周旋のため二四日に退京、本荘は摂海警備のため同日歩兵を連れて下坂した。

以上が諸史料から窺える率兵上京の概要であるが、この事件そのものを本格的に扱った研究は未だ見られない。ただ、当時朝廷サイドや諸藩、在京の幕閣では、おおむねこの率兵上京を「復古派」による保守回帰政策の一環と見ており、先行研究においてもおおむねこれに沿う形で、率兵上京を江戸幕閣の無謀な京都制圧計画と評価し、その失敗の原因を幕閣の政情把握の甘さに求めてきた。しかしながら、率兵上京前後の政治過程、各人物の動向を考慮した場合、一連の経過にはかなりの違和感が感じられる。それは二条斉敬と老中、中でも阿部正外の態度である。すでに述べた通り、阿部は前年九月には二条相手に横浜鎖港の一時棚上げを勝ち取っており、四ヶ月後の進発実現時には長州処分をめぐって朝廷側と真っ向から衝突している。また、本荘と違いすでに京都の政情を熟知しており、これまでも一貫して将軍進発に尽力していた。以上の点を踏まえるならば、参内時に見せた阿部及び二条斉敬の態度は極めて不可解であると言わざるを得ない。

このような疑問を解く上で注目すべきは、前年一二月に上京した老中松前崇広の動向である。松前は多数の歩兵を引き連れており、その目的は一橋慶喜の江戸召還であると言われていた。ところが、着京した松前はそれまでの見解を一変、「帰府之上致尽力候儀は決心罷在候故、御進発之儀尽事実極て可申上」(39)と、将軍進発に尽力する決意を固め、直ちに一二月二五日帰府の途に着く。ところが、一月八日帰府した松前はそのまま引籠に入り、一二日付で京都守護職・所司代宛に以下のような書簡を送っていた(40)。

御用にて下り候を、因幡(諏訪忠誠)・備前(牧野忠恭)・雅楽大(酒井忠績)に懸念致し、木村摂津守をして途大磯に迎ひ、朝命之旨趣雖令問不答候処、又々同人を以て品川に止り御沙汰を可待之趣申越候、餘りの事に付日を詰候而八日着否水野(水野忠精)へ行論じ候処、種々なだめ且つ暫く登城可見合旨に付不得止任其意候処、御用振も承り届けざるに、十一日俄に伯耆(本荘宗秀)・豊後(阿部正外)京都御使被仰付候次第にて、拙生は不遠可蒙厳命候

おそらくは松前の京都での「改心」の情報が事前に江戸に伝わっていたのであろう。松前の意図を察知した諏訪・牧野・酒井忠績らは、先手を打って彼を登城停止の状態に追い込み、逆に阿部・本荘に率兵上京を命じたのである。ここに至って松前は「復古派」を激しく非難し、率兵上京を失敗に追い込む計画を明らかにする。書簡は続く。

備因(牧野忠恭・諏訪忠誠)などは、国家の事は差置飼鳥植木に心を労し、諸役人役替は皆酒井牧野諏訪三人之手に成る、如斯に而は国家治り上之御安堵に可帰見据会而無之候、今度両人(阿部・本荘)着京候はゞ、殿下(二条斉敬)始め厳命を以て両人屈服仕候様致し度、右服し候はゞ御上洛か御進発かに可相成候(中略)別紙ヶ條書之廉々御怒り之色にて十分御責相成候様、若承服無之時は是迄御尽力の廉々皆水泡と可相成候、追返し被成候程に候得ば私へ被仰含候御用筋之処も相立可申候

松前は、閣老の中でも諏訪忠誠・牧野忠恭・酒井忠績(41)の三人を「復古派」の首魁とし、特に諏訪と牧野を痛烈に非難している。そして、関白などが上京する二老中を「屈服」させることが上洛・進発の実現につながると主張するのである。ここで注目すべきは、「御怒り之色にて十分御責相成候様」「追返し被成候程に候得ば」と、多分に二人を叱責する際の「演出」面が強調されていることである。この一条が江戸の「復古派」批判の文脈の中

で語られていることを考えれば、ここで松前が重要視しているのは、率兵上京の阻止そのものよりも、むしろいかにその結果を劇的に周囲に認識させるか、という事であったと考えられる。事実、この後二条斉敬は「老中参内応対フリ御大事ノ事」と、老中参内時の振る舞いについて事前に朝彦親王と打ち合わせを行っている(42)。老中参内時の二条の強硬な態度は、このような背景のもと「演出」されたものであったと考えられるのである。

しかしながら、いかに朝廷側の姿勢が演出されたものであったとはいえ、受け手がこれに答えなくては意味がない。その点で阿部正外の一連の振る舞いは極めて興味深い。参内した老中は一切の弁解をせず、謝罪するのみで周囲が拍子抜けするほどであったのだが、この傾向は本荘よりもむしろ阿部に顕著に見られる。将軍上洛要請に対しても、本荘がまだ抵抗を試みたのに対し、阿部にはそうした姿勢が微塵も感じられず、唯々諾々と朝廷側の要求に応じるのみであった(43)。彼には何か魂胆があったと見なければならない。

二月一二日京都守護職松平容保を訪れた阿部は、こうした計画が現実に可能と思って江戸を出発したのかと尋ねた松平容保に対し、「実ニ被行可申とハ聊存不申、内実ハ因備（諏訪忠誠・牧野忠恭）より被使無余儀参候、東西ニ因備か居候而積らぬものニ候」と答えた(44)。率兵上京が諏訪・牧野の命による他律的なもので、阿部には当初から計画を成功させる意志がなかったことが窺える。こうした状況であった以上、前年以来の経緯を考えても、彼は何らかの形で松前と極秘に連絡を取り、「復古派」の計画妨害と将軍上洛実現を画策していた可能性が極めて高い(45)。率兵上京の「劇的」失敗は、阿部・松前及び一部の在京幕閣、公家らの共闘によって極秘裏に進められた、「演出」によるものだったのである。

(2)情報の伝播と幕議の転換

結果的に、松前達の企図した「演出」は予想通りの効果をもたらした。当時の川越藩士による風説留には、参内時の様子が以下のように記されている。

(二条は)天下之大政を奸徒之諸有司小吏之者共勝手次第ニ執行ひ候段言語道断不届至極、幕府ニ而差心得来候条々逐へ速ニ言上可仕と、案外之御立腹ニ而高声ニ御詰問御座候由、両閣老聊之御請御答も無之、唯恐入候と計ニ而何程御推問御座候而も御答可申上様無之、暫く有之豊後守(阿部正外)被申上候ニは、御推問之趣重々奉恐入候、全く私共不行届ゟ如斯間違出来候儀重罪無限、何卒格別之御執成を以廿日計之御暇被仰付被下度、早々帰府之上大樹公へ夫々申上候而早々御上洛相成候様可仕と深く御改被申上候(46)

参内時の様子、及び率兵上京の「劇的」失敗が強調される形で情報が伝わっていることがわかる。当然ながら江戸への情報伝達もこのような影響を受けていた。尾張藩の手によって江戸に届けられた書簡でも、「関白殿被命候は(中略)将軍上洛可有之旨厳命、殊ニ大声言中震動、両閣老一言之返答無之恐懼、厳命之御趣意奉畏」と、率兵上京の散々たる結果が前面に出る形で参内時の様子が記されているのである(47)。

率兵上京の「劇的」失敗が「演出」されたのは、それが「復古派」にとって痛手になるとの認識があったからである。周囲から暴挙と見られた率兵上京であるが、前年暮れに水戸天狗党の鎮圧のめどを立て、正月朔日に参勤交代の厳守を、一六日に将軍進発の一時延期を正式に布告していた「復古派」にとってみれば、このような計画は当然の成り行きであった。それだけに、この結果は「復古派」首脳に大きな衝撃を与えることになる。

老中の参内から二週間近くたった三月五日、東帰以来二ヶ月近く引籠を続けていた松前崇広が突如登城を再開する。七日には、上京時に松前に同行し帰府後も行動を共にしていた目付向山一履が登城を再開し、八日帰府した老中阿部正外も翌日から登城を始める。これは、ちょうど老中参内時の情報が一通り江戸に達した時期と一致していた。

薩摩藩士柴山良助の探索書には、この間の事情について、「大老職酒井侯より御登城を御進ニ而、御登城之上ハ必又京師向之事被仰立無之様ニとの御諭御座候処、(松前は)何れ登城仕上からは京師之御首尾不申上候而は不相済時宜ニ而、いつそ其儀なれハ御断之段御答御座候由、然処左様なれハ程良き所を以て被仰上様ニとの趣」と述べられている(48)。大老の酒井忠績が「京師向之事被仰立無之」ことを条件に松前の登城再開を促しているが、松前に「いつそ其儀なれハ御断」と押し切られてしまっている。そして柴山は、こうした経緯の背景には率兵上京の「散々なる御不都合」があったと結論づけているのである。率兵上京「大失敗」の情報が続々と江戸に届く中、「復古派」首脳は将軍上洛の使命を帯びて帰府していた松前らの登城停止を解かざるを得なくなったのであった。

松前・阿部らはこの後も登城を続ける。三月一一日付の肥後藩士鎌田軍之介の探索書には「阿部侯は去ル八日御着府、日々御登城、松前侯ニも其以前ゟ御登城ニ相成、先は御上洛之方ニ御腰前居り申たる哉ニ相見申候(49)」とあり、この前後に江戸において情勢が大きく変化したことが窺える。この後も「復古派」の抵抗はかなり続いたようであるが、率兵上京の「劇的」失敗を境に江戸の情勢は将軍進発に向けて大きく動き出したのである。

(3)共闘の瓦解——「上坂」から「進発」へ——

三月一七日、将軍の上坂が布告された(50)。一年近くの拒絶期間の末、遂に幕議は転換したのである。正式にこうした布告が出されたことは、諏訪や牧野らも消極的にせよ、いったんは西上に同意したことを意味する。このまま予告通り上坂が実施されていれば、畿内で徳川政権・朝廷・有志大名らによる協調態勢が実現した可能性は十分にあったと言えよう。

しかしながら、冒頭にあげた参内時の場景からも予測できるように、この後事態は急変する。四月朔日に「進発」、一九日には露骨な表現の「再征」へと、わずか一ヶ月程の間に西上名義が大きく変化し、結果的に朝幕の共闘態勢が瓦解することとなるのである。この点については、先行研究で勅命の影響が指摘されている。しかしながら、阿部と共に進発実現の主導的役割を担った松前崇広は、すでに前年段階で「決心申上候上ハ乍恐勅命ニ而も変心不致」と述べており(51)、論証の不十分さからも、勅命という外在的な力を名義変更の主要因とする見解には疑問を感じる。そこで本節では、「長防鎮静」というキーワードに着目し、この間の朝幕の進発推進勢力の動きを見てみたい。

三月下旬頃、京都守護職松平容保は阿部正外からの書簡を受け取った。これは一七日の上坂布告以後に書かれたものであったが、そこには、関白二条斉敬の元尾張藩主徳川慶勝への態度に対する、阿部の激しい怒りが示されていた。関連部分を引用しよう。

廿二日御所より被仰出候事柄も有之候に付、拙には急速帰府致候(中略)同列は勿論、上にも委細申上、稍議論にも中々渡候処、不計も前大納言殿(徳川慶勝)より三日付の御状達し拝見仕候処、御参内の上、防長事件委曲被仰上候処、意外の御賞美被仰出候由、右は万々御承知の事哉と存候間、写差上不申候、誠に以て驚入り候事にて百事瓦解とは此事に可有之候、御所より拙に被仰含候も、第一長防の事にて、前文之通帰府引続意外の御沙汰相達(中略)唯でさへ御六ヶ敷折柄、前文之次第にて何共致方無之、関白殿へは十分御恨申上候(52)

徳川慶勝は第一次長州征伐において征長総督を務めていたが、前年一二月に独断で征長軍を解兵しており、その処置が長州藩に甘すぎるとして当時多方面から批判を受けていた。阿部が問題としたのは、江戸に達した慶勝の書簡中に、彼が二月二六日に参内し解兵報告を行ったところ朝廷から「御賞美」を受けた、と記されていた点である。

実は、阿部や松前は当初から征長軍の早期解兵に批判的であった。外国代表が朝廷との直接交渉を目論んでいた以上、対外問題を含む大改革を徳川政権のイニシアティブで行うためには、その中枢部の畿内移転は不可欠である。その意味でも、実際の当地の状況がどうであれ、将軍西上名義を根底から崩す「長防鎮静」は、彼らが絶対に認めてはいけない概念であった。松前崇広は前年暮れに、二条に対しこの点を重ねて強調していたが、二条の方でも慶勝の解兵方針を受け入れないことを明言している。(53) それは、先の参内時に二条から阿部に渡された勅書にも表れていた。阿部の書簡に「廿二日御所より被仰出候事柄」とあるのはこの勅書を指しているが、勅書には「長防篤ト鎮静ニモ不及」という文言が明記されていたのである。これは、慶勝の征長軍解兵への反発であると共に、それを受けて正月一六日に江戸で出された、「長防とも鎮静ニ及候ニ付、此上御所置之儀は於当地可被遊候、依之御進発は不被遊候」という進発中止布告(54)の否定であったと言えよう。

ところが、二条はこのわずか四日後に態度を一八〇度転換させたのであった。その背景には、当時、軍事力不行使による征長戦終結と将軍臨席の諸侯会議による事後処理を企図していた、薩摩藩在京指導部の影響が窺える。朝廷としては、将軍上洛が実現するならその名義を進発にこだわる必要はなく、土壇場でこの薩摩藩構想、及びその影響を受けた慶勝の解兵報告を受け入れたものと思われる。(55) しかしながら、徳川政権にとっては、これは自己の位置づけが、国家主権者から合議政治の一構成主体へとなし崩し的に移行させられることを意味する。その意味で、朝廷の内部事情がどうあれ二条の態度は裏切り以外の何物でもなく、阿部が激怒したのもこのためであった。長州処分に対する徳川政権のイニシアティブを朝廷が裏で保証していたからこそ、阿部や松前は、将軍西上名義を進発に消極的な「復古派」にも受け入れやすい「上坂」にすることが出来たのである。こうした信頼が崩れた以上、西上名義はより直接的な表現に変更されねばならなくなった。

阿部達にとって厄介だったのは、阿部・本荘率兵上京等における朝幕の「共闘」自体が極秘裏のものであったため、朝廷の「裏切り」を公表できないことであった。彼らは、事情を知らない周囲の不信と逆風の中、将軍進発を強硬せざるを得なくなったのである。

五月一六日、長州「再征」の「軍勢」は江戸を出発した。将軍以下閣僚部は皆甲冑で身を固め、参内すらこの恰好を貫こうとした[56]。結局実現はしないものの、尾張藩内における慶勝の政敵であった徳川玄同に新総督就任が要請された[57]。こうした一連の行為は明らかに、徳川慶勝や薩摩藩路線に「乗り換え」た朝廷に対する、江戸幕閣内進発推進勢力の敵対宣言とも言うべきものであった。彼らが事実を踏まえずに「長防之形勢全鎮静とも不相聞、既ニ檄徒再発之趣も有之[58]」という表現を四月朔日の布告に盛り込んだことは、わずか二ヶ月前に「長防篤ト鎮静ニモ不及」という理由で江戸の進発中止布告を否定し、将軍の西上を促した朝廷に対する、痛烈な嫌味以外の何物でもなかった。

おわりに

従来、「保守的」「守旧的」な旧勢力として、一括りにイメージ先行で描かれてきた将軍進発要請期の江戸幕閣であったが、これは、厳しい情報統制のもと同時代の人々でさえその実態が十分にわからなかったことの裏返しでもあった。現実には、当時幕閣内部では、外部勢力も巻き込む形で進発実現をめぐって激しい対立が展開されていたのであり、それは情報戦の様相すら呈するものであった。

また、五月時点で「当時閣老皆小吏ゟ上り、一同軽視仕候歟ニ承り申候」[59]と言われたように、進発推進主体の構成は、名門譜代大名中心の伝統的な閣老層とは異なり直参旗本層を基盤としており、その意味でも単なる守旧勢力とは言えない存在であった。事実、彼らの進発理由は対外問題や国内問題における彼らなりの新たな国家像を強く意識したものであり、その過程では「幕府」廃絶の受容すら垣間見られたのである。

しかしながら、情報操作を駆使して進発を実現した彼らは、最終段階では逆にその情報に翻弄されることとなった。朝廷の「裏切り」を原因とする直前の急激な名義変更は、いったんは折り合いがついたかに見えた「復古派」との対立を再燃させた。三月末から四月にかけ、阿部・松前と諏訪・牧野・酒井らは激しく対立、諏訪と牧野が「再征」令布告当日に老中を辞職するという事態を招き、政権内に大きなしこりを残すこととなったのである。[60]また外に対しては、朝廷との対立を決定的にし、将軍参内時の対立を生むこととなった。冒頭にあげた、「長防之儀」は大坂城に滞在の上周囲ともよく相談し、決して軽挙の無いように、という書付の下付とそれに対する老中らの受取拒否は、こうした双方の溝の深さを象徴する出来事だったのである。

将軍進発をめぐる江戸幕閣内部の対立と朝廷との関係の変遷は、当時の政治社会全体ではさして強く意識されなかった事柄かもしれない。しかしながら、少なくとも、これまで幕末期徳川政権の後進性の象徴とされてきた当該期江戸幕閣の別の側面、及び幕末維新期の政治過程分析における情報の流れの把握の重要性は、指摘できたのではないだろうか。

（1）『黒川秀波筆記』（国立公文書館内閣文庫蔵）三一、慶応元年閏五月条。この史料は当該期の雑録体の記録で、青山忠正氏がすでに「家茂の参内と勅語」（『人文学報』七三、一九九四）で紹介している。著者の詳しい来歴は不明だが、牛米努氏から、明治初年度の政府出仕者履歴に名前の見える長崎県士族黒川秀波のことではないか、とのご指摘を頂いた。

(2) 日本史籍協会叢書『嵯峨実愛日記』(東京大学出版会、一九七二復刻)一、二三八頁。

(3) 日本史籍協会叢書『続再夢紀事』(東京大学出版会、一九八八復刻)四、二〇一・二頁。

(4) 維新史料編纂事務局編・発行『維新史』四、一九四一、尾佐竹猛『明治維新』、白揚社、一九四二、原口清「近代天皇制成立の政治的背景——幕末中央政局の基本的動向に関する一考察——」(遠山茂樹編『近代天皇制の成立——近代天皇制の研究I——』、岩波書店、一九八七)など。

(5) 青山忠正「慶応元年将軍進発令と政局」(『国史談話会雑誌』二三、一九八二、のち同『明治維新と国家形成』、吉川弘文館、二〇〇〇再録)、久住真也「慶応元年将軍進発態勢の創出——長州再征に関する一考察——」(『史学雑誌』一〇九—六、二〇〇〇)、同「長州再征と将軍畿内滞在問題」(『日本史研究』四七八、二〇〇二)など。

(6) たとえば京都市編『京都の歴史』(京都市史編さん所、一九七四)七においては、江戸幕閣について以下のように記しているが(二四四頁)、これは明らかに幕末維新期における徳川政権の一般イメージをも強く意識した叙述であろう。

江戸幕府側の見通しは、とにかく甘いの一語に尽きるものであった。征長総督徳川慶勝が考えた長州処分に対する強硬な処分案といい、京都側手入れへの計画といい、参勤交代の復活といい、なに一つとっても、その当時の幕府の力を超えた決定でしかなかった。だから、阿部や本荘が勢い込んで上洛してみても、京都の「幕府」や朝廷から、完全に逆襲されるという体たらくを暴露したに過ぎなかったのである。

(7) 『改訂　肥後藩国事史料』(国書刊行会、一九七三復刻、以後『肥後』とする)五、二五三頁。

(8) 『鹿児島県史料　玉里島津家史料』(鹿児島県、一九九四、以後『玉里』とする)三、六七〇頁。

(9) 塩谷甲蔵上書『水野家文書』(東京都立大学付属図書館蔵)A10—159。

(10) 『水野忠精幕末老中日記』(ゆまに書房、一九九九)七、八二二〜二六頁。

(11) 情報ソースの大久保忠恕・杉浦勝静・岩田半太郎・設楽岩次郎らは何れも横浜鎖港期には板倉と行動を共にしており、糟屋義明や堀錠之助もその周辺にいた。

(12) 『幕末会津藩往復文書』(会津若松市、二〇〇〇)下、二八七頁。

(13) 水野忠徳は非職であったが、「当時専らに御用部屋入周旋在之候」と言われていた(「筆叢拾遺」一、『松平文庫』790—

1。写本の紙焼帳。福井県立図書館所蔵）。

(14) 元治元年七月四日付西郷文吾他三名宛上田一学書簡『大日本維新史料稿本』（東京大学史料編纂所蔵）元治元年六月一八日条。

(15) 『肥後』四、九二三頁。

(16) 以下のやり取りは、日本史籍協会叢書『朝彦親王日記』（東京大学出版会、一九八二復刻、以後『朝彦』とする）一、七九～八一頁による。

(17) 『越前藩幕末維新公用日記』（福井県郷土誌懇談会、一九七四、以後『公用日記』とする）一八～二一頁。これは、本多修理が会談の様子を問答の応酬の形で書き留めたもの。以後も、一六日の阿部と越前側のやり取りに関してはこれを参照。

(18) 阿部豊後守書状（『水野家文書』A10―166）。

(19) 『多門櫓文書』（国立公文書館内閣文庫蔵）017060。

(20) 『玉里』二、六五六頁。

(21) 日本史籍協会叢書『大久保利通文書』（東京大学出版会、一九六七復刻、以後『大久保文書』とする）一、二三二・三頁。

(22) 紙幅の関係上具体的な実証は避けるが、現時点での公表は行わないとする勝の言い回しが先の阿部の表現と酷似している点などから、ほぼ間違いないと思われる。

(23) この時点で西郷に阿部のことを尋ねられた勝は、「是迄之閣老ニ而ハ無之」と答えたという（『大久保文書』一、二三六頁）。

(24) 『続再夢紀事』三、三一六～一八頁。

(25) この時の江戸の幕閣と外国公使の交渉の実態については石井孝「四国艦隊下関攻撃の成果」（『増訂　明治維新の国際的環境』、吉川弘文館、一九六六）三三八～四〇頁を参照。

(26) ただし、外国艦隊の摂海侵入は結局この時点では実現しない。最終的にこの計画が実行されたのは、一年後の慶応元年九月であった。

(27) 『肥後』五、三五四・五頁。

(28) 小笠原率兵上京とその指導者層の動向に関しては、拙稿「幕末の幕府改革派勢力の動向——「条約派」有司層の政治姿勢——」(『日本史研究』四七六、二〇〇二)を参照。
(29) 表1、及び日本史籍協会叢書『会津藩庁記録』(東京大学出版会、一九八二復刻)五、六一三頁などを参照。
(30) 『玉里』四、五八頁。
(31) 「小宮山南梁筆記」(『茨城県史料　幕末編』Ⅲ、茨城県、一九九三)八三、三九八頁。
(32) 『海舟日誌』(『勝海舟全集』一八、勁草書房、一九七二)Ⅰ、二二八頁。
(33) 「慶応元年五月将軍親征に関する朝比奈閑水の手記」(続日本史籍協会叢書『徳川慶喜公伝資料編』東京大学出版会、一九七五復刻、以後『慶資』とする、二、二七五頁)。『旧事諮問録——江戸幕府役人の証言——』(岩波書店、一九八六)下、一七頁。
(34) 『肥後』五、六九五頁。
(35) 『玉里』三、六八〇頁。
(36) 元治元年一一月一日付森井惣四郎報告書『肥後』五、三九七・八頁。
(37) 青山忠正『明治維新と国家形成』一七七・八頁参照。
(38) 幕閣周辺は夏頃から一橋慶喜の排斥を企画しており(塩谷甲蔵上書『水野家文書』A10—158)、この後、その身内と見られた水戸天狗党に過酷な弾圧を加えていくこととなる。
(39) 元治元年一二月二四日付松平容保・松平定敬宛松前崇広書簡『京都守護職始末』(郷土研究社、一九三〇)一四四頁(巻之下)。
(40) 元治二年正月一二日付松平容保・松平定敬宛松前崇広書簡『京都守護職始末』一五五・六頁(巻之下)。なお、松前はこの書簡の伝達に際し細心の注意を払っており、自藩士を使わず、出入りの「御坊主」谷村三育→会津藩江戸留守居→会津藩公用局という特別の伝達ルートをとっている。また会津藩側も、江戸~京都間の飛脚の人選にまでこだわって書簡の機密性、重要性に配慮している(『幕末会津藩往復文書』下、一一六・一三六頁)。
この異常なまでの秘密保持姿勢は、本文でこの後触れる「演出」というものが、それが「演出」であるとわからない限りにおいて最大の効果を発揮する性格のものであることを考えた場合、極めて興味深い。

(41) 酒井忠績は前年六月に老中を罷免されていたが、二月一日に大老に就任している。

(42) 『朝彦』一、一六三頁。この日（二月一五日）は当初二老中の参内予定日であったが、当日の朝延期が伝えられていた。おそらく二条と朝彦親王は参内延期の知らせを受けて段取りの確認をしたのであろう。

(43) 参内時の三者の様子が最もわかりやすく簡潔に記されているのは『朝彦』一の元治二年二月二二日条の記述で、「老中対談於小御所下段、尤モ関白殿余程々々怒発両老段々意縮《ママ》、安部《ママ》ハ大樹上京速御請可申上、東下被仰付候ヘハ可尽力仕申答候、伯耆《本荘宗秀》ハ大樹上京之義何ニ付ケニ付不宜旨申候ヘ共、ツイニ承知之旨申候」（一七五頁）とある。二条が傍目にも不自然なほど怒りを露わにしている様子が窺える。一方阿部は、本荘がまだ将軍上洛に対しかなり抵抗を見せているのに対し、全くそのようなそぶりを見せていない。もっとも当時一部に「伯耆守赤ツラ豊後守白ツラニ而周旋ノフクミノ事」（『朝彦』一、一四四頁）という説があるが、これは二人が別々に周旋を行わなくては意味がなく、参内時の状況には当てはまらない。

(44) 『肥後』五、七〇四頁。

(45) 管見の限りでは、このことに関する阿部と松前の往復書簡のような決定的な一次史料は未だ発見されていない。ただ、阿部が何らかの計画を持っていたことは、彼が松平容保を訪問した際の様子を語った徳川慶喜の回顧談からも窺われる。

私は最初に阿部が来たかと思つて居る、伯耆が先だつたかそれはどつちでも構はないが、会津の方へ阿部から言ひ込んだのが、此度両人揃つて上京したについてはいづれ伯耆守から色々御話致すことがあるでございませう、併しそれはどうも甚だ道理でない、私は別に少々腹案があつて出たのであるからといふことを会津へ言ひ込んだ、そこで会津が、二人御用を蒙つて来たのに変な訳だ、それはどういふ訳だと斯う押したんだ、押すと、先づ第一あれは宜くない、総て関東へ連れて下るといふ積りで伯耆は出たのだ。私は又それと考えが少し違ふ、斯ういふのだ。

（『慶資』二、二五三・四頁）

また、帰府後閉塞状況に陥っていた阿部は、将軍進発実現の方策を尋ねた会津藩士野村左兵衛に、「此上ハ尾州老公より屹度大樹公へ御進発無御座候而ハ御職掌相立不申候と同僚共畏縮仕候様被仰越候ハヽ、拙者内ゟ応し微力を尽し可申」（『肥後』五、三九七頁）と語っていた。これは、徳川慶勝を二条斉敬に置き換えれば松前の工作とほとんど同じである。この案は結局実現しなかったが、阿部もこの時期から、外部勢力による「復古派」への人為的な圧力と内部からの呼応による進発実現を企図していたことがわかる。

(46)『聞集録』(東京大学史料編纂所蔵)九五。この史料については田中正弘「『聞集録』の編者と幕末の情報網」(『東京大学史料編纂所研究紀要』一〇、二〇〇〇)を参照。

(47)「京地より来状写　尾州藩ゟ之由」(『黒川秀波筆記』二五、元治二年二月条)。

(48)『玉里』四、一二〇・一頁。

(49)『肥後』五、七五一頁。

(50)『水野忠精幕末老中日記』八、二五五・六頁。

(51)『会津藩庁記録』六、二七〇頁。

(52)松平容保宛阿部正外書簡(続日本史籍協会叢書『七年史』、東京大学出版会、一九七八復刻)三、四三～五頁。

(53)『公用日記』一六六頁。

(54)『水野忠精幕末老中日記』八、七六・七頁。

(55)『朝彦』一、一七八～八四頁からは、この頃薩摩藩士小松帯刀や大久保一蔵が盛んに朝廷工作を行っている様子が窺える。ただ、ここでは、朝廷側も薩摩藩路線の受け入れが阿部への裏切りとなることを意識しており、当面は受け入れを拒否したようにも見える。しかしながら、慶勝書簡には確かに「小御所におゐて関白殿下始列席、征長之始末御尋に付言上仕候処、二百年来太平の処、刃に不血、速に及鎮静候段重畳之旨、殿下より演達」とあり(『七年史』三、三二頁)、この間の朝廷の動向はやや判然としない。ただ、少なくとも、阿部ら幕閣と薩摩藩の狭間でかなり揺れ動いていたのは確かである。

(56)『慶応元年　曇霧秘録』(『福井市史　資料編5　近世三』、福井市、一九九〇)八〇〇頁。

(57)この件に関しては、藤田英昭「慶応元年前後における徳川玄同の政治的位置」(『日本歴史』六五八、二〇〇三)を参照。

(58)石井良助編『徳川禁令考』前集第二(創文社、一九五九)七一二号、一一八頁。

(59)『続再夢紀事』四、一六二頁。

(60)この間の経緯に関しては、『肥後』五、八〇二～六、八一二・三頁を参照。

〔付記〕本稿は、日本学術振興会・文部科学省科学研究費補助金(特別研究員奨励費)による研究成果の一部でもある。

第二部

佐賀の乱と情報

落合弘樹

はじめに

佐賀の乱は、参議として政権の中枢に立ったことのある人物が「首魁」となる士族反乱の嚆矢である。徴兵令施行以降に鎮台兵がはじめて本格的な実戦に動員された点も注目される。さらに、藩内で鎮圧された長州藩脱隊騒動や、事前摘発だった久留米藩明四事件など、廃藩置県以前の反乱とはレベルを異にしている。また、電信や汽船など最新の技術が駆使された点においても、戊辰戦争に比べて戦争の形態に変容がみられる。このように、佐賀の乱は多くの意味で画期をなす内乱だった。

内務省を基幹とする「大久保政権」にとって、佐賀士族の鎮圧は征韓論政変後の地方の動揺を抑制し、政権の基盤を確保することにほかならなかったが、付和雷同しかねない全国の旧藩士の動向にも細心の注意が払われた。こうした政治的背景を持つ佐賀の乱に関しては、政治史的な視点にもとづく本格的な研究は少数の事例しか存在せず(1)、基礎的な部分からの検討を要するが、本論文においては主として政府側の情報収集と情勢判断に注目しつつ分析を試みることとする。なお、本文中の注記のない引用は国立公文書館所蔵『公文録　明治七年　佐賀征討始末』による。電文の仮名文字および濁点は、原文のままである。

一　征韓論政変後の佐賀

佐賀の乱において、政府が鎮台兵動員という強硬な措置を迅速にとったのは、征韓論政変後の混乱と、当時の佐賀県の置かれた状況が大きく関係していた。ここでは、佐賀士族の動向について概観し、あわせて政府が把握していた各地の士族に関する情報にも触れていきたい。

征韓論政変は政治指導者の分裂をもたらし、西郷隆盛や板垣退助など討幕に貢献した軍事的リーダーが、政府に対抗的な勢力を構築した。また、徴兵令で「常職」を失った旧藩士たちに征韓論というかたちで対外強硬論を喚起させ、さらに鹿児島や高知に呼応する動きが鶴岡や岡山など各地の旧藩士たちの間で形成された。一方、薩土近衛兵の一斉帰郷は、徴兵よりも廃藩以来の壮兵（士族志願兵）の比重がまだ高かった鎮台に動揺をもたらし、警察組織はいまだ整備の途上にあったので、大久保政権は岩倉と大久保を軸に政権基盤の強化に努めるとともに、国内状況の把握を図るために、積極的に情報収集を行っている(2)。

佐賀県は江藤新平・大隈重信・大木喬任・副島種臣らを筆頭に有力者を輩出しており、地元における旧藩士の影響力も根強く、典型的な難治県の一つとして政府に認識されていた。廃藩当初は県庁の官吏も地元の出身者が高い比率を占めていたが、明治六年（一八七三）七月二二日に権令に任命された岩村通俊（高知士）、さらに参事森長義（置賜士）のもとで、県庁機構の改革や人事異動、加地子問題への対応が図られるなど、徐々にではあるが集権化の方針が浸透しつつあった。岩村は大蔵省を実質的に掌握していた参議大隈重信と密接に連携しながら施策を進めている。しかし、留守政府による急進改革は国内に多くの動揺をもたらした。とくに明治六年は未曾有の旱魃に見舞われたこととあいまって、隣の福岡県では大規模な農民一揆が勃発し、岩村権令も農民への対応に忙殺されたが、結果的に士族対策を後手に回すこととなった(3)。

当時、佐賀では憂国党の中核を形成していく副島義高・木原隆忠・中川純義・村山長栄といった人物たちが欧化を基本とする開化政策に異論を強め、旧佐賀藩の海軍奉行で維新後は開拓判官、秋田県令、侍従を勤めた島義勇に依拠していた。復古的要求を政府に執拗に迫り、蓄髪帯刀の士族を多数帯同して四月に上京した島津久光に呼応する動きは、熊本の学校党など広範にあり、副島や木原もこれに合流している。久光の運動が不首尾に終わったのちも木原・中川は滞京し、副島は城下の宝琳院を拠点に同志を糾合した。大隈は彼らの存在を座視しがたいとし、一時は軍隊派遣を岩村権令に勧告している。

そうしたおり、明治六年一〇月二三日の征韓論政変により参議江藤新平が下野したことは、彼の影響をうけていた中島鼎蔵・朝倉尚武・徳久幸次郎・村地正治・山中一郎・香月経五郎ら、在官あるいは留学経験をもつ少壮の旧佐賀藩士族たちを憤激させ、現政権への対抗意識を「有司専制」というかたちで一気に増進させた。彼らは一二月二三日に佐賀仲町の煙草屋で集会し、征韓党を立ち上げる。

征韓論政変後の不穏な情勢は佐賀にとどまらず、西郷隆盛や桐野利秋を迎えた鹿児島士族は割拠の態勢を固めており、鶴岡や鳥取、岡山の士族、さらには佐賀征韓党などから働きかけが試みられた。一二月には旧鶴丸城に置かれた熊本鎮台鹿児島分営が放火で瓦解し、熊本の本営でも第一一大隊の兵士が暴動を試みるなど動揺が広がっていた。こうしたさなか、集権化を推進してきた岩村権令は一二月一七日に上京したまま帰県しなかった。その結果、佐賀士族に対する県庁の統制力はさらに低下することとなる。

征韓党は、明治七年（一八七四）一月一六日に佐賀元町の小松屋で集会し、政府に「征韓先鋒」の出願を運動すること、拠点を確保するため「征韓先鋒請願事務所」として旧藩校弘道館の貸与を県に求めること、県庁の掌握という三つの方針を決定した。同夜、メンバーの高木太郎らは森参事宅に押しかけて弘道館の貸与を強硬に迫り、却下されると森に暴言を吐いた末に弘道館を占拠したが、幹部の説得で「罵律」を犯した罪に服し、一八日に訴訟課の糺問に服している。この騒動以後、森参事は征韓党幹部への依存を強め、香月経五郎と村地正治が県官に就任したが、庶務課大属石井貞興とともに森を圧倒して狙いどおり県庁を掌握していく。

そうしたおり、征韓論政変後の地方情勢把握を目的に派出官員が全国に送られたが、その一人である、大蔵大丞林友幸が佐賀に到着した。林は一月一七日に福岡県視察を終えて佐賀に向かうとの報告を東京に送っているので、早ければ弘道館借用をめぐる紛議が一応は決着した一八日には佐賀に入っていたと思われる。佐賀の情勢を目撃した林友幸は士族の沸騰を深刻に受け止め、強力な権令を派遣するように政府に要望している(4)。

貫属ノ景況、頗ル悪ムヘキノ風アリ。我士族ノ官ニアル勅奏任ノ者百ヲ以テ数ヘ、判任タル者枚挙ニ遑ス、朝廷政府ハ皆我藩人ノ維持スル処ナリト云フノ通言アリ。故ニ士族等、県官ヲ蔑視スル、最甚シク、或ハ参議ノ名称ヲ出シ、彼我是非ノ論ヲ発シ、遂ニ征韓ノ大事モ濫ニ建議スルニ至ル。実ニ王化ノ不洽、此士族ヨリ甚キハナシ。故ニ此県ヲ治ンニハ有力方正ノ長官ヲ置キ、長ク此地ヲ去ラサラシメンヲ要ス。

さらに林は九州情勢全体の総論として、政府が先手を打つかたちで佐賀士族たちを鎮撫すべきだという強硬な意見具申を行った。

佐賀県士族ノ如キ、空腹無心濫ニ高上ノ論ヲ立ト雖モ、敢テ意トスルニ足ラサルモノナリ。然レトモ今日ノ征韓論ニ至リテハ、隠ニ煽動スル者有カ為ニ、益之ヲ主張スルモノト覚。必竟、此士族県下ニ有ルモノ、礼譲ヲ不知、上ヲ不敬、下ヲ不憐、漫ニ上ノ事ヲ誹議シ、喋々論ヲ立テ、県官ニ逆フヲ以テ栄トナシ、遂ニ是ヨリ征韓ノ論ヲ発ス。討不何ノ預知ル所ナランヤ。如此モノハ、往々県治ノ妨害不尠、今回ノ挙動ニヨリ、其論党悉ク之ヲ討伐シテ可ナリ。若此件不断ニ属セハ、薩肥其他諸県ノ治否、大ニ関スルコトアルヘシ。薩ノ如キ暴論過激ノ魁タルモノ六七名、是又征韓台湾ノ論有ト雖モ、前件ノ裁決ニヨリ自ラ論滅スルニ至ン。然レトモ、此士族ハ議論実地ニ出ルアレハ、宜シク注意セスンハ有ヘカラス。

熊本鎮台司令長官の谷干城が佐賀県中属北代揆一から聞いたところによると、「林大蔵大丞該県巡廻、其事を聞き、差置き難きを以て県官に命じ律に擬し罪を断す」とあるので、(5)高木らの処分は林の指示によるのかもしれない。いずれにせよ、林の報告は政府首脳に強い衝撃を与えた。それがどの程度影響したかは不明であるが、強硬派でかねてより兄通俊に代わっての赴任を切望していた岩村高俊の佐賀県権令任命が、一月二八日になされた。

ちなみに、佐賀の情勢を聞いて事態収拾のため一月一四日に東京を発った江藤新平は、一九日に嬉野温泉に到着し、二五日まで佐賀に入るのを控えていたので、林友幸との接触はなかったと推測される。江藤は神戸まで鹿児島に向かう樺山資綱・海老原穆、さらには高知の林有造、会津出身の永岡久茂、飫肥の小倉処平など密偵の監視対象となっていた「不平士族」と同行しており、(6)本意はどうあれ当局の警戒心を刺激したと思われる。

江藤が佐賀に入った二五日以降、「俄然集会之勢ヒニ相運候」と、一気に征韓党の沸騰が高まった。また、「征韓」を根拠に武器を携帯する動きもみられたという。森参事は二四日付で熊本鎮台の谷司令長官に、不穏な動きがあるので偵察のうえ対応策を講じてほしいと、谷と同郷の北代中属を派遣して要請した。これに対して谷は、「軽挙せば事を失せん」とし、「協和を主とし、暴挙を未発に消するを佳とす」と慎重かつ柔軟な対応を求めた。(7)

その一方で部下の山川浩少佐に佐賀の偵察を命じ、「該地の形勢を見せしめ、江藤真に右様書生輩を煽動するや否やを探偵」させた(8)。

以上のような征韓党の動きとは別に、憂国党も活動を強めていく。一月一二日に東京の島義勇邸で在京の島と木原・中川と佐賀から訪れた重松基吉ら幹部が会合して対応を協議し、これをもとに副島義高らは佐賀で「憂国社申合書」を作成した。彼らは「三条相国護衛団体ノ結社」として立ち上げ、組織の名義として征韓論政変後の不穏な情勢を根拠に、「鳳輦ヲ守護シ御私邸ヲ守護スル為ニ、有志ノ面々集会候」と、天皇と旧藩主鍋島直大の安全を掲げた。また、「武士之定職ナキハ大政府ノ御定ナレトモ、国家ノ為ニ忠奮義烈ヲ着目スルハ憂国忠士ノ本意タルベシ」と、政府の特権解体政策を是認しつつも強烈な国事参画の意識を示し、「征韓社モ亦タ憂国忠士ト知ルヘキ也」と、征韓党に歩み寄りを訴え、島津久光とも連絡を図っている(9)。

二　小野組出張所襲撃事件

佐賀の乱は、二月二日に佐賀県庁から東京出張所に発せられた次の一通の電報が大きな契機となる。

サガケンカンゾク　テラニアツマリ　セイカンロンヲサカンニトナエ　ヒビニイキオイ　サクヤヲノグミニセマリ　テタイノコラズニゲサリタリ

(佐賀県貫属、寺に集まり、征韓論を盛んに唱え、日々に勢い、昨夜小野組に迫り、手代残らず逃げ去りたり)

電信寮を所管する工部卿伊藤博文はいち早く情報を抑え、右の電文に「ミギワ　ケンチヨウヨリ　トヲケイシツシヨウシヨエ　デンポウスルトコロノ　ママニ　ゴザソロ　ナホ　ヲイヲイ　タンサク　ヲントドケ　モウシアゲ　ソロナリ」と添えて太政大臣三条実美に打電している(10)。

なお、同日付で福岡県から発せられた報告書は以下の通りである(11)。

佐賀県貫属以下農商ニ至ル迄征韓論主張シ、既ニ不日東京へ罷越候由ニテ、莫太ノ募金且昨夜小野組為替座ニ迫リ、金員有高ヲ改メ、一銭モ動カスコト不相成由、数人詰番罷在、夫カ為支配人ヲ初メ手代共不残脱走、支配人某ハ当県へ今午後三時逃来リ、是ハ恐怖ノ甚キ也。参事モ兵力ハナシ。只傍観ノ外致方無之形勢、県庁ヘモ他県人ハ辞表ヲ差出シ切リ帰国、旧県人ハ半ハ同盟、退庁掛ケハ寺院会議処へ罷出候体タラク、実ニ絶言語候有様。政府速ニ被降御手度、無左クハ不平士族ノ折柄蔓延可想像候。

小野組出張所襲撃事件については今日も判然としない部分が多いが、二月一日に小野組出張所に金談を迫ったのは征韓党ではなく憂国党だった。当時、華士族の家禄支給は現米が原則だったが、明治六年の旱魃により佐賀県も含めて多くの県が農民の石代納を認めた。それに対応して家禄も現金で支給されることとなったが、石代が納期を基準に算定されていたので、米価高騰で著しく士族に不利となった。このため全国各地で旧藩士から現米支給が県庁に強く要請されていた。佐賀県では、年末に行うはずの家禄支給が二月にずれこみ、しかも政府に要請した士族の損失分補塡も拒絶されるという状況のなか、ついに業を煮やした憂国党士族が「無理之金談」を行った。彼らの暴発的行動の背景には、活動資金の獲得という目的もあっただろうが、基本的には家禄支給をめぐる紛議で、他県であれば官員や旧藩主の説諭で決着するレベルの問題だったといえよう(12)。

ただし、征韓党は「征韓先鋒」の要求貫徹を趣旨として大挙上京したうえで政府に圧力をかける計画を立てており、武器を携えた旧藩士が闊歩するなど不穏な雰囲気が城下に充満していたので、小野組の店員は身に危険を覚えて逃亡したと思われる。征韓党に属する佐賀県権少属藤井伝八が二月四日に長崎県庁に伝えた情報によると、征韓党は「武器買入等モ有之、三十万円程相渡不申テハ難相成」として資金調達の計画を立てていた。そして、小野組出張所襲撃のあおりで長崎銀行佐賀出張所も閉鎖されたので、本店と融資の交渉をするため藤井は長崎を訪れたという[13]。当時、征韓党と憂国党の関係は友好的ではなかったので、憂国党が先手を打って資金を抑えた可能性もある。いずれにせよ鹿児島士族とも連絡のある佐賀士族が武器を集積し、大挙上京を企てているとの情報は官民に伝わっていた。鎮撫の時期をうかがっていた政府は迅速に決断をくだし、二月四日に熊本鎮台に出動を指令した。佐賀の乱についてては大久保の峻厳な姿勢が強調されるが、ライバル的存在だった木戸孝允も伊藤博文宛の書翰で次のように強硬論を述べている[14]。

佐賀県貫属実に苦々敷いま〳〵敷奴どもに御座候。元より無事平安は企望いたし候へども、如此ものどもには些目にもの見せ不申而は始終人民の安堵を妨け申候。付而は少々無理からにも吐剤歟瀉剤歟用度ものと頻に愚考いたし申候。

ちなみに、小野組襲撃のあった二月一日に江藤新平は佐賀にいたが、彼の主導した藩政改革で世禄を剝奪された元足軽たちの襲撃計画があると聞き、墓参を理由に翌二日に長崎近郊の深堀へ急遽避難したという。一方、騒動を起こした憂国党が首領と仰ぐ島義勇は、いまだに東京にいた。

三　熊本鎮台の動員

二月四日、熊本鎮台に対して以下の命令が電文で発せられた[15]。

サカケン　シゾク　ドウヨウノ　オモムキ　デンポウ　コレアルニツキ　ソノタイヨリ　シユツペイ　チン
アツ　イタスベキムネ　セイインヨリ　ゴサタニツキ　リンキノ　ハカラヒ　イタスベシ　ナオ　イサイ
ユウビンニテ　モウシタツシソロ
（佐賀県士族動揺の趣、電報有之に付、其隊より出兵鎮圧致すべき旨、正院より御沙汰に付、臨機の計致すべし。尚、委細

郵便にて申達候)

電報は翌五日に佐賀電信局に着信したが、いち早く佐賀士族に知れ渡り、彼らの態度を硬化させた。森参事は刺客が襲来するとの風聞に狼狽して同夜逃亡し、佐賀県庁は石井大属ら征韓党が完全に掌握するところとなる。香月らは武庫司の保有する武器弾薬を抑えた。一方、島義勇は同じ五日に太政大臣三条実美から直接鎮撫を要請され、承諾している。

これに対し、熊本鎮台の谷司令長官は六日午後三時になって佐賀電信局から送達された電報を受け取る。東京・長崎間の電信線は前年に全通したが、熊本は経由していなかったので佐賀から配達された。谷は山川少佐がまだ帰着していないので、佐賀の詳細な状況を把握していなかった。熊本鎮台は前述した第一一大隊の混乱がようやく収拾したものの、足元の熊本士族に不穏な兆候がうかがえた。また、一〇〇名あまりの佐賀出身将兵も熊本に入った山田平蔵などから勧誘を受けていた。佐賀士族は戊辰戦争の従軍経験者や技術者が豊富で、武器弾薬の備蓄や製造もなされ、鹿児島や熊本の士族とも気脈を通じていたので、谷は「リンキノ　ハカラヒ」を求める拙速な命令に困惑する。さらに、重要命令を当の佐賀の電信局を経由して、暗号ではなく平文の電報で送達した無神経さに、「彼を撃つを彼に托して報ず。如此にして兵を用、何そ成るあらん。児輩と雖も猶其の疎漏を笑ふ」と憤慨し、「以後電報を以て右様の大事御報知無用」と東京に要望している。[16] とりあえず谷は連絡のために中村重遠中佐を東京に出張させることとし、七日には陸軍卿山県有朋に宛てて、即時出兵を不可能とする電報を打たせた。発信地は福岡だったため、東京着が九日になっている。[17]

サカケンヘ　シユツペイ　イタスベク　ヲ、セツケラレ　ソウラヱトモ　タ、イマハ　イデス　ミギニツキ

ナカムラ　チユウサ　ミヨウヨヲカ　ジヨウキヨウス

（佐賀県へ出兵致すべく仰せ付けられ候得共、只今は出ず。右に付き、中村中佐明八日上京す）

なお、政府宛の電報を一手に握っている伊藤工部卿は、一〇日に内務卿大久保利通へ、「谷干城書面之意ニ御座候、一ハ反復無疑と奉存候、左スレハ鎮兵向背不可図、願クハ同人儀速ニ帰京被命、之ニ代ル将軍一名閣下御出張之節ニ御召連レ」と、谷を更迭して野津鎮雄か三浦梧楼と交代させるように要求しているが[18]、上記の電報を把握して、鎮圧出動に慎重な谷の出方を疑ったのだろう。大久保は九州出張に際し、総指揮の野津鎮雄少将（鹿児島士）、新任の広島鎮台司令長官に任命された井田譲少将（大垣士）のほか、山田顕義少将（山口士）を伴っており、長州藩出身の将官をフリーハンドで同行させることで、伊藤の意向に答えたと思われる。

政府は七日、近隣諸県への波及を防ぐために、熊本鎮台に重ねて出動を命令する一方、岩村高俊権令に即刻任地へ出立するように命じた。岩村は佐賀に急行する島義勇と偶然に同船し、挑発的態度を示したため、島は一気に決起の方向に傾いたとされるが、ここでは詳細に触れない。

内務卿大久保利通は八日に「九州表之義、兼て人心動揺之際、此挙に由て如何波及仕候も難図」と自ら鎮定にあたることを三条太政大臣に要請し[19]、翌九日に九州出張を命じられた。大阪鎮台の歩兵二個大隊と東京鎮台第三砲隊の派兵も決定される。一〇日には、「凶徒犯罪判然タル上ハ、捕縛処刑ノ儀ハ勿論臨機兵力ヲ以テ鎮圧ノ事」と諸権限を臨機に全面委任した書面が大久保に手交された。

動揺は各方面に飛び火したが、佐賀県庁からの連絡は征韓党におさえられたため途絶し、政府からの連絡も断片的だったので、福岡・長崎・白川・三潴・小倉・山口などの各県はそれぞれ密偵を派遣し、独自に情報収集を試みた。たとえば白川県権令安岡良亮は、二月七日に大久保内務卿に次のような報告を行っている[20]。

本年一月下旬頃ヨリ佐賀県貫属士族共諸所ニ屯集シ、兵器糧食等相募リ物議騒擾ナル赴相聞へ、事実為探索官員指出置有之候。尤右勢当県貫属へモ内々相響候景況略相見へ候得共、未タ為差儀モ無之、勿論未発ニ相防候様専ラ心配仕居候。乍併不容易形勢ニ付、不取敢右之段御届仕置候也。

同じ七日、山口県権令中野梧一のもとにも密偵の桂譲助から「佐賀県ヨリ両県ヱ波及シ、士族党ヲ結、朝政之不立ヲ論シ上京セシ者モアリ。甚騒然タル模様」が伝えられている。(21)

また、長崎県が発した密偵村崎甚之助は、鎮圧命令が下された後の佐賀の状況を見聞し、二月一四日に参事兵頭正懿に以下の報告を行っている。(22)

本月三日佐賀到着、景況目撃スルニ三派ノ勢ハ大ニ精鋭、且派論不同ト雖モ、深ク之ヲ推セハ結局一轍ニ帰センカト被察候。因テ私探索滞留中其動静見聞スル処、貫属ハ勿論市街等モ騒擾、且其兵器運搬ノモノ翩々、已ニ暴挙ノ勢ニ有之、従テ隣県ヨリノ探索人不少、事情切迫ニ相見候処、江藤等之ヲ憂、有志輩論シテ云、国家大事ヲ図ル、必ス軽忽ニ出ツ可ラス。沈着熟慮始尾ヲ全センヲ要ストノ云々ニ因リ、前日県庁在ハ銀行等ヱ暴行ノモノ自ラ其罪ヲ訴シ、昨今景状大ニ沈着ニ属シ、且副島ノ一報モ有之哉之趣、右之旨ヲ傍察スルニ、征韓ノ議ハ最早関東筋並四国辺モ盛ニ沸騰ノ模様ヲ察シ、政府ニ於テモ必ス天下一般ノ形勢ヲ可被案ニ付、一篇ノ書ヲ具上セハ貫徹スヘキトノ意見ナラン乎。

すなわち、沸騰の様子は続いているものの、江藤新平の帰県後は一定の統制が効いており、香月を代表に政府に建白を行う方向でとりあえず平静を保っているとする。鹿児島入りした副島義高と山中一郎から、西郷も久光も積極的支援を行わないだろうとする情報がもたらされたことも影響していた。しかしながら、「今般新権令入県鎮台出張セハ、斯ノ機変如何可相移哉想像被致候」と、岩村権令と鎮台兵の入県で情勢が急変する可能性も同時に示唆している。兵頭参事は右の情報をただちに政府に転送し、あわせて中立を標榜する前山誠一郎らの動向について、「征韓憂国両隊万一暴挙有之時ハ、鎮台兵ヲ不供夫々鎮圧可致旨申唱」てはいるものの、「一時之詐謀」の疑いもある不信感を示し、「旁以迅速厳重之御処置有之度不堪希望」と一刻も早い佐賀の鎮撫を要望している。

鹿児島には佐賀士族からの働きかけが盛んになされていたが、鹿児島県権令大山綱良は二月一六日に大久保に宛てて、「佐賀等ヨリ段々入込諸方エ面会之儀相募候得共、誰も手指之人無之」と報告し(23)、さらに前日に佐賀県の旧蓮池藩士族高嶋彦四郎と和田泰一を尋問した中属今藤宏の報告書を同封している。二名は佐賀の様子について「征韓之挙ニ付てハ先ツ大衆上京之上、朝廷奸吏ノ罪ヲ数テ是ヲ放逐シ、封建ヲ復シテ形勢ヲ強クシ、四民ノ分ヲ厳ニシ、能ク内国ノ基ヲ立ツベキノ趣意ニテ、密ニ器械弾薬ヲ備へ候由」と語り、支藩の立場として傍観できず、鹿児島の動きを見たうえで去就を決めるため派遣されたと述べた。今藤は「県下一般右様之者無之」と答え、「万一此より内乱を醸出シ候ては甚不可然」と説諭したという。大山は、大久保に「種々奸謀を廻らし、鹿児島を手先エ仕ひ候気味ト相見得候、期日折柄甚時害相成儘ニ而、速ニ御潰シ相成候方乍恐至当と奉存候」と、鹿児島士族の統制を維持するうえでも迅速な佐賀の鎮撫が必要だとしている。

四　岩村高俊権令の入県

二月七日に東京を出立した岩村高俊新権令は、一三日に熊本鎮台へ来着した。この日、江藤も長崎から佐賀に戻り、征韓党は「決戦の議」を起草して抗戦の決意を固めている。谷司令長官は大阪・東京からの二大隊一砲隊の増援を待ったうえで鎮圧に着手しようとしていたが、同県人である岩村からの強い要請をうけ、やむなく第一一大隊を二手に分け、海陸から佐賀に兵力を送ることとした。

翌一四日、山川浩少佐に率いられた将兵三三二名からなる左半大隊は、岩村権令とともに熊本城の本営を出発し、高橋（熊本市）より廻漕会社蒸気船の乃母丸と舞鶴丸に分乗した。乃母丸に乗船した第三中隊は翌一五日に早津江（川副町）に上陸して一三時に入城し、舞鶴丸に乗船した第四中隊と岩村権令らが全員入城したのは深夜二四時となった。一方、陸路を進んだ佐久間左馬太少佐の右半大隊三一六名は、一四日は高瀬（玉名市）泊、一五日は三池（大牟田市）まで進んでいるが、強行軍で多くの兵が靴ずれを起こし、また弾薬類は海路の左半大隊に託していたので、戦力が低下していた。(24)

なお、大久保内務卿はこの日、権大判事河野敏鎌・大検事岸良兼良・山田顕義少将・工部省四等出仕岩村通俊・内務少丞武井守正・開拓少判官西村貞陽ら属僚を伴い、開拓使保有の北海丸で午後五時に横浜を出港している。地元士族に対応するため、佐賀出身の外務少輔山口尚芳のほか、大村出身の大蔵大丞渡辺清、熊本出身の侍従米田虎雄も同行していた。

鎮台兵の接近とともに佐賀城下は一気に緊迫の度を強めた。一五日夜、佐賀電信局は東京の電信寮に次のような電文を送っている。(25)

コンセキ　クマモト　チンダイ　ニシヨウタイ　ホド　カンドヲヨリ　トウケンヱ　イリコミ　ツキテハ
カワカミヱ　シツチヨウ　ノ　ゾクノ　ウチ　ヨリ　チンダイヱ　ヲ、セツノシタイニ　ヨリ　ドウヤニモ
ダイジケンニモ　ヲヨブベキ　カモ　ハカリガタク　フウブン　コノダン　ヲトドケ　モウシ　アゲソロ
（今夕、熊本鎮台二小隊程、間道より当県へ入込、就きては川上へ出張の属の内より鎮台へ応接の次第により、同夜にも大事件にも及ぶべきかも計り難く風聞、此段御届申上候）

続いて、鎮台兵と佐賀士族の衝突寸前の佐賀の様子を生々しく伝える電文が重ねて発せられた。

シゾク　ドヲヨヲ　ヲダヤカノ　モヨヲ　ノ　トコロ　チンダイヘイ　ジヨヲキニテ　ミヱスヱ　チヤク

カツ　フクヲカ　ヨリ　シツヘイノ　ヨウス　ニテ　ニワカニ　ジウサンニチヨリ　ヒガシハ　トドロキ　キタハ　カワカミ　ミナミハ　ハヤツヱ　マテ　シツチヨウ　ジインハ　ジウサンニチヨリ　コンニチ　マテモ　ジウニン　アルイハ　ゴニン　クライ　ツ、　シツチヨウ　イタシソロユエ　ブンメイナラズ　トヲチ　シチウ　イヅレモ　ニモツ　カタヅケ　フヂヨシハ　ニゲジタクニテ　ヲ、ソヲドヲ　ナリ　コノ　ダン　ヲトドケ　モウシ　アゲ　ソロ

（士族動揺、穏やかの模様の処、鎮台兵蒸気にて三重津へ着、且福岡より出兵の様子にて、俄に一三日より東は轟、北は川上、南は早津江まで出張。人員〔カ〕は一三日より今日までも一〇人或いは五人位づつ出張致候故、分明ならず。当地市中、何れも荷物片付け、婦女子は逃げ仕度にて大騒動なり。此段御届申上候）

以降、電報は佐賀から発せられず、吏員の逃亡か断線で電信局は閉鎖されたと思われる。

佐賀に入城した鎮台兵は、県官が離散したために食糧が確保できず、大砲も欠いていた。一五日夜から斥候同士の小競り合いがみられたが、佐賀兵は筑後川に防衛線を固めて右半大隊の合流を阻止する一方、夜陰に乗じて城を包囲し、一六日未明より砲撃を開始した。また、鎮台兵を早津江に輸送した二隻の汽船のうち、舞鶴丸は引潮にかかって離脱できずにいたところを拿捕されている。鎮台側は、籠城のみでは反撃の手立てがないので城外に出撃し、米や銃の搬入に成功したが、第三中隊長大池蠖二大尉ほか四名が戦死、山川浩少佐と第四中隊長奥保鞏大尉ら五名が負傷する損害を受けた。

包囲戦は三日にわたったが、左半大隊は兵力が劣るうえ食糧・弾薬も欠乏し、一八日になって右半大隊との合流を期して筑後川方面に脱出することとし、三隊に分かれて城門から突出した。山川少佐と岩村権令を含む本隊は夕刻に久留米にたどり着いたが、クリークと櫨田という佐賀特有の地理に不案内だったため各個撃破され、部

隊の四一パーセントにあたる一三七名が戦死するという大打撃を蒙った。

鎮台と佐賀兵の間で戦端が開かれたとの第一報は、一六日午後一〇時五分に福岡県権参事山根秀介が内務省と大蔵省に発した「クマモトチンダイト　サカカンゾクト　サクヤハンヨリ　ヘイタンヲヒラキタリ」との電文で、二時間三〇分後に東京に届いている。さらに一七日午後四時には山根から福岡県令立木兼善宛てに以下の電報が発せられた。

サガケン　クニザカイニ　ヘイヲクバリ　ミチフサガリ　カクホウナシ　ジウロクニチモ　ホヲセイ　ハゲシキヨシ　タイイ　ワダユウマ　イワムラゴンレイ　センシノセツアリ　イマダ　ジツプシレズ　カクホウヲエテ　トドクベシ　トウケンニテ　サンダイタイノ　ジウキ　ダンヤクヲ　ヨウイセリ　ヲツテ　ニウヒヲヌクラセウエ　モウシイヅベシ　コトスムノチワ　ムツカシ　ウカガイヲキタノム

(佐賀県国境に兵を配り、道塞がり、確報なし。一六日も砲声激しき由。大尉和田勇馬、岩村権令戦死の説あり。未だ実不知れず。確報を得て届くべし。当県にて三大隊の銃器弾薬を用意せり。追って入費大蔵省え申出づべし。事済む後は難し。伺置頼む)

ちなみに、岩村権令も和田大尉も生還しており、不正確な情報である。佐賀から意図的に流された誤報の可能性もある。また、司法省一四等出仕山本守時は二月一九日に島津久光に送った報告書で、「実地見聞之為」一六日午後二時に佐賀に到着し、「遂ニ二之丸、三之丸は同十七日比ニ落城ニ相成リ、鎮台兵過半火煙ニ堪ス滅亡ニ至候趣ニ御座候由、残兵は未タ本丸江籠城有之候得共、兵粮運ひ等一切無之、最早右兵粮攻と申ニ至候趣ニ御座候、但県下挙而皆兵とナル勢也」とし、「右は見聞之侭申上候」と断っているが、これもかなりの誇張が含まれている。(26)いずれにせよ、熊本鎮台の苦戦は情報不足も手伝って近隣の県官たちを震撼させた。政府は一七日に新聞に対して軍事関係の記事掲載を禁じ、混乱が東京などに波及しないよう対策を講じている。

熊本県の庶務課は一八日に三支庁に宛てて次のような通達を送り、県内の動揺を抑えるように指示した(27)。

〔前略〕不容易事件ニ付、当鎮台ハ素ヨリ県下ニ於テモ取締向ハ厳重取斗有之候。就テハ熊本市中モ少々動揺いたし、逃仕度等有之候へ共、右ハ全ク事情解シ得サル処ヨリ区々ノ街説ニ惑ヒ候事ニ付、是又各戸長共より夫々及説諭候事ニ候。

同じ一八日の午前一一時に、小倉県権令小幡高政は大蔵省に発した電報で士族への武器貸与を求めた。

ソツコンノモヨウニテハ　ナイムキヨウノニダイタイノホカニ　サンダイタイナラビニカイグン　ヲンクリダシアイナラズハ　チンテイニイタルマジク　トウケンカンゾクカズアレドモキカイタラズ　ニダイタイフンハカリシキウヲンヲクリクダサレタラバ　ヒトカドノゴヨウニタツベシ

(即今の模様にては、内務卿の二大隊の他に、三大隊並びに海軍御繰り出し相成らずば、鎮定に至る間敷、当県貫属数あれども器械足らず。二大隊分ばかり至急御送り下されたらば、ひとかどの御用に立つべし)

続いて、佐賀出身の中山中尉からの情報として、佐賀の状況も報じている。

サガケンシゾクノトウハミツツニハカレタルニ　ジウヨツカゴロイチジニガツペイスルヨシ　ヒゼンイチエンヲムラヒラトシマバラヲノゾクノホカ　スベテイツパントナリ　ヘイソツモシチハチダイタイ　ダンヤクモヲヲク　キカイハカヘツテチンダイニマサルクライノヨシ　クマモトホンエイハハナハダブニンテウスヲヲクホキヨウイマダハクワンノヨシニトウチヤクセズ　コノヲモムキセイインナイムシヨウエモ　ヲンツウジネゴウ

(佐賀県士族の党は三つに分かれたるに、一四日頃一時に合併する由。肥前一円、大村・平戸・島原を除くの他、全て一般となり、兵卒も七八大隊、弾薬も多く、器械は却って鎮台に勝る位の由。熊本本営は甚々無人手薄、大久保卿未だ馬関の由に到着せず。この趣正院、内務省へも御通じ願う)

実際の戦闘は、熊本鎮台と大阪鎮台の二個大隊、東京鎮台第三砲隊が主力となり、さらに広島鎮台の第一五大隊と海兵二個小隊も戦闘に参加しているので、五個大隊と海軍が必要とする小幡の見積もりは過剰ではない。また、福岡・小倉・長崎各県の士族も貫属隊として動員されることとなる。武器も佐賀兵はアームストロング砲や七連発式スペンサー銃を所持しており、前装式エンヒール銃を多数含んでいた熊本鎮台兵より装備が上質だったのは事実である。ただし、狼狽ぶりもうかがえる文面といえよう。なお、「熊本本営は甚々無人手薄」と評された熊本鎮台の谷少将も一八日に報告書を山県陸軍卿に送っており、佐賀の左半大隊が苦戦に陥っている模様だが詳細は不明で、筑後府中(久留米市御井)に移った右半大隊と本営は連絡が維持されているものの、佐賀兵が筑後川を渡り柳川に屯集しているとの風説もあるので、砲隊で熊本を固めていると伝えている。そして、「賊軍ハ日々ニ増加シ、台兵ハ孤軍遠外之景況、実ニ難堪候得共、日夜野津少将到着渇望罷在候」と胸中を吐露している。(28)

なお、一四日に横浜を発った大久保内務卿は一六日に神戸に着いたが開戦の情報に接し、谷が来援を「渇望」する野津鎮雄少将指揮の大阪鎮台兵とともに、翌一七日に直ちに安治川口を出港した。緒戦の勝利に沸く佐賀士族はもちろん、九州各県の県庁も熊本鎮台も、成り行きをうかがっていた近県の士族もこのことは把握していない。

五　戦闘の展開

二月一九日は重要な日となった。まず、太政官布告第二三号により佐賀征討が宣せられ、佐賀兵は「賊徒」とされた。

また、佐賀の鎮台兵と岩村権令の消息が、福岡県権参事山根秀介による内務省宛午前一一時五分発信の電報で政府に届いている。(29)

サガケンテウ　ナラビニ　クルワウチ　タイハンヤケル　ゴンレイ　チンダイヘイ　トモ　ホンマルニアリ
シガ　サクジウハチニチゴゼン　ジウジゴロ　ボウトノ　カコミ　ヲ　ダツシ　ゴゴニヂ　ミツマニ　チヤ
クス　コレヨリ　サキ　クマモトホンエイノヘイ　チクゴ　フチウニ　トドマリ　ススミ　エス　ヨツテ
コレニガウス　トウケイノヘイ　イマダ　ツカズ　サガシツヒノヘイ　ツヨシ　トウケン　ヨウイノ　キカ
イ　トボシク　カツ　クマモト　チンダイ　ヤクヲ　タガフ　ユヱニ　ヲヲサカ　チンダイニ　シバシバ
キカイヲ　コフ　トリアハス　ネガハクハ　セイフ　カクチンダイニ　チホウカンノ　モトメニ　ヲヲジ
ソロヨウ　サタ　アリタシ

（佐賀県庁並びに郭内、大半焼ける。権令、鎮台兵とも本丸にありしが、昨一八日午前一〇時頃、暴徒の囲みを脱し、午後二時三潴に着す。これより先、熊本本営の兵、筑後府中に留まり進みえず。よってこれに合す東京の兵、未だ着かず。佐賀失意《（カ）》の兵強し。当県用意の器械乏しく、且熊本鎮台約を違う。故に大阪鎮台にしばしば器械を請ふ。取り合わず。願わくは政府各鎮台に地方官の求めに応じ候様沙汰ありたし）

兵器の貸与をめぐり、鎮台と地方官の間に齟齬をきたしている様子がうかがえるが、福岡や小倉などの地方官は、一般徴兵を含む鎮台兵より、佐賀と疎遠な地元の召募士族の方が動かしやすく信頼性も高いと考えていた。

もっとも、熊本鎮台も「二月十八九日より二十一日の頃、熊本の市郭鼎の沸くが如く、朱鞘結髪の士族累々隊を為し、蟻の穴より出づるが如し」という状況に直面しており(30)、再編中の第一一大隊への補給も必要で、大阪鎮台もまた二個大隊を出動させており、武器を主戦場以外の県に提供する余裕はなかったであろう。

この日の正午に大久保内務卿と野津少将、大阪鎮台第四大隊を乗せたニューヨーク号が博多に入港した。ただちに中洲に本営が設置され、三潴まで斥候が送られた。午後一一時には東京鎮台第三砲隊が猶龍丸で、翌二〇日午前一〇時に大阪鎮台第一〇大隊も北海丸で到着し、将兵一三六四名からなる征討軍が集結した。野津と幕僚は直ちに作戦会議を開き、午後六時には野津の指揮のもとで全軍が行動を開始し、二日市で仮泊ののち、二一日未明には対馬藩の飛び地だった佐賀県の田代（鳥栖市）に到着した。進出していた唐津士族は戦火を交えることなく撤収し、地元の士族は投降している。一方、筑後府中に展開していた熊本鎮台第一一大隊も呼応して筑後川に進出し、反攻の用意を整えている。二一日には長崎をうかがっていた深堀居住の士族が多数摘発された。また、熊本や柳川の士族には熊本鎮台兵の敗退を聞いて佐賀に付和雷同する動きも見られたが、政府軍の急速な南下に意気阻喪する。

鳥栖近郊に位置する標高一三三メートルの朝日山は、筑後平野を一望するとともに長崎街道を抑える拠点で、元陸軍中尉西義質と山田平蔵の指揮する佐賀・唐津・小城・蓮池の士族が拠点を構えていたが、二二日払暁に野津少将は田代から轟（鳥栖市轟木）に軍を進めて攻撃を開始した。双方とも砲兵を含んでおり、参謀局編『佐賀征討戦記』が「賊力ヲ極メテ四面猛撃、官軍殆ト挫折セントス」と記す激戦の末に、横合いから奇襲を受けた佐賀兵は撤退した。政府軍はただちに追撃して切通で再度激戦となり、一部の部隊は苔野（三田川町）まで前進したが、兵力をまとめて中原《なかばる》に宿営した。朝夕二度の勝利で士気は大いに上がったという。大久保内務卿は日記に「愉快の一左右不堪欣悦」と記しており、午後五時五五分に陸軍省宛ての次のような電文を発している。

コンチヨウヒチシコロヨリ　トドロキニテセンソウハシム　カンクンダイシヨヲリ　ゾクシヨシヨエホウク

ワシテシリゾク　ユカイノショヲリニテ　ヘイソツユウキリンリン　スコシモケネンナシ　ミヨウニチゴロニハサガヱノリイルベシ

（今朝七時頃より、轟にて戦争始む。官軍大勝利、賊諸所え放火して退く。愉快の勝利にて、兵卒勇気凛々、少しも懸念なし。明日頃には佐賀ゑ乗り入るべし）

熊本鎮台兵の敗報が近隣各県の県官を動揺させ、各地の不平士族に不穏な動きが見られるなかで、勝報を得た大久保の喜びぶりが伝わる。適切な指揮があれば鎮台兵は十分に士族兵に対抗できることが明示された。なお、大久保は明日にも佐賀を陥落させるとの意気込みだったが、戦いはこの先まだ一週間続く。

主力の攻勢に呼応するかたちで、熊本鎮台第一一大隊も筑後川を渡河したが、江見・六田で憂国党の村山長栄が統括する佐賀兵に阻止され、中原に進出した主力との合流も果たせず、千栗《ちりく》（北茂安町）に撤収している。征韓・憂国両党に攻撃を加えた前山隊は、野津少将の主力と第一一大隊に合流し、地理の案内など積極的な協力を始めた。一方、政府軍の予想外に早い進出と朝日山陥落に衝撃を受けた江藤新平は、本営を神埼に移している。

佐賀兵は中原の宿営地にたびたび夜襲をかけたが、翌二三日も激戦となった。寒水川を越えて長崎街道を西進する政府軍に対し、佐賀兵は丘陵や櫨田など地形を活かして果敢に抵抗した。政府軍は野津少将や茨木惟明第一○大隊長らが弾雨の中を陣頭指揮するほど苦戦したが、脊振山地沿いに並進していた第四大隊の包囲迂回で佐賀兵を撃退する。その後の追撃戦でも、戦死した中隊長に代わって指揮していた児玉源太郎大尉が重傷を負うなど佐賀兵の抵抗は激しく、さらに江藤新平は増援の兵を率い、現在のJR長崎本線吉野ヶ里公園駅付近で田手川に阻止線を構え、応急防御を試みた。しかし、これも迂回攻撃を受けて突破され、佐賀兵は神埼に後退したが、平野部に進出した政府軍の追撃は激しく、支えきれずに境原（千代田町）に退却する。一方、政府軍も神埼が焼失したため苔野に下がって宿営した。

軍事的にはこの二三日の戦闘が事実上の決戦だったとされる(31)。戦況が絶望的と判断した江藤は、この夜のうちに配下を引き連れて佐賀を離れ、拿捕しておいた舞鶴丸を動かして鹿児島に向かっている。また、島義勇は抗戦の構えを崩さなかったが、帰国した島津久光に休戦の仲介を依頼するため重松基吉と中川義純を鹿児島に送った。

大久保内務卿は、この日の朝七時に福岡から田代まで馬を走らせ、さらに人力車で前日の激戦地を経由しながら中原に到着し、後衛の熊本鎮台兵および前山隊から戦況を聞いて轟まで戻り、本営を福岡から同地に前進させる手配をした。

なお、海軍省秘書官遠武秀行の引率する海兵二小隊を乗せた東艦も長崎に入港し、翌日から大村や諫早など長崎県士族を伴って攻勢を展開することとなる。また、東伏見宮嘉彰親王が征討総督に任命された。

二四日から二六日まで三日間、本道の政府軍主力は苔野に駐屯し、佐賀郊外の姉村や境原付近を偵察した斥候兵以外は休養させている。野津少将の部隊は二〇日夕刻に福岡を出発後、連日にわたり夜間行軍や激戦を重ねており、熊本鎮台兵も出営以来一〇日を経ていたので将兵の疲労が著しく、補給の必要もあった。この間、福岡県境の三瀬峠では朝倉尚武と六角耕雲が井田譲少将指揮の福岡貫属隊を阻止していた。二四日に大久保は陣中見舞いのため苔野を訪れて野津らを慰労し、今後の作戦を協議している。また、近隣各県からの県官の訪問が相次いだ。大久保が戦地報告の電文を作成したのは二五日で、それが福岡から発せられたのは二六日午前一一時五〇分、東京に到着したのは二四時間後と異常に遅いが、事情は不明である。電文は次の通りである。

サクジツタタカイヤスム　ケフコウゲキ　ゾクカクベツタタカハズ　ヲイヲイシリゾク　ロヲジヨウノカクゴトミユ　ミチスジハシヲヲトス　ゾクノタイチヨウ　ナベシマイチノジヨウ　イツサクジツウチトル　モ

ハヤサクモツキ　チカラモツキタルモヨウ

（昨日戦い休む。今日攻撃、賊格別戦はず、追々退く。籠城の覚悟と見ゆ。道筋橋を落とす。賊の隊長、鍋島市之丞を、一昨日討ち取る。最早策も尽き、力も尽きたる模様）

戦況をあいかわらず大久保は楽観的にとらえているが、三瀬口、長崎方面からの進撃も準備が完了し、佐賀総攻撃の態勢は整いつつあった。ただ、籠城戦を考えて広島鎮台にも出動が命じられている。

一方、舞鶴丸で有明海を南下した江藤らは、二五日に米ノ津（鹿児島県出水市）に上陸した。江藤らの遁走は二四日には政府側に察知されており、二五日に白川県権令安岡良亮は管内の戸長に次のような布達を発した。(32)

今度佐賀県下動揺ニ付テハ賊徒党与之者共入込候哉モ難計、就テハ粮米塩噌其他日用之物品売渡候儀不相成段、本月第五十九号ヲ以及布達置候処、右之外海川大小船ニ不限貸渡候等之儀モ決テ不相成、自然賊徒関係之者ト見受候ハヽ、取糺之上最寄之士民申合取押へ置、其段急速可訴出。尤巨魁之者捕獲候者へハ重キ御賞義可被下候趣。若乍存隠置後日相顕ルヽニ於テハ厳重処置可及候条、此旨更ニ布達候事。

二七日は、午前六時に苔野から進撃した政府軍と佐賀兵が姉村や川久保、蓮池などで終日激戦を展開した。佐賀兵はあらかじめ橋梁を撤去したうえで、クリークや櫨田を利用しつつ、オランダ式四斤砲で反撃を加えて政府軍に苦戦を強いたが、兵力が続かず、政府軍は城から約五キロの境原に集結した。憂国党の副島義高らは少年兵をも動員して大挙夜襲をかけたが、午後九時頃に撃退される。三瀬峠もこの日、福岡貫属隊に奪取され、佐賀兵は事実上潰滅した。同日、井田譲少将の広島鎮台兵が博多に到着する一方、憂国党幹部の木原隆忠が休戦交渉のため東京から佐賀に戻っている。また、江藤は鹿児島に入った。なお、大久保は最前線の境原まで現れ、銃砲弾が飛び交う中を戦況視察している。

二八日になると佐賀兵の組織的な行動は見られなくなり、副島義高と木原隆忠が境原本営の参謀渡辺央少佐に、村山長義が嘉瀬まで進出していた海兵隊の遠武秘書官に休戦を申し入れたが、謝罪降伏以外の書面は受理できないとしていずれも拒絶された。渡辺は木原を捕虜にして、明日一〇時を期限に総攻撃をすると最後通告をする。旧幕臣で五稜郭の戦いを経験している中野山口県権令は、この措置を三日後に耳にして「此際ニ至リ嘴を入ルハ、武門ノ情を不知といふべし」と木原に同情的だった(33)。一方、海兵隊は午後六時を回答期限としていたが、返答が来ないのでそのまま進軍し、佐賀城を無抵抗で占領した。島義勇らは佐賀市街が兵火にかかるのを避けるため城外に退去していたが、協議のうえ住ノ江港から脱出している。政府軍は本営を境原から蓮池に移し、大久保内務卿と岩村権令も蓮池に入った。大久保のもとには、重松基吉と中川義純の嘆願をうけて島津久光が使者として発した中山中左衛門と和田八之進が訪れている。大久保の日記には「今日、久光公使ニて中山和田入来、応答、河野中判事同席」とのみ期されているが、寛大な処置を求める久光の要望を大久保は拒絶したという。ただ、相手側の嘆願を却下して結果的には島たちを逃亡に追い込んだことに対し、長崎出張中の大検事岸良兼養は大久保に「御進撃ノ際降伏当を得ず巨魁皆遁逃ノ由、実ニ奇怪之至可悪之甚敷事ニ奉存候」と批判的に述べた(34)。

前述のように、佐賀城は二八日夜に海兵に占領されていたが、陸軍部隊には情報が入っていなかったらしく、蓮池本営の政府軍は三月一日午前一〇時に行動を開始して入城した。大久保たちも午後二時に佐賀に入り、ただちに江藤・島の捜索を指示している。この日、東伏見宮嘉彰親王は近衛兵を率いて東京を出発し、一方で江藤は宇奈木温泉に西郷を訪問した。翌日には電信線が回復され、大久保から正院に戦闘終結を伝える以下の電文が打たれる。

サカケンヘイテイ　サンガツイチヂツ　ニユジヨウセリ

六　鎮定後

佐賀士族が城を放棄して逃走したことに対し、二日の午後に佐賀からの情報を植木駅で受け取った谷少将は、「賊何処ニ去ルカ更ニ不相知段申聞候。最モ一旦降伏ヲ以テ官軍ヲ欺キ、其間各器械ヲ携へ、分散之事ト被相考候得共、何分其情実更ニ不相知」と困惑している。(35)三月四日には安岡白川県権令から戸長に、江藤の人相書きとともに類似者の捕縛が命じられた。なお、大蔵大丞渡辺清は出身地大村や諫早など長崎県士族を指揮して長崎を警備していたが、熊本士族に不穏な動きがあるとの情報で熊本出張を命じられ、佐賀士族との合流を協議した住江甚兵衛、鎌田平十郎、小篠退八、桜田総四郎らを八日に調査している。(36)佐賀からの逃亡者が熊本に潜伏した可能性もあったが、熊本士族に佐賀士族への同情的な態度や捜索への消極性が見られたのか、安岡権令は九日に次のように士族を説諭した。(37)

佐賀県逆徒征討ノ儀ニ付テハ向々内務卿ヨリ被相達候旨趣モ有之処、頃日来脱賊多クハ当県管内ニ逃込之聞ヘモ有之ニ付、尚以厳重之布達致置候処、今以其実功ヲ見ス、遺憾之至ニ候。抑彼ノ逆徒ノ如キハ共ニ天ヲ不戴ノ国賊ニ候得ハ、苟モ此ノ土ニ生ルモノ自他ノ別ナク一同力ヲ協セ、臣子ノ名分ヲ拡張シ、人民之義務ヲ尽シ、捜索捕獲以テ邦家ノ鴻恩ニ奉報候様可致、右ハ今更申迄モ無之儀ニ候得共、尚又及布達候事。

住江たちは四月二五日に「遠足留」が免じられているので、江藤・島らの処断が完了するまで監視下に置かれたのであろう。

大久保内務卿の指揮で江藤・島の追跡は厳重に行われ、大検事岸良兼養が松山・多度津・徳島に、開拓使八等出仕永山武四郎が鹿児島と高知に出張するなど、属僚を派出させている。また、当初は舞鶴丸が発見できなかっ

たため国外逃亡もありうるとして、内務省五等出仕北代正臣と統計寮七等出仕川北俊弼は上海と香港にまで送られている。(38)

江藤らの逃避行と裁判については諸書に譲るが、島義勇は七日に鹿児島で捕縛され、佐賀の大久保へは鹿児島県官を通じて一一日に情報が届いた。一方、江藤が一〇日に宮崎県戸ノ浦から乗船し、宇和島に上陸したとの情報が佐賀にもたらされたのは、ほぼ一〇日後だった。甲ノ浦における江藤の捕縛は二九日であるが、電信は大阪を経由したのか、三日後の四月二日に大久保に報告が届いている。江藤の身柄は七日に佐賀に到着し、翌日から二日間裁判がなされ、一二日に東伏見宮嘉彰親王の裁決が下った。そして、一三日に宣告と処刑が行われ、大久保の名で九時二〇分に「タダイマ　ゾククワイ　シマ　ヱトウ　キヨウシ」と正院に電報が打たれている。

一〇月に太政官の密偵桜井虎太郎が三条実美に送った「佐賀・三潴・山口ノ三県派出中捜索書」には、鎮定から半年後の佐賀の状況が次のように語られている。(39)

佐賀の乱勃発時は士族が豪農に軍資金提供を強要し、拒むと抜刀するので戦々恐々としていた。このため鎮台兵の引き上げを不安がる者が多かったが、東京から巡査が出張したので安堵している。政府に味方した前山党が怨嗟される一方、人望を集めているのは木原隆忠で、彼の尽力で佐賀市中は兵火を免れたと「市中挙テ木原ヲ尊信スルコト神ノ如シ」だという。若年の士族輩が官員に暴行する弊風も日を追って改善されつつあるが、動乱で帳簿などが散逸し、未だに県庁の諸規則が立たず、ある県官は「漸次ヲ以テ改正セスンハ他ニ方法アルヘカラス。然ルニ方今政府ニ於テ他県ト同視シテ指令等アルハ大ニ困迫ナリ」と政府への不満を述べたという。士族たちは密かに「当春ノ擾乱ハ全ク鹿児島人ノ為ニ欺カレ、遂ニ暴動ニ及ヒシ」と語り、また「亡江藤新平ノ霊ニ祈ル時ハ諸病ヲ治シ、盲眼ヲ開キ、訴訟等ノ延日スルモ忽チ裁判ニナル」という浮説を信じて士民男女の別なく五月頃より墓参する者が後を断たず、中には柳川や久留米からの者もおり、多い日は二〇〇人近くになり、縁日も立つ賑わいだという。また、「江藤ノ亡霊、午前第九字ヨリ午後第四字マテ県庁ニ出テ、、民政ヲ聞クト云テ、此ノ時間ハ参詣スル者稀レナリ」という様子で、七月三〇日に県庁は布令を出して墓参を禁止したが、今も止まず、捕亡が出張しているという。神埼が焼失するなど、県民の被害も大きかったが、非業の最期を遂げた江藤に対する感情の一端を物語っているといえよう。

おわりに

三月二七日に田村昌宗が大隈重信に送った書翰は次のように述べている(40)。

柳川久留米モ前山隊ヲ拒ミ賊ヘ兵粮ヲ送ルノ勢、大概合一ノ形勢ナリ。若官軍発向両三日ヲ延サバ、九島固結不可解之勢、是ヲ討容易ナラス。或ハ大形勢ニ関スルも亦難計。抑官軍発向ハ二月十九日ト内決有之居候処、同月十七日熊鎮兵籠城之云々電報ニ付、俄ニ同日より出発之事ニナレリ。此ノ両日引揚ケルト引延ストノ間、豈天下ノ大事ナラズヤ。電機之大有益アル、真感心ス。

佐賀での鎮台兵の敗走は熊本士族の沸騰をもたらし、佐賀士族が当てにした鹿児島士族の呼応も桐野利秋などは前向きで、肥薩同時挙兵の可能性もあり、九州のみならず高知や岡山・山口・鶴岡などに飛び火する可能性もあった。しかしながら、汽船を使用した政府軍の迅速な展開により阻止される。ただ、政府の佐賀県に対する情勢判断は、谷干城が批判するように拙速の面があり、電報による鎮圧命令も佐賀士族が先に入手するという混乱をもたらした。電信線の経路から離れた地区と東京の通信は時間的ずれを生み、江藤に一カ月近い逃亡を許すとともに、短文の文面という電報の制約から、中央と現場に行き違いをもたらす場合もあった。なお、一般に対する情報開示は、政府が新聞社に軍事関係記事の掲載を制限したので、公表された政府宛電報による情報の範囲を越えていない。

政府は、佐賀は征韓論政変後における沸騰の火種とする林友幸の情報を重視し、軍隊や警察の組織が万全とはいえない状況のもとで、佐賀の鎮撫を決意したが、一歩を誤れば田村が述べるように政権崩壊の危険性もあった。西南戦争以上に政府の直面した危機は大きかったといえる。佐賀士族には弁明が許されず、江藤の処刑も迅速かつ冷酷に実施されたが、長引くことで江藤たちへの寛典論が生じ、あるいは政府批判が再燃する事態を回避する意図があったと思われる。

佐賀の乱の教訓をもとに、西南戦争においては、電信や汽船の活用、暗号の使用、密偵の派遣、交通・通信の封鎖、報道統制はより整備されたものとなり、情報はさらに高度に利用されることとなる。

(1) 堤啓次郎「明治初期における地方支配の形成と士族反乱」(長野暹編『「佐賀の役」と地域社会』、九州大学出版会、一九八七年)など。
(2) 拙稿『明治国家と士族』(吉川弘文館、二〇〇一年)。
(3) 堤啓次郎「明治初期における地方支配の形成と士族反乱」。
(4) 林友幸「九州巡回報告」(国立公文書館所蔵『明治六年地方順廻報知書類』)。
(5)『谷干城遺稿 三』(東京大学出版会、一九七〇年)三九五頁。
(6) 的野半介『江藤南白 下』(南白顕彰会、一九一四年)四一四・四一五頁。
(7)『谷干城遺稿 三』、三八八・三九五頁。
(8) 同右、三九六頁。
(9)『江藤南白 下』四二八・四二九頁および、『鹿児島県史料 玉里島津家史料七』(鹿児島県、一九九八年)三二三・三二四頁。

(10) 工部卿として伊藤博文が積極的に情報管理を行ったことは、石井寛治『情報・通信の社会史』(有斐閣、一九九四年)で指摘されている。

(11) 神宮文庫所蔵「三条実美関係文書」(東京大学史料編纂所写真帳)三三二四。

(12) 堤啓次郎「明治初期における地方支配の形成と士族反乱」。

(13) 早稲田大学社会科学研究所編『大隈文書　第一巻』(早稲田大学、一九五八年)九二・九三頁。

(14) 『伊藤博文関係文書　四』(塙書房、一九七六年)二三三頁。

(15) 防衛研究所図書館所蔵『明治七年二月乃三月　軍事日記　陸軍第一局』(陸軍省雑M七―六、一五七)。以下、『軍事日記　陸軍第一局』と略記。

(16) 『谷干城遺稿　三』三九四頁。なお、大島明子「『士族反乱期』の正院と陸軍」(藤村道生編『日本近代史の再検討』、南窓社、一九九三年)は、佐賀の乱当時の軍部が、正院が軍政に介入する権限を得た明治六年五月の太政官潤飾後における政軍間の構造的対立と、鎮台に残存する士族志願兵が反乱軍に転化する危険性に直面していたと指摘している。

(17) 『軍事日記　陸軍第一局』。

(18) 立教大学日本史研究室編『大久保利通関係文書　二』(吉川弘文館、一九六六年)一一四頁。

(19) 『大久保利通文書　五』(日本史籍協会編、一九二八年)三四八頁。

(20) 熊本県立図書館所蔵「熊本県政資料『事変佐賀』」(モコア二七―八)。以下、熊本県政資料『事変佐賀』と略記。

(21) 『初代山口県令中野梧一日記』(マツノ書房、一九九五年)二一七頁。

(22) 神宮文庫所蔵「三条実美関係文書」(東京大学史料編纂所写真帳)三三二六。

(23) 『大久保利通関係文書　二』一九〇頁。

(24) 『谷干城遺稿　三』、三九九頁。

(25) 『軍事日記　陸軍第一局』。

(26) 『鹿児島県史料　玉里島津家史料七』三三三〇・三三三一頁。

(27) 熊本県政資料『事変佐賀』。

(28)『軍事日記　陸軍第一局』。
(29)同右。
(30)『谷干城遺稿　三』、四〇一頁。
(31)九州地区補給処中田二佐編『佐賀の乱（役）』（佐賀県立図書館蔵）一二五頁。
(32)熊本県政資料『事変佐賀』。
(33)『初代山口県令中野梧一日記』、二五一頁。
(34)『大久保利通関係文書　二』、三五九頁。
(35)熊本県政資料『事変佐賀』。
(36)『大隈重信関係文書　二』（日本史籍協会、一九三三年）二七〇頁。
(37)熊本県政資料『事変佐賀』。
(38)国立公文書館所蔵『佐賀県暴動事件書類　三』（二A三三―九単一一六七）。
(39)国立国会図書館憲政資料室所蔵『三条家文書』五八―一一。
(40)『大隈重信関係文書　二』、二八〇頁。

大久保利通と佐賀の乱――明治七年の大久保の位置――

佐々木克

はじめに

この論文で主として検討するのは、①大久保利通は佐賀の乱に、具体的にどのようにかかわっていたのか、②明治七年（一八七四）の時点で、大久保利通は政府内においてどのような位置にあったのか、以上の二点であり、この問題を明らかにすることを主要な課題としている。

司馬遼太郎は『翔ぶが如く』で次のように記した。「大久保は、死刑をふくむ司法権まで閣議から委譲されている。古代王のような全権を持ち、その全権を九州の一角で確立した。この権力は、東京政権の権力より強く……」と。大久保の権力が、東京政権（政府）より上位の権力であるかのような表現は、文芸作品の誇張であろうが、司馬は大久保が絶大なる権力を握っていたと、このように強調したのである。[1]

あえて文芸作品から引用したが、研究者もほとんど同じような発想をしている例がある。たとえば、江藤新平の処刑（梟首）は「大久保内務卿の私刑といわざるをえない」と、ある研究者は述べた。前参議の首を私刑（リンチ）で斬り落としたという。[2] これは独裁者・専制権力者の行為であろう。はたして大久保は、そのような権力者だったのだろうか。筆がすべったのかもしれないが、しかし大久保が明治七年の政府において、強大な権力を持っていたと理解していることは間違いない。大久保はいつ、どのようにして、そのような権力を手に入れたのだろう。

ある研究者は次のように述べている。大久保は「西郷（隆盛）らの辞職により、政府の実権を掌握した」といい、ここで「大久保政権」が成立したと述べ、かつ、板垣退助らの民撰議院設立建白は「大久保政権」にたいする「非難」であり、反対行動であったと主張している。[3] 板垣は本当に明治七年一月一七日の建白の時点において、政府の実権を大久保が握っていると思っていたのだろうか。三条実美はともかくとして、岩倉具視、木戸孝允、大隈重信の政府実力者は、彼にとってはどのような位置付けになるのだろう。

大久保が征韓論政変の主役の一人であり、政変後に、政府首脳部の中にあって、相対的に力を持つようになったことは事実である。しかしこのことをもって「実権を掌握」したと評価するのは誤りであろう。何をもって「実権」を「掌握」したのか、その事実を示さなければならないだろう。内務卿就任を実権掌握と評価することなどは論外である。[4]

大久保が「実権を掌握」したといわれる政府で、次のことが行われた事実を、どのように考えるのだろう。大久保が佐賀に出張した後で、明治七年二月一九日に「佐賀県暴徒征討令」が出され、二三日に、大久保の権限（臨機処分権）より上位の権限を付与されて、嘉彰親王が征討総督に任命された。この人事は大久保が関知しない所で行われた。また四月二日の閣議では、問罪使としての派兵（大久保が出席した閣議決定）ではなく、台湾領有方針を含めたエスカレートした台湾出兵が、閣議で決定された。海外派兵という国家の重事とその方針変更が、大久保を抜きにして決定されていたのである。さらに四月二七日には、島津久光が政府のナンバー2のポストである左大臣に就任したが、この人事に大久保ははっきりと反対を表明していた。しかし大久保の意見が通らず、久光の就任となったのである。これでも「実権を掌握」した大久保の政府といえるのだろうか。

以下、いま指摘した三点を中心に、具体的に検討を加えてみたい。この点が解明されることによって、明治七年の政府の、本当の姿が見えてくるはずである。

一　大久保にあたえられた委任状

明治七年（一八七四）二月一日、佐賀の士族が蜂起した。政府にその報告が届いたのが三日である。七日、参議・内務卿大久保利通は、自分が佐賀へ出張したいと政府に建白し、右大臣岩倉具視に嘆願した。八日朝、参議・文部卿木戸孝允と大久保が会談。大久保は内務卿である自分が、九州へ派遣されるよう強く望み、木戸は同意した。このあと大久保は、三条と岩倉に面談して、九州出張を希望したが、岩倉は甚だ「異論」があって決しなかった。そこで大久保は木戸に「尽力」を頼み、木戸が太政大臣三条実美と岩倉具視そして参議・工部卿伊藤博文を説得して、ようやく大久保の九州出張が内決した。九日、正式決定(5)。一〇日、大久保に太政大臣三条実美から、以下のような委任状があたえられた。

参議兼内務卿　大久保利通

佐賀県下凶徒暴動ノ報有之、為鎮撫出張被仰付候ニ付、左ノ件々御委任候事

一、凶徒犯罪判然タル上ハ捕縛処刑ノ儀ハ勿論、臨機兵力ヲ以テ鎮圧ノ事

但死刑トイヘトモ臨機処分ノ事

一、他県ノ方向ヲ誤リ凶徒ニ応接等可疑挙動有之候ハヽ、臨機処分兵隊ヲ分配ノ事
一、県官奏任以上ト雖、方向ヲ失シ其職ヲ誤ル者ハ之ヲ免黜シ、随行官員又ハ其他人撰ヲ以テ参事等心得申付候事
一、県官中衆ニ超ヘ尽力奏功候者ヘ一時ノ慰労褒賞等取計ノ事
一、臨時県官ヘ命令ヲ伝ヘ候事
一、臨機ニ応シ陸軍出張官員ヘ協議シ、鎮台兵ヲ招キ、又ハ最寄県々ヨリ人数ヲ召集候事

明治七年二月十日　　太政大臣三条実美(6)

大久保自身「臨機処分等全権之御委任ヲ拝受(7)」と述べたように、死刑処分をふくむ司法裁判権、軍事動員権、人事権、賞罰権等々の広大な権限があたえられていた。流動的・危機的状況に、迅速に対応するためである。しかしこのような「全権」があたえられたのは、大久保が初めてではない。前年の六年六月二七日には、福岡県下の農民暴動に際して、大蔵大丞林友幸に「死刑ト雖モ臨機処分可致事」というように、ほぼ大久保にあたえたものと同様の委任状が、太政大臣三条実美からあたえられていた(8)。先例があり、大久保なるがゆえの特例ではなかったのである。

また以下の点も、注意しておきたい。一つは、この「臨機処分」権は、暴徒を「鎮撫」するためのものであり（「為鎮撫出張」）、征討するためのものではなかったこと。いま一つは、天皇輔弼の任にある太政大臣が、政府を代表し、自らの責任において大久保にあたえた権限であったことである。これらは次に検討する征討総督嘉彰親王の権限との関連で、重要な問題点となる。

二　征討総督とその権限

大久保は二月一四日に横浜から乗船、一六日に大阪着。翌一七日に佐賀で戦闘になったことを電報で知った。一八日に神戸出港、一九日、昼前に博多に上陸した。佐賀士族が県庁を襲撃したのが一六日である。少ない兵で持ちこたえることができず、佐賀県権令岩村高俊を始めとする県官は一八日に三潴県の県庁に逃れた。この日政府に届いた最初の電報には、岩村は行方不明、県庁守備兵は全滅というものであった(9)。

戦闘状態となったから、もはや鎮撫ではない。こうして二月一九日、「佐賀県暴徒征討令」が発令されたのである。ついで二三日に、天皇が嘉彰親王を召して、佐賀県暴徒征討総督に命じた(10)。総督は天皇の代わりとなって、天皇の意思を代行して暴徒を征討する。だから皇族(嘉彰親王)が任命されるのが通例である。ちなみに戊辰戦争の際は東征大総督熾仁親王であり、西南戦争の際は鹿児島県逆徒征討総督熾仁親王で、日清戦争の際は征清大総督彰仁親王である。

岩倉具視はこの件に関して「総督宮ヲ被置、御委任権ノ別ル、所、深ク心痛致候」と大久保に書き送っていた(二月二八日付書翰(11))。総督宮と大久保の権限が錯綜して問題となることを危惧し、かつ大久保の立場について気配りをしていたのである。戦地慰労として鹿児島士族・侍従高島鞆之助が派遣されたが、高島はこれらの件について、大久保に説明することも使命の内であった。この時選択肢としては、大久保に与えた全権委任を取り消して、改めて大久保を征討総督に任命することも考えられるが、そのようにはならなかった。もちろん征討総督嘉彰親王を派遣することの決定には、大久保はかかわっていない。

本来なら、ここで大久保に与えた全権を取り消すべきであろうが、政府がその手続きを行わなかったために、岩倉が心配したように問題が生じた。実は総督嘉彰親王には、大久保があたえられたような具体的に委任条項を記した委任状はあたえられなかった。代わりに、出発前日の三月一日に、次のような勅書が授与されている。

朕曩ニ佐賀県下士民嘯集ヲ聞キ内務卿大久保利通ヲ遣シ之ヲ鎮静セシメント欲ス、然ルニ益暴逆ヲ逞フシ擅ニ凶器ヲ弄シ遂ニ王師ニ抗スルニ至ル、其罪討セサル可ラス、乃チ卿ヲ以テ征討総督ニ任シ委スルニ陸海軍務一切並ニ将官以下撰任黜陟等ノ事ヲ以テス、且名古屋以西四鎮之兵馬現役後備ヲ論セス挙テ以テ卿カ区処ニ聴ス、沿道諸県ノ士民召募編制モ又宜ク便宜事ニ従フヘシ、且朕カ近衛歩兵二大隊ヲ假シ以テ朕カ黎元ヲ保護スルノ意極テ切ナルヲ明ニス、卿其レ斯旨ヲ体シ速ニ捷ヲ闕下ニ奏セヨ(12)

総督に委任された内容が、この勅書に示されている。すなわち「陸海軍務一切」であり、これは大久保にあたえられた権限より強大かつ広範なものであったと理解するべきである。ただ一つこの文言だけでは、はっきりしない点がある。それは鎮圧した後の問題で、特に「暴徒」処断について、一切ふれられていないことであり、これが「軍務一切」に含まれるかどうか、文面でははっきりしないことである。現実にこの点が大きな問題となった(後述)。

大久保には三月一日付で、政府(三条実美)から「今般東伏見二品親王へ賊徒征討総督トシテ進発被仰付、別紙ノ通御委任相成候ニ付テハ、前日出張ノ節御渡シノ委任状中、兵事ニ関スルノ条件ハ、自今総督権内ニ属シ候、此旨可相心得事」とする達しが送られた(13)。「別紙」とは上記の勅書を指す。すなわち「兵事」にかんしてはすべて総督の権限として委任するから、大久保にあたえた委任状の中の、兵事にかんする条項は取り消す、とするものであった。大久保への委任状でいえば、凶徒の処刑をふくむ第一条と、第二条、第六条が取り消されたのである。したがってこの時点で、大久保への「全権」委任は消滅したことになる。大久保はこのように理解した。大久保は三月一一日付で、承知したとの請書を三条に送っている。

一方、大久保は二月一九日、博多に本営を置き、二〇日から佐賀県下に向って進撃を開始した。江藤新平が佐賀を脱走して、鹿児島の西郷のもとに走ったのが二三日である。二七日、佐賀城から一里ほどの境原で激戦となったが、二八日には戦闘は終結した。翌三月一日、大久保は政府軍とともに佐賀城に入城し、賊徒平定を政府に打電した。総督嘉彰親王は三月二日に横浜を出港したのであるが、この時すでに戦争は終わっていたのである。総督は、九日に福岡に至り、一四日、佐賀に到着した。

この日一四日、大久保は総督に、福岡到着いらい、全権委任に基づいて行った鎮撫(戦闘をふくめて)の状況を冊子にして報告し、かつ「兵事ニ属スル事務ハ都而御引渡申上候」と上申した(14)。大久保はこの上申で「兵事ニ属スル事務」と表現しているが、三月一日付の政府(三条)からの達しには「兵事ニ関スルノ条件」とあり、それをうけてのものである。ここで問題となるのは「兵事ニ属スル事務(条件)」の範囲である。この点をめぐって問題が生じたのであった。

三 賊徒処分をめぐって

佐賀の乱が鎮圧された後、「賊徒」の処刑を、誰が責任者となって行うのか、この点をめぐって、総督嘉彰親王と大久保利通との間で意見が分かれた。大久保の見解は、賊徒の処刑は「兵事」より「引続」いているものであるから、それは「兵事ニ属スル」ことであり、したがって「兵事ニ属スル事務」を引き渡した時点で、総督の管轄となるものだ、という理解である。これは大久保への委任状第一条に「凶徒犯罪判然タル上ハ、捕縛処刑ノ儀ハ勿論、臨機兵力ヲ以テ鎮圧ノ事、但死刑トイヘトモ臨機処分ノ事」と明記されているように、全権委任状における政府の見解は、処刑も兵事の一環として行われるものであり、大久保はこの事を根拠にしていたのである。

これにたいして総督嘉彰親王は、「賊徒」処分は自分の責任・管轄外であるとする態度をとり続け、処分は内務卿大久保の職責で行うようにと主張し、自分は二〇日過ぎには熊本を巡視して、帰京するつもりであることを告げた。(15)

嘉彰親王が理由とするのは、次の点である。三月三日、親王は神戸で「佐賀県賊徒平定ノ報知有之候へ共、猶軍事取纏トシテ県地へ出張被仰出候」とする政府からの達しを受け取っている。(16)賊徒は平定されたが「軍事取纏め」のため、佐賀行きを命ずるというものである。政府は四日、平定を布告した。親王はこれらを根拠に、三月一七日、以下のように政府に打電していた（佐賀総督本営から西郷従道陸軍大輔宛）。

総督ニテハ已ニ平定ニ付、神戸ニテ御達ノ次第モ之レアリ、就テハ罪人処刑等ノ儀ハ、一切関係之レ無ク候、右ハ内務卿処置致スヘキ様更ニ御達シ成リタシ、総督ニハ不日熊本へ巡回御帰京ノ積リ(17)

総督の主要な任務である「佐賀暴徒」の討伐は終わり「軍事取纏」も目安がついたから、「暴徒」の処分は総督の任務ではない、「罪人処刑」は内務卿に命ぜられたい、と総督嘉彰親王が主張している、という内容である。ここで注意しておきたいのは、罪人の処刑などは内務卿に「更ニ」命令されたいと述べていることである。この意味は、死刑にいたるまでの「臨機処分」権をあたえた「全権委任」が、消滅したと理解されていたことを明らかにしている。消滅したのは原則的には、親王が征討総督に任命された二月二三日と考えるべきであろう（大久保への「全権委任」は、わずか一三日間だったのである。ただし総督宮が佐賀に到着するまで、大久保は「全権委任状」に基づいて行動した）。だから「更ニ」改めて命じなければならない。

ともあれ総督嘉彰親王が「賊徒」の処刑は、自分の管轄外であるとの主張を改めなかったために、処刑を誰の責任で執行するのかをめぐって紛糾が生じた。

四　嘉彰親王が処刑の責任者に

大久保は譲らなかった。「賊徒処刑」と「降伏始末」等の件は「兵事」に属することであるから、総督の管轄事項であること。騒乱の「巨魁」である江藤新平が、まだ捕縛されておらず（捕縛は二九日）、したがって完全に「平定」したとは言いがたいこと。現状では「処刑」を「臨時裁判にて、軍律」で行わなければならないこと（佐賀裁判所の設置は四月五日）、すなわち「臨機処分」に相当する、いわゆる軍事裁判で行わねばならないこと。したがって「処刑」は兵事・軍事と「区別」するべきではないこと。それゆえ「体裁上」においても総督の任であり、「人心折合」・衆人を納得させるためにも、皇族である総督が責任者となるべきである。これが大久保の主張であった(18)。

しかし嘉彰親王は納得しなかった。「当惑」した大久保は、ついに一七日、政府に電報で伺いをたて、指示をあおいだ。一八日に政府から送られた電報には「御委任状第一ヵ条但書モ、総督宮ノ権内ト心得ルヘシ」とあった。すなわち総督の権限で「死刑トイエトモ臨機処分」するべしとのことであった。ところが一九日に、政府から「昨十八日ノ電信ニ御委任状第一ヵ条但書ハ、総督宮ノ権内ニアリト答ヘタルハ取消スヘシ、矢張先日御委任状ノ通心得ヘキ事」(19)とする電報があり、前日の電報は取り消された。なぜこのようなことになったのか分からないが、明らかなことは、政府に大久保の意図が正確に伝わっておらず、大久保の伺いに対する回答となっていないことである。政府が混乱しているのである。

ここで大久保は戦地慰問として来ていた侍従高島鞆之助を一九日に、開拓使監事調所広丈（大久保に帰京を促す命を伝えるため、一六日佐賀着）を二〇日に、東京へ送った（高島は二六日東京着）。大久保の意中を政府に詳しく伝えるためで、調所には三条実美・岩倉具視両名に宛てた手紙を持たせていた。電報でのやりとりでは、真意が伝わらず限界があったのであるが、高島と調所から直接説明させたことによって、ようやく二七日に決着がついた。

政府からの新たな指令は「佐賀県下賊徒及平定候ニ付、征討総督被免、賊徒等犯罪処刑ノ儀更ニ御委任被仰付候事」（三月二七日付）とあった。政府は四日に平定を布告してしまったから、処刑を総督の管轄とするか否かという点には触れずに、まず征討総督の職を解き、改めて親王に「処刑」管轄の委任を命じたのである。大久保利通には「親王の指揮を受け、夫々可致処分御沙汰候事」と指示され、ここから大久保は嘉彰親王の指揮を受けて、処分にかかわることになった。(20)

この命令は、侍従高島鞆之助が東京から運んで（二八日東京発）、四月三日に大久保に直接伝えている。また高島に託した手紙で岩倉は、政府発信の電報が「返答二途ニ出テ不都合至極、申訳無之事ニ候」と大久保に謝っていた。(21)ともあれ大久保の主張が認められた形で、決着したのであった。この日の日記に大久保は「大ニ安心」していたと記していた。また前日には、江藤新平が高知県で捕縛されたとの報知があった。「安心」は、深く心配していた問題が解決した時に記す、大久保にとっては特別な意味が込められた言葉である。

話は後戻りするが、三月一六日に、三条と岩倉から大久保にたいして、現地における以後の処置の概略を配下の者に指示した上で、一日も早く帰京するようにとの要請が届けられていた。政府上が多事であり、大久保を必要としているという理由である（手紙は、七日発信）。同様の手紙は、岩倉から一三日付でも、再度発信されている。これにたいして大久保は、「賊徒」探索や江藤捕縛のために官員・巡査を四方に派遣している状況の中では、帰京は難しく、処分などについて概略の目途がつくまで猶予されたいと返事し（三条・岩倉宛、一九日付書翰）、さらに二四日付の岩倉に宛てた書翰では、高知県に潜伏している江藤が捕縛されたなら、あとは官員に指示して上京するつもりであることを述べていた(22)。

政府(三条・岩倉)は、大久保に「賊徒」処分には関係せずに、帰京する事を要請していたのであった。これは大久保への「全権委任」が解消されたことを踏まえてのものである。また大久保も、「賊徒」処分は総督嘉彰親王に任せて、自分は処刑には立ち会わずに、帰京するつもりであったことが分かる。もっとも三条と岩倉の要請は、「賊徒」処分の管轄問題が表面化する以前に、発信されたものであった。

五　処分方針の決定と断罪

四月三日、高島鞆之助が運んだ政府からの指令によって、大久保は帰京しないで裁判と断罪にもかかわることになった。これより先、三月一日に佐賀城(県庁)に入った大久保は、政府に「賊徒」を鎮圧したことを打電するとともに、幕僚に「賊徒」処分について諮問した。翌日、岩村通俊、武井守正、石井邦猷から答申が出されたが、それによれば「賊徒巨魁の者は梟首」とあった(23)。

また大久保とともに佐賀出張を命ぜられた司法権大判事河野敏鎌は、三月一四日に断罪意見書を大久保に提出しているが、そこでは「一応の意見」であるとして、国家にたいする反逆行為の「首」たる者は「梟」に処断しては「如何」と述べていた(24)。当時の刑法を定めた新律綱領と改定律令には、国家にたいする反逆罪に適用する条項がなく、最も重いもので凶徒聚集罪の斬または絞である。したがってこの際は特例を適用してはどうか、という意見である。

このように関係者・識者に、大久保が意見をもとめたことを、俗説では、大久保は東京を出発する時点で、江藤らを厳罰に処することを意図しており、逮捕する前から処分について準備していたことを示しているといい、当初からの計画どおりに、そして形式裁判で江藤らを処刑したとする。しかしそれはあまりにも短絡的な思考であろう。二月二八日付の大久保に宛てた書翰で岩倉具視は、賊の処罰は「寛猛」ともに「公論条理」に基づいて行われるべきであり、一方ならずご配慮中であるとは思うが、総督宮が「可然筋」の考えもあるのではないかと伝えている。すくなくとも「梟首」が最初からの政府そして大久保の方針ではなかったことを、岩倉の発言が明らかにしている(25)。

「佐賀県暴徒征討令」が出た時点で、暴徒は国家にたいする反逆者となった。大久保にあたえられた「全権委任」まで、それまでに官員にあたえられた「臨機処分」権は、主として農民暴動にたいするものである。明治政府そして大久保は、ここに初めて反乱を起こした国事犯と向き合い、処分することになったのである。先例はない。どのような処分が考えられるのか、責任者の一人として、参考意見を求めるのは自然な行為であろう。もし意見など無視して、梟首を「予定」どおり行ったとしたら、それはまぎれもなく専制政治家である。そしてもし大久保がこの時独裁的な専制政治家だったなら、嘉彰親王に処分の責任者となることを納得させるために、政府との交渉などに苦労することなど、必要ではなかったであろう。

河野敏鎌は意見書と同時に、佐賀に裁判所を設置することを政府に上申した。三月一六日には佐賀県権令から、一八日には大久保から、裁判所の設置要請がなされた。「臨時裁判（軍事裁判）」ではなく、正規の裁判で行うことを要請したものである。四月五日、佐賀裁判所が設置された。三日には司法大検事岸良兼養、大解部山崎万幹、権大解部増田穂風らが佐賀に到着した。ここに河野敏鎌とあわせて裁判官スタッフがそろった(26)。

四月七日、高知から江藤新平が護送され、佐賀に到着した（三月二九日に高知県甲ノ浦で捕縛。なお島義勇は三月七日に鹿児島で捕縛され、一六日に佐賀に護送された)。当日夕方から、江藤の尋問が開始され、大久保は裁判所で聴聞した。

八日、裁判長河野敏鎌から擬律伺(判決案)がだされた。大久保は日記に「評決の上宮え相伺」ったところ異論がなく、伺いの通りと、河野裁判長に伝えたと記している。「評決」にかかわったメンバーが分からないが、複数の人物によって検討されたことが明らかで、「賊徒」処刑の最高責任者である嘉彰親王の認可を得たことが分かる。この後、親王に随従して江藤の裁判を傍聴した。

九日、親王に随従して、裁判所に行き、江藤他の尋問を傍聴した。大久保は日記に「江東(江藤)陳述曖昧、実ニ笑止千万、人物推て知ラレタリ、只賊中人間ラシキモノハ副島、朝倉、香月、山中ノミ」と記した。一〇日、一一日と、他の人物の尋問が続けられたが、大久保は傍聴していない。

一二日、河野裁判長と岸良大検事から江藤新平と島義勇その他の「断刑伺」がだされた。大久保は岩村通俊、山田顕義、武井守正とともに嘉彰親王のもとに出頭し、伺いについて裁決を求めたところ、親王は裁可した。(27)

一三日、裁判所で江藤、島以下一二名に「罪文」を申し聞かせた。江藤と島にたいする判決の申渡し文は「其方儀朝憲ヲ憚ラス、名ヲ征韓ニ託シ、党与ヲ募リ、兵器ヲ集メ、官軍ニ抗敵シ、逆意ヲ逞ウスル科ニヨリ、除族ノ上梟首申付ル」(28)というものであった。大久保も傍聴していた。江藤は動揺を見せた。日記には「江藤醜態笑止ナリ、朝倉(弾蔵)、香月(経五郎)、山中(一郎)等ハ、賊中ノ男子ト見エタリ」と記している。そして続けて、数人の士を切(斬)ることになったが、香月などの人物は憐れむべきものがある、「皇国ノ為トハ申シナガラ」すこぶる胸がつまる(「概スルニ堪タリ」)思いがする、とも記していた。刑の執行はこの日午前中に行われた。親王は午後一時に佐賀から長崎に向かった。(29)

大久保は江藤の態度を「笑止千万」「笑止ナリ」と日記に表現した。佐賀の乱について触れる時、また大久保利通と江藤新平について語る時に、必ず引用される大久保の言葉である。そして必ず、大久保は江藤にたいして、あざけりの言葉を投げ付けたのだと述べる。しかし歴史上の言葉の中で、この言葉ほど誤って解釈されたものはないだろう。大久保の生きた時代に薩摩では「笑止」は、あざけるのではなく「恥ずかしい」「困った」の意味で使われていた。たとえば自分の失敗を「笑止千万」と表現していたのである。恥を嫌う薩摩武士の風土のなかで、日常的に使われていた言葉だったのである。(30)

六　江藤新平に向ける視線

とはいえ大久保は江藤にたいして、決して好意は持っていなかった。むしろ義憤の気持ちを強く持っていた。たとえば三月一九日に同郷の友人五代友厚に宛てた手紙で、江藤新平と島義勇の「大将」が「逃ゲ出シ」てしまったために佐賀士族が散乱し、その降伏の有様は例のないほどの「醜態」である。「一個の男子」たるものさえ見受けられない。江藤の煽動をうけて蜂起した士族は、江藤に欺かれたことがわかって、江藤の「肉ヲ喰ハント欲スル」勢いである、と報告していた。(31)

人一倍責任感と正義感の強い大久保は、わずか二日の戦闘をしただけで、同志を見捨てて逃げ去った江藤を、許せない思いであったように見える。裁判所で尋問を受けた際に、朝倉弾蔵や香月経五郎、山中一郎らは毅然として、自らの行動を恥じる事なく明白に述べたのにたいして、江藤の陳述は曖昧であった。おそらく尋問をはぐらかして、まともに答えようとしなかったのではなかろうか。それはそれとして江藤の作戦だったかも知れないが、ここにいたってもまだ逃げの態度をとる江藤を、大久保は見苦しいと感じた。武士として恥ずかしい（「笑止」）ではないか、そのような気持ちを、日記に記したのである。

「梟首」を言い渡され、動揺を見せた江藤の態度にたいしても同様である。見ていて恥ずかしい態度だったのである。朝倉、香月、山中は取り乱さなかった。だから「男子」と評した。潔さを士風とする薩摩武士の言葉で、「笑止ナリ」と大久保は日記に記していたのであり、あざけりの言葉ではなかったのである。

大久保は「梟首」について、どのように思っていたのだろう。賛成も反対も、何一つ意見は残されていない。「梟首」を認めたという事実だけが残されたのである。「梟首」は極刑である。ただし江藤新平のために徳川時代の刑罰を持ち出したわけではない。明治四年一二月三日に、反政府陰謀をたくらんで、国事犯として処刑された愛宕通旭と外山光輔は「自尽申付ル」とする判決であったが、司法省が作成した断刑案では「梟首ノ処、特命ヲ以テ自尽」とあった。国事犯として特例が適用されていたのである。[32]

愛宕と外山は陰謀未遂であったが、江藤と島は未遂ではなく、戦争となった反乱行動の首魁である。実際に梟首されるかどうかは別として、愛宕・外山の例からみて、もっと重い刑罰となるであろうことは容易に想像できる。結果として情状酌量の「特命」はあたえられず、江藤と島は梟首された。江藤と島の行動は、極刑で処罰するほどの重罪にあたいするというのが、河野敏鎌ら司法の見解であり、嘉彰親王もそれを支持した。そして大久保もそれを認めたのである。

以上見てきたように、佐賀の乱「賊徒」処分は裁判から刑の執行まで、嘉彰親王の最高責任のもとで行われた。そしてその親王は、率直に自己を主張し、状況に応じた政治的判断ができる人材であった。大久保は佐賀の乱の全過程において、親王をさしおいて実権を振り回すような場面などは、一度としてなかったのである。

七　台湾出兵と大久保とのかかわり

大久保利通と大隈重信が起草した「台湾蕃地処分要略」が閣議で議論され、台湾処分が閣議決定となったのが二月六日であった。ただしこの閣議では、兵を率いた「問罪使」の派遣が、政府の方針として決められただけであり、派兵の時期やその規模については、なにも議論されなかった。佐賀暴動の報が政府に届いたのが三日で、これへの対応が政府の急務だったのである。岩倉具視は二月二八日付の大久保宛書翰で、台湾「出張」は政府方針の通り（二月の閣議での「御評議之通」）に運んでいるから安心されたいと述べるとともに、しかし「出兵」は当分は見合わせなくてはならないだろうと、佐賀に滞在する大久保に報告していた。[33]

政府内で台湾出兵論が急転回したのが、佐賀の乱が鎮定した三月末である。嘉彰親王の征討総督の任が解かれたのが三月二七日であるが、その翌日二八日に発信された岩倉の大久保宛の手紙には次のようにあった。大隈重信が、台湾出兵の準備が整い次第、四月初めには東京を出発したいといっている。西郷従道は自身を台湾出兵の責任者として派遣されたいと、自分（岩倉）や三条実美にしきりに懇願し、木戸孝允にも内談に及んでいる。この件について黒田清隆にも相談したが、黒田も「深く苦慮」している。しかし多分明日の評議で（閣議は三〇日に行われた）西郷派遣がきまることになるだろう。[34]

この岩倉書翰と同日付の三条実美書翰（大久保宛）を、高島鞆之助が四月三日に佐賀の大久保に届けた（二八日、横浜出港）。この手紙に接した大久保は、四月四日付の三条宛書翰で「台湾征討相発候得は大に御都合と愚慮仕候」と、二八日段階における政府の台湾出兵方針に同意している。[35] 二月六日の閣議決定が、実行に移されることになったとの理解である。しかし事実はそうではなかった。

三月三〇日に閣議が開催された。そこでは大隈重信と西郷従道によって構想された、台湾出兵ならびに台湾領有案が提示された。二月六日閣議で決定された問罪使出兵とは大きく異なる大規模かつ長期出兵案である。かつまた台湾領有（植民地化）を視野に入れている以上、清国との政治的衝突は避けられないものであった。木戸は慎重論を主張したが、この案は四月二日の閣議で決議となった[36]。木戸は閣議決済文書への署名を拒み、反対の意を主張した。そして抗議の意味をこめて正院への出勤を止め（内務省と文部省へは出勤）、一八日には三条太政大臣に辞表を提出した。木戸は問罪使の派遣には賛成していた。しかし台湾領有構想を含めたエスカレートした台湾出兵に強く反対していたのである[37]。

この間、四月四日、陸軍少将西郷従道を中将に任じて台湾蕃地事務都督に任命し、五日には正院に台湾蕃地事務局が設置され、大隈重信が長官に任命された。また六日には西郷に全権委任の勅書が渡され、九日には、西郷従道が兵を率いて、東京を発ち長崎に向かったのであった。

三月三〇日の閣議から四月九日の西郷東京発までの経緯について、大久保には詳しい情報が伝わっていたのだろうか。大久保側の史料からは、そのような形跡が見出せない。大久保の日記には四月一五日の条に「今夜一字比西郷中将着ニテ徹夜相咄シ、台湾事件東京事情等承ル」とあって、ここで初めてここにいたる経緯を知ったかのようである。だから徹夜で話し込まなければならなかったのであろう。岩倉が四月六日付の大久保宛の書翰で、西郷従道を佐賀に寄らせるから、詳しいことは西郷から聞いてほしいと記していることからも、台湾出兵にいたる閣議の詳細は、大久保には報告されていなかったとみてよいだろう[38]。書信連絡では、この頃の東京、佐賀間は早くて五日を要し、電報では十分に意思の疎通ができなかった、まだそのような時代だったのである。

大久保は四月一七日に佐賀を発ち、神戸、大阪を経て二四日に横浜に上陸し、汽車で東京に向かった。そして新橋ステーションで迎えに出た伊藤博文と勝海舟の両参議から、「台湾事件」について話を聞いた。伊藤と勝の話は、西郷従道から聞いた話とは違ったものであったに違いない。だから大久保は日記に「台湾事件承リ意外之事ニ候」と記さなければならなかったのである。(39)

「事件」そして「意外」と記したように、大久保はエスカレートした台湾出兵には反対であった。彼の意図した出兵は、あくまでも問罪使としての限定的出兵だったのである。ここで注意しておきたいのは、大久保の意図したものとは違った台湾出兵が、大久保が不在の閣議で決定されたことであり、かつ対外戦争となる危険を内包した外征、すなわち国家にとってのきわめて重要な意志決定が、大久保の関与できない所で行われていたということである。この時の政府を、大久保が実権を握っていた政府であるとする論者は、この事実をどのように理解するのだろう。政府の実権を握っている政府内の最高権力者が、外征についての国家意志決定に与からないなどということが有りうるのだろうか。

この時、佐賀の乱は鎮定され、平時に戻りつつある、そのような状況だったのである。大久保が閣議に必要不可欠な人物であったなら、佐賀から東京に呼び戻さなければならなかったであろう。しかしそれはなされなかった。台湾出兵にイギリス公使パークスとアメリカ公使ビンガムから抗議をうけて、政府はあわてて一九日に、長崎の西郷従道に出兵延期を命ずる電報を打った。そして大久保は二九日に横浜を発って、長崎に向かった。西郷を引き止めるためであった。しかし西郷は、大久保が長崎に到着する前日の五月二日に台湾に向かって出航していたのである。政府の「最高権力者？」の意向を無視して……。

八　島津久光の左大臣就任をめぐって

内閣顧問島津久光が、鹿児島士族の鎮撫に当たりたいと願い出て、東京を発ったのが二月一四日、大久保の出発と同じ日である。久光には前日、鎮撫のために力を尽くし、事が終わったら速やかに上京するようにとの勅語があたえられていた。

二〇日に鹿児島に着いた久光は、山川鰻温泉にいた西郷隆盛を呼び寄せ二二日に面会し、近年は汝（西郷）と議が合わず、自ら「隔絶ノ形チ」をなしてきたが、これからは「同心協力、以テ国家ヲ維持」するために、ともに上京することを西郷に勧めた。西郷は政府への復帰は断ったが、しかし政府に反抗することはない（「非ヲ遂ルニアラス」）と明言していた(40)。佐賀を脱走した江藤新平が、鰻温泉の西郷を訪ねて、協力を要請したのが三月一日。西郷は拒否した。久光との約束を守ったのである。

大久保は、久光がそのまま鹿児島に滞在する事を希望していたようである。そしてその意向を、高島鞆之助に言い含めて上京させた（一九日に佐賀を発ち、二六日に東京着）。大久保の「内諭之趣」を高島から聞いた岩倉具視は、大久保に以下のように答えていた。過日すでに久光を召すことは内決し、三条実美から奈良原繁を通じて久光に伝えているから、上京を止めることはできない。また今度上京の上は大臣拝命が国家のため「当然之事」と思われる、というものであった（三月二八日付書翰）。そしてさらに、久光自身が上京する意思があるかどうか分からないが、上京した場合は「顕官奉命勿論」であろうから、前もって承知しておいてもらいたいとも述べていた（四月六日付書翰(41)）。「顕官」であるから大臣で、当時欠員になっていた左大臣への就任が考えられていたことと思われる（選択の余地としては、岩倉左大臣、久光右大臣も考えられる）。

「顕官」への就任にかんしては、伊達宗城からも強い要請がなされていたようで、宗城は直接三条と岩倉に面談して「確答誓語」を得たから、一日も早く上京されたいと、久光に書き送っていた（三月二八日付書翰）[42]。また三条と岩倉は連名で久光に、上京の上は「篤く御信任之思召」も有り「国家肝要之御用も有之候ニ付」ぜひ速やかに上京されたいから、迎えの勅使を派遣すると伝えていた（三月二九日付書面）[43]。勅使の万里小路博房と山岡鉄太郎が三条・岩倉連名の書面を持って鹿児島に到着し、久光に上京の勅命を伝えたのが四月三日であった。

こうした政府（三条・岩倉）の意向にたいして、大久保は四月五日付で岩倉に手紙を発信しているが、そこでは、先に高島を通じて申し上げたことは、取りあえず自分の考えを述べたまでのことで、三条と岩倉らで「既ニ御内決」であるならば「致方」ないから、別段申し上げることはないと記していた。明らかに不満であるが同意するという意見であった。そしてさらに四月一一日付の三条宛の書翰では、久光を岩倉より「上等」の左大臣に就任させることには反対である旨を、はっきりと主張していたのであった[44]。

しかし大久保の意見は退けられた。島津久光が左大臣に就任したのが、大久保が帰京した直後の四月二七日である。大久保が人事についてこれほどこだわった例を知らないが、その異例とも見える主張も通らなかったのである。大久保が久光の左大臣就任に反対した理由は、久光が鹿児島に居続けて、士族の鎮静にあたってくれることを望んだことと、久光が政府の近代化政策に不満をもっていることをよく知っていたからである。この点にかんしては、三条・岩倉両者ともに、大久保の考えを理解できるのであるが、大久保の意向を退けて、久光登用を選んだ。その理由は、久光を政府に取り込むことによって、旧領主層や士族の保守的反対派の口をふさごうというものであったと思われる。

三条・岩倉の判断が適切でなかったことは、すぐに明らかとなる。久光が五月二三日に、礼服の制と租税制度や兵制を、旧に復すべきであるとの意見書を三条と岩倉に提出し、その意見に大久保が異議を述べるなら、免職させよと迫ったのである。政府を困惑させた久光の発言であったが、岩倉が大久保から奮起することを促されて、毅然として久光の要求を退けたことによって、波紋はおさまった。とはいえ大久保がもしも政府の実権を握っていたなら、そもそもこのような混乱は起こらなかったのである。

おわりに

これまで多くの人が大久保利通と佐賀の乱について語ってきた。その場合必ず触れるのが江藤の処刑問題であり、大久保が日記に記した「笑止」の文字である。しかし征討総督嘉彰親王と佐賀の乱そして江藤処刑との、かかわりを論じたものは皆無である。佐賀の乱の際に大久保が発信した手紙を読むと、賊徒処刑は嘉彰親王の責任で行うべきであると、くりかえし主張し、三条実美と岩倉に進言していたことが明らかである。大久保にとってはこの時、江藤個人の処刑よりも重大な問題であったのである。しかし近年刊行された大久保利通の伝記的著作でも、この問題には触れられず、総督嘉彰の名前さえ出てこない。

大久保が政府の実権を握っている権力者であるという前提で史料を読むと、この問題そして総督嘉彰の姿が見えにくくなってしまうのだろう。したがって大久保にあたえられた「全権委任」と総督の権限との関係にも関心がよせられず、あたかも江藤の「梟首」まで大久保の「全権委任」のなかで行われたかのような大きな誤りを犯すのである。

三条と岩倉が大久保に、できるだけ早く帰京するようにと要請していたように、大久保は政府にとって欠くことのできない人材であった。しかし政府内の有力者の一人であっても、政府の実権を握っていたのではなかったことは、本論で述べてきたとおりである。明治七年前半期の明治政府は、突出した政治指導者がまだ出現しない段階での、たとえば「大久保政権」と名付けるような個人指導体制ではなく、大臣・参議による少数集団指導体制であったというべきである。

（1）司馬遼太郎『翔ぶが如く』文春文庫、一九八〇年、四―七〇頁。
（2）毛利敏彦『江藤新平』中公新書、一九八七年、二〇九頁。
（3）勝田政治『〈政事家〉大久保利通』講談社選書メチエ、二〇〇三年、一六四・一七一頁。また勝田政治は『内務省と国家形成』吉川弘文館、二〇〇二年、一四一頁でも、「大久保政権」の成立は「征韓論政変後の七三年末」だと明言している。さらに勝田は『廃藩置県』講談社選書メチエ、二〇〇〇年において、この「大久保政権」は「大久保独裁体制」であったとしている。勝田はこの本で、大久保を独裁者であったとしているのである。
（4）内務省は明治六年（一八七三）一一月一〇日に設立され、同月二九日に大久保利通が初代内務卿に就任した。ただし制度・組織・人事の体制が整って省務が始まるのは翌七年一月一〇日である。内務省は重要かつ大きな組織となることが考えられていたから、内務省の長官は、政府内に強い影響力をもつポストであることが予測され、したがって政府内における大久保の位置が重くなる事もまた予測されるものであったが、あくまでも未定のことがらで事実ではない。内務卿の就任時点では、まだ実態のない内務省の名目だけの長官であるにすぎない。
（5）『大久保利通日記』日本史籍協会叢書。『木戸孝允日記』日本史籍協会叢書。二月三日から九日の条による。
（6）『大久保利通文書』日本史籍協会叢書、五―三六五頁。
（7）三月一四日に征討総督嘉彰親王に差し出した上申書。『大久保利通文書』五―四一九頁。
（8）羽賀祥二「明治初期太政官制と〈臨機処分〉権」明治維新史学会編『幕藩権力と明治維新』吉川弘文館、一九九二年所収。同書二〇〇・二〇一頁。ここで羽賀は林友幸にあたえた委任状は「大久保への委任状の先例と考えてよいだろう」と述べている。
（9）『木戸孝允日記』（注5）二―四九六頁。なお大久保の行動について注記を省略した場合は、出典はすべて『大久保利通日記』(注5)による。
(10) 『明治天皇紀』吉川弘文館、一九六九年、三—二二四頁。
(11) 『大久保利通関係文書』吉川弘文館、一九六五年、一—三三二頁。
(12) 『明治天皇紀』(注10)三—二二九頁。
(13) 『大久保利通文書』(注6)五—三九七頁。『太政類典』で補う。
(14) 同右五—四一九頁。
(15) 同右五—四二四・四二五頁。
(16) 『太政類典』。
(17) 同右。
(18) 三月一九日付の三条実美・岩倉具視宛、大久保利通書翰。および同日付野津鎮雄宛、大久保利通書翰。『大久保利通文書』(注6)五—四二三・四二九頁。
(19) 一八と一九両日の電報は『太政類典』による。
(20) 『太政類典』。
(21) 『大久保利通関係文書』(注11)一—三三八頁。
(22) 『大久保利通文書』(注6)五—四二四・四二八・四四五・四四九頁。
(23) 同右五—三七九頁。
(24) 『日本政治裁判史録』明治・前、第一法規出版、三四九頁。
(25) 『大久保利通関係文書』(注11)一—三三二頁。
(26) 『日本政治裁判史録』(注24)三五〇頁。なお同書で「佐賀の乱」を執筆したのは大島太郎であるが、四月三日に岸良大検事らが佐賀に到着した際、かれらは大久保から「饗応」をうけ「各《おのおの》尽ス」状態であったと、いかにも意図を含んだもてなしをうけて応じたかのような、大きな誤解を招く記述をしている。大島は『大久保利通日記』を出典としているが、同日の大久保の日記には「岸良大検事兵庫ヨリ着、今晩勅任ヨリ判任ニ至ルマテ饗応イタシ、各尽歓」とある。大久保は一同で、遠路到着した岸良たちの歓迎会を開いたのである。そして各が歓を尽くしたと記していたのである。

(27)『大久保利通日記』(注5)二五七・二五八頁。
(28)『日本政治裁判史録』(注24)三五七頁。
(29)『大久保利通日記』(注5)二五八頁。
(30)「笑止」の用例を引用しておこう。①「長崎へ積届候儀不相叶、三島分わた(綿)も千本余御座候、誠ニ笑止之事に御座候」②「終日午後九時迄勝敗(囲碁の)ヲ不分候処、相手ハ四人、拙者一人、終ニ相倒サレ笑止ニ御座候」『鹿児島県史料　忠義公史料』三―一九九頁。二―九四五頁。①は元治元年一月二五日付、大久保利通宛木場伝内書翰。長州藩が下関を封鎖したために、大坂から長崎に綿を送ることができず困った(「笑止」)と述べたもの。②大久保利通の囲碁の師匠であった税所篤清(吉祥院)の明治二〇年代の回想談で、四人を相手に碁を打って、終いには打ち負かされ、恥ずかしくみっともないことであったと述べたもの。大久保がさげすみの言葉として「笑止」と記したものでないことは、早くから気付いていたが、拙著『大久保利通と明治維新』(吉川弘文館、一九九八年)の時点では、史料のなかから複数の用例を見出すことができず、明言することができなかった。
(31)『大久保利通文書』(注6)五―四三五頁。
(32)『日本政治裁判史録』(注24)二四八頁。
(33)『大久保利通関係文書』(注11)一―三三二頁。
(34)同右一―三三六頁。
(35)『大久保利通文書』(注6)五―四五六頁。
(36)出兵方針の転換や台湾植民地化構想などについては、以下の研究を参考とした。家近良樹「台湾出兵方針の転換と長州派の反対運動」(『史学雑誌』九二―一一、一九八三年)。勝田政治「大久保利通と台湾出兵」(『人文学会紀要』三四、二〇〇一年)。勝田政治「台湾出兵と宮島誠一郎」(由井正臣編『幕末維新期の情報活動と政治構想』梓出版社、二〇〇四年)。
(37)『木戸孝允日記』(注5)三―一二・一九頁。
(38)『大久保利通関係文書』(注11)一―三三九頁。
(39)『大久保利通日記』(注5)二六二頁。

(40)『鹿児島県史料　玉里島津家史料』一九九八年、七―三三一・三三二頁。
(41)『大久保利通関係文書』（注11）一―三三八・三三九頁。
(42)『鹿児島県史料　玉里島津家史料』（注40）三四〇頁。
(43) 同右三四一頁。
(44)『大久保利通文書』（注6）五―四七〇・四八〇頁。

説教の位相——筑摩県における教導職——

谷川　穣

はじめに

明治五年（一八七二）三月に設けられた教部省は、全国の神官・僧侶を「教導職」に任じて説教活動にあたらせ、近代天皇制政府への民衆の支持調達を図った。教導職の説教は、「敬神愛国」「天理人道」「皇上奉戴・朝旨遵守」という基本的徳目（三条教則）の鼓吹を主たる目的とする。だがそれのみならず、政府・地方官が次々に打ち出す新政策を説き明かすという機能も担ってゆく。(1) そうした「開化」的諸政策はもちろん、「敬神」「愛国」などの言葉も、民衆にとって新奇なものであった。それらにまず触れるという機会が、東京の大教院、各府県の中小教院・説教所という形で全国的に設定されたのである。(2) また説教は、情報・知識の流通という面でも、重要な役割を果たした。確かに新聞・雑誌や、小川為治『開化問答』などの数多くの通俗本は、明治初期を彩る新しいメディアである。だがそれらの登場は、単に説教というオーラルな教化の限界を示すものではない。説教テキストの新聞への掲載、通俗本を種本とした説教実施、(3) 新聞解話会、そして演説の登場といった、媒体の多元化を（結果的にではあれ）促進した側面に意義をみるべきであろう。山室信一も指摘するように、明治初期の「読み聞かせ、解き話すという対面口承の働きかけ」を経ずしては、活字メディアもその機能を発揮しえないのだから。(4)

ならば、個々の説教活動の様相を描き出す作業も一定の意義を持つといえよう。もっとも、その情景を物語る挿話には事欠かず、多くの先行研究でも（往々にしてその滑稽さや一過性が強調され）触れられてきた。だが、たとえば坂本紀子の業績(5)は、教導職が単なる挿話的存在でも、静態的な教化媒体でもなく、個々の利害や地域の実情と切り離せない存在であることを教えてくれている。それを踏まえれば、神官・僧侶が教導職として説教するに至る動機や、新しい知識を自分なりに摂取・消化し、聴衆に語りかける作法を身につけてゆく過程といった、国民形成の一回路という位置づけのみでは見えにくい側面が検討課題として浮上してくる。したがって、まずは教導職個々の動向に分け入ることが求められよう。本稿では、筑摩県（現長野県中・南部および旧飛驒一国）における二人の教導職、具体的には曹洞宗僧侶・安達達淳、諏訪大社宮司・岩本尚賢を対象に、右に述べた課題につき検討したい。すなわち、「口承メディア」としての教導職の説教を考える前提として、彼らの説教に対する姿勢や動機といった問題を具体的に論じようとするものである。

※なお、引用史料中のカタカナはすべて平仮名に改め、適宜句読点を施した。また主に用いる筑摩県の公文書簿冊「社寺雑件」（長野県立歴史館所蔵）については、たとえば「社寺雑件　明治九年　三」の場合、本文中［九―三］のように略記。同様に『長野県史　近代史料編』第一〇巻（一）に掲載＝［県10―頁］、『長野県教育史』第九巻に掲載＝［教9―頁］と表記する。

一　仏教復興と説教――安達達淳の動向――

(1)廃仏毀釈への反発と仏葬回復

曹洞宗僧侶・安達達淳（文政三年＝一八二〇～明治三七年＝一九〇四）は越中国射水郡放生津（現新湊市）に生まれた。金沢宝円寺にて得度、本山である能登総持寺で学んだのち、美作、江戸と転住し、文久三年（一八六三）に信州安曇郡大町村（現大町市）霊松寺の第三〇世住職となった。[6]霊松寺は応永一一年（一四〇四）開山、総持寺直末の中でも最古の歴史を持つ寺院の一つで、本山の住職を務める資格を有する名門である。

安達の名を高らしめたのは維新後、松本藩の廃仏毀釈に対する抵抗運動においてであった。明治三年八月、水戸学に傾倒した知事戸田光則[7]によって領内に廃仏令が出されて以後、同四年一一月の筑摩県発足までの間に、住職の帰農・寺院の破却が進められていった。その中で安達は反対姿勢を貫く。同年三月、県少参事神方損が帰農・廃寺の徹底のため大町村へ出張した際、呼び出しを受けた安達は頑として帰農を拒否した。そこで、藩の廃仏政策の中心人物であった岩崎八百之丞が安達を説き伏せようとしたが、いわゆる「地獄極楽問答」によって、安達は逆にやりこめる。仏教で説かれる地獄と極楽なるものが本当に存在するなら出して見せてみよ、と詰め寄る岩崎に対して、安達は白装束に着替え、白木の三宝に短刀を置いて「地獄極楽は此世のものにあらず、唯今御目に懸くるにつきて、愚僧は已に身を清め用意を整へたり、貴官もこれより御用意あるべし」と申し述べた。[8]腹を切ってともに地獄と極楽を見ようではないかとすごみ、説得をはねつけたのである。

だが、同じく抵抗の旗手であった真宗大谷派・佐々木了綱が、松本藩内における真宗寺院の帰農を最小限に食い止めたのに対し、曹洞宗寺院では戸田家の菩提寺・全久院をはじめ、五八カ寺中四八カ寺が帰農ないし破却に至った。安達は明治四年五月ごろ上京し、東京・芝愛宕町の青松寺などに身を寄せながら、政府に対して廃仏政策の非を訴えたが[9]、同宗派の寺院を守るという点では成果を挙げえなかった。最盛期には一〇〇〇を超えた霊松寺の檀家数も、わずか二八と激減する[10]。

明治五年以後も、筑摩県は住職が帰農した無檀寺院を、廃寺として学校など他施設へ転用していった[11]。民衆にとっては葬儀を任せる檀那寺の喪失を意味し、仏教側から見れば、仏葬から神葬への改典を促進する由々しき事態であった。安達は同六年早々に大町村へ戻り、廃寺の再興や仏葬の回復など、仏教の勢力回復に奔走する。

とりわけ力を注いだのは、仏葬の回復であった。同六年四月一〇日、安達はまず地元・安曇郡での巡回説教の実施許可と、その郡内への告知を願い出、同日のうちに県庁より了承を得ている［六―二］。前年一〇月一八日に曹洞宗管長より教導職試補に［五―二］、ついで同六年三月一五日付で中講義に任命されており[12]、安達にとって説教活動を行うことは当然の職務のはずではあったが、真の狙いは別にあった。

御管内巡教之次第御指揮被為下候にては、説教宗義交説すといへとも、上旨三章に不戻衆庶の信従するを要す。而して信仰の請に任せ法用葬祭等彼我の見なく、適宜に執行可申趣去年六月中葬件御布告有之、教法一体皈向随意更に壓壊すへきの理なく、只管御政令黽勉仕度右心得方当否奉伺候。謹言　［六―一］

これは県庁へ願い出た翌々一二日に、再度安達が提出した伺書で、教化の基本綱領たる三条教則に準拠した説教実施を誓約したものである。だが後半部では、法事葬祭の形式を信仰によって随意変更できると定めた明治五年六月の布告に遵うべきであり、それをことさらに「壓壊」してはならない旨を述べている。近世における各家の祖先祭祀は、あくまで寺檀制度を軸とした仏教によって担われており、維新後の天皇家の神葬改典も、そのまま一般民衆へ広く波及したわけではなかった。だが同五年三月の教部省設置後、政府の神葬祭奨励策がキリスト教防圧という意図をもって推進されてゆく。右の同年六月の布告は太政官布告第一九二号、自葬を禁じ神官・僧侶どちらかに葬儀執行を任すべし、と定めたもので、これにより政府は正式に神官による神葬祭を認めた。同七月には東京の青山・渋谷の両墓地を一般民衆埋葬用の神葬墓地と定め、ついで神葬祭式教本『葬祭略式』制定を公布するなど、政府主導の神葬祭普及に拍車がかかっていた。(13)旧藩時代からの廃仏の風潮が加速し、仏葬維持の否定、ひいては神葬強制にまで行き着くのではないか、葬祭の神仏自由選択制が「壓壞」すなわち骨抜きにされるのではないか——安達がこのように強い危惧を抱いたことは、想像に難くない。すでに明治三年に国学者角田忠行が『葬事略記』を、翌年には松本藩が主体となって『哀敬儀』を編し、神葬祭の手順解説書を頒布していたこともあり、(14)従来から持っていた安達の危機感は、よりいっそう高まったといえるであろう。伺書はまさに、そうした状況への抵抗の意思表示であった。

この伺書をうけた県は、教部省への上申(15)を経て、「葬儀は神仏共人民之信する所に可任儀と可相心得事」と明治五年六月の太政官布告どおりに回答する[六—一]。だが県と安達の間で、この布告に対する見解の相違が、次第に明らかになってゆく。

筑摩県では明治六年一〇月二八日に、県の教化拠点・教導職統括機関として神仏合同の中教院が開院した。安達もその中で、佐々木了綱らとともに、仏教側の中心人物として活動する。翌一一月、安達ら四名の僧侶は、開院を機に「従前の繋縛を脱し更に去年六月中の御布令に基かせ、自主自由ならしめ賜はゝ真に開化の思をな」すべきことを県へ訴えている[六—二、県10—57]。安達らは、明治五年六月の太政官布告があくまで人々の信仰により神葬・仏葬の選択機会を与える「開化」的原則であり、旧藩の廃仏政策が継続していると誤解してはならない、と主張し、改めて仏葬執行の妨げなきよう県へ上申したのである。だがこれに対して県庶務課は、その見解を真っ向から否定した。安達らはもっともな「条理」を述べつつ、実は「一旦衰運に属せるの仏教再ひ興復を謀らんと企」てており、「剰へ旧県の措置を挙て以て非虐に陥れ、或は巡回官員の説諭を誤解して却て謗言を訴る等、一々挙て地方官に抗衡し神教と相闘はん」としている、と痛烈に批判したのである〔六―二、県10―55・56〕。庶務課の側から見て安達らは、「過去未来迂遠の妄説を講義し義を生前に忘れて死後の幸福を願ひ、自田へ水を引く如きの我儘の説を以多衆を誑惑せしめ、民治上に妨害ある」存在であった。そして、三条教則にもとづく説教のみに専心せよ、との譴責処分を県庁上層部に提案したのである。このような激しい口調の根底には、先の太政官布告に対する見解の相違があった。

神仏葬義《(ママ)》信仰に任すとの御趣意、自田へ水の論、又松本の如き神葬盛んなる所より見れば、神葬をして仏葬に換えしむる事と誤解したるとみへたり、啻虚心に信向に任すと見るべし、尤仏葬の盛んなる所よりみれは中興仏に之なくてはならざりしを、竟《(マ)》畢《マ)》神に改る事の自由なる方とみて可ならん乎　〔六―二、県10―56〕

庶務課の側から見れば、安達らこそ、太政官布告をして神葬祭を仏式に改めることと誤解しているように思われた。両者の認識は正反対であった。すなわち、安達らは従来の廃仏に対する歯止めとして、逆に庶務課は神葬への改典の公認として、太政官布告を把握したのである。三条教則に則った教化（「神教」）と神葬とを重視する庶務課と、仏葬回復を目指す僧侶教導職との、重大な対立が顕在化していた(16)。当時庶務課には、諏訪大社宮司・赤司重春（県中属）もおり、神道側に立つ傾向の強い部局であったといえる。とすれば、この状況で僧侶側の運動が県庁に阻まれぬよう、対策を講じねばならない。そこに、三条教則に則した説教を（たとえ表面上であっても）従順に実施することで、批判をかわすという方法が浮上してこよう。

(2)説教の意味

とはいえ、説教を盛んに行う安達の姿は「社寺雑件」ではあまり見えてこない。唯一関係すると思われるのは、明治六年一二月二七日に提出した、安曇郡千国村（現北安曇郡小谷村）・旧源長寺の説教所使用願である［六―二］。この廃寺は学校として用いられていた。伽藍も手広く好都合であり、学校教育の邪魔にならぬよう学校世話役とも協議済みゆえ使用したい、という言い分であった。だが、同村の正副戸長兼学校世話役が同月二〇日にその許可を県へ申し出た際、「格外の御仁恤を以て御許容を被成下」たいと言い添えているように［六―二］、学校校舎の説教所利用は県の既定方針から大きく外れるものであった。翌七年三月一〇日付で県は、説教と学校教育は当然別物であるが、教導職の中には小学校と協議のうえ説教の日時を取り決めている者もおり、「教則之時間を妨け不都合之至」ゆえ以後一切禁止せよ、と達している［教9―119・120］。県の方針は、カリキュラム実施を妨げるという理由で学校での説教を実質上禁止する、学校教育の優先にあったのである。同年五月九日に中教院がそれに反対を表明した際も、寺院や神社の旧舞台を校舎とする場合に限り、日曜日のみ説教使用を許可するという結論に落ち着いた［県10―80・81］。明治五年一一月の教部省達無号では、全ての寺社は小教院＝説教所と規定されており、中教院の反発もそれに依拠していたが、県は学校教育の場としての意味を優先したことがわかる。しかも廃寺利用の校舎では、日曜日の説教すら不可能と確定された。安達が願い出た、学校校舎として使用中の廃寺を説教所化することなど、県は受け入れるべくもなかったのである。

この一件は学校教育と説教の関係を知るうえで興味深いが[17]、安達自身の説教に対する意欲を示しているものとは必ずしもいえない。廃寺を復興するための一手段にすぎない、という解釈も可能だからである。ならば安達は、実際のところ説教にどの程度関心を持っていたのだろうか。この点を考察するには、説教に関して安達が残した著作、あるいは学習したテキストを探る作業が必要になろう。

そこで注目したいのが、『三条教憲講録幷説教』[18]（以下『講録』と略）と題した、説教についての解説・テキストを収録した書である。著者の中村孝三（天保五年＝一八三四～大正一一年＝一九二二）は幕臣の出と伝えられ、鎌倉円覚寺では漢学を、上洛して頼三樹三郎に師事し儒学を、また東寺では真言学も学修し、明治二年には大町村へ移り漢学塾を開いたという経歴の持ち主である。この頃は大町村の小学校・入徳館（同七年仁科学校と改称）助教も務めていたという[19]。この『講録』のうち、「三条教旨誘奨録」の章に「紀元と申して今日まで二千五百三十三年など暦にもしるしてあるでござる」と書かれていることから、執筆年代は明治六年と判断できる。

『講録』の執筆動機は、序文に示されている。すなわち、祠掌や住職になるためには「神事祭式　臣民葬祭式両式の祭文」「神代三部の書の内一書の大意講義」「三条教憲の提題説教」（探）の試験に及第せねばならないが、これについて「郷社神明宮の祠掌霊松寺住職大沢寺住職等の懇請により大区長の添請止を得ずして公務の暇夜々灯下に筆を執りて与えたるものなり」という。明治七年四月二〇日、各中教院での教導職試験の地方官員立ち会いが義務づけられたが（教部省達第一二号）、それ以前に筑摩県中教院で任用・昇級試験の科目が制定されたと見てよい。よって、中教院開設の明治六年一〇月から同年末の間に、安達ら大町村近在の神仏教導職は中村に対し、試験対策として三条教則の解説と説教テキスト執筆を懇請したことになる。

『講録』の本文は大きく分けて、①「三条略解便蒙」②「五倫之略解」③「三条教旨誘奨録」④「三条教旨誘説大意」からなる。このうち、①と③がその骨格というべき章である。まず①は、三条教則を神官・僧侶向けに講義した章である。その特徴の一つとして、曹洞宗本山編『三条略解』の解説という叙述方法が挙げられよう。『三条略解』は、全国の末寺僧侶に向けて編纂した三条教則の解説本で、わずか一〇丁ほどの簡易なものである[20]。

安達上京中の霊松寺では、同寺滞在の修行僧に対する学事教授の補佐を近隣の漢学塾主・中村に依頼している[21]。おそらくその経緯から、中村は曹洞宗僧侶向けの解説本をもとに解説する、という体裁を採用したと考えられる。

では①の内容を見てゆこう。まず三条教則が必要な理由として、キリスト教侵入による「軽神蔑国」、人心の浮薄ゆえの「祭政不一致」、そして武家が国政の実権を握ってきたため生じた「皇道陵夷」と、嘆かわしい三つの現状を挙げる。それらは仏教や儒教では立て直せるものではなく、ひとえに上古の如き神恩の崇敬で克服すべきである（以上第一節「興意」）。だが僧侶には「愚夫愚婦もみな帰依す」るから、その教化の力量に期待して神官と僧侶を教導職に選んだ（第二節「来由」）、とする。ついで第三節「大意」・第四節「題目」では、『三条略解』の該当箇所を逐一追って説明する。中村はどうやら「略解」の語を、煎じ詰めて「略」しながら「解」説することと考えていたようで、三条教則も「敬神」「人道」「遵守」の六文字に集約できる、と説く。さらに、神徳が天地の自然物を生成し「万民を保持する」のだから「神を敬するは人道の常」と言い、「敬神」を「人道」に収斂させる。同様に、「愛国と云も行はさるは人道をしらさるなり」「朝旨遵守の四字ことくく人道に収入するなり」「天理の外に人道なし」と論を展開し、結局「人道」の二字に尽きるとの見解に至る。「人」と「道」は「不二一体」である。選ばれた「人」が「道」を伝えることで、天下の「人」を「道」ならしむる、それが説教という営みである、と述べて節を閉じている。以降の節で、神代や祭祀の由来について、記紀を中心に長々と叙述しているが、むしろ次章に②を配置していることが重要である。おそらくそれが、中村のいう「道」の具体的実践内容だからである。第二節「来由」で、儒者は学校教育の担当であるとして、教導職＝〈道を説く人〉から除外していながら、結局説くべき「道」とは、君臣・父子・夫婦・兄弟・朋友の「五倫」に帰着していたのである。

次に③である。冒頭に「神官と僧侶の説教の原本として請ひに応じて筆を執りしなり」（1丁表）とあり、説教テキストとして書かれたことがわかる。前口上では、「愚暗無才の身」（1丁裏）と謙遜しつつ三条教則を略説すると述べる。本文は語り口調・ルビの多用と、当時の通俗本と共通する面もあるが、欄外に「引文は二度づゝ敬てよむべし」（14丁表）と朱書きが入るなど、説教上の実践的工夫も盛り込まれている。「あまり下手の長坐は睡の手伝になれば、一休」（5丁表）と各章末に休憩を挟むあたりも、その工夫の一つであろう。さて③の内容であるが、まず前置きとして、説教とは「決して仏法と説て各々を出家にさするためではござらぬ、ただこの三条の尊慮をわけのわかるやうに申し通る」（4丁裏―5丁表）ものと規定する。そして、国家の大任である説教者が正しく説かねばならないように、聴聞者もよく聴いて家の者へ「能く教ねばならぬことでござります」（6丁裏）と、聴衆へも注意を喚起し、国家―教導職―聴衆―その家人という伝達関係を意識づける。ここから本論に入り、「敬神愛国の旨を体すべき事」という第一条を、「敬神」「愛国」「体する」との三語に分解、さらに「敬神」を「敬」「神」と分解した上で、それぞれ語について意味の解釈、まつわる誤解の打破、そしてその結果もたらされる利益、の三点に分けて説明すると宣言している。①でみられた「略解」の姿勢とは逆に、やや冗長なほど、噛んで含めるように展開してゆく。その中では、神棚を拝むという「敬神」実践を推奨したり、「古来から父母の苗字を用れば何神の御末と云事がしれるもの」（10丁表）と、姓を通じて人々に「神国」の民たることを強調したりするなど、思想的に目新しいことを述べてはいない。だが①との際だった違いは、随所に現れる排仏的な姿勢である。苗字の問題にしても、僧侶は「己れが手造のごた苗字を付て大天狗面をいたして居る」「氏姓《うじすじやう》のしれぬ蛆虫同様のものに成り下られた大頑物《おほばかもの》」、と痛罵される（9丁裏―10丁表）。明治五年九月一四日太政官布告第二六五号で僧侶への苗字使用義務化が達せられた際、「釈」「禿」といった、仏教者を自認する姓を付けた者らへの激しい非難である。もっとも安達達淳の場合、これは当たらぬ難癖といえる。しかし最大の問題は、葬儀について触れた部分である。中村は、父母を祀った仏壇を放置せず、神棚の次に同様に敬うよう説いた後、こう述べる。

> 仏葬〳〵とて噪しく噪立ながら、元日から先祖の前で永代受る御恩の御礼さへせぬものならば、それほど仏壇がきらひならば、速に打破て川へでも流して、先祖代々を神の棚へ合併祭にして神葬祭になるがよろしいでござる。是についてはいろ〳〵申さねばならぬ事がありますが、又た後日申でござる　(第二則4丁裏)

仏葬復活の声も喧しいが、祖先を敬う気持ちもなく形骸化しているなら、いっそ神葬祭にしてしまうがよい、という。しかもまだまだ言い足りない様子である。仏式の祭祀を採用し続けるなら、形だけでなく真に敬意をもって行え、という叱咤と読めなくもない。だが、少なくとも仏葬復活に奔走する安達には、許容しがたい部分であったろう。

『講録』の内容はまだ検討の余地もあるが、これ以上の深入りは避ける。むしろ、ここに浮上する重要な点を二つ指摘しておくべきであろう。一つは、安達が三条教則に沿った「正しい」説教のあり方を了解していなかったことである。僧侶教導職の説教について教部省は、明治五年末の段階で、三条教則に沿っておらず自宗派の教義を説く者が多い、と戒めていた。翌六年二月一〇日付教部省達第九号でも、仏教教義を交えるのは構わないが三条教則を体認した説教をなせ、と改めて警告していた。前節で挙げた同年四月一〇日付の安達の伺い書も、教部省達第九号を念頭においたものである。だが、その安達自身も、こと内容面の知識は乏しかったのである。しかもその点は神官側でも同様であり、郷社神明社の祠掌さえ、説教内容には窮していたといえるであろう。

もう一つは、安達の説教に対する意欲の程である。中村は教導職ではなかったが、前述の通り霊松寺学僧への指導を担うなど、その漢学の学識は周囲に認知されていた。だが、大町村で最初に挙行された神葬祭を指導した人物も、実はほかならぬ中村であった(22)。となれば先に挙げた③の引用部分は、やはり仏教への叱咤ではなく、神葬改典の勧奨と解すべきであろう。①では、神仏合同体制を配慮してか三条教則の説教を「道」＝「五倫」に集約させていたが、いざ③の実践編となれば、「敬神」の部分を縷々述べ、安達の神経を逆撫でするような仏教批判さえ記していた。そのような人物に、安達はわざわざ説教内容の指導を請うたのである。おそらく、安達にとっては、住職資格と脈絡づけられた教導職試験が、いわば第二の排仏政策と映ったのではなかろうか。そこで慌てて身近な知識人の力を借りようとした、というのが実情であろう。もちろん、このテキストを安達が鵜呑みにしたかどうかは別である。とはいえ、『講録』序文の通り、試験をしのぐという目的が第一であり、そのためなら神葬祭を許容する人物の指導でも致し方なかった。『講録』の存在は、三条教則に沿った説教を行い、人々の「信従」を得ようとする積極的な姿よりも、むしろ試験及第のため仕方なく三条教則の知識を求めるという、安達の説教意欲のなさを示しているのである。

これ以後も、安達の活動は「社寺雑件」から垣間見ることができる。その一端を列挙すれば以下のようになる。

六年一一月　安曇郡等々力村・保高村など五村で廃寺調査　[六―二]

七年　五月　佐々木らと「筑摩県管下諸寺院同心協力」を謳う皇恩講結成を申請[23]　[七―二]

七年　六月　同志である安養寺住職・小松了照（真宗本願寺派）とともに伊那郡へ向けて出張し、該地僧侶の組織化を図る　[七―二]

七年　八月　「諸宗総代」僧侶、「智徳兼備」の人材と評して安達の教導職階級昇進（中講義→大講義）を県へ上申する　[七―二]

七年　九月　帰農した安曇郡真々部村（現南安曇郡豊科町）の元臨済宗僧侶を、再出家させ自分の徒弟とすべき旨申し出る　[九―五]

とくに最後の項目は、宗派の異なる曹洞宗僧侶・安達の徒弟を志願したという点で、注目に値する。それだけ、安達の影響力と旧藩の廃仏政策に対する批判姿勢が、県下仏教界で広く認められていたことを示唆しているからである。実際、安達は徳運寺(東筑摩郡里山辺村)・金松寺(南安曇郡梓村)などの廃寺復興、末寺の本山直末化(青龍寺[大町村から松本へ移転新築])、他宗派廃寺の保存再興(浄土宗・生安寺[松本本町])などの成果を挙げていった。(24)しかし、これらの実行に説教が一定の寄与をなしたという形跡は、少なくとも史料上には表れない。安達にとっての説教とは、県や神官教導職との摩擦を避け、また教導職試験に及第するためのものであった。言い換えれば、仏教復興活動を継続し成功させるべく、せいぜい外向けのポーズとして、説教を受容したにすぎなかったのではないだろうか。

こうした説教のありようは、決して安達だけのものではなかった。地域住民は、その点を鋭く看破していた。明治六年(一八七三)一二月二日、県庁は県下の区長・学区取締などから選出された六二名の議員に対し、教導職の説教実施状況につき意見を求めた[県2—14]。その回答は翌年二月に寄せられたが、そこに示されたのは、教導職への非常に手厳しい文言であった。(25)代表的な意見を抜粋して示すと、「僧侶等は日時を定説教仕候向も有之候得共、多くは其任に当る人材無之」(原九右ェ門)、「敬神の条抔はいかゞの説も有之候歟」(館松千足)、「当飯田市中の僧侶説教表札を相掲け候通り村落も同様にて集会有之由。三則は首唱のみ、各自之道に誘引する者も有之趣伝聞仕候」(太田伝蔵)といった具合である。そもそも説教の実施が不充分という意見や、僧侶の場合は実施されても三条教則は最初に唱えるだけで、「敬神愛国」などを解説するより各自の教義を話す、という事態が報告されている。伊那郡の権少講義・高松了慧(真宗本願寺派)でさえ、僧侶教導職の説教が「二三会にて休業の者有之」と長続きしない様子を認めざるを得なかったのである。

僧侶教導職が三条教則の解説でなく、自宗派の教義に則した法話を行う傾向が強かった点については、従来の研究でも再三述べられている。とはいえ、それは安達のように県内随一の高級にある教導職でも、各村の教導職試補でも大差なく当てはまるといえるだろう。安達が仏教復興活動を推進する際に、三条教則の解説という意味での「説教」を積極的に用いた形跡はなかった。実施する契機や意欲に乏しく、その知識も欠落していたために継続して実践しえなかったという説教の実情が、ここに読み取れよう。

二　信仰と「活計」——岩本尚賢の建言書から——

(1)神官の給与問題と布告講読

前章では、仏葬復興、および教導職試験の及第という諸課題と説教実施との関係について論じたが、神官側の言説を検討すると、また違った側面が見えてくる。諏訪大社宮司・岩本尚賢（天保六年＝一八三五〜明治四〇年＝一九〇七）も、その手がかりとなる人物である。岩本は諏訪郡上諏訪（現諏訪市）出身、高島藩士として諏訪家に仕え、平田国学を飯田武郷より学んだ。慶応四年（明治元＝一八六八）三月には、甲州路を進む討幕軍の嚮導隊半隊司令士として、開城された甲府城の授受責任者となったという。ついで一一月には高島藩軍務方勤務、神道国教化政策期には同藩宣教掛に転じており、その頃から国学という学問的素地を踏まえ教化活動に関わってゆく。明治五年一〇月には諏訪大社の禰宜となり、(26)翌年権大講義に任じられ、同年末には諏訪大社宮司に就任している。(27)当時神官教導職としても県下で最も階級が高い一人であり、諏訪郡のみならず県内神道界でも発言力のある立場にあったといえるだろう。

もっとも、筑摩県における岩本の行動を直接に語る史料は、そう多くはない。判明するのは、宮司に就任した頃に年中神事や御柱祭についての古今の事跡を調査し、『諏訪上下両社年内祭祀之大略』(28)にまとめたことや、のちに筑摩県神道事務分局の局長を務めたということくらいである。それでも彼を取り上げるのは、明治七年三月二七日に権令永山盛輝へ提出した一通の建言書〔七―三、県10―128〜131〕が、県下神官の動向を知る上できわめて重要な意味をもつと思われるからである。前書と「神官教職之儀に付見込条々」と題した本文からなるこの建言書には、神官の置かれていた状況とその改善策が書き連ねられている。以下、検討してゆこう。

岩本がここで訴えたのは、神官への給与問題であった。明治六年二月二二日、太政官第六七号により郷村社祠官掌給与の民費課出が廃され、以後は「人民之信仰に任せ支給」されることになった。そのため諏訪郡の神官は民衆からの給与を得られず、「既に一ヶ年無俸給之体にて相過き、中には拝命以後従前の産業をも相止め奉職仕候に付、一家生活の道を失に至」る者さえ現れている、と岩本は現状を概嘆する。(29)したがって岩本の主眼は、窮状打破のため給与支給を制度化することにあった。具体的には、諏訪郡の祠掌一人当たり一小区の業務を受け持つことで、氏子が約五〇〇戸として各戸毎月三厘で一円五〇銭の給与支給が可能、という概算を立てていた。

給与を得るからには、当然「信仰」を得ることが条件になる。岩本は、そのための具体的な方法を本文中に列記している。県庁に対し、産土社祭礼の勧奨、大祓の定着促進、神道教会設置などを要求したのだが、その一項目として、葬祭改典自由の確保も挙げられた。

葬祭之儀は人々信仰に任せ改式不苦旨追々御布告御座候処、是迄の頼み寺へ改式の儀相断り候ても事を左右に寄せ、早速承引不致、或は種々の方便を廻らし改式の儀を見合呉候様頼み込候類も有之由、甚しきに至ては説教の席にて、神葬祭は亡者に対し不敬に当り候抔と妄言に及候輩も有之哉に伝聞仕候、右等の儀は大に開化の進歩を妨け候事に付、村吏等にて致注意候様予め被命置度事仏葬確保に躍起な僧侶によって、人々の神葬祭改典が妨げられていることを非難し、県に行政指導を求めている。岩本は、明治六年五月一四日に自身の神葬祭への改典を伺い出ており［六―一］、前章で論じた仏葬回復運動の激しさをより強く感じとっていた。その激しさは、実際の説教の場における神葬祭批判にまでエスカレートしていた。おそらく、安達らの説教を指していると見て間違いあるまい。これは神官にとっては「信仰」を得る際の重大な障害であり、葬儀をめぐる神仏対立が激しい様相を呈していたことがうかがえる。

だが岩本が最も力説したのは、教導職による「布告講読」という手段についてであった。布告講読とは、県達などの布告を人々に解説することであるが、岩本はそれを教導職本来の職務と捉え、こう述べた。

教導の職たる素より高尚の理を諭し歯遠の事を語る為に非す。専ら衆庶をして日用彝倫の道を悟らしむるに在り。御布告講読の如きは教導中至要の条件なれは其職にて相勤候様仕度……猶今後毎月説教の次には必す御布告の講読を兼候様相成らは、自然政教一途の御旨にも協ひ衆庶信仰の念も生し可申、何卒右之趣を以御告諭相成、適宜の給料必す支給候様方法相立可申旨、厳重御布告被下度

神官教導職が給与を得る際、岩本も説教の実施が重大な問題と考えていた。この建言とほぼ同時期の三月二〇日、岩本は「諏訪郡村社祠掌増員願書」を県へ提出している［八―二、県10―79］。同郡では、村社祠掌一八名のうち、一小区を担当する者が九名、二小区兼担が七名、あとの二名で三小区を分担という氏子受け持ちの体制をとっていた。これでは、各小区で毎月三度の説教を実施する際に負担が大きいうえ、彼らが給与を得る場合も小区によって負担額に差が生じ不都合である。よって一小区一名という割合になるよう神官の増員を願いたい、これが願書の内容であった。説教、とりわけ布告講読のような民衆の日常生活にかかわる内容を説諭すること、それが教導職の重大な職務であり、増員によって充分に実施できれば、「信仰の念」を得て給料の支給へつながるで

あろう。ましてや、教導職は原則として無給で、説教活動にかかるコストは各自で捻出せねばならなかった。岩本の目論見はそこにあった。それが、他に列挙した方策と異なって、唯一建言書の前書きと本文の両方で布告講読について強調した所以であった。

しかもそれは、単純な思いつきでも、非現実的な願望でもなかった。説教内容に新たな諸政策の解説を盛り込むことを、政府の側も求めつつあったのである。

教部省では明治六年二月に十一兼題を定め、翌三月の田中頼庸『三条演義』編集、七月の仮名垣魯文『三則教之捷径』刊行と、神道を中心に儒教を交えた人倫道徳の鼓吹を目指す説教の路線を定めた。これは復古的な天皇崇拝への脈絡を重視したものであったが、それと並行して、「開化」路線の説教も模索していた。明治六年六月には「往々説教中に云々するは云々の罪に陥る所以を懇諭し、教法実際に被相行候様」にと、刑法の熟知・解説を盛り込むことを勧め(教部省達無号)、同年一〇月には「開化」的な徳目を十七兼題として制定し、新たな諸政策への理解・遵守を説くことを求めた。府県レベルでも、たとえば同年八月宮城県参事宮城時亮は、中教院に地租改正や徴兵令といった「開化」的諸政策の説教を要請している。(30)安丸良夫が「むしろ野放図に近代的で進化主義的」と教導職の説教を評したように(31)、いわば「開化」の伝道者としての教導職像が、浮かび上がってくる。

それは、各府県が政策や布告の正確な伝達・理解に苦慮し、誤解や摩擦を引き起こしていた状況と符合する。宮城県もその事態に直面して教導職を利用したのだが、筑摩県の場合、その担い手は当初、あくまで教員であった。明治六年八月一〇日、県庁は学校のある村々で新聞(特に『日新真事誌』)記事と布告の解説につき指令した。学校または戸長宅において、「学校教員、区長、学区取締、正副戸長、学校世話役等」が実施すべきことと定めたのである[教9―110]。また同年一〇月には、各教員に民情報告を義務づけ、県権令へ宛てて月一回報告書を郵送せよと命じた。そこでは「神官僧侶及ひ区戸長学区取締捕丁等言行勤惰」や「御布告現実奉体するや否」などの項目が並べられており［教9―980・981］、筑摩県では、監視する教員／監視される神官・僧侶、という関係にあったといえよう。

そこに変化が現れたのは、同六年一二月二三日の県達である。布告の趣意不徹底につき、月三回程度の布告講読実施を県下へ通達し、依然として会場は学校、実施主体は教員・村吏と規定し、戸主・子弟ともに参集せよ、と改めて命じていた。だが注目すべきは、その達しの中に、新たに「神官僧侶何人にても講談出来候もの村吏を助ける妨くるなし」という文言が明記されたのである［教9―115］。県民への法令伝達の困難ぶりとともに、それを講話できる人材として、神仏の教導職が浮上してきたことを示しているからである。明治六年末段階の県の認識では、教導職はもはや教員の監視対象というより、布告講読の能力を買われつつあったといえるであろう。岩本の提起は、この直後になされたものであり、いわば時宜に適う方法として浮上したといえる。そこには、県政の側に立つ説教方法を示すことで、神葬祭を非難する僧侶教導職へ対抗するという政治的意図も、多分に含まれていたであろう。

(2)布告講読のゆくえ

ではこの岩本建言は、県にどのように扱われたのか。明治八年二月一四日、翌月の県庁会議開催に向けて、議員へ下問がなされる。その第一条は、ほかならぬ「教導職説教之儀は、以来村々御布告講読日、教導職村吏申談、同場両事取行之事」であった［県2―83］。そして三月一九日には、布告講読と最寄の教導職の説教とを「毎月三回位適宜の場所相定」めて同日同会場で行うこと、理由なく二回以上欠席し聴聞せぬ者は県官が取り質し説諭すること、と県下に通達する［教9―156・157］。

だがこれは、岩本の提起とは微妙に異なる。教導職に布告講読を担わせるのではないからである。なぜこのような方法をとったのであろうか。岩本建言を県庁がどう取り扱ったかが問題となるが、その返答や議論の過程は残念ながら不明である。そこで、岩本が建言した明治七年三月から五月にかけて、権令永山盛輝が行った諏訪・伊那両郡巡回から推測しておきたい。この永山巡回は、筑摩県の学校教育史上、必ず言及される事柄である。六〇日間で二三〇余の小学校を巡視し、自ら学事の重要性を説いて回ったわけだが、その際の学事勧奨の文言や村々の様子については、『説諭要略』に記録されている。その中で注目されるのは、寺院への帰依が過ぎて学校への出金が疎かになっている、との非難が非常に目立つことである。たとえば、伊那郡上穂村へ赴いた際、永山は「今や文明に遇逢し。汝小民何と心得たるや。因果応報の邪説に拘泥し。地獄極楽なとの詭説を信するか……現在生きたる人を教育するに。此寺に布施すると違ひ。学資を出さす。教場に尽力せす。生るより死する方楽きなるへし。余り地を易へたることにて。可憐なり」と述べている［教9―132・133］。寺院と地域民衆との結びつきを目の当たりにした永山は、学校教育と仏教とが資金をめぐり対立せざるを得ないことを改めて認識するとともに、この信仰の根強さを利用する方策を模索しようとしたと思われる。もちろんそれは、学校教育と直接摩擦を起こさぬよう、ある程度距離をとって実行される必要があった。従来布告講読の会場を「学校」と定めていたのを、明治八年三月の県達で「適宜の場所」と改めた理由も、そこにあった。県は岩本が意図した神官側の利害のみならず、僧侶の村落における影響力を説教への動員力に転化する狙いのもと、教導職全体の問題として、このセット説教を実施したと解釈できよう(32)。前章で見た僧侶教導職の動向に即していえば、仏葬回復などの活動で檀家との結びつきを再構築しつつある状況と、説教実施が不十分という社会的批判とをうけて、布告講読を梃子として僧侶教導職の説教実施を促そうとしたのである。

さて、実際のセット説教はどのようなものであったか。明治八年四月一九日に松本下深志町・宝栄寺で開催された説教についても、幸いにも記録が残っている〔八―二、一部は県10―91～95〕。その夜説教する教導職は、岡宮祠官・梶原調、岡田社祠官・近藤正教、芳仙寺住職・寺田綱山（真宗大谷派）の三名であった。まず近藤が三条教則を読み上げ、ついで副戸長三原某が布告講読を行った。布告は、同年三月に開社式が挙行された開産社についてであった。開産社とは、凶荒および貧民に対処する資金を備蓄しつつ、開墾や養蚕、牧畜、水田造成、石炭や蒸気機械による産業開発といった殖産興業のために、その資金を年一割二分の利子で希望者へ貸し付ける施設であった。前身である勧業社（明治七年四月業務開始）を改称し、開産社条例および同規則を設けており、三原はその条例・規則を解説したものと思われる。そして説教へと移り、梶原→近藤→寺田の順で行った。その内容は別表に示したとおりである。これはのちに中教院の取り調べのもと県庁へ提出した記録であり、体裁を繕うための粉飾も考慮せねばならないが、概要を知るには充分と判断した。

その上で指摘できる第一の特徴は、布告講読の内容に三名とも言及している点である。詳細な条文内容には触れてはいない。むしろ、開産社について「衆庶御引立」「人民保護の御仁恵」として受容すべきであり、それが三条教則の皇上奉戴・朝旨遵守および敬神につながり、「神護を得」るに至るのだ、という趣旨で説教している。いわば「開化」政策に対する「心がけ」の次元で、三条教則に基づき説いたのである。

第二に、就学督促への言及である。梶原の説教記録に「只今も御布告御聴聞之通り」とあるように、布告講読ではこの話題も論じられたようである。近藤も、「学校は人たる道を教へ人を育て天職を尽さしむるなれは、畢竟御国政の関り係る処重」いありがたい存在である以上、恩義を感じよ、課金拠出を渋るな、と述べている。また近藤は「今子弟の教育以前に比すれば世話なく学につき道を知る、其恩言語に尽す」と旧式の教育と対比し、開産社同様、新時代のものとして学校を強調し称揚してもいる。

以上二点から考えるに、布告講読とのセットは、神・仏教導職共通の話題を説教するという効果をもたらしたと理解できる。直接の布告解説でなくとも、教導職自身は定期的に新たな布告に注意を向け、自分なりに咀嚼し、結果的に新時代の情報・知識の発信者という機能を果たしたのである。その過程で通俗本や新聞といった活字メディアを通じ学習するわけだが、別表のように、必ずしもそれらの学習成果が前面に出てこない場合もあった。むしろ、セットという形式が課せられたことで、教導職が布告内容に沿った学習をするようになった点こそ、強調すべきであろう。

そして第三に、神官・僧侶の「不協和」が明瞭に表れたことである。実は説教終了後、教導職によって内容に齟齬がある、と聴衆より苦情が出ていた。その「不協和」とは、やはり葬儀をめぐるものであった。芳仙寺住職・寺田が、神官の葬儀執行を大いに皮肉ったのである。維新以前には、神官は全く葬儀には関与しなかったのに、今日では逆に神葬祭も許可された。葬儀の後も死の不浄など問題にもせず、神前に出てゆくといった有様である。このような事態は「何ちゃか角ちゃかさっはり分らぬ」――神官の近藤は、神葬祭を朝廷の意思とみなし、従前の仏葬を全て誤りと片付けるのは行き過ぎだと述べていたが、寺田の口吻はそうした穏健な説明を否定し去るものであった。

県は、岩本の提起とは微妙に異なる布告講読とのセットで説教振興を図った。そこでは新たな政策を理解し遵守せよという、教導職共通の話題が説教に盛り込まれることになった。だが、葬儀をめぐる神仏対立は結局解消できぬまま、明治八年五月末に神仏合同の大教院解散を迎えたのである。なお、大教院体制の崩壊要因として一

別表　明治八年四月一九日の松本宝栄寺における説教内容

	梶原　調（岡宮祠官・訓導）	近藤正教（岡田社祠官・訓導）	寺田綱山（芳仙寺住職・権少講義）
葬儀につき	（言及なし）	先年仏葬の頃親を始め家内の欲せさる事も信仰の偏りを尽せし事あり、是僻なり、又旧知事公の勧意にて神葬に化せし以後は朝廷も御神葬なれは、吾生て氏神と祈り死して神葬となる、生涯神国の道に渉る事善しと思ひ込み、前義等閑にせし事ありて後に心付は過ちと思し事あり、是亦偏僻なれは別して御注意ありて、何事も敬ひ慎みの誠のはなれぬ様心に問て心を責め、物事其節に叶の工夫あり度	当時敬神々々と頻に被仰か能々思へは、御一新前は神官たる者は生穢死穢と云て人の生れたときと死た時は火迄も別にして更に死体に近よる事なし、それてこそ敬神とも思はるれ、然るに今日に至ては溷穢の義は御廃止に相なり、汚れ不浄と云事はさっはりなひと仰せられ、神葬祭迄御免あらせられ、神官葬儀を執行ひ其儘神前に詣ても罰も当らぬ、もし昔か真となら今か虚歟、今か真なら昔日は虚ちや、何ちゃか角ちゃかさっはり分らぬ
布告講読につき	猶又県庁に於ては開産社被設、夫々勧業の御手当等、皆何れも衆庶御引立之御趣意厚く体認し、報恩の志少も忘却無之様にと懇篤弁説にをよび退席なす	御布告講読ありし開業(ママ)舎の事別して心得厚くなけれは欲に引かれ若くは庁旨を淩くに至る焉、実に御規則を弁へられ資本乏きは此御助けを受け業を励けみ遊民の罪を受けさる様に職業を尽すに至れは、第一皇上を奉戴する意に叶い、又朝旨を遵守する義にして、則ち敬神の誠も現れ諸神も其肺肝を御感しありて必す神護を得て幸福なるへし	開産社と云は乍恐権令閣下を初として諸官員の御積みなされた金額もあり、又諸人の分に応して積立た金穀もあり、申さは上下共有の金穀にして上の物にして上の物に非す、民の物にして民の物にあらす、全く人民保護の御仁恵より開かせらるゝ処の社にして、郷に無職の民なく戸に無産の人なき為、且又飢年凶歳等の予防の御備ちゃから、たとへは商は仕度か元資かなひ、農を開度か資料かなひとか、訖度目度か立た処て拝借を願ふ訳ちゃ、尓るを、万一心得違て、

出典・［八―二］

			開産社は利足か安ひてこれを借て遣へは勘定かよひなとゝ、算盤持て云々するは大な心得違て有ますから、人民保護の御趣意を忘却なく心得違なひ様になされませ
学校教育につき	又只今も御布告御聴聞之通り、其身貧くして無余義子弟不就学の輩えは御詮議の上金子も可被下	又方今屢学校の御世話ある中に元資の迷惑苦情あるをきく、是心得違あらん歟、今子弟の教育以前に比すれば世話なく学につき道を知る、其恩言語に尽す、然るに元資を厭ふは罪なり、素有志の主意なれは上より強て御勧めの訳には之なく、若有志の仁ありとも不活計実算なれは是誠なり……元と学校は人たる道を教へ人を育て天職を尽さしむるなれは、畢竟御国政の関り係る処重く、又恩義浅からされは徒らに暮す事なく、暇まあらは精を出し稼き之を積て此恩義に報するの志を存し、元資進献の心を尽すへし	（言及なし）

※傍線は筆者による。

般的に指摘されるのが、神仏合同の原理的矛盾や真宗の離脱であるが、その点は留保せねばなるまい。筑摩県に即して見れば、神仏合同の矛盾は、あくまで葬儀という具体的問題で顕在化した。また真宗の離脱といっても、どの府県でも一様に現象したのではなかった。先の宝栄寺のごとく、大教院解散直前まで神官と真宗僧侶の合同説教が実施された場合もあったのである。通説的理解に修正を迫る事例といえよう。

⑶大教院解散後の状況

さて大教院解散直後の明治八年七月一〇日、神官教導職は早々にセット説教から離脱し〔教9—161〕、松本の神道事務分局（局長は岩本）を中心として独自に説教を行ってゆくことを宣言する。おそらく、同年四月二日に県社祠官以下神官への給与支給を定める県達が出されたためであろう。その意味で、岩本建言は所期の目的を達成したといえる。それは別の面から見れば、知識・情報を伝達する存在としての神官教導職が、その存在意義を後退させたことになる。

そして説教と入れ替わるように、また説教を遙かに凌ぐ隆盛をみるのが、政談演説会であった。明治一四年に松本の中学校へ進学した木下尚江は、しばしば「見物」として宝栄寺での演説会に行き、「予の祖母なぞも『坊様の眠むたい説教よりは元気が良くて面白い』とて、開会毎に出掛けられた」、と回顧している(33)。演説に対する熱狂は明治一〇年前後から全国的に高まっていくが、それが説教と対比的にとらえられていたことは注目される。しかも、木下と祖母が通っていた演説会場が、先述した説教会場・宝栄寺であったことは実に象徴的である。布告講読とのセットによって、いわば公的な口承メディアとして機能するはずであった説教の命脈も、松本においては演説熱に呑まれるように断ち切られていったのである。そこには、大教院体制解散後の仏教各宗教団による組織再編・強化も、大きく影響していた。どの教団も、機構の整備や財政の立て直し、あるいは自宗派僧侶の養成に力が注がれていたが、説教については新たな教化指針樹立に向けての動きも鈍く(34)、全体として停滞していたことは事実であろう。

しかし他方で、各教団も宗派ごとに大・中教院を置き、定期的に説教を実施していたことも事実である。またセット説教も、僧侶教導職の側が引き継いでいった。明治九年一二月六日に伊那郡中箕輪村の法界寺住職・川上琁誉が浄土宗部幹事を通じて県へ提出した伺書では、次のような要望が出されている。

奉言上候。拙寺末当郡南箕輪村八小区四番地西念寺儀従来支配仕候処、無檀に付明治七戌年縫針学校に貸置候処、方今教部省の御趣意も有之、耕内の人民右西念寺に於て御布告幷に説教等毎月両度拝聴仕度旨申合も有之候間、拙僧兼務法用修行仕度、依之右寺庭前え立札の儀御聞済御指令被成下置度、此段奉懇願候。以上

［九—四］

南箕輪村の住民がセット説教の実施を要望しているので、それに応えて実施したい、そのため寺院の庭前に説教開催の立札を建てたい、というのである。布告講読のセットによって、説教は住民に必要な知識を得る場として認識されていたことがうかがえる。したがって、都会でも山村でも演説熱がひとしなみに高揚したと考えるのは、おそらく実態には合わないだろう。とくに後者では、説教も依然口承メディアとして重要な位置を占めていた可能性もある。また明治一〇年代においては、各宗派で地方巡回を頻繁に行う僧侶も出てくる。筑摩県および合県後の長野県でも、すでに明治九年五月に畔上楳仙（曹洞宗権少教正、足柄県関本村・最乗寺住職）、同六月に獅子吼観定（浄土宗大講義、東京府深川・霊巌寺住職）、そして同一〇月には大谷光尊（真宗本願寺派法主、大教正）が来県している［いずれも九—一］。大教院解散後の各宗派説教の実相について掘り下げた研究は乏しく、今後の課題である(35)。だが佐田介石のように、各地から宗派を問わず招請され、説教を行うカリスマ的僧侶が脚光を浴びる状況を念頭におけば(36)、当該期の僧侶とその説教がもつ社会的意義を見直す必要はあろう。

では、布告講読から離脱した神官の側はどうか。明治九年四月下旬から五月末にかけて、筑摩県神道事務分局は県下の神官教導職たちを県内巡回説教に派遣した。たとえば伊那郡においては、六小区で一度ずつ説教を行い、約一五〇名から四五〇名の聴衆を動員した［九—三、一部は県10—105・106、教9—1116］。明治一〇年にも個人的な実施

が三例見られるものの［一〇―一・四・六］、それ以後巡回説教は行われず、盛行をみたという形跡もない。前述の演説熱に加え、明治一〇年代前半に神道界を揺るがした祭神論争が――説教内容を規定する教義解釈に関わる問題である以上――、神官教導職の説教実施の衰微に大きく作用したことは間違いないだろう。誤解を恐れずいえば、明治一五年一月の神宮および官国幣社神官の教導職兼補廃止（内務省達丁第一号）以前に、説教主体としての神官教導職は姿を消しつつあり、彼らの説教への意欲は教派神道へと「転生」してゆくのかもしれない。

むすびにかえて

以上、安達の動向や岩本の建言書から、教導職の説教に対する意欲や動機、県庁が打ち出したセット説教などについて、考察してきた。教導職が新たな時代の情報・知識の伝播に無視し得ない役割を果たすとしても、必ずしもそれを意図した結果ではなかった。おそらく国家の指令に粛々と従った、というより、仏葬回復運動や神官給与の獲得といった、教導職個々が置かれた事情のなかで説教を行い、たまたま情報・知識の伝達役を担ったという場合が大多数であったろう。

国民形成の一回路として、為政者―教導職―民衆という脈絡を考える場合、教導職は媒介者ではあっても、決して素直な末端官吏ではなかった。また安達ら大町村の神仏教導職のように、説教のしかたを民衆の側へ尋ね聞くという事態を見れば、少なくとも後二者の関係は一方向的ではあり得ない。おそらく、明治初期の国民形成におけるこの媒介者の本領は、〈揺れ動き〉にこそある。そこには二つの側面が指摘できる。一つは、教導職は国家の教化綱目を受容する側でもあり、伝達する側でもある、という点である。また国家の要請と重なりつつも微妙にズレる、地方官の要請に応じた説教内容についても、受容・伝達せねばならない。布告講読とのセット説教はその典型例である。もう一つは、教化する側にありながら、聴衆の反応や要求を受け止める側でもある、という点。説教に対する「不協和」の非難や、南箕輪村住民のようなセット説教実施の要求も、受け止めねばならない。こうした側面は、教導職個々の動向を捉える際に必ずしも注視されてきたとはいえないだろう。

最後に、明治九年(一八七六)六月二二日付で、筑摩県権参事高木惟矩へ提出された、一通の上申書を紹介して稿を閉じたい。差出人は飛驒水無神社宮司・島崎正樹。周知の通り、息子・藤村に小説『夜明け前』の主人公「青山半蔵」のモデルとして描かれた人物である。当時島崎正樹は、神道事務分局の副長であった。したがって、同局では岩本尚賢に次いで県内神官を統括する立場にあり、自身も教導職として説教の座にあがっていた。上申書は、その説教場での出来事について述べたものである。

昨日当局説教定日に付、教導職参会説教中、聴衆の内曹洞宗中講義安達達淳居合、正樹の所説に付不得其意趣にて、於神前大声を発し及質問候に付、情実致返答候処、酔中の容子にて猶聞入不申、管長へ可申立旨申述致退局候。偖直会の式を行ひ居候処、右達淳心懸り候容子にて其席は参り談笑候間、全酔中の儀と存し、一同其場限りの事と致候。乍然聴衆群参の折柄、於教場甚不体裁の次第にも候間、為念此段申上置候也

[九—三]

島崎の説教中に、泥酔した上に大声で質問をし、返答も聞き入れず座を荒らした僧侶、それは誰あろう安達であった。安達は後で詫びに参り落着したものの、聴衆の手前「不体裁」と考えた島崎は、念のため県庁へ報告したというわけである。この出来事を、相変わらずの神仏対立として捉えるか、あるいは〈酔った上でのコト〉と笑って済ませられるほどに対立が緩くなっていたと見るか、検討材料に乏しいままの推測は避けたい。ただいえるのは、安達と岩本、そして島崎が、直接・間接の接触機会を持ったことである。大教院解散以後も、懲役場で

の教誨説教の場においては神官・僧侶が交互に務めていた（「懲役場説教神官僧侶日割」［一〇―六］）。こうした教導職同士の接触や交流が、その後の神道界・仏教界の展開に及ぼした影響も、今後考察すべき小課題となろう。

（1）教導職の教化活動についての研究は数多いが、ここでは各地方へ派遣された教部省官員の行政指導や、教導職の巡回説教や教化体制構築の具体相について論じたもののみ挙げておく。宮地正人『天皇制の政治史的研究』校倉書房、一九八一、羽賀祥二『明治維新と宗教』筑摩書房、一九九四、田中秀和『幕末維新期における宗教と地域社会』清文堂出版、一九九七、拙稿「明治六年松本小教院事件――教部省教化政策の地方的展開、あるいは「教化」と「教育」のはざま――」（『日本史研究』四九二、二〇〇三）など。

（2）牧原憲夫『客分と国民のあいだ』吉川弘文館、一九九八、一五二頁。

（3）前田愛『近代読者の成立』岩波現代文庫版、二〇〇一、一一七頁。

（4）山室信一『法制官僚の時代』木鐸社、一九八四、三五七頁。

（5）坂本紀子『明治前期の小学校と地域社会』梓出版社、二〇〇三。もっとも、坂本は豪農が神官教導職になった事例（静岡県駿東郡御宿村・湯山家）を扱っており、こうした視点を備えた先行研究で僧侶に注目して論じたものは、管見の限りほとんどない。

（6）『北安曇郡誌』（非売品）、一九二三、九七二頁。

（7）この点につき、筆者は前掲「明治六年松本小教院事件」の四頁下段において、「藩知事戸田光則は平田派国学の強い影響をうけて」と迂闊にも述べたが、「朱子学を奉じた人で、殊に水戸崇拝の一人であった」（孤峰烏石「松本藩の廃仏毀釈」、村上専精他編『明治維新神仏分離史料』中巻、東方書院、一九二六、六三三頁）とあるように、戸田は水戸学の影響を受けた人物であった。平田学の影響もないわけではなく、同時代的にも「城主松平丹波守藤原の光則は平田篤胤の門人にて」（中村孝三「弊法可斥論」一八七二、長野県大町市・北安曇教育会所蔵）と評されていたものの、旧稿の記述は不正確なものといわざるを得ない。ここに訂正しておきたい。

（8）唐沢貞次郎「松本藩廃仏事件調査報告」（前掲『明治維新神仏分離史料』中巻）、六四八頁。

（9）『大町市史』第四巻、一九八五、一二四七・一二五七頁。
（10）同右、一二六二頁。
（11）小松芳郎「寺院再興と土地問題——松本藩廃仏毀釈後の兎川寺の場合——」（『信濃』三一—二、一九七六）、一二九・一三〇頁。
（12）杉本尚正編『教導職職員録』東京・杉本蔵版、一八七五カ。川口義照「明治仏教における教導職職員(下)」（『曹洞宗研究員（研究生）研究紀要』一九、一九八七）、一五五頁。
（13）阪本是丸「神葬祭の普及と火葬禁止問題」（『国家神道形成過程の研究』岩波書店、一九九四）、四三〇〜四三四頁。
（14）前掲唐沢「松本藩廃仏事件調査報告」、六七七・六七八頁。
（15）『教部省記録　筑摩　明治六年』（東京都板橋区熊野町・熊野神社所蔵、複写版は板橋区立公文書館所蔵、通番六五九〜六六一）。
（16）庶務課は、御用新聞である『信飛新聞』にも同様の文章を掲載するよう、上申している。すなわち、「畢竟旧松本知事治下神葬に改典せしを遺恨に存し、此機会に乗し仏葬に挽回せんとの念慮、則我田に水を引と云ものなり。教導の職を襲ながら我皇国の民にして敬神愛国を外に為すこと、僧侶の方向を誤る浅間しきことならすや」［教9—111］と、明らかに安達を対象に非難を浴びせている。
（17）この点につき、筆者は「教部省教化政策の転回と挫折——「教育と宗教の分離」を中心として——」（『史林』八三—六、二〇〇〇）、および前掲「明治六年松本小教院事件」で、その密接不可分な関係につき考察した。参照されたい。
（18）北安曇教育会所蔵、「山西孝三文庫」一七一二。
（19）篠崎健一郎氏のご教示による。
（20）『三条略解』は『曹洞宗選書』第一巻所収（同朋舎出版、一九八二）。
（21）山西孝三「古事記伝贈与之理由」（北安曇教育会所蔵）。中村孝三はのちに山西姓を名乗る。
（22）前掲中村「弊法可斥論」。
（23）小松は教導職試補（明治六年四月二八日拝命）で、東京の大教院詰から同年五月に帰県、旧檀家のいる村々を回り説教しながら、それを足がかりに仏葬の回復を企図していた人物であり、安達と同じ問題意識を持っていたといえる。前

掲拙稿「明治六年松本小教院事件」第二章第二節参照。
(24) 前掲『北安曇郡誌』、九七三・九七四頁。
(25) 以下、議員の回答は「明治六年　下問会議書類　全」(長野県立歴史館所蔵)。
(26) 岩本の略歴については、諏訪史料叢書刊行会編『諏訪史料叢書』第一巻(鮎沢商店印刷所、一九二五)、例言六・七頁。
(27) 明治六年(一八七三)一二月八日に、宮司を赤司重春から岩本へ交代したいとの旨が県から教部省へ上申され、同月一九日にそれを承認する返答が出ている。『社寺取調類纂』一四八(国立国会図書館所蔵)。
(28) 前掲『諏訪史料叢書』第一巻所収。
(29) 翌明治八年(一八七五)一月一三日においても、諏訪大社の末社の祠掌総代から、窮乏を訴える上申書が岩本のもとへ届けられている[八—一二、県10—90・91]。
(30) 『教義新聞』三五号、六年一一月付(『明治仏教思想資料集成』別巻、同朋舎出版、一九八二、一五七頁)。
(31) 安丸良夫「近代転換期における宗教と国家」(『日本近代思想大系五　宗教と国家』所収、岩波書店、一九八八)、五二九頁。
(32) また、神仏教導職の対立によるトラブルを回避したい、という意図もあったと思われる。前章第二節で触れたように、明治七年(一八七四)五月、安達は佐々木らとともに講社「皇恩講」結成を申請している[七—一、県10—735]。僧・俗問わず入社でき、「信者喜捨の金穀を積み、以て社中疾病困難を救ひ吉凶齋く礼儀を尽す」との活動を定めていたが、条文中には「人の信仰に任せ神仏葬適宜に可執行、尤祖先は勿論父母の祭日には必ず其墳墓に詣」でることも明記されていた。この祖先祭祀の励行は、たとえ神葬祭に改典した者であっても、仏式で葬儀を挙げた祖先の墓へ参ることを意味し、暗に仏葬への追慕を喚起する内容となっている。こうした安達を中心とする僧侶教導職の行動は、中教院内部の神仏対立も葬儀を争点に深まってきたことを如実に表していたといえる。県も同七年一二月には、「兎角管内教導職の者、僻見を以て岐を分ち互に相抗せんとする機、既に相動き候……中教院も自然衰微に及ひ弊害不少と見込候」[県10—90]と率直に危惧を表明していた。そこに、神仏教導職とも説教に専心することで、対立を止揚するという方策が考えられたともいえよう。
(33) 木下尚江「懺悔」(『木下尚江全集』第四巻、教文館、一九九四)、六一頁。

(34) たとえば曹洞宗の場合、明治一二年(一八七九)に辻顕高によって『曹洞教会説教大意幷指南』が編まれたが、説法を饒舌として否定的に受け止める宗風もあり、具体的な教化指針はなかなか定まらなかった。むしろ、還俗して教団の外にいた大内青巒によって、仏教を民衆に平易に伝える手段が模索された。同二〇年二月に大内が中心となった『洞上在家修証義』が刊行され、同二三年一二月になってそれを修訂した『曹洞教会修証義』が宗内に公布されている。桜井秀雄「総説　明治期・曹洞宗団概史」(前掲『曹洞宗選書』第一巻)、一五〜二四頁。

(35) その点で、原武史の示唆は貴重である。原は、明治天皇の巡幸と重なる時期に東西本願寺法主も盛んに地方巡教を行っていることを指摘し(「並立するカリスマ」)、その具体相の一端を検討している(原『可視化された帝国』みすず書房、二〇〇一、五四〜六一頁)。

(36) 佐田介石の活動については、拙稿「〈奇人〉佐田介石の近代」(『人文学報』八七、二〇〇二)で詳論した。

[付記] 本稿の作成にあたり、北安曇教育会および篠崎健一郎氏(大町市文化財審議会委員長)に史料の調査・閲覧等に際し多大なご助力をいただきました。厚く御礼申し上げます。
なお、本稿は平成一六年度科学研究費補助金(若手研究(B))による成果の一部である。

朕は汝等軍人の大元帥なるぞ――天皇の統帥命令の起源――

永井　和

はじめに――佐々木克の明治天皇研究

本書の編者である佐々木克の幕末維新史研究および明治政治史研究は多岐にわたっているが、その重要な一分野に近代天皇像の形成についての研究があげられるのは異論のないところであろう。一連の研究の成果は、ほぼ一〇年おきに書かれた次の三つの論文に集約されている。

A「天皇像の形成過程」飛鳥井雅道編『国民文化の形成』筑摩書房、一九八四年

B「明治天皇のイメージ形成と民衆」西川長夫・松宮秀治編『幕末・明治期の国民国家形成と文化変容』新曜社、一九九五年

C「近代天皇のイメージと図像」『岩波講座　天皇と王権を考える』第六巻、二〇〇三年

私の見るところ、右の三論文において展開されている近代天皇像形成論のエッセンスは、ほぼ次の二点にまとめられる。

一、近世の非政治的天皇〈見えない天皇〉から近代の親政する天皇〈見える天皇〉へと、明治になって新たな天皇（像）の創出がなされた（＝〈見せる〉天皇の演出）。この天皇像の形成過程は、一八六八年（慶応四）の大阪行幸に端を発し、一八八八年（明治二一）の「御真影」の作製とその翌年の大日本帝国憲法の発布とによって、一応の完結をみる。この二〇年ほどの間に、それまでの歴史的伝統とは断絶する点の多い近代固有の新たな天皇像が形づくられ、それが定着するにいたったのであった。

幕末維新期に描かれた多数の錦絵を調査をした経験をもつ佐々木は、それまでは御簾の中に座して、その姿形が錦絵中に決して描かれることのなかった天皇が、ある時期（明治一〇年頃）から顔かたちをそなえた人物画像として描かれるようになった事実に気づいた。錦絵の世界では、まさに〈見えない天皇〉が〈見える天皇〉へと劇的に変身したのだった。この錦絵の世界でおこった事件を、それと並行するかたちで現実の世界でも進行しつつあった、天皇イメージそのものの全般的な変成過程を象徴する現象にほかならぬと、とらえかえすことから佐々木の近代天皇像形成研究がはじまったのである。

二、この明治期前半に新たに創出された〈見える天皇〉／〈見せる天皇〉の具体的イメージは「軍服を着た天皇」であった。言い換えれば、近代天皇（像）の創出・形成過程とは、軍人すなわち大元帥としての天皇（像）の形成過程にほかならなかったのである。

錦絵に描かれるようになった天皇は、衣冠束帯をまとった姿からすぐに髭をはやして軍服を着用する軍人画像に統一されてしまう。それ以外のイメージは排除された。軍服をまとった明治天皇の肖像にほかならぬ「御真影」は、天皇＝大元帥という近代天皇イメージの決定版であり、文字どおりステレオタイプとなったのである。

先ほどあげた佐々木論文A「天皇像の形成過程」は、錦絵に描かれた天皇像・天皇の肖像写真・服制・兵事へのかかわり（天皇の軍事訓練）・行幸先・各種憲法草案での天皇および統帥権の規定の各分野にわけて、この軍人・大元帥としての天皇像の形成過程を詳細に分析したものだが、軍人天皇像の形成過程には二つの画期がみられるとの説を提起した点で大いに注目される。

第一の画期は一八七二年（明治五）から一八七四年（明治七）頃で、閲兵や演習視察等の軍事儀礼行為にとどまらず、明治天皇が乗馬や射的の訓練、さらに小隊規模の部隊操練から旅団規模の行軍指揮まで熱心に励んだ時期である。まだ二〇歳代前半の青年であった明治天皇が一個の軍人として、とくに下級将校として基礎的な教育訓練を受けた時期といってよいだろう。ここで注目すべきなのは、この時期にはいまだ大元帥＝天皇の等式が完全なかたちでは成立していなかったと、佐々木が指摘している点である。一八七二年に制定された大元帥・元帥服制の但書に「聖上大元帥タル時ハ釦色金色菊章帽衣ニ金線一条ヲ増加ス」とあることから、佐々木は、この時点ではまだ天皇以外の者が大元帥になることも不可能ではないと解されていたと判断し、大元帥＝天皇の等式の未成立を主張したのであった(1)。

大元帥としての天皇が確立するのは、それから少し遅れて、一八七八年（明治一一）から一八八二年（明治一五）の間であり、これを佐々木は第二の画期と呼んだ。ちょうど軍人訓戒から軍人勅諭までの期間にあたるが、参謀本部条例（一八七八年一二月）、西郷従道陸軍卿と大山巌参謀本部次長が連名で三条実美太政大臣宛に出した「軍事御統括ノ事ニ係ル答申書」（一八七九年四月）、陸軍職制（一八七九年一〇月）など、一連の陸軍関係の法令や文書に、「聖上躬ラ大元帥ノ職ニ居リ玉フ」「日本帝国ノ陸海軍ハ直ニ天皇陛下ヲ大元帥トナシ」「帝国日本ノ陸軍ハ一ニ天皇陛下ニ直隷ス」といった表現があらわれるようになったことから、天皇＝大元帥の等式がこの時期に成立したと結論づけたのであった。もちろん、その頂点には、「朕は汝等軍人の大元帥なるぞ」と宣言した軍人勅諭（一八八二年一月）が位置する。自身軍人である明治天皇が国軍の最高司令官にして最高位の武官である大元帥として実際に機能しはじめるのは、この第二の画期においてであり、天皇＝大元帥の等式が確立され、軍人天皇のイメージが固定化して他にありえなくなるのが、まさにこの時期であったと、佐々木はそう主張する。

この佐々木説、すなわち明治天皇が実際に大元帥となったのは、この第二の画期においてであるとの説を、佐々木とは別の方法によってあらためて再確認することが本稿の課題である。すなわち、明治天皇が大元帥になったのはいったいいつのことであったのか、それを明らかにするのを本稿は目的としている。

なお、ここで別の方法というのは、こういうことである。かつて一八七一年（明治四）から一八八〇年（明治一三）までの太政官決裁文書を精査した私は、明治天皇が日常的に万機を親裁するようになるのは西南戦争後のことであり、文書学的にみて万機親裁体制が確立したといえるのは、一八七七年（明治一〇）から一八七九年（明治一二）にかけての時期であったと主張する論考を発表した。(2) その論考において、なぜほかならぬ一八七八年（明治一一）末という時期に参謀本部が設置され、統帥権独立制度が誕生したのかという、古くからある問題に対して、新たな解答を提示した。簡単にいえば、統帥権独立を支えていた帷幄上奏制度とは、要するに、帷幄機関の輔弼をうけての天皇の軍務親裁制度にほかならず、天皇の万機親裁そのものがたかだか西南戦争以後にはじまったものにすぎないとすれば、それを前提にしてはじめて成立する統帥権独立制度についても、その成立がそれより前の時期にさかのぼることなどそもそも原理的にありえるはずがないというのが、そこで私が提示した解答であった。

私の論考は、まさに佐々木のいう第二の画期において、天皇の万機親裁と軍務親裁（帷幄上奏）とがはじまったことを太政官文書を用いて実証したものにほかならない。参謀本部長と陸軍卿の帷幄上奏を天皇が裁可すること

（＝軍務親裁）は、天皇が大元帥としてその統帥大権を行使する行為にほかならないから、私が行った作業がすでにそれだけで、この時期に天皇＝大元帥なる等式が確立したとする佐々木説の正しさを裏づけるものであることは、容易に理解されるであろう。佐々木が外部に現れたイメージや表象を分析の対象としたのに対して、永井は外からは見えない天皇の内部的決裁行為を材料に分析したのであった。別の方法とはそういう意味である。

本稿でもまったく同じ方法をとり、「陸軍省大日記」「参謀本部大日記」（以上防衛庁防衛研究所図書室所蔵）「参謀本部歴史草案」（広瀬順晧監修『近代未刊史料叢書6参謀本部歴史草案』ゆまに書房、二〇〇一年）及び「陸軍省日誌」（朝倉治彦編『近代史史料陸軍省日誌』東京堂出版、一九八八年）といった陸軍の資料を用いて明治天皇が行った軍務親裁行為を検証し、大元帥としての天皇の機能がまさにこの時期からはじまったことを、さらにいっそう明確にしたいと考えている。

一　最初の親裁軍令――一八七九年六月一二日

まず、大元帥の機能とは、自ら軍人である天皇がその幕僚長（この場合は参謀本部長および陸軍卿）の補佐を受けて、最高司令官として国軍を指揮・監督することであり、そのため所要の軍事命令を発したり、軍事規則を定めることであると定義しておく。ただし、ここで留意しておくべきは、大元帥は国軍最高司令官だが、国軍最高司令官は必ずしも大元帥ではないという点であろう。例えば、アメリカ合衆国では憲法により大統領が国軍最高司令官であると規定されている。しかし、合衆国大統領は文民であり、軍人ではない。同様に、自衛隊法は自衛隊の最高指揮権は内閣総理大臣に帰属すると規定しているが、日本国憲法第六六条により内閣総理大臣は文民でなければならない。文民である大統領や内閣総理大臣は「最上ノ武官」である大元帥ではありえない。アメリカ大統領や日本の内閣総理大臣は国軍の最高司令官（指揮監督権者）ではあっても、大元帥ではないのである。「陸海軍ノ総裁」すなわち国軍最高司令官であることに加えて「最上ノ武官」であること、つまり軍人であることが、大元帥であるためのもう一つの条件である。(3) 佐々木が明らかにしたように、すでに第一の画期である一八七二年（明治五）から一八七四年（明治七）にかけて、明治天皇は軍人としての基礎訓練を終了しており、常に軍服をまとう軍人天皇として自己形成を遂げつつあったから、あとは実際に幕僚長の補佐を受けて国軍最高司令官として軍事命令を発するようになったのがいつのことであったのかを明らかにしさえすれば、明治天皇がいつ大元帥になったかも確定されうるわけである。

この意味での大元帥として明治天皇が最初に行った（帷幄上奏による）軍務親裁行為は、将校の補職（部下である軍人を特定の職務につけ、任務を与えること）であった。このことは私の前記論考ですでに紹介済みであるが、一八七八年（明治一一）一二月二六日付で、東京鎮台司令官陸軍少将野津道貫を陸軍始諸兵指揮官に任ずる人事に裁可を与えたのが、現在その内容が確定できる最初の軍務親裁行為である。(4) この事実から、この時期すなわち一八七八年末の時点で、明治天皇は大元帥として実際に軍の統帥を開始していたと結論してよいわけだが、それにとどまらず、さらに進んで、高級軍人の人事（補職）以外の分野で、大元帥たる天皇の軍務親裁がいつからはじまったのかを明らかにしておく必要がある。

その手がかりとなるのが、曾禰荒助稿「兵制ニ係ル条項」（「伊東巳代治関係文書」国会図書館憲政資料室所蔵）に含まれている「陸軍々政上ニ於テ内閣ヲ経ス直ニ裁可ヲ経テ施行スルモノノ種類」と題するメモである。この表題からわかるように、帷幄上奏による天皇の軍務親裁がいつ、どのような事柄においてはじまったのかを調査したものであり、メモが作成されたのは、一八八七年（明治二〇）から八八年（明治二一）にかけての時期であると推測される。このメモでは「陸軍々政上ニ於テ内閣ヲ経ス直ニ裁可ヲ経テ施行スルモノ」として四つの項目があげられているが、その第一項は次のように記されている。

一、陸軍佐尉官職課命免ノ件

右ハ参謀本部長ト協議ノ上陸軍大臣本部長連署裁可ヲ請フコトトナシ明治十一年十二月廿四日ヨリ実施ス(5)

これが意味しているのは、一八七八年（明治一一）一二月二四日から、陸軍の佐尉官に職務を命じること（職課命免＝補職）が帷幄上奏事項となり、陸軍卿と参謀本部長の連署上奏を天皇が裁可したあと、人事の執行（発令）がなされるようになったということである。後でみるように、この一八七八年一二月二四日という日付は、曾禰メモの四項目中ではもっとも時期が古い。参謀本部成立後に最初に行われた帷幄上奏は陸軍将校の人事（職課命免）に関するものであったわけである。先ほど私が「この意味での大元帥として明治天皇が最初に行った（帷幄上奏による）軍務親裁行為は、将校の補職（部下である軍人を特定の職務につけ、任務を与えること）であった」と述べたのは、私が行った太政官文書の調査から引き出した結論であったが、曾禰メモの記すところと同じ結果を示している。ただし私の論考から出てくる結論は、「一八七八年一二月二六日付で、東京鎮台司令官陸軍少将野津道貫を陸軍始諸兵指揮官に任ずる人事に裁可を与えたのが、現在その内容が確定できる最初の軍務親裁行為である」となるのに対して、右の曾禰メモでは「明治十一年十二月廿四日ヨリ実施ス」となっており、両者は明らかに齟齬している。日付に二日のズレが見られるからである。

この点を説明しておくと、曾禰メモの「十二月廿四日」は「陸軍佐尉官職課命免」の初例であるのに対して、私があげた「一二月二六日」は「陸軍将官職課命免」の初例である。二日のズレはそのちがいに由来する。将官は勅任官であるため、職課命免（補職）の辞令も内閣から発令される。陸軍卿と参謀本部長が人事案件を連署上奏し、天皇が裁可したあと、将官の場合は、天皇の裁可印が捺された帷幄上奏書が陸軍省に戻されずに内閣に下付され、内閣の記録庫に保管されるのである。その結果、現在でも国立公文書館に行けば、帷幄上奏書の原本ないし写本を確認することができる。厳密にいえば、将官の職課命免はその施行が内閣を経て行われるのであり、「内閣ヲ経ス直ニ裁可ヲ経テ施行スルモノ」には該当しない。

これに対して佐尉官は奏任官であり、その職課命免も内閣ではなく、陸軍省から発令されるので、天皇が裁可したあとの帷幄上奏書も内閣ではなくて陸軍省に戻される。残念ながら、陸軍省に下付された帷幄上奏書は現在ではほとんど残っていない。その原本、または写本を確認することができないので、曾禰メモが記録している最初の帷幄上奏人事（「明治十一年十二月廿四日」に実施された「佐尉官職課命免」の人事）が具体的に誰をどの職につけたものであるのか、その確認ができない。これに該当する可能性がもっとも高いのは、一八七八年（明治一一）一二月二六日付で発令された一連の参謀本部の内部人事（陸軍少佐長嶺譲、同大島貞恭をそれぞれ参謀本部測量課長、同編纂課長に任じたもの）だと思われるが、(6) それを裏づける確証はない。そこで、その内容が正確に把握できる最初の人事である、二日遅れの野津少将の職課命免をもって「現在その内容が確定できる最初の軍務親裁行為である」とした次第である。

なお補足しておくと、この時点で陸軍の将官および佐尉官の職課命免を帷幄上奏によって天皇が裁可することが、参謀本部条例に規定されていたわけではない。参謀本部条例そのものにはそれを明示的に許す条項は存在しなかったのである。この時点で、帷幄上奏人事に法的根拠を求めるとすれば、参謀本部条例とともに定められた内規（「本省ト本部ト権限ノ大略」）以外にはなかった。(7)

順序は相前後するが、第二項は後まわしにして、先に曾禰メモの第三項と第四項をとりあげたい。第三項は以下のとおりである。

一、団隊ノ編制及操法上等ニ係ル諸規則

（検閲式毎年定之近衛守衛隊規則衛戍規則戦時編制概則野外演習軌典同概則補充隊規則後備軍編隊規則旅団条例陸軍々楽隊条例陸軍礼式等）

右ハ陸軍建制編制上ニ係ルノ件ニ付参謀本部長ト協議ノ上大臣本部長連署裁可ヲ請フコトトナシ明治十二年四月廿八日ヨリ実施ス

第三項の意味するところは、（　）内に記載されている検閲式以下の陸軍諸部隊の編制や操法に関する軍事諸規則が、一八七九年（明治一二）四月二八日以降は帷幄上奏によって制定されるようになったということである。言い換えれば、大元帥としての天皇の権能は、それが発揮されはじめたそもそも最初の時点から、すでに軍の編制にまで及んでいたことをこれは意味する。ただし、その最初の実例とされている「明治十二年四月廿八日」に定められた規則が具体的に何を指しているのかは不明である。（　）内に列挙されている規則類で、もっとも古いのは「検閲式概略」であるが、これは明治一二年すなわち一八七九年一〇月四日制定であり、四月二八日ではない。「法令全書」を見ても、「陸軍省日誌」を探してみても、この年の四月二八日前後に制定された陸軍の編制関係の規則は見つからない。(8) 曾禰メモにいう「明治十二年四月廿八日ヨリ実施」の規則が何であるのか、現在のところ謎である。帷幄上奏によって制定された軍事規則で、現在確認できるもっとも古いのは「幕僚参謀条例」であるが、これは曾禰メモには列挙されていないし、またその制定日付も五月一五日であって、四月二八日ではない。(9)

ところで、参謀本部長と陸軍卿の帷幄上奏を受けて天皇が陸軍の部隊の編制に関わる軍事規則の制定を行うと規定した条項は、これまた参謀本部条例には含まれていない。また前記「本省ト本部ト権限ノ大略」にもじつはそれを認める明条はない。たしかに、「軍隊ノ編制節度等ニ就キ本部長其利害ニ於テ改革セント欲スル時ハ亦創議之権ヲ有ス」と編制に関する参謀本部長の創議権（イニシャチーフ）が「大略」中に明記されているが、しかしそれはあくまでも「其特権ハ唯創議ニ止マルナリ」とされていた。[10]軍隊の編制規則につき「参謀本部長ト協議ノ上大臣本部長連署裁可ヲ請フ」べしとは記されていない。曾禰メモにいう一八七九年（明治一二）四月二八日の時点では、陸軍卿は「陸軍所管ノ（中略）一切ノ事務ヲ総判スル」権限をもっており（一八七五年一一月制定「陸軍省職制及章程」第五条）、「陸軍所管ノ職制条例ヲ定メ或ハ改正スル事」は、「陸軍卿委任ノ権ヲ以テ之ヲ決判施行スルヲ許ス」とされていた。[11]この規定どおりであれば、陸軍卿は編制や操法に関わる部内規則を、天皇の裁可を請わずに、自己の権限で制定できたはずである。

しかし、一八七九年（明治一二）一〇月に新たに制定された「陸軍職制」と「陸軍省職制事務章程」は、右の陸軍卿の権限を縮小し、陸軍卿を「陸軍兵馬ニ関スル一切ノ事項」を「総判スル」存在（一八七五年の「陸軍省職制」第一条）から、「陸軍所管ノ軍人軍属ヲ統理シ進退黜陟会計給与一切ノ事務」を「総判スル」にすぎない存在へと変えてしまった（一八七九年の「陸軍職制」第三条）[12]が、しかしそれでもまだ、「省内諸局課及ヒ附属官廨ノ条例制規ヲ定メ或ハ之ヲ改正スル事」は陸軍卿の「意見ヲ以テ専行スル事ヲ得」とされていた（一八七九年の「陸軍省職制事務章程」第二章下款第二条）。「諸局諸官廨ノ条例制規ヲ定ムル事」が天皇の裁可を要する事項となる（「卿其ノ意見ヲ中奏シ裁可ヲ経テ然ル後施行ス」）のは、一八八〇年（明治一三）一二月二日制定の「改定陸軍省職制事務章程」においてである。[13]しかも、この「中奏」が帷幄上奏でなければならないとは、じつはどこにも明記されていない。にもかかわらず、曾禰メモによれば、一八七九年四月二八日から軍隊の編制に関わる規則が帷幄上奏により制定されるようになったのである。

次に第四項に移るが、こちらは最初の実施例が明治一七年すなわち一八八四年一月となっていて、すでに佐々木のいう第二の画期を超えているので、ここでは紹介だけにとどめておく。なお、左の「団隊ニ係ル編制表」とは文字通り「表」であって、各団隊の定員配置表のことである。

一、団隊ニ係ル編制表

(七軍管疆域表同兵備表近衛鎮台歩騎砲工輜重兵隊編制表函館砲隊編制表近衛鎮台営所職官表対馬警備隊編制表平戦両時歩兵聯隊工兵大隊歩工兵補充大中隊編制表等)

右ハ陸軍建制編制上ニ係ルノ件ニ付参謀本部長ト協議ノ上大臣本部長連署裁可ヲ請フコトトナシ明治十七年一月ヨリ実施ス

この曾禰メモでは一八八四年(明治一七)一月に制定された「七軍管疆域表」が「参謀本部長ト協議ノ上大臣本部長連署裁可ヲ請フ」という手続きで成立した、すなわち帷幄上奏によって制定された、最初の編制表となっているが、これは間違いだと思われる。なぜなら、「七軍管疆域表」はたしかに一八八四年一月に制定されてはいるが(14)、これは太政官の達であり、帷幄上奏ではなくて、内閣からの上奏によって制定されたものだからである。帷幄上奏によって制定されたと思われる編制表の最初は「七軍管疆域表」ではなくて、「七軍管兵備表」の方だが、その制定日付は一八八四年一月ではなくて、五月であった。このように、曾禰メモの日付は必ずしも信頼できるものでないことに留意しておくべきであろう。

最後に、残しておいた第二項に戻ることにしたいが、これを最後にまわしたのは、この項目こそが本節の主たるターゲットだからである。第二項の文面は以下のとおり。

一、行軍演習及軍隊ノ発差等軍令ニ係ルノ件

右ハ参謀本部条例第五条ニ依リ明治十二年六月十二日ヨリ実施ス

ここで言及されている参謀本部条例（一八七八年一二月一四日制定）の第五条とは、

凡ソ軍中ノ機務戦略上ノ動静進軍駐軍転軍ノ令行軍路程ノ規運輸ノ方法軍隊ノ発差等軍令ニ関スル者ハ専ラ本部長ノ管知スル所ニシテ参画シ親裁ノ後直ニ之ヲ陸軍卿ニ下シテ施行セシム

であるが、これからわかるように、平時において軍隊に行動を命じる軍令の発出手続きを定めたのが第五条にほかならなかった。その意味で、戦時の軍令発出の手続きを規定した第六条とならんで、大元帥の軍隊統率の中核をなす条項といってよい。右に紹介した曾禰メモの第二項は、一八七九年（明治一二）六月一二日にこの手続きにしたがって最初の軍令（＝大元帥の統帥命令）が発出されたと主張しているわけである。ただし、曾禰メモはこの時出された軍令の内容がいかなるものであったかまでは伝えていない。メモのほかの項目と同様、大元帥として明治天皇が何を命じたのかは、曾禰メモからはわからない。この最初に発出された大元帥の軍令の中味を具体的に明らかにするのが、本節の課題である。

「陸軍省日誌」からこれに該当すると思しき事例を探してみると、一八七九年（明治一二）第一八号の六月一二日欄に「西部監軍部へ達書三通」として次の三つの命令が掲げられているのが見つかる。

熊本鎮台歩兵第十四聯隊ノ内一中隊沖縄県へ分遣シ従前同所ノ分遣隊ハ交代帰営可為致旨御沙汰候事

鹿児島分遣熊本鎮台歩兵第十四聯隊ノ内一大隊同所引揚帰営可為致旨御沙汰候事

熊本鎮台歩兵第十四聯隊ノ内一大隊福岡へ分屯可為致旨御沙汰候事(15)

これらは、陸軍卿から西部監軍部長に対して出された「達書」である。最初のものは、熊本鎮台所属の歩兵第一四聯隊の一中隊を沖縄に派遣し、現在沖縄に駐屯している分遣隊と交代させるよう命じたもので、二番目は、鹿児島に派遣されている歩兵第一四聯隊の一大隊を熊本に帰営させることを、さらに三番目は同聯隊の一大隊を福岡に駐屯させるよう命じたものである（もともと歩兵第一四聯隊の本営は小倉にあるが、西南戦争後鹿児島の治安維持のために一部が鹿児島に駐屯していた）。その内容からわかるように、いずれも参謀本部条例第五条にいう「軍隊ノ発差」の軍令にほかならない。

参謀本部条例第五条の下段（「之ヲ陸軍卿ニ下シテ施行セシム」）にあるように、この「達書」の発出者（正確には奉行者というべきだが）が陸軍卿であり、また宛先が西部監軍部長であったことは、陸軍省の内部文書に収録されている右の軍令の案文（「達按」）からたしかに裏づけがとれるが[16]、しかし、これだけでは、参謀本部条例第五条の規定どおりに参謀本部長が参画し、明治天皇が親裁したかどうかまで確定できるわけではない。曾禰メモに「内閣ヲ経ス直ニ裁可ヲ経テ施行」されたとあるので、まずまちがいないとはいえそうだが、まだ断定はできない。しかし、天皇の裁可があったことを示す記述が「参謀本部歴史草案」に見いだされるのである。同書の一八七九年（明治一二）六月一二日の項に、

左ノ通沖縄県分遣兵交代並ニ鹿児島屯在兵引揚ノ件ヲ裁可セラル

嘗而琉球藩之頃分遣屯在並ニ先般処分ニ付増員トシテ分遣之兵隊共此節悉皆引払更ニ一中隊ヲ熊本鎮台ヨリ派遣シ前分屯兵ト交代之事

鹿児島屯在之兵モ引払之事[17]

とあるのがそれである。「嘗而」からはじまる部分が、参謀本部が明治天皇に帷幄上奏した案件の内容であったと推測されるが、これを天皇が裁可したあと陸軍卿に下付され、そこで「陸軍省日誌」に掲載された「達書」に変えられて、西部監軍部長に下達されたのである。陸軍卿が直接熊本鎮台司令官宛に軍令を下達しないで、西部

監軍部長を経由したのは、参謀本部条例とほぼ同時に制定された監軍本部条例の第六条に「凡ソ軍令ノ出納ニ関スル事進軍駐軍転軍行軍ノ令軍隊ノ発差ノ令並平時例外調操ノ事皆該部ヲ経由シテ令下ス」と規定されていることによる。なお、右引用に「嘗而琉球藩之頃分遣屯在」とあるのは、一八七五年（明治八）に琉球藩保護のため派遣された熊本鎮台の分遣兵のことである(18)。

「参謀本部歴史草案」の記述では、帷幄上奏によるとはっきり書かれているわけではないが、曾禰メモの記述とあわせて考えれば、そう結論して誤りではないだろう。よって上記のことから、この西部監軍部長に出された三つの軍令がいずれも参謀本部長の参画→大元帥の裁可→陸軍卿の伝宣というプロセスを経て発出されたとみて、まず間違いない。参謀本部条例第五条にのっとり明治天皇が最初に裁可した大元帥の軍令は、沖縄駐屯兵の交代命令だったのである。

ところで、六月一二日の軍令において言及されている「従前同所ノ分遣隊」あるいは「先般処分ニ付増員トシテ分遣之兵隊」とは、一八七九年（明治一二）の琉球処分の際に、処分官である内務大書記官松田道之に同行するべく、鹿児島から琉球に派遣された熊本鎮台歩兵第一三聯隊の半大隊（約三〇〇名）を中心とする部隊を指している。前記の軍令は、この半大隊に帰還を命じるとともに、代わりに別の一中隊を派遣することを西部監軍部に求めたものであるが、右の半大隊が琉球に向けて鹿児島を出発したのは同年三月二一日のことであった(19)。ところが、興味深いことに、この琉球処分時の派遣命令は帷幄上奏によるものではなかったのである。「参謀本部歴史草案」と他の陸軍部内文書にこれに関連する史料が見いだされるので、あわせて紹介しておきたい。

「参謀本部歴史草案」の一八七九年二月一八日の項に、西郷陸軍卿代理である陸軍少将小沢武雄（第一局長）が宮中に召され、以下のような勅命を受け、それを三浦西部監軍部長に伝達したとの記述がある。

琉球藩分遣隊為増員鹿児島分遣兵ノ内半大隊同藩へ出張之事[20]

同時に太政大臣三条実美より陸軍省に対して以下のような令達が下された。

琉球藩分遣隊増員被　仰付候間運搬其外之儀内務省へ打合可取計此旨相達候事[21]

この時小沢に与えられた三条の令達(三条太政大臣名の陸軍省宛の「達」で明治一二年二月一八日付)の写本が別の陸軍省文書中に残されている。それには、同日付の岩倉右大臣の陸軍卿代理宛の内諭書が添付されており、岩倉は「至急ヲ要シ候故ニ即今漏洩致候テハ彼是差支之儀不少ニ付専秘密ヲ以テ貴官迄御達申入候」[22]と、派兵勅命が密命であるとの説明をしている。そのためか、この熊本鎮台兵に琉球出張を命ずる二月の軍令は「陸軍省日誌」には掲載されていない。

上記の諸史料から判断して、この一八七九年二月一八日付の琉球への出兵命令は、参謀本部創設後であるにもかかわらず、帷幄上奏によって出されたのではないと結論できる。なぜなら、参謀本部条例第五条によれば、「軍ノ発差」は参謀本部長が参画し、天皇の裁可のあと本部長からただちに陸軍卿に移すべきものだからである。出兵を命ずる勅命や三条太政大臣の令達を岩倉右大臣が陸軍卿(代理)に伝えたのでは、「内閣ヲ経ス直ニ裁可ヲ経テ施行」されたとはいえず、参謀本部条例の規定どおりに行われたとはいえない。

なお、「参謀本部歴史草案」では勅命を受けたとあるが、小沢陸軍卿代理は天皇から直々に命じられたのではなくて、岩倉右大臣から勅命を授けられたのだと思われる。というのは『明治天皇紀』によれば、明治天皇は二月一三日から一八日まで感冒で臥せっており、公務を再開するのは二一日をまたねばならなかったからである。[23]さらに補足しておくと、山県参謀本部長も病気療養中であり、[24]さらに二月四日からは西郷陸軍卿も湯治に出かけて不在であった。その間三月三日まで、省務代理を小沢第一局長に命じていたのである。[25]つまり、琉球派兵の決定時に、参謀本部長と陸軍卿は不在だったわけである。

もっとも参謀本部が琉球処分の派兵決定にまったく無関係であったわけではない。病気の山県に代わって参謀本部次長大山巌が琉球問題を議する閣議に列席していたと思われる。「参謀本部歴史草案」には、大山が一八七八年（明治一一）一二月二五日と翌年二月一三日の二度にわたり、参謀本部長または次長の閣議列席を求める上申を岩倉右大臣に行ったとの記述がある。(26) また、『元帥公爵大山巌』は琉球処分の派兵決定の際に、病気療養中の山県本部長に代わり、大山次長が閣議に列席していたと記している。(27) 山県は前年一二月二四日付で参謀本部長に任命されたが、先ほども述べたように、就任後しばらくの間、病気のため執務できない状態にあったらしい。山県は参議兼任だったから、その閣議出席はあらためて求めるまでもない当然のことである。その点を考慮すれば、大山の岩倉への献言は、山県が病気で閣議に出席できないので、かわりに次長である自分の出席を求めたものと理解すべきであろう。

大山の最初の献言が行われた一八七八年（明治一一）一二月二五日は、琉球藩王と同藩庁に対して最後通告を与えるために、太政官が松田道之に琉球渡航を命じた日の前々日にあたる。(28) また二度目の献言がなされた一八七九年（明治一二）二月一三日は、その使命をはたした松田が東京に戻った日であり、翌一四日に松田は内閣に復命している。(29) 琉球処分と派兵を決定した閣議はおそらくその翌日の一五日に開催されと推測されるが、それに大山が出席した可能性はきわめて高い。

というのは、二月一八日の派兵勅命以前に、鹿児島駐屯の半大隊を松田道之に随行させることが内決していたからである。それを示すのが勅命の下る三日前の二月一五日付で、熊本鎮台司令官陸軍少将曾我祐準宛に出された出兵準備命令の電報の写しである。この電報案文は監軍本部の罫紙に記されているので、西部監軍部長三浦梧楼から出されたものと思われるが、その文面は「琉球藩者朝命ヲ奉セサルニ付此度鹿児島分遣隊ノ中右半大隊々々長引率出張仰付ラル、御内決ニ付至急右準備アルヘシ　委細ハ明日郵便ニ而申入ル」[30]であった。さらに二月一七日には陸軍卿代理小沢第一局長から「鹿児島屯在ノ半大隊出張内決ノ儀三浦中将ヨリ内達アリタルニ付テハ左ノヶ条ヲ目途ニ準備スヘシ」[31]と、派兵準備要領が曾我熊本鎮台司令官宛に指示されている。勅命が出される以前に、陸軍では派兵準備を進めていたことがこれで明らかであるが、これは大山が出席した閣議決定を受けての一連の措置であったと思われる。

上記のことから、一八七九年二月一八日に出された琉球処分のための派兵命令は、参謀本部次長も列席した内閣閣議で派兵が決定されたあと、太政大臣または右大臣から天皇に上奏されてその裁可を受け、そのあと右大臣から陸軍卿（代理）に伝達されたと推測される。勅命を受けた陸軍卿（代理）はより具体的な命令を作成して西部監軍部長に伝達し、西部監軍部長が熊本鎮台司令官に下命したのであった[32]。

出兵命令は天皇の承認を受けて勅命として出されたが、帷幄上奏ではなくて（言い換えれば、参謀本部長の参画なしに）、内閣からの上奏に対して裁可が下され、右大臣から陸軍卿に伝達されたのだから、このような手続きで出された派兵命令は勅命ではあっても、参謀本部条例の規定に基づく大元帥の軍令とはいえない。参謀本部条例の規定に忠実に「内閣ヲ経ス直ニ裁可ヲ経テ施行」された最初の大元帥の軍令は、同年六月に出された沖縄分遣隊の交代命令（派兵半大隊の帰還と一中隊派遣命令）の方であって、二月の琉球派兵命令はそれには該当しないのである[33]。

ここで誰しも抱かざるをえないのは、すでに参謀本部条例が作られているにもかかわらず、一八七九年（明治一二）二月の琉球派兵命令が、なぜ内閣上奏の勅命として発出され、参謀本部条例の定める手順にしたがって発出されなかったのか、参謀本部条例にしたがう軍令がはじめて出されたのが、それよりもさらに四ヶ月たった六月で、すでに琉球処分に決着がついたあとであったのはなぜなのか、との疑問であろう。それに対して回答を与えるとすれば、以下のようになる。

まず、たしかに参謀本部条例は作られていたが、しかし個々の問題について実際にどのような手続きを践めばよいかまでは、必ずしもその時点ではっきりと定まっていなかったことが原因のひとつと考えられよう。制度が出来たばかりで、いわば手探りの状態だったのであり、琉球処分のような重要事態に対していかなる手続きがとられるべきか、前例がなかっただけに、よくわからなかったのだと思われる。

第二に、より重要な要因としては、琉球処分は国家的重大事であり、高度な政策決定事項にほかならないから、処分のための派兵決定そのものは内閣が行うのが当然だという事理を指摘しておかねばならないだろう。いかに統帥権独立といっても、内閣の意思に無関係に、大元帥とその幕僚長たちだけで最高国策を左右できるものではない。統帥権独立制度の下でも、まず内閣が国外派兵を必要とする政策決定を行い、それを天皇が承認し、その国策のもとに、軍隊に対する大元帥の行動命令(軍令)が発令されるのが通常のプロセスであった。のちの時代の例からすれば、国外派兵の政策決定の内閣上奏が行われ、そのあと軍令発出のために帷幄上奏が統帥府からなされるのが通例であったし、またそうあるべきである。

しかしながら、参謀本部が誕生したばかりのこの時点では、派兵決定の内閣決議のあと、それを踏まえて部隊派遣を命ずる軍令案を参謀本部長が帷幄上奏するのが正しい手続きであるとの認識が、おそらくまだ定着していなかったのだと思われる。そのため、派兵決定に対する内閣上奏への裁可が、同時に出兵命令への裁可でもあるとして、帷幄上奏なしで事が処理されたのではないだろうか。台湾出兵や佐賀の乱、西南戦争いずれの場合も出兵にあたっては、これとほぼ同様の手続きがとられており、琉球処分の場合もそれまでの前例にならったのだと推測される。それまでの前例に慣れておれば、派兵決定を含む内閣上奏の裁可のあとに、また同じような内容の帷幄上奏を行って天皇に裁可を求めるのは、無駄な形式主義にみえても、不思議はないからである。

とはいえ、このような手続きで出された勅命は、国家元首にして国軍最高司令官である天皇の命令ではあっても、幕僚長の補佐を受けないものであるために、いまだ大元帥の軍令とはいえない。両者ははっきりちがうものとして区別すべきであろう。

いっぽう、それに対して六月に出された派遣隊の交代命令についていえば、琉球処分が一応成功裡におわったあとの軍隊の移動交代であり、既定の国策の枠内での行動であるため、あらためて内閣の決定をあおぐ必要はなかったのだと解釈できる。純軍事的な問題として、参謀本部条例の規定にのっとり、大元帥とその幕僚長との間で処理できる範囲のことがらだと見なされたのであろう。もちろん、内閣の上奏によらずに発出されたのであるから、こちらは純粋な大元帥の軍令である。

それにしても、参謀本部設置後、帷幄上奏によって発出された最初の大元帥の軍令（のちの奉勅命令にあたる）が、琉球処分のため沖縄に派遣された部隊の交代命令であったことは、興味ぶかい事実といわねばなるまい。

二　行軍演習計画の親裁——一八七九年一一月

前節で引用したので確認していただきたいが、一八七九年（明治一二）六月一二日付で出された沖縄派遣隊の交代を命ずる軍令は、その結文が「御沙汰候事」で終わっている。ところが、その前日に陸軍省から陸軍部内全般に出された、東京招魂社を靖国神社と改称する「達書」では、左にあるように、文末が「相達候事」で終わっていた。つまり、陸軍省から出される「達書」の結文には「御沙汰候事」と「相達候事」の二種類があったのである。

○六月十一日

○達書

東京招魂社ノ儀今般靖国神社ト改称別格官幣社ニ被列候条此旨相達候事(34)

右に紹介したのは「軍ノ発差」を命ずる軍令ではないが、「軍ノ発差」を命ずる軍令にも結文が「相達候事」なるものが存在する。いや、先ほどの沖縄派遣兵交代以前の軍令はすべて「相達候事」で終わっていて、「御沙汰候事」なる結句がそもそも使用されてはいない。例として、西南戦争時に東京鎮台と仙台鎮台に対して出された出兵を命じる軍令をあげておく。

○明治十年二月廿四日

○東京鎮台へ達書

其台歩兵第二聯隊第三大隊同第三聯隊第三大隊神戸表迄出張可為致旨相達候事(35)

○明治十年三月廿四日

○仙台鎮台へ達書三通

（略）

歩兵第四聯隊第二大隊第三第四中隊

神戸表へ出張可為致此旨相達候事

但神戸着ノ上ハ参謀部ノ指揮ヲ可受事(36)（以下略）

この二種類の結文様式(「御沙汰候事」と「相達候事」)のちがいはいったい何に由来するのであろうか。もちろん、今まで述べたことからわかるように、同じ軍令でも陸軍卿がその職権によって発出する場合には「相達候事」が使用され、天皇の裁可を受けた場合には「御沙汰候事」になるとの答えがただちに思い浮かぶであろう。

この点に留意して、「陸軍省日誌」に掲載されている各鎮台宛の「達書」を調べてみると、一八七九年(明治一二)一〇月三一日付で名古屋鎮台からの「伺書」に対して出された「達書」の前と後では、六月の沖縄派遣兵の交代命令を唯一の例外として、陸軍省の出す指令文の様式に大きな差異のあることに気がつく。

「陸軍省日誌」(明治一二年第三二号)に掲載されている右の名古屋鎮台の「伺書」は長文であるため、全文を紹介することは控えておくが、同鎮台に属する歩兵第六聯隊を一一月初めから三週間、岐阜県各務ケ原で野営演習に従事させる計画に陸軍省の許可を求めたものである。その別紙として演習計画を詳細に記した「野営演習科目概略」が添付されている。それに対する陸軍省の「指令」が「伺之通御沙汰候事」すなわち「御沙汰候事」型であった。[37] 以下に引用するのは、比較的短文の東京鎮台からの「伺書」に対する同年一一月一四日付の「御沙汰候事」型の「指令」である(「陸軍省日誌」明治一二年第三四号)。

(A)

〇東京鎮台伺

当台下佐倉屯在歩兵第二聯隊ノ内第一第三両大隊ヲシテ来月上旬ヨリ各大隊交換ヲ以テ別紙里程表之通相州箱根迄長途行軍演習為致度其目的ハ健歩ヲ旨トシ時間ヲ量リ初日佐倉ヲ発シ東京ニ至リ翌日直ニ箱根ヲ指シ沿道山頂険阻ヲ跋渉シ大哨兵勤務ヲ施行致シ其疲労ニ堪ヘ事ニ当リテ欠乏ヲ忍ハシメ且経歴スル所ノ地理風土ノ大概ヲ実検為致度其費用ノ如キハ簡辨省略ヲ重トシ別紙予算ノ金額本台野営費ノ内ヲ以テ仕払候間前顕

御許可相成度此段相伺候也十月三十一日〇別紙里程表予算書共略之

（下略）

指令

伺之通御沙汰候事(38)

同じ一一月一四日付で、これと同趣旨の行軍演習の指令が、広島鎮台および熊本鎮台からの伺に対しても出されているが、いずれも「伺之通御沙汰候事」であった。ところが、同じ行軍演習に関する鎮台からの「伺書」への指令であっても、例えば同年一〇月一五日付で出された東京鎮台のそれに対するものは、以下に示すように、たんに「伺之通」とあるだけにすぎない。

（B）

〇東京鎮台伺

当歩兵第一聯隊ノ内二大隊ヲシテ来ル十四日頃ヨリ交換長途行軍演習為致度其方向ハ甲斐国甲府ヲ標点トナシ往復各道ヲ異ニシ広ク山野ヲ跋渉セシムル見込ニシテ別紙予定宿泊割之通ニ候其演習ノ目的ハ第一務テ長途ヲ行進シ艱苦ニ耐欠乏ニ忍ヒ当師管内地理風土ノ大概ヲ察知セシメ第二沿道適宜ノ地ニ於テ俄然対敵ノ警備ヲ取リ攻守位地占領ノ巧拙ニ因リ利害得失ヲ証明シ第三ニ舎営発着ノ諸動作ニ慣レ給養調達ノ方法ニ熟セシメ第四予テ伺済廃被服地ヲ以テ兵卒各自制作セシ草鞋ヲ実用ニ経験セシムルニ在リ其費ノ如キハ簡単省略ヲ旨トシ別紙予算ノ金額ハ本台野営費ノ内ヲ以テ仕払候間前条御許可相成候様致度此段相伺候也十月九日〇別紙予定宿泊割予算書略之

（下略）

指令
伺之通[39]

この指令の書式「伺之通」は、参謀本部が設置される以前の、たとえば一八七八年(明治一一)一一月二二日付の行軍演習に関する東京鎮台伺への指令でもまったく同じである。[40]「陸軍省日誌」を調べればよくわかるが、一八七九年(明治一二)一〇月末より前の各鎮台からの行軍演習伺に対する陸軍省の指令は「伺之通」が常例だったのであり、先ほどあげた一八七九年一〇月三〇日付の名古屋鎮台に対する指令から「伺之通御沙汰候事」に変化し、その後はこの様式が定着して通例と化した。[41]曾禰メモの第二項が「行軍演習及軍隊ノ発差等軍令ニ係ルノ件」と題されていることからわかるように、行軍演習伺に対する指令は、「軍隊ノ発差」の軍令と同様、軍令の一種にほかならない。その軍令の文面が、この時点を境にして、「伺之通」から「伺之通御沙汰候事」に変化したのであった。この様式変化はいったい何を意味するのか。

沖縄派遣兵の交代命令の結文について述べた点に留意すると、「伺之通」は、「相達候事」と同様に、陸軍卿の権限で出された軍令であり、「伺之通御沙汰候事」は天皇の裁可を経て出される大元帥の軍令であるとの推測が成り立つが、実際それにまちがいないことが参謀本部文書によって実証できるのである。防衛庁防衛研究所所蔵の「参謀本部大日記」(「明治十二年自一月至十二月　大日記　回議意見」)には、各鎮台から出された行軍演習伺について参謀本部と陸軍省の間でやりとりされた往復文書が含まれている。それを使って、前記(A)と(B)の二つの東京鎮台宛の指令がどのような手続きを践んで発出されたのかを追ってみたい。

まず、日付の古い方の(B)(一〇月一五日付東京鎮台宛指令)を先にとりあげるが、その発出手続きは、次の①から⑤の文書によって示される。[42]

①歩兵第一聯隊長途行軍之義ニ付伺
当歩兵第一聯隊之内二大隊ヲシテ来ル十四日頃ヨリ交換長途行軍演習致度（中略〔ここには前掲（B）の本文が入る〕）
前条御許可相成候様致度此段相伺候也
東京鎮台司令官
明治十二年十月四日　陸軍少将野津道貫
陸軍卿西郷従道殿
②肆第四千三百七十四号（朱書）
東監第四号（朱書）
別紙東京鎮台歩兵第一聯隊之内二大隊長途行軍之件当部ニ於テ伺出之通相成可然存候間此段申進候也
東部監軍部長
明治十二年十月十日　陸軍中将　谷干城
陸軍卿西郷従道殿
③肆第四千三百七十四号意見　御指令案（朱書）
伺之通
同号之件東部監軍本部へ回答之案（朱書）

別紙東京鎮台歩兵第一聯隊之内二大隊長途行軍之件来請之通及指令候条御下付可有之候也

十二年十月十四日

第一局長
第二局長代理
第五局長

④別紙東京鎮台伺之趣御部之御意見致承知度此段申入候也

十月十四日

陸軍歩兵大佐浅井道博

陸軍歩兵中佐　高藤正言殿

追而何分之儀至急御回答有之度此段申添候也

⑤十月十四日　第百二十六号（欄外朱書）

肆第四千三百七十四号意見

別紙東京鎮台伺歩兵第一聯隊長途行軍之義ハ伺之通ニテ可然トノ本部長意見ニ有之候此段及御答候也

参謀本部副官

十月十四日

陸軍歩兵中佐高藤正言

陸軍歩兵大佐　浅井道博殿

念のため、右の文書類から陸軍省の指令（「伺之通」）が出されるまでの経緯を確認すれば以下のようになる。まず東京鎮台司令官野津少将が行軍演習実施の伺①を西郷陸軍卿宛に出したが、それは東部監軍部長谷中将を通じて提出され、谷は賛成意見を付してその伺を陸軍卿に申進した②。引用では途中省略したが、①の野津少将の伺の本体部分は、(B)に引用した東京鎮台の伺そのものである。その伺を受け取った陸軍省はまず部内で検討して問題ないとし、「伺之通」という指令案及び東部監軍部長宛の陸軍卿の回答案を作成した（③、なお第二局は歩騎両兵に関わる問題を扱い、第五局は会計・経理を管掌する部局である）。次いで野津少将の伺と谷中将の申進書を参謀本部に移牒し、その意見を求めた④。なお、浅井大佐は陸軍卿官房の長である。それに対して参謀本部から異存なき旨の回答⑤があり、それを確認したあと東京鎮台司令官への指令と東部監軍部長への回答を陸軍卿が発出したのであった。この意思決定と伝達のプロセスを図式化すれば次のようになるであろう。

東京鎮台司令官→東部監軍部長→陸軍卿→参謀本部長→陸軍卿→東部監軍部長→東京鎮台司令官

これからわかるように、東京鎮台への指令（「伺之通」）は、参謀本部長の同意のもとに発令された陸軍卿の軍令であり、天皇はその発令につき、いかなる関与もしていない。

いっぽう、これに対して(A)の一一月一四日付指令が発出されるまでの意思決定と伝達のプロセスは以下のとおりであった。(43)

①′肆第四八二三号〔朱書〕

歩兵第二聯隊長途行軍為致度義ニ付伺

当台下ノ佐倉屯在歩兵第二聯隊ノ内第一第三両大隊ヲシテ来月上旬ヨリ各大隊交換ヲ以別紙里程表之通相州箱根マテ長途行軍演習為致度（中略〔省略部分には前記Aが入る〕）前顕御許可相成候様致度此段相伺候也

東京鎮台司令官
十月三十一日　陸軍少将野津道貫
陸軍卿西郷従道殿（略）

②´別紙東京鎮台歩兵第二聯隊之内第一第三両大隊長途行軍之件当部ニ於テ伺出之通相成可然存候間此段申進候也
明治十二年十一月一日　東部監軍部
陸軍卿西郷従道殿

③´参第四十三号〔朱書〕
別紙肆第四八二三号東京鎮台伺出之趣御意見致承知度候也
十一月五日　陸軍卿西郷従道
参謀本部長山縣有朋殿

④´十一月十日第百三十五号〔欄外朱書〕
別紙肆第四八二三号東京鎮台伺出之趣ハ同台伺之通ニテ可然存候也
十一月十日　参謀本部長山縣有朋
陸軍卿西郷従道殿

⑤´別紙肆第四八二三号東京鎮台伺出之趣御意見通リニ而差支無之候也

十一月十三日　　　　　　　　　　　　　　陸軍卿西郷従道

参謀本部長山縣有朋殿

⑥´肆第四八二三号東京鎮台伺出之趣別紙之通裁可相成候ニ付及御返送度候間御施行相成度候也

十一月十四日　　　　　　　　　　　　　　参謀本部長山縣有朋

陸軍卿西郷従道殿

（A）のケースでは、東京鎮台司令官が行軍演習の計画を東部監軍部長を経由して陸軍卿に提出し（①´）、東部監軍部長が賛成の意見を添付して陸軍卿に申進し（②´）、さらに陸軍卿が参謀本部長の意見を求め（③´）、参謀本部長がそれに同意した（④´）ところまでは（B）とまったく同じだが[44]、そこから先がちがっている。時間的に④´の次に来るのは、⑤´であるが、両者の間には参謀本部長から陸軍卿に出された照会文書が存在していたはずである。なぜかわからない理由により文書が欠落しているその照会を受けて、参謀本部長の意見通り実行して差し支えない旨の回答を陸軍卿がしたのが⑤´である。次の⑥´は、参謀本部長が東京鎮台の伺に対して天皇の裁可が下りた（「別紙之通裁可相成候」）ことを陸軍卿に通知するとともに、軍令の施行を依頼した通牒である。

文面から判断すると、⑤´の文書にある「御意見通リニ而差支無之」の「御意見」とは、おそらく、④´の後、従前通りに陸軍卿からただちに東部監軍部および東京鎮台司令官に軍令を下令するのではなく、その前に東京鎮台の行軍演習計画とそれに対する陸軍省の指令案及び参謀本部の見解を天皇に帷幄上奏し、その承認・裁可を受けてから東部監軍部長および東京鎮台司令官に指令を下すことにしたいが、それで異存はないかというものだったと思われる。

このように、鎮台から出された行軍演習計画が天皇に上奏され、その裁可を受けたあと指令が出された点で、(A)は(B)のケースと大きく違っている。この流れをまとめると、左のようになるだろう。

東京鎮台司令官→東部監軍部長→陸軍卿→参謀本部長→天皇→参謀本部長→陸軍卿→東部監軍部長→東京鎮台司令官

かかる意思決定と伝達のプロセスを経て、行軍演習の軍令が決定、指令されたわけだが、もう一度確認しておくと、(A)のケースでは、行軍演習の実行を命ずる軍令は参謀本部長が参画して天皇に帷幄上奏し、天皇の裁可を受けたあとで、陸軍卿に移され施行されたのであった。参謀本部長の帷幄上奏書そのものは、「参謀本部大日記」には含まれていないが、⑥に「裁可相成」とあることから帷幄上奏が行われたのは明らかである。

「伺之通御沙汰候事」は、この指令がもはや陸軍卿の軍令ではなくて、天皇の裁可を受けた大元帥の軍令であることを示す様式であるとの推測にまちがいはなかった。「伺之通」は陸軍卿の軍令にすぎないが、「伺之通御沙汰候事」はまぎれもない大元帥の軍令であった[45]。

繰り返すが、東京鎮台司令官→東部監軍部長→陸軍卿→参謀本部長→天皇→参謀本部長→陸軍卿→東部監軍部長→東京鎮台司令官というプロセスは、先にあげた参謀本部条例第五条と監軍本部条例第六条に定める軍令発出の手続き

凡ソ軍中ノ機務戦略上ノ動静進軍駐軍転軍ノ令行軍路程ノ規運輸ノ方法軍隊ノ発差等軍令ニ関スル者ハ専ラ本部長ノ管知スル所ニシテ参画シ親裁ノ後直ニ之ヲ陸軍卿ニ下シテ施行セシム

凡ソ軍令ノ出納ニ関スル事進軍駐軍転軍行軍ノ令軍隊ノ発差ノ令並平時例外調操ノ事皆該部〔監軍部〕ヲ経由シテ令下ス

にしたがって、「伺之通御沙汰候事」なる指令が発令されたことを示している。言い換えれば、明治天皇が参謀本部条例第五条にのっとり、各鎮台に行軍演習を命じる軍令を親裁しはじめるのは、一八七九年（明治一二）一〇月末以降だったことになる。

参謀本部の内部文書によりそれが明らかになったわけだが、このことは逆に、参謀本部条例ができたあとも、しばらくの間は行軍演習伺への軍令を天皇が裁可していなかったことを意味する。参謀本部や監軍本部の設置によって統帥権独立制度の骨組みが作られたのはまちがいないとしても、それによってすぐに天皇が大元帥として全面的に機能しはじめたわけではなかった。両者の間にはわずかだがタイムラグがあり、天皇が大元帥として日常的に軍令の親裁を行うことが制度として定着するのは、一八七九年の一〇月末以降のことであった[46]。この転換の直接の契機となったのは、同年一〇月一〇日の「陸軍職制及陸軍省事務章程」の制定とそれに前後して整備された一連の軍制令であろう。

すでに述べたように、「陸軍職制」はその第一条で、「帝国日本ノ陸軍ハ一ニ天皇陛下ニ直隷ス」と唱っていた。それにともない、陸軍卿の権限はより限定されたものとなり、「陸軍兵馬ニ関スル一切ノ事項」を「総判スル」から「陸軍所管ノ軍人軍属ヲ統理シ進退黜陟会計給与一切ノ事務」（すなわち軍政事項）を「総判スル」に変更された。軍令事項は分離され、「軍令ニ関スル者ハ参謀本部長奏聞参画ノ責ニ任シ親裁ノ後陸軍卿之ヲ奉行ス」「戦時ニ至リ（中略）テハ親裁ノ軍令ハ直ニ之ヲ監軍中将若クハ特命司令将官ニ下シ帷幕ト相通報シテ間断ナカラシム」（「陸軍職制」第六、七条）と、平時戦時にわたってそれが天皇＝大元帥の親裁事項であることが明記された。(47)

これと相前後して改定された鎮台条例（一八七九年九月）でも、これにあわせて軍令については勅命によることが明記されている。

第六条　凡ソ六管ノ鎮台ニハ司令官少将一員ヲ置キ以テ其ノ軍管内ノ軍務ヲ董督セシム其軍令ニ於テハ本管属スル所ノ監軍中将ニ隷シ　勅命ヲ奉シテ所管ノ軍隊ヲ指揮シ有事ノ日ニ方リテハ旅団長トシテ其監軍中将即チ師団長ニ隷シ方面ノ緩急ニ禦ルヲ任トス(48)

一八七三年（明治六）制定の鎮台条例では、これに該当する条項は、

第五条（中略）凡ソ六管鎮台ニハ司令ノ将官一員ヲ置テ管内ノ軍務ヲ董督シ上　天皇大纛ノ下ニ属シ直チニ陸軍卿ニ隷ス(49)

であり、天皇の統帥権を原則的に認めてはいるが、鎮台司令官に対する軍令権は直接には陸軍卿に属すとされていたのである。

同様の変化（陸軍卿の軍令権が天皇＝大元帥に移される）が、軍隊の検閲に関しても生じたことが指摘できる。(50)一八七五年（明治八）制定の検閲使職務条例では、検閲使は「陸軍卿ノ目代タルヘシ」とされており、「陸軍卿毎年一次検閲使ヲ派出セシメ以テ各軍管内ヲ巡廻シ検閲ノ事ニ任セシム」(51)とあるように、検閲は陸軍卿の権限に属していた。しかし、鎮台条例と同じ一八七九年（明治一二）九月一五日付で新設された陸軍検閲条例は、「勅ニ依リ毎年一次監軍中将ヲ派出シ各軍官内ヲ巡回シ閲視検実ノ事ニ任セシム」(52)と、検閲使の派出は天皇＝大元帥の命に依るとしたのであった。

参謀本部と監軍本部の設置によりはじまった天皇の大元帥への移行は、一八七九年（明治一二）六月の沖縄派遣兵の交代命令を経て、同年九月の鎮台条例の改定、陸軍検閲条例の新設、さらに一〇月の陸軍職制の制定によって、制度的に確立され、一一月初めから大元帥による軍令の親裁が恒常的に行われるようになったと、結論づけることができよう。

おわりに

一八七九年は明治天皇が名実ともに大元帥となった年であった。明治天皇が大元帥となったのは第二の画期においてであったと主張する佐々木説の正しいことが、別の方法によっても実証できることが示された。それにとどまらず、一八七九年という特定の年にまでその画期を絞り込むことができた。これが本稿の結論である。

翌一八八〇年（明治一三）に明治天皇は東海地方へ行幸に出かけたが、行幸先の三重県で参謀本部設置以来最初の大演習である実地師団演習の天覧がおこなわれた。この大阪鎮台兵と名古屋鎮台兵による対抗演習の計画は、同年四月二四日（ただし、『元帥公爵大山巌年譜』によれば四月二三日）[53]に陸軍卿（大山巌）、参謀本部長（山県有朋）、中部監軍部長（野津鎮雄）が宮中に召され、四日市近傍で大阪・名古屋両鎮台兵による実地演習を行うべしとの命令が天皇から出されたことに端を発している[54]。五月二九日には天皇が裁可した実地演習の戦略書類と演習参加両旅団の編制表が、山県参謀本部長から実地演習師団長に任命された野津中部監軍部長に交付された[55]。天皇の主宰により、旅団の対抗演習が実施されたのは七月一一日から一二日にかけてのことであった[56]。これ以前にも明治天皇が親閲する天覧演習が行われたことは何度もあるが、それらは陸軍卿の軍令によるもので、大元帥の軍令による天覧演習はこの時にはじまるのである[57]。

翌一八八一年(明治一四)一月には「実地演習概則」が帷幄上奏により制定された。これにより、前年行われたような師団規模の演習は正式に「大演習」と呼ばれるようになった。「実地演習概則」によれば、「大演習」の実施にあたっては、「時日場地占位方略並ニ審判官ノ布達等ハ参謀本部長之ヲ図画シ允裁ノ上之ヲ演習師団長ニ移シ施行セシム」[58]とされていた。大元帥が参謀本部長の参画を受けて自ら統監する「陸軍大演習」なる概念がここに誕生したのである。また、一八七九年(明治一二)一一月から明治天皇が恒常的に親裁するようになった通常の鎮台の行軍演習は「小演習」と呼ばれるようになり、こちらも「近衛都督鎮台司令官先ツ其施行ノ地所方法順次及科目等ヲ定メ之ヲ具載セル伺書二通ヲ製シ且其演習ノ地図二葉ヲ添ヘ予メ監軍ヲ経由シテ(近衛ハ直ニ陸軍卿ニ)陸軍卿ニ呈シ陸軍卿参謀本部長ト協議シ允裁ノ後之ヲ監軍部長(近衛ハ直ニ都督ニ)ニ移シテ施行セシム」と、軍令の発出と施行の手順が定式化された。前節で述べたことからすれば、これはそれまで実際に行われていた行軍演習に関する軍令発出のプロセスをたんに法制化したにすぎないといえよう。

さらにその一年後の一八八二年(明治一五)初め、明治天皇は軍人勅諭を宣布し、「朕は汝等軍人の大元帥なるぞ」と宣言する。少なくとも陸軍との関係において、明治天皇は、その二年半ほど前から、たしかにそう宣言してよいだけの経験をすでに積んでいたのである。

(1) 大元帥・元帥服制と同じ頃(一八七二年六月)に編纂された『歩兵内務書第一版』では、大元帥と元帥は「皇国ニ於イテ最上ノ武官」とされ、大元帥は「海陸軍ノ総裁ニシテ必ズ天皇陛下自ラ任ジ給フ者ナリ」と規定されている(寺村安道「明治国家の政軍関係——政治的理念と政軍関係——」『立命館大学政策科学』一〇—一、二〇〇二年)。ここでは、本文で紹介した佐々木の見解とは異なり、すでに大元帥=陸海軍総裁=天皇という等式が成立しているかのように見えるが、しかし実際には天皇は常時大元帥であると考えられていたのではなくて、そうなるのは戦時においてのみと想定されていたのだった。なぜなら、『歩兵内務書第一版』の改訂版において、右の部分が抹消され、「大元帥ハ親征出師ノ際ニ当リ海陸両軍ヲ統御シ玉フ時奉称スル所ノ号トス」と訂正されていることからそう解釈できる。戦時に天皇が親征を行う時に大元帥と称するのだから、大元帥は臨時・非常の職というか称号であって、平時は欠員で天皇も大元帥ではないということになる。服制の但書と『歩兵内務書第一版』改訂版の想定との間で必ずしも整合性がとれているとはいえないが、いずれも天皇と大元帥の不可分一体性を当然の前提においていない点では、共通している。

（2）永井和「太政官文書にみる天皇万機親裁の成立」『京都大学文学部研究紀要』四一、二〇〇二年。同「万機親裁体制の成立」『思想』五二六号、二〇〇四年。

（3）厳密にいえば、本文のような意味での大元帥（国軍の最高司令官にして最上級の軍人）にも二種類あって、統帥権の独立が認められているか（日本やプロイセン・ドイツ）、そうでないか（ベルギー等）では、その機能が大きく異なってくる点を指摘しておきたい。

なお、佐々木は本文のA論文で、「女性天皇の可能性が排除されたのは、天皇は大元帥でなければならなかったからだ」との仮説を提示しているが（二三二頁）、これは卓見というべきであろう。天皇が国家元首として名目的な国軍の最高司令官的存在にすぎないのなら、べつに女性であってもかまわないはずである。イギリスのビクトリア女王の例をあげるまでもなく、ヨーロッパには実際その例がいくつかみられた。

明治のこの時期に軍人天皇像が確立されたことは、暗黙の内に天皇のジェンダーが確定されたことを意味する。そのことが、皇室典範第一条の女性天皇排除規定につながったと佐々木は推測したのだ。もっとも、この推測の正しいことを、皇室典範の制定過程に即して具体的に裏づけるのは思うほど容易ではないと思われる。

ところで、女性天皇を禁じた戦前の皇室典範は、摂政については、逆に皇族女子の就任を認めていた。女性の天皇が珍しくなかったかわりに、伝説的な神功皇后等の例を除いて、女性が摂政になることのなかった前近代と比べると、そこにある種の逆転が生じているのは興味深い。近代の皇室は、女性天皇を排除する代わりに、過去に実在した女帝が果たしてきた役割を、この女摂政を認める規定に置き換えて留保したのだといえるかもしれない。

男子皇族が多数いた明治期後半以降になると、もはや現実性の少ない仮定というほかないのだが、もしも何らかの理由で皇族女子が摂政となり、垂簾政治が長くつづいたと仮定しよう（例えば清朝の西太后のごとく）。戦前の日本陸海軍においては女性は軍人たりえなかったから、摂政として天皇の代行はできても、大元帥の代わりはできない。とすれば、摂政が男性の場合には決して起こりえない現象が生じることになる。すなわち、天皇（代行）の職位と大元帥（代行）の職位とが、摂政の一身に統一されることなく、分離されざるをえないという状態、がである。おそらく女性摂政のもとでは、大元帥は欠員のままとして、摂政が元首として国軍最高司令官の役割を代行することになるであろうから、もはや天皇（摂政）＝大元帥の等式は成立しなくなる。そのような状況がもしもある程度長く続いたとすれば、日本近代の政軍関係は、現にそうであったものとはかなりちがった様相を呈することになったであろうと思われる。

（4）「将校職務命課件」『諸官進退』明治一一年自一〇月至一二月、2A18任A66。詳しくは永井前掲「太政官文書にみる天皇万機親裁の成立」一八一頁を参照されたい。

（5）小林竜夫編『翠雨荘日記』原書房、一九六六年、八四八頁。以下曾禰メモの引用はすべてこれによる。

（6）朝倉治彦編『近代史史料陸軍省日誌』第六巻、東京堂出版、一九八八年、一六二頁（以下『陸軍省日誌』とする）。

（7）この点については永井前掲「太政官文書にみる天皇万機親裁の成立」一六九頁を参照されたい。

（8）一八七九年四月二六日付で「給与概則」第一章改正の達乙第三四号、また二八日付で達第三五号「明治九年達第二百三十六号但書改正」が発令されているが（『陸軍省日誌』第六巻、三二一・三二四頁）、これらはいずれも編制に関わる規則ではないし、もちろん帷幄上奏によるものでもない。

（9）永井和『近代日本の軍部と政治』思文閣出版、一九九三年、三八五頁。

（10）「山県陸軍卿上申本省ト本部ト権限ノ大略」「公文録」明治一一年一一月一二月局伺一（国立公文書館所蔵、2A―10公2247）。

（11）内閣記録局編『法規分類大全第一編』兵制門一、兵制総、陸海軍官制一、陸軍一、一八九〇年、二八〇・二八四頁。

（12）右同書、二八七頁。

（13）右同書、二九五頁。

（14）「七軍管疆域表被定」「公文類聚」第八編、明治一七年、第一〇巻、兵制、陸海軍官制第二（国立公文書館所蔵、2A11類75―100）。

（15）『陸軍省日誌』第六巻、三四二頁。

(16)「明治十二年草按」(防衛研究所図書室所蔵、陸軍省雑M12—3)。
(17)「明治十二年参謀本部歴史草案(資料)」二　広瀬順晧監修『近代未刊史料叢書6参謀本部歴史草案』4、ゆまに書房、二〇〇一年、一二三頁(以下『参謀本部歴史草案』とする)。
(18)『法規分類大全第一編』兵制門三、陸海軍官制三、陸軍三、一八九一年、二七三頁。
(19)松田道之編「琉球処分」第三冊、二一九頁(横山学編『宝玲叢刊第2集　琉球所属問題関係資料』第七巻、本邦書籍、一九八〇年)。
(20)『参謀本部歴史草案』1、一三八頁。同じ二月一八日に三条太政大臣から伊藤博文内務卿に対し、内閣が琉球処分を決定したので、処分の手続きを取調べて稟申するよう指示が出されている(前掲「琉球処分」第三冊、二一六頁)。
(21)『参謀本部歴史草案』4、一〇九・一一〇頁。
(22)「明治一二年従一月至六月　太政官」(防衛研究所図書室所蔵、太政官M12—1)。
(23)宮内省編『明治天皇紀』第四、吉川弘文館、一九七〇年、六一二頁。
(24)右同書、六〇七頁。
(25)『陸軍省日誌』第六巻、一九七・二五二頁。
(26)『参謀本部歴史草案』1、一三五〜一三八頁。これより先の一八七八年一二月一七日、参謀本部は部員益満邦介大尉と出仕三原昌を琉球に派遣し、琉球の「地理城塞道路橋梁風土人情糧食薪炭並ニ気候等」すなわち「兵要地誌」を調査せしめた。益満は一月に東京を出発した松田と現地で合流し、松田に同行して二月一三日に東京に戻った。益満の報告を聞いた大山参謀本部次長はただちに岩倉に対して閣議への列席を求めたのであった(『参謀本部歴史草案』1、一三五頁)。
(27)『元帥公爵大山巌』大山元帥伝刊行会、一九三五年、四四三頁。
(28)前掲「琉球処分」第三冊、一八四頁。
(29)右同書、一九二頁。
(30)「明治十二年草按」(防衛庁防衛研究所所蔵、陸軍省雑M12—2)。
(31)右同。

(32) 勅命が出された翌二月一九日、参謀本部は管西局員益満大尉を再度琉球に派遣し、鹿児島から琉球に分遣される半大隊の参謀事務を司掌するよう命じた。また、三月一一日に大山次長は益満に左のような訓令を与えた(『参謀本部歴史草案』1、一三八・一三九頁)。

此度琉球藩御処置ノ儀ハ藩ヲ廃シ県ヲ置カレ候様ノ義モ可有之候ニ付自然戒厳ヲ要シ或ハ多少兵ヲ用ユルニ至ル可キモ難計就テハ処置向万端松田大書記官ニ御委任相成居候間細大同人ヘ打合取計可申右ハ兼テ申含置候得共更ニ為心得相達候事

当然のことであるが、琉球の廃藩置県のために兵力の行使もありうると、大山は考えていたのである。

(33) 沖縄派遣兵交代の軍令が出されてから二ヶ月ほどのち、新潟県で米価暴騰が原因となって米騒動がおこり、その鎮圧のために東京鎮台の新発田営所駐屯兵一中隊が出兵した(『陸軍省日誌』第六巻、三八六頁)。これは新潟県令の請求による出兵であって、一八七三年の鎮台条例第三〇条において鎮台司令官に許された権限の範囲内のことであり、そのため陸軍省から太政官に届が出されただけで、天皇の裁可を受けていない(『参謀本部歴史草案』4、一三五～一四三頁)。受ける必要がなかったのである。

(34) 『陸軍省日誌』第六巻、三四二頁。

(35) 『陸軍省日誌』第五巻、七二頁。

(36) 右同書、九〇頁。

(37) 『陸軍省日誌』第六巻、四四三頁。

(38) 右同書、四八一頁。

(39) 右同書、四二七頁。

(40) 右同書、一三七・一三八頁。

(41) 念のために注記しておくと、「伺之通」型の指令がなくなったわけではない。各鎮台からの伺に対する指令文が、「伺之通」と「伺之通御沙汰候事」の二種類に区別されるようになるのである。

(42) 「明治十二年自一月至十二月　大日記　回議意見」(防衛庁防衛研究所所蔵、参謀本部大日記M12—62)。

(43) 右同。

(44)　厳密にいえば、参謀本部と陸軍省の往復文書の宛先と差出人が、(A)と(B)では異なる。(B)では参謀本部副官（高藤正言）と陸軍省官房長（浅井道博）との間で文書が往復されているのに対して、(A)では参謀本部長（山県有朋）と陸軍卿（西郷従道）との間で往復文書が交わされている。これは、(A)のプロセスが大元帥である天皇の軍令を発出する意思決定過程であるため、大元帥の幕僚長である参謀本部長と陸軍卿が自らその衝にあたらねばならなかったからである。

(45)　「陸軍省日誌」に記載されている「伺之通御沙汰候事」が大元帥の軍令であることを示す指令文だとすれば、その初出は一〇月三一日付の名古屋鎮台伺に対する指令でなければならないが、「参謀本部大日記」には名古屋鎮台の伺に関する文書は含まれていない。本文で紹介した一一月一四日付の東京鎮台伺への指令がいちばん古いのである。また、これとは別に「明治十二年参謀本部」という簿冊があり（防衛庁防衛研究所所蔵、参謀本部雑M12—1）、これには参謀本部長から陸軍卿宛の通牒（ほとんどが天皇の裁可があったことを通知する通牒である）のみが残されているが、その綴りでも帷幄上奏を受けたと思われる指令のいちばん古いものは、一一月一九日付の東京鎮台からの別の伺に対する裁可通知である。

(46)　一八七九年一一月一七日付で、山県参謀本部長は、行軍演習の件につき帷幄上奏を行い、天皇の裁可を受けたが、その上奏文には「諸兵隊一泊以上行軍演習之義ハ其時々可奉仰　允裁之処」という一節が含まれる（『参謀本部歴史草案』4、一七九頁）。つまり、この山県の上奏の時点で、一泊以上で行われる行軍演習には天皇の裁可を要することがルール化されていたことが、これからわかるのである。

(47)　『法規分類大全第一編』兵制門一、兵制総、陸海軍官制一、陸軍一、二八七頁。

(48)　『法規分類大全第一編』兵制門三、陸海軍官制三、陸軍三、三九一頁。

(49)　右同書、三七八頁。

(50)　天皇の大元帥化は、陸軍卿の権限縮小を伴うものであることは、将校の職課命免についてもいえる。本文でも述べたように、曾禰メモでは一八七八年一二月末から「佐尉官ノ職課命免」が帷幄上奏事項となり、天皇が裁可するようになったとある。それより前は、奏任官である佐尉官に職務を課すのは、他の省卿と同様、陸軍卿の権限に属していた。ところが、これ以降は聯隊長はもちろん、大隊長や中隊長の任命までもが天皇の裁可を要することになったのである。

天皇の職務は大きく拡大し、陸軍卿の領分にまで食い込んできた。逆にいえば、天皇が大元帥になるとは、こういった細かい事務(佐尉官の職課命免)まで、いちいち天皇が決裁しなければいけないことを意味するのである。しかし、このことは同時に陸軍の将校に対して特別の地位を与える結果をもたらす。なぜなら、他の省庁の奏任官とは異なり、陸軍の将校はたとえ尉官であれ、その職務は天皇から直々与えられることをこれは意味してもいたからである。軍人勅諭の「朕は汝等を股肱と頼み汝等は朕を頭首と仰ぎてぞその親みは特に深かるべき」という一節が、たんなる建前にとどまらず、なにがしかの実体を伴う可能性がここに生じうる。さらにこの変化は、これにより権限を縮小された陸軍卿に対しても、他の省卿が決して享受しえない特別の権限を与えることになった。それは帷幄上奏権である。太政官制の省卿は行政長官にすぎず、大臣と参議から構成される内閣に下属しており、省卿としては天皇に対して奏請権(天皇の裁可を仰ぐ上奏権)をもたない。奏請権は内閣のものであった。しかし、天皇が大元帥として軍令の親裁を行いはじめると、陸軍卿はその所管事項について参謀本部長と連帯して奏請権を行使できるようになるのである。これは、他の省卿にはない大きな特権といわざるをえない。天皇が大元帥になるのと並行して、陸軍卿は内閣に下属する行政長官から大元帥の軍政幕僚長をも兼ねる存在へと、その性格を変えたのである。

(51) 『法規分類大全第一編』兵制門三、陸海軍官制三、陸軍三、二二一・三〇頁。
(52) 右同書、三九頁。
(53) 『元帥公爵大山巌年譜』元帥大山巌伝刊行会、一九三五年、二一四頁。
(54) 「明治一三年従一月至六月参謀本部」(防衛庁防衛研究所所蔵、参謀本部雑M13―1)。陸軍省編『明治天皇御伝記史料明治軍事史(上)』(以下『明治軍事史(上)』とする)原書房、一九六六年、四四八頁。
(55) 『明治軍事史(上)』四四八頁。『参謀本部歴史草案』1、二一五頁。ただし、野津が実地演習師団長に任命されるのは、六月三日のことであった(『参謀本部歴史草案』4、二三五頁)。しかし、野津は病気のため職務を全うすることができず、六月七日に西部監軍部長である三浦梧楼と交代した(『明治軍事史(上)』四四七頁)。いずれも帷幄上奏による任命であった。なお、『明治天皇紀』第五、一三四頁に、演習計画の概要が引用されている。
(56) 演習の模様は『明治軍事史(上)』四四八~四五三頁、『明治天皇紀』第五、一三四・一三五頁に詳しい。
(57) たとえば、一八七九年一〇月に習志野と下志津原で行われた近衛歩兵第一聯隊、東京鎮台歩兵第三聯隊第一大隊、砲兵第一中隊他の合同野営演習は明治天皇の親閲を受けたが、この時の陸軍省の指令は「伺之通」であった（『明治軍事史（上）』四一三頁）。

（58）　内閣官報局『法令全書』明治一四年、六一二頁。

紀念祭の時代——旧藩と古都の顕彰——

高木博志

はじめに

本稿では、一八八九年（明治二二）二月一一日の大日本帝国憲法発布とそれにともなう大赦令による戊辰戦争の和解、そして一八八九年八月二六日の東京開市三百年祭の幕府顕彰を起点とし、全国の城下町に波及する藩祖三百年祭や平安遷都千百年祭などの紀念祭の分析を通じて、一八八九年から日清・日露戦争後の時期を紀念祭の時代と位置づけ、地域の固有の文化の発現のされ方を考えたい。仙台・弘前・金沢などの地方都市が、自らのアイデンティティとして、藩祖（津軽為信・伊達政宗・前田利家）や旧藩を顕彰し、古都においては、奈良は古代文化に、京都は国風文化や安土桃山文化に自らの地域を表象してゆく過程である。郷土の固有性がおおっぴらに語られる、お国自慢の成立である(1)。

たとえば幕末に一時、奥羽越列藩同盟にも与した津軽で、庶民に公園として開放された弘前城に国花となった桜が植えられるのは、日清戦争の戦勝記念においてである。日露戦争後の一九〇六年九月、藩祖為信三百年祭がおこなわれ、一九〇八年一〇月の嘉仁皇太子の行啓があり弘前公園は「鷹揚園」と命名される。かつては士族だけのものであった弘前藩・藩祖・弘前城へのアイデンティティは、一般の庶民までもが「兵士」となることを一つの契機として共有されてゆく（この問題を考えたのは、故飛鳥井雅道氏のご教示が大きい）。翌年には藩祖津軽為信の銅像が建てられ、一九一五年の大正大礼にともない藩祖津軽為信に従三位が追贈されるなど、弘前藩の顕彰が盛んになる。津軽民謡や観桜会、津軽富士（岩木山）といったお国自慢が成立する(2)。明治前期には未成熟で矛盾した津軽への「郷土愛」と「愛国心」との両者が、二〇世紀になってはじめて構造的に連動してゆく(3)。東北の戊辰戦争のトラウマが癒えてゆく。そして同時に、士族だけでなく商工業者も含めた市民が主体となって、地方城下町や古都において地域おこしをし、国家に積極的に働きかける性格が一連の紀念祭にはあった(4)。

同様のことは、仙台における一八九九年五月の仙台開府三百年祭、一九三五年五月の藩祖政宗公三百年祭。金沢における一八九九年四月藩祖前田利家三百年祭、一九〇二年五月の尾山神社別格官幣社昇格などの旧藩顕彰を通じてもみられる。そして一九一四年に藩祖伊達政宗を祀る青葉神社の別格官幣社への昇格運動では、同じく藩祖を祀る上杉神社（米沢）、尾山神社（金沢）、光雲《てるも》神社（福岡）の昇格運動が取り調べられていた。また旧藩の歴史編纂や地域史の編纂も盛んになった。地方城下町において、旧藩の時代を自らの固有な文化として重ねてゆくことになる。

古都京都においては、一八九五年の遷都千百年祭という紀念祭を通じて、平安神宮や時代祭など、国風文化に京都の文化を重ねる言説が普及し、大正期になると豊臣秀吉や南蛮文化の顕彰など、安土桃山時代をも京都に重ねてゆく。国民国家形成期には、ピュアな日本文化としての「国風文化」が喧伝され、日韓併合後の「帝国」の時代には、海外雄飛した安土桃山文化が顕彰され、京都文化のアイデンティティとして語られてゆく。

一　旧藩と古都の顕彰

⑴日清・日露戦争と旧藩

幕藩体制のはじまりから三〇〇年後が日清・日露戦争の時期にあたり、ちょうどこの時期、各地の藩祖三百年祭の開催と重なった。ごく最近、二〇〇〇年前後に、仙台をはじめ地方の城下町で一七世紀に特化した天守閣を造営しようとしたり、旧藩にまつわる地域おこしが行われたのは、ちょうど四百年祭に関わるイベントである。日清戦争まで「愛国」が人々にイメージできなかった例証として、大本営がおかれた広島の事例がある。日清戦争時に、厭戦気分と厭軍意識が根強かった市民は、旧広島藩主の浅野長勲や旧福山藩主・旧岩国藩主が、明治天皇を広島駅で迎えるのを目撃する。また浅野は出征家族へ金円を寄贈する。市民は「天皇の臣下」としての旧藩主を見、戦争へと向かう。[5] いまだ行幸前の広島の市民は、藩はイメージできても国家はイメージできなかったのである。

さて日清戦争後の一八九六年には弘前に第八師団が、一八九八年に金沢に第九師団がおかれるが、廃藩置県後に政治的にも経済的にも衰微してゆく地方城下町が、異質の近代都市の軍都として蘇る。この日清戦争後の増師は、対露戦争に向けた軍備拡張の一環として連動してなされた。[6] 弘前でいえば明治二〇年代に三万人をこえる程度の地方小都市に、第八師団、平時で一万人余の軍隊がやってくるのである。[7] そして両戦争を通じて、戦没者招魂祭が隆盛になるが、それは士族の英霊（明治維新の殉難者）と平民の英霊（主に戦没者）との平等化がはかられ、いわば現世も来世も「臣民」の名分が貫徹する。

金沢では、城跡が第九師団司令部や歩兵第七連隊衛戍地となり関連施設に占拠されるが、弘前では一八九五年四月に城跡は弘前公園として市民に開放される。つづいて一九〇一年和歌山城・和歌山公園、一九〇三年若松城・鶴ケ城公園、一九〇四年甲府城・舞鶴公園や、一九二五年仙台城・青葉山公園などと城郭に公園が設置される。[8] これら城跡は地域社会の固有な文化の表徴——ランドマーク化され、桜が植樹される。公園、軍隊、群れなす桜並木といった新しい要素、軍隊とともに繁栄する遊廓も、東京からやってきた「近代」「文明」として、地方都市の人々に享受される。また日露戦争の新聞報道を通じて、地元の軍隊は郷土部隊としての意識が宣揚される。[9]

羽賀祥二は、金沢の尾山神社の金沢開始三百年祭や藩祖三百年祭や、一八九五年一〇月の平安遷都千百年祭を、都市開発者を祖として祀る「市民祭典」として位置づけている。また一八九九年の教育勅語の「祖先ノ遺風」の道徳規範がこの時期の顕彰制度をささえることを指摘する。[10] 大日本帝国憲法の天皇のもとの「臣民」の理念とともに、藩祖三百年祭を通じて、藩祖や桓武天皇や豊臣秀吉が「臣民」のものとなるのである。それは同時に城跡や武士道が、日清・日露戦争という国民皆兵により「臣民」のものとなる過程でもあった。また山室信一は、明治二〇年代に「国民の生活や文化や気質などから目をそらし国家形態や統治形式伝統に固有性を求める（万世一系の——高木）国体論の方向へ大きく転回」すると、思想史上の転換を指摘するが、[11] これは明治四〇年代になると、文部省や井上哲次郎によって主唱される国民道徳論へと発展してゆくことになる。[12]

(2)旧藩の顕彰

旧藩の顕彰を考える上で、戊辰戦争における旧幕府側の藩の戦死者の慰霊がいかに回復され、また「旧藩」の歴史編纂がいかにはじまったかをトレースしたい。

会津若松城落城後の東軍戦死者の死体は風雨にさらされ鳥獣の餌食となっていた。[13]「賊軍戦死者」の慰霊は、一八七六年（明治九）八月一八日、太政官達書（第一〇八号）「幕軍戦死者の祭祀許可」により、「死者親族朋友より祭祀等執行儀」が許されたことが大きな転換になる。

戊辰戦争から西南戦争に至る旧藩の日本における分裂は、制度的には一八八九年（明治二二）二月一一日の憲法発布にともなう「恵沢ヲ施」す大赦令により克服される。会津藩家老萱野権兵衛、江藤新平、島義勇、西郷隆盛ら「国事犯」等の大罪が消滅する。[14]そして帝国憲法の発布は天皇のもとに平等な「臣民」を創出した。一八九〇年には、白虎隊屠腹の処、「有志者相謀り、其墓を修め碑を建て、且その木像を刻して、これを三匝堂に安」じたという。[15]

一八八九年四月に「旧藩」の歴史編纂がなされる史談会が結成されるが、そのはじまりは前年の七月に宮内省から島津忠義・毛利元徳・山内豊景・徳川篤敬に嘉永六年（一八五三）から明治四年（一八七一）までの「国事ニ鞅掌」した書類の取調べを命じ、一八九二年三月には旧大名全部に呼びかけることになった。大久保利謙は、薩長藩閥史観に対して旧藩主をめぐる「旧藩」史観と対置している。[16]

官軍の慰霊は、明治二年六月に創建された東京招魂社に三、五八八人が合祀されたように、戊辰戦争の直後から行われる。その一方で一九〇二年二月九日になってようやく京都の伏見の有志により、伏見工兵営所の東で、同所の将校、三八連隊の総代などによって戊辰東軍戦死記念祭が執行された。[17]一〇余名の遺族が参加した御香宮清香楼の宴では六斎念仏、俄《にわか》が催された。日露戦争後の一九〇六年六月二三日に、史談会では、招魂社に祀られない維新の戦死・殉死者について、「生きては賊名を負ひ、死しては不祀の鬼となること、一視同仁の道に負く」として、嘉永二年（一八四九）から一八七九年（明治一二）までの、各旧藩主に命じて調査させた一四、一一七人について、神仏両方の式で慰霊した[18]。また会津では、明治三〇年代の末に慰霊のため宮中より三万円の下賜金を得て、戊辰戦争五十年祭を目前にした一九一三年にはじめて会津弔霊義会が慰霊の主体となる[19]。

近代日本で一貫しておこなわれた行幸啓については、原武史の研究があるが[20]、嘉仁皇太子の行啓では、積極的に旧諸藩の藩祖・藩主の贈位がおこなわれた。一九〇七年五月一〇日に山陰行啓に際して、池田慶徳（従一位）・松平直政（従三位）の贈位がなされる[21]。同様に一九〇八年九月九日の東北行啓の恩典では、上杉輝虎・治憲・南部利敬・津軽信政に従三位、佐竹義堯に正三位が贈位され、それぞれ策命使を墓前に遣わす[22]。信政は、吉川神道を信奉し元禄の大名七傑とされた。このとき九月一〇日の会津若松市への行啓のおり、飯盛山白虎隊墳墓に際して、嘉仁皇太子は「西沢知事よりの会津落城当時の壮烈悲惨なる歴史の説明」を聞き、「白虎隊少年も此光栄を地下に感泣せしならん」と報ぜられた[23]。

こうした旧藩主の贈位は東北の地元で祝賀されたが、贈位の基準は「勤王」の有無にあり、旧藩が「勤王」であったという物語＝「旧藩」史観の創出と連動していた。そして一九一五年の大正大礼にともない、弘前藩歴代藩主の、津軽為信・寧親（従四位）、津軽信明（従五位）、士族反乱の江藤新平（正四位）、島義勇（従四位）、桐野利秋（正五位）などが贈位される[24]。

帝国憲法発布によりはじまった「臣民」としての明治維新の内乱の和解は、日清・日露戦争を経て一九一五年の大正大礼、そして一九一七年の戊辰戦争五十年の紀念祭典の時期までに、社会に浸透してゆく。戊辰戦争体験者の死去という世代交代もそれを後押しするであろう。

一九一七年六月二三日、北会津郡役所でおこなわれた会津藩士殉難五十年祭では、「慶応戊辰革新の大戦とす此役や軍の東西問はず、其憂国尊王の誠に於て径庭（＝へだたり）あるにあらず、唯東西各藩互に感情を異にし意思疎通を欠きたる結果遂に大衝突を来したるに外ならず。然り而して会藩の真相に就ては世論紛々人に依て毀誉を異にするを免かれずと雖とも、聖明春の如く一視同仁洪恩枯骨に及ぶ、吾人今復何をか言はん」との、祭文があげられる。「憂国尊王の誠」において、東西両軍にへだたりはないのである[25]。

戊辰戦争五十年の各地の慰霊祭を『歴史地理』（二八～三〇巻）にひろう。幕末志士慰霊祭（瑞山会／一九一六年一一月三日、於靖国神社）、薩藩出身志士殉難者合葬（於秋田市全良寺）、彰義隊五十年祭（一九一七年五月一五日、於上野）、会桑戦死者の五十年祭（於京都伏見）、薩藩戦死者合葬祭（於京都）、贈従四位川路聖謨五十年祭（榊原陸軍中将・戸川残花ほか旧幕関係者／四月八日、於下谷、大正寺）、妙国寺烈士五十年祭（在阪在堺の土佐人／五月二〇日より三日間）、大村藩志士五十年祭（五月二〇日、於麻布大村伯爵邸）、会津戊辰五十年祭（於若松市長命寺・阿弥陀寺〈会津藩〉、大町融通寺〈官軍〉、飯盛山白虎隊墳墓）、小出の戊辰戦役戦死者五十年祭（六月一六日、於今井）、鳥取藩戊辰戦死者五十年祭（池田侯爵主催／於鳥取市招魂社）、鹿児島戊辰五十年祭（島津公爵主催／一一月二二日から二日間）、白河の戦没五十年追弔祭（仙台郷友会／一〇月中旬）、防長維新役戦没者五十年祭（一〇月一四日、於靖国神社）、館林藩戊辰五十年祭（一一月二四日）、都城五十年祭（先祖の祭典と戊辰殉難者五十年記念祭、一一月二七日）。全国で東西両軍の慰霊祭が行われたのである。

(3)紀念祭の時代

さて地方城下町で藩祖三百年祭が日清・日露戦争を通じて盛んになる前提として、江戸開府三百年祭の東京における施行があった。また京都における一八九五年の平安遷都千百年祭の前提としても、江戸開府三百年祭はあった。東京で行われた旧幕府の顕彰を嚆矢として、時間的落差をもっておおっぴらに地方における旧藩の顕彰が広がってゆく。それは家康の江戸入城から関ケ原を経て、地方城下町の建設に至るかつての時間的落差に照応する。

東京開市三百年祭が、憲法発布の一八八九年(明治二二)八月二六日におこなわれる。天正一八年(一五九〇)八月朔日の家康の江戸入城から三〇〇年を記念し、近世の特別の祝日である八朔にあたった。[26] 一八八九年八月一七、八日頃より、江戸旧誼会の人々(「江戸ッ児会員」)が、東京府下の有志に働きかけ、消防夫も東京府一五区総出で自発的に「梯乗」を披露し盛り上げる。東京三百年祭会は、委員長に旧幕臣の榎本武揚、委員に外山正一・大槻修二(如電)・田口卯吉といった学者や益田孝・渋沢栄一・岩崎弥之助などの実業家、そして前島密・久松義典ら五〇人が委員となり、「東京府庁官吏、警視庁官吏、東京市参事会員、新聞記者、銀行頭取、豪商等を委員中に網羅」した体制となった。[27] 榎本委員長の高崎五六東京府知事への答辞には、「独立自治ノ都市」となった帝都東京を祝い、「我ガ至仁ナル天皇陛下無窮ノ聖恩ニ答ヘ奉リ、遠クハ本府ノ基ヲ開ケル徳川家康公ノ遺図ヲ拡ムルニ庶乎カラン」とある。[28] 総収入六、五一七円で、そのうち有志者寄附金四、〇二八円、宮内省下賜金が三〇〇円あった。

まず上野公園における煙火打ち上げの許可を、出し渋る当局から得て、競馬・梯子乗・煙火・海軍楽隊・電灯・幌引乗馬がおこなわれる。吉原・新橋の手踊も「文明」として享受された。折り詰めの弁当は西洋料理に、「ヲイラン酒」は「ポンチ」に変化し、諸外国の旗をかかげ、ガス灯の夜会も準備されるモダンである。同時開催の古器展覧会では、江戸開市以来のこの土地にかかわる、東照公の木像や甲冑、古文書・古器物などが陳列された。この東京開市三百年祭では、第一に皇室への崇敬と幕府の顕彰がリンクするとともに、戊辰戦争(朝幕)の和解がはかられた。田口卯吉は、榎本武揚や徳川家達の戊辰戦争時の行動を回顧し、そのへだたりに「我邦戊辰の革命は幸福なる革命にして、明治の天地は広大なる天地」と評価する。[29] 第二に士族だけの祭典ではない、市民の祭典であり、東京開市を四民で祝う（一君万民）意義があった。第三にこれ以降、『風俗画報』の発刊や戸田残花の『旧幕府』などの江戸顕彰が始まり、また東京から三百年祭は、「近代」「文明」の流行として地方へ波及してゆく。

東京開市三百年祭によって公認される旧幕府の顕彰は、地方城下町の藩祖や古都の紀念祭となって波及するが、金沢・弘前・仙台・京都を除いて、その事例をひろってみたい。一九〇一年九月二六日から三日間、佐竹家遷封三百年祭[30]、一九〇六年四月四日「北条時宗祭典」[31]。同年一〇月一二日から三日間の「関ヶ原三百年祭」には四万人の人出がで[32]、一九〇八年九月一六日「川中島の擬戦」には、上杉家当主を招き、七、八万人の群衆となった。一九〇九年三月二八日、黒田如水公三百年祭[33]。同年六月一八日から一一日間、加藤清正公三百年祭で、「霊宝物即ち清正公の兜を首め朝鮮の分捕品等二十余点を展覧」され[34]、『加藤清正伝』も編纂された。またこの年には「横浜開港五十年祭」（七月一日）、「水戸列公五十年祭」（九月二五日）、「赤穂義士祭」（一二月一四日）と紀念祭がつづく[35]。一九一〇年には、四月一二日に名古屋開府三百年紀念祭[36]、五月一五日に浅野長政公三百年祭[37]、一二月四日には細川幽斎三百年祭（於南禅寺）[38]が開催される。さらに一九一三年一〇月一八日、最上義光公三百年祭（於山形市）[39]、一九一四年七月一六日から五日間、大阪市開市千六百年祭、一九一五年には東照宮三百年祭、一九一七年五月には岸和田藩治三百年記念会、長岡開市三百年記念会の活動が伝えられる[40]。

こうした歴史を動員し、地域おこしの性格を有する紀念祭について、批判もでる。一八九九年三月には「祭礼好きの国民」として、「古人の祭祀に熱中するは、血気ある国民の為さざる所也」[41]と報ぜられるし、同年七月には「最も憂ふべきは、地方人民が其土地に関係ある英雄の為に、商売的に紀念祭を執行する悪風」と批判される[42]。それは本来、紀念祭とは「追慕の心の表現」との建前があった故であろう[43]。

一方、この時期の特色として、一九〇二年の相馬の野馬追祭の報道では、「旧時の如く藩士に限らず、中村、太田、原、小高の各町を首とし、近郷近在の人民、皆な家に蔵する甲冑を装ひ、常に飼ふ所の馬に騎し、雲雀ケ原の広野に集つて馳駆の技を競ふ」とされ、武士道のイベントが地域ぐるみで大衆化していることが理解できる[44]。一九一〇年三月の山下重民「旧慣故俗の復興[45]」では、日露戦争後に「三十七八年の大捷以後。漸く自国の善美を覚知するに及び。旧慣故俗も亦随て復興するに至れり」とし、山車を日英博覧会にもっていったのは、一〇年前なら万人の苦笑と論じる。そして紀念祭が盛んになった一つの理由として、「庚戌（一九一〇年）の歴史地理学界概観[46]」には、加藤清正三百年祭、熊沢蕃山二百二十年紀念祭、平城遷都千二百年祭などの紀念祭が盛んなのは、『国民新聞』の山路愛山「日本人種論」、『日本』「日韓関係略歴」などの新聞紙上の「歴史的説話」の掲載の影響が大きいとする。

二　紀念祭の展開

ここでとりあげる、金沢、弘前、仙台の三つの地方都市はいずれも軍都であり、維新後の経済的政治的衰退から、師団が置かれることによって、近代都市へと変化してゆく。

(1)金　沢

金沢藩では、一三代斉泰の世子慶寧が元治元年（一八六四）五月に上京し、征長への反対、横浜鎖港の実現を説いた。朝旨に従わず長州藩に通じたということで、側近の勤王家や在野の尊攘派四〇余人が処断される。そして金沢藩は、慶応四年（一八六八）一月の鳥羽伏見の戦いで情勢をみて、官軍に寝返る[47]。

石高一〇四万六〇〇〇石余の金沢藩は、明治維新を経て、士族から中間・小者まで含めて二二、一九九戸という旧武家社会関係者を生みだした。とくに中下級のものの疲弊は甚だしかった。(48)

明治四年の廃藩置県により、旧金沢藩の前田家の当主は華族として東京に移住する。そして一八七三年には、荒廃した藩の祖廟としての卯辰山八幡宮にかわって、尾山神社として郷社に列せられ、前田利家を主神とする神霊が遷座される。(49) 一八八〇年には、西南戦争の戦没者を記念する明治紀念標が兼六園に建設される。(50) 一八八四年七月には天皇の藩屏をつくる華族令により、前田利嗣は侯爵、前田利同は伯爵となる。一八八七年には、第四高等中学校が開校となる。

一八八九年九月号の『久徴館同窓会雑誌』一五号に、豊島毅「観江戸開創三百年祭記」が掲載されるが、「今日東京之繁盛則皇室復古民権自由之繁盛也」と伝える。この東京開市三百年祭が、地方に波及するのである。金沢では、一八九一年一〇月に金沢開始三百年祭が執り行われる。(51)

一八九一年（明治二四）一〇月一一日から一五日に、利家が文禄元年（一五九二）に金沢城を修築したときを記念して、金沢開始三百年祭が行われた。稲垣義方金沢市長ら五三名が祝祭発起人となり、旧前田家の八家の本多政以・長克連・横山隆平ら八人が祝祭特別賛助員となった。(52) 金沢開始三百年祭は県社尾山神社を中心におこなわれるが、別格官幣社への昇格運動が一八八一年以来、宮司や本多政以など旧士族を中心になされていた。しかし薩長水戸以外の藩祖の祠殿で、官幣社となったものはなかった点が昇格の障害となっていた。そこで紀念祭には、県民と藩祖の関係が密接であることを知らせる目的もあった。宮内省から幣帛料二〇円が下賜され、侯爵前田利嗣は祭費一、〇〇〇円を寄附し、市民の寄附は七、〇〇〇円にのぼった。三万戸、約一〇万人の市民をあげての祭典であった。(53)

第一日の式典で、前田侯爵夫婦をまねき、岩山敬義知事知事が幣帛供進使として祝詞をあげ、稲垣市長は、藩祖の「功徳ヲ表彰」するとともに、「市民各励精シテ産業ノ発達ヲ図リ景気ノ振興ヲ求」めん、との告文をあげる。藩祖の顕彰と地域振興が結びついている。この祭典の一二日にだされた「第四高等中学校生徒より前田侯への上書」には、「王政維新、廃藩置県群侯命ニ趨リテ帝都ニ移リ、地方ノ繁華日ニ衰頽ニ趨キ荒煙衰草其跡殆ト亡国ノ墟トナリシ」との一節がある。(54)

そして東京開市三百年祭と同じく、能楽・競馬・撃剣・相撲・手踊・煙火などの祭典がくりひろげられる。金沢市内の各町は、行灯や生け花で飾ったり踊ったりと祝意を表するが、上下中嶋町の人和賀歌（オドケ＝俄《にわか》）は、当時の気分をよくしめす。「万国世界に我朝ハ　神の御国と仰ぐなり　訳て我国第一に　其名を得たるは金沢なり　三百年の開始祭　旧藩公の恩を知れ　幾年経ても忘るゝな　追々進むる御代なれば　鉄道布設も今暫し　励や々々商工業　此金沢を永遠に　益す隆にするならば　開始の君に酬ゆるぞ　将来男女勉強は　心を磨き花咲せ土地の事業を盛大に　起せや尽せや皆人よ　日本義勇を外国まで　驚せるを専一と　御国の万歳祈るへし」。(55)

一八九一年一一月には、野口之布の『加賀藩勤王始末』が出版され、元治の世子前田慶寧や側近の不破富太郎・明倫館助教の千秋順之助などの顕彰がおこなわれる。その前田慶寧は一八九三年七月一四日に従二位に位階追陞され、贈位慶賀祭が、本郷邸、仙台、金沢でおこなわれた。(56)この贈位の慶賀祭は、京都や大阪などでも加越能関係者によってなされるが、「旧藩士民」にとって、「二十有余年間の鬱積一時に散した」るがごとしと歓迎された。(57)また一八九三年度より、毎年六月の藩祖を記念する封国祭は、それまでの神社における儀式的なものでなく、金沢開始三百年祭費の残金の利子で盛大に執り行われることになる。(58)

石川県における日清戦争による戦死者・傷病者は計七三人であった。日清戦争後、金沢の招魂祭は、兼六園の明治紀念標前で神道・仏教の各宗式で執り行われた[59]。そして一八九八年に、第九師団が設置される。

金沢の次の紀念祭は一八九九年（明治三二）四月二七日から五月三日までおこなわれた旧藩祖三百年祭である。本多政以ら旧八家が発起人となって行われたが、趣意書の歴史認識が興味深い。そこでは桶狭間の戦いの武勇にふれ、豊臣秀吉の偉業をたたえるとともに、豊公と前田利家の顕彰がセットとしてなされている。豊臣秀吉との関係の強調は、近代における各地の藩祖の顕彰においても共通する物語である。徳川幕府との対比で浮上する。県社尾山神社を中心に、開市三百年祭（一八九一年）以来の帰郷である前田家侯爵を迎え祭典が行われる。また幣帛両二五円が宮内省より下賜される。紀念祭では、収入のほとんどを占める三三、六二〇円余の寄附金を集めるが、金沢市内では、資産家・名望家が委員となり七区にわけて募集した。

祭典は、一八七七年以来六月一四日に行われていた封国祭と、五月朔日から三日までの三百年祭とをあわせて盛大に行われた。「神輿渡御の儀式の如きも諸社の古例を折衷」したとの報道が興味深い[60]。行列・演武・競馬・相撲・能楽などの出し物とともに、金沢名所絵画、パノラマ（旅順口陥落など）、活動大写真などの興行も行われた。また各町内ごとに、祇園囃子・大鯛の作り物・獅子などを練りだした[61]。東廓手踊は尾山神社に参拝後、「尚古」「薫る梅」の手踊りで繰り込む。西廓は「梅の功」で東廓へ繰り込む。こうした遊廓は明治前期に名所化し、東京の吉原への憧憬とも重なるものであった。五月二日（六日目）の煙火の題目は、国旗・公園の大桜・大和魂（焼付花見の傘・吉野桜・早打二一発（旧藩祖旗）などであった[62]。

金谷館では、時代品展覧会が催され、各時代の古書画・古器物を旧士族など市民から出陳するとともに、前田家から利家が佐々成政と戦った「末森絵巻物」が出品された。「当初前田家五世までの時代を限定せんとの内議であったが「東山、徳川の各時代を問はず、骨董品、書画類を網羅」され、特に「前田家の時代に於て戦場に用ゐたる武器類は別室に」陳列された。五月二日の一日だけで一〇、五〇〇余人をこえる観覧者が時代展覧会につめかけたという。[63]

藩祖祭が終って、華美にすべきではないと戒める『北國新聞』の社説が出る一方で、五月八日には「三百年祭の効果」として、「藩祖三百年祭は啻に社会の上層、下層の間を融和し、秩序的観念を助長」するだけでなく、前年の北陸鉄道開通をうけて、文明、思想界に貢献したと評価する論説も掲載される。[64]

一八九九年四月、和田文次郎の『前田利家公』(宇都宮書店)が発刊される。この伝記は前田利家の藩祖祭で、記念品として配られた。[65]重野安繹の叙のあと、桶狭間での武勇、聚楽第の行幸、聚楽第での秀吉に従った謁礼、「朝鮮征伐」における利家の威望などがつづられる。またこの年の三月には、『加賀藩史稿』が、前田家の編輯局で藩史として編纂される。紀伝体で、藩祖高徳公から版籍奉還までの事蹟を編集し、世家列伝および志表からなった。

尾山神社は、一九〇二年四月二六日に別格官幣社になる。すでに『北國新聞』で報ぜられたように、別格官幣社に昇格するか否かは、利家に「勤王の事蹟ありや否や」がポイントであった。[66]宮城県庁文書に、一九〇二年一月の本多政以ほかによる「県社尾山神社昇格願」が、仙台の青葉神社昇格とのかかわりで残されている。利家が、「国家ニ対スル勲功」として豊臣・徳川両氏の間に介在して「治平ノ功」をとったことや、天正一五年(一五八七)に皇宮を守護し、翌年、九州出陣に凱旋した豊臣氏とともに参朝して権大納言従二位に至ったこと、あるいは歴代藩主の「勤王」の「皇室ニ対スル勤労」が強調される。こうした事実を藩士諸家の記録や『御湯殿上日記』や『時慶卿記』などで裏づける。また添付された「重野(安繹)博士意見書写」では、「豊臣氏ノ利家ヲ視ルコト所謂骨肉ノ親腹心」があったとし、「織豊前三氏ハ同功一体」との織豊政権下の評価を下す。[67]

さて三度目の金沢の紀念祭は、一九〇二年七月三日から六日までおこなわれた尾山神社昇格慶賀祭である。旧門閥家横山隆興男爵委員長が、「旧藩士民相謀り」とりおこなった[68]。前田侯爵家を迎え、村上義雄石川県知事を勅使とする奉告祭ののち、慶賀祭として、神輿渡御・神事能・演武・相撲・煙火・軽気球・手踊り・旧金沢城の観覧などがおこなわれ、町ごとに催し物を競った。時代展覧会もおこなわれ、前田家からの出品には、秀吉より利家への書簡、伊達政宗書簡ほかが出品された[69]。寄附金は総額一万二五八一円余があつまったが、慶賀会の残金一、九七一円余を、「金沢開始三百年祭、旧藩祖三百年祭残金ト合併ノ議」が成立し、「尾山神社第二期経営ノ基本金」とすることになった。三つの紀念祭の連続性がうかがえる[70]。この紀念祭のときにでた「高徳公事略」では、利家は秀吉・家康とともに皇室を尊崇し、子孫に皇室の藩屛たれと遺言したと語られる[71]。

一九〇九年九月嘉仁皇太子の行幸があり、前田利常（三代）に従三位、前田綱紀（五代）に従三位の贈位がなされ、前田家蔵品の台覧、別格官幣社尾山神社に使が差遣された[72]。なお毎年六月一四日に行われていた封国祭は一九二三年六月一四日に第一回金沢市祭となり、「藩祖の遺徳と郷土父祖の偉業を感謝」するその趣意がうたわれる[73]。市祭は一九三二年ごろから戦勝祈願に重点がおかれてゆく。

最後に金沢の藩史の叙述について述べたい。一九〇九年に近藤磐雄の『加賀松雲公』三巻、一九一五年に永山近彰の『瑞龍公世家』（二代利長）が出版される。近藤や永山、あるいは『加賀藩勤王始末』の野口之布らは、東京本郷の前田家編輯方のメンバーであった。『瑞龍公世家』の凡例に、「往年前田侯近彰等に命じて。紀伝体に倣ひ加賀藩史稿を修めしめ。藩祖高徳公の三百年祭あるに値ひ。世家列伝の稿先づ成りし（中略）其後瑞龍公世家の稿成り。而して今や公の三百年祭期に属す」とある。ここからは三百年祭と二代藩主利長の伝記編纂が連動していたことがわかる。さらに資料的典拠について、尊経閣の史料に大部分を依拠しつつもその他の記録文書も調査したことが述べられ、従来の「侯家の歴譜家乗等」よりは「較々新事実」も多いとする。また藩史をめぐる新しい編纂動向は、一九二九年の侯爵前田家編輯部編『加賀藩史料』第壱編の侯爵前田家嘱託日置謙による緒言に明らかである。一八九九年『加賀藩史稿』の編纂について、「然るに其後我が邦史学界に於ける風潮急激に変動し、修史の面目大に改まりたると、祖宗の祭典に際会して、その伝記を編纂するの必要ありたるが為、加賀藩史稿の続稿は一時停止」したとする。すなわち三百年祭の藩祖の顕彰の必要もうけて、『加賀藩史稿』の歴世諸公、列伝次第をしるす紀伝体ではなく、「国史」の流れのなかに藩主を位置づけるスタイルがとられるようになった。『瑞龍公世家』では、天正一六年（一五八八）に利家とともに聚楽第に後陽成天皇の車駕を迎えたことや、大仏殿に一万人の人夫を出したこと、秀吉への忠節や前田利家への従一位の贈位、関ケ原の戦後の民政などが記される。藩祖の伝記や『瑞龍公世家』の、勤王の強調や豊臣秀吉の顕彰などにみられるように、名教的な歴史観に包摂されてゆく(74)。

(2) 弘　前

旧一〇万石の弘前藩は、武備の充実を図りながら戊辰戦争の成り行きをみていたが、慶応四年（一八六八）五月の奥羽越列藩同盟にも与した。しかし近衛家からの働きかけと京都の情勢をみて藩論は勤王に決定し、同年九月に野辺地戦争で盛岡藩と戦い、函館戦争にも参戦する。弘前藩としては幕末の旗幟不鮮明の汚名をそそぐ行動であった(75)。一八八一年の天皇行幸では、「戊辰以後、王師に従ひ戦死せしものの遺族、取調置可申事」が達せられている(76)。翌年の七月二八日には、山崎清良に対して、藩是を勤王にしたものとして正七位があたえられている。

廃藩置県後、津軽家は東京に移住したが、一八八四年七月の華族令にともない津軽承昭は伯爵となる。弘前市の一八八九年の人口は三一、三七五人であった。一八九四年一二月一日に青森―弘前に鉄道が開通した。同月二六日には、津軽承昭が日清戦争に応召された旧津軽藩出身兵士を、東京で宴に招き慰撫している[77]。そして一八九六年九月に第八師団司令部が弘前に設置される[78]。平時で一師団一万人あまりの兵士がやってくる。

一八九五年五月に弘前城跡が、陸軍管轄であったのが津軽家を介して弘前市へと管轄替えになり、公園として市民に開放された。そして日清戦争の戦勝紀念として士族の内山覚弥がソメイヨシノ（吉野桜）を一〇〇〇本、植裁の上、寄附する[79]。一九〇〇年の嘉仁皇太子の結婚記念には、弘前市が主体となり一、〇〇〇本植樹している。近世には松の海に浮かぶ天守閣であったのが、桜への転換である。公園化された城跡へのソメイヨシノの植樹は、全国的で二〇世紀に盛んとなる[80]。また一八九九年より公園本丸に祭壇を設けて、靖国神社の大祭にあたる五月五日、六日に招魂祭と余興が行われるようになった[81]。一九一八年五月三日より一週間、弘前公園を舞台に初の観桜会がひらかれ、観光とあいまってお国自慢を形成してゆく。かくして近代の東京からやってきた新品種のソメイヨシノを植え、モダンで市民に開放された空間となる弘前城は、津軽を代表するランド・マークとなってゆく。
「あの公園、お城！何方《どづ》見でも日本一《えず》の桜だネ！」[82]。

日露戦勝紀念もかねて一九〇六年九月三日から一一日まで、藩祖為信三百年祭がおこなわれた。東京からは世子の津軽英麿が弘前にやってきて、九月三日の津軽家の廟所のある革秀寺に一門・旧藩士約一五〇人らと法会に臨んだ。津軽英麿は一七世紀以来つながりのある近衛家から養子に入った。翌四日五日の長勝寺の法会、一一日の高照神社の神事を執行する[83]。旧津軽藩の重臣の大道寺繁禎を会長とし士族の歴々を役員とする津軽藩祖三百年祭準備会の趣意書では、為信は「屢々京師ニ抵《いた》リテ、帝闕ノ尊厳ヲ拝」したとされ、戊辰戦争においては、奥羽では「大義名分ヲ弁ゼザル徒多」くあるなかで、「我藩ハ独リ克ク皇室ノ曙光ヲ遙ニ天雲ノ際ニ拝シ、卒先シテ王事ニ勤メラル、是、皆、公ノ遺徳ニ基ケルナリ」との物語がかたられる[84]。九月一三日東奥義塾での講話に招かれた英麿は、「第一に感じたのは旧藩士と旧藩主との関係が如何にも親密」であることで、「家を愛し祖先を尊ぶといふは最も大切な事て之は日本道徳の根本」だと話している(85)。紀念祭では、教育展覧会がおこなわれ、七夕を見合わせた季節はずれの侫武多が、大きさの規制なく製作された(86)。また各町内で山車・練物などを展示したが、和徳町の米山の山車だけは総勢二五五人で市中大通りを運行した(87)。また二年おきの山車の運行は一八八二年を最後に途絶していたのが、三百年祭を機に復活した。三百年祭は明治時代最大の市民行事で、商店の企画も後押しした。弘前教育会の依頼で大道寺繁禎が作詞した「弘前市民の歌」を市内の小学生がうたう。「ここは昔の鷹が岡　ふもとを流るる岩木川　船をつなぎし鶴亀の　松の千年も動かじと　城も砦も築かれし　時は慶長十五年　末ひろさきの名もしるく　国のしずめの八師団　今は置かれて仇まもる　人もつどへば産業の　道もひらくるこの市は　千秋万歳栄ゆべし(88)」。

一九〇八年九月二三日には、嘉仁皇太子が弘前に台臨し、一一月に弘前公園を「鷹揚園」と命名する(89)。「鷹揚園」の命名に際して外崎覚が沿革その他を取り調べ、それに基づき命名があった(90)。

東宮行啓に際して、桃太郎や中大兄皇子などの侫武多の製作を各町が競う(91)。坂上田村麻呂が「蛮賊ヲ慴伏」したのが起源とされた侫武多は、「地方の人情風俗」「地方の気風」を発表するとされ、「皇室と臣民との関係を説明して、其忠勇の思想を発揮」するとして、皇太子に上覧された。

また行啓に際し、嘉仁皇太子を津軽承昭が弘前で出迎える。皇太子と旧藩主を同時に弘前市民が拝する意義について、『弘前新聞』は「愛国思想煥発の機」として、「旧藩主代々の徳沢に霑ひて、臣民の分は安することを得たるは、上は皇室に対し奉り、直接には旧藩家に対して深く其徳に感泣せざ（る）べからざる」と論じる(92)。

この東宮東北行啓に際して九月九日に、旧藩主と勤王の志士へ追陞と贈位がなされるが、北畠親房（正一位）、上杉輝虎(従二位)、松平定信(正三位)、上杉治憲(従三位)、南部利敬(従三位)、津軽信政(従三位)などがその対象となった。四代津軽信政の従三位の追陞は、名君とされた上杉鷹山・松平定信と同一の位階であり、「津軽信政公贈位策命書」には、「汝命は夙くより文の道を講し武の道を明めて藩人等の利心を振起せしめ野を墾り山を開きて人民の富栄ゆへき基を建てしを以て後世に至るまて領内挙りて其遺徳を仰き慕へり、大御代の初陸奥出羽の役起りし際、汝裔孫承昭の朝廷に忠誠に一心に仕奉りしも汝命の遺訓を継承たるに因れりとなも思ほし食す」と、宮内省は評価する。[93] 信政の追陞には、津軽出身で東京在住、『殉難録稿』の宮内省編纂掛に就く外崎覚の運動があり、旧藩主の「王室の尊崇」が贈位の有無のポイントであった。さらに「史学の欠」を補って藩祖為信の贈位をも求めるべき、と在京の下沢陳平は論じている。[94] 行啓を記念し、『為信公略伝』[95]や外崎覚「贈従三位津軽信政公事蹟」「津軽信政公と山鹿素行」[96]が編纂された。遠山近水楼主人の手になる『為信公略伝』では、為信の津軽平定の過程、天正一八年(一五九〇)の秀吉の小田原攻略への出陣と秀吉からの本領安堵、文禄二年(一五九三)に近衛家に参上し「牡丹の丸」の家紋を下賜されるといった経歴が、「若し公をして中央の地に在らしめば其の事業必らず世を風靡せしものあらんを惜しむべし」と締めくくられる。

藩祖三百年祭のときより計画されていた藩祖津軽為信銅像の除幕式が、一九〇九年九月三日におこなわれる。甲冑をつけた軍装直立の姿で、太刀と軍扇をもつ。[97] 弘前市の行政文書には、「昨日事務委員会ヲ開キ評議ノ末、本年九月三日ヲ以テ右除幕式ヲ挙行シ同時ニ当弘前開市三百年祝賀式ヲモ執行スル事ニ決定致シ(中略)其節二位様五位様御三方御下向下置レ該式へ御高覧ノ栄」を得とあり、弘前市で津軽家を招待するなどの原案がつくられていた。[98] この紀念祭は弘前開市三百年祭と四代信政公二百年祭とをかねたもので、各町の山車、飾り物、芸妓手踊り、とにぎやかにおこなわれた。銅像は宮内省編纂掛外崎覚の意見を聞き、彫刻家山崎朝雲の手になったが

「之を紀念するは、往を懐ひ、古人の遺蹟功業を慕ふ所以」と報ぜられた[99]。

一九一五年一〇月一九日には、大正天皇が大演習で弘前にやってくるが、そのとき弘前公園が修築される[100]。そして二四日には観兵式、鷹揚公園での賜宴がおこなわれるが、この日に初代津軽為信に従三位、九代寧親に従四位、八代信明に従四位、そして戊辰戦争時に勤王に藩論を導いた山崎清良に正五位などの贈位追陞があった[101]。

宮内省編纂掛の外崎覚は、藩祖や津軽家の顕彰において、宮中と弘前を取り持つ役割を、東京で果たしている。藩史に関わっては、一八九五年八月に四代信政および八代信明の伝記編纂を命ぜられ、また津軽家代表として史談会会員に列せられている[102]。

外崎覚は、一八九三年に『徳川十五代史中津軽の条を弁論するの書』を著している。内藤耻叟の「徳川十五代史」における、「其祖政信其父ヲ詳カニセス、自称ス近衛太政大臣尚信ノ猶子也ト」と勝手に称するとの記述を批判し、「当時津軽氏の近衛殿の庶流たりし」ことは明証があるとする。また津軽家と南部家の関係についても、「津軽家は南部氏に叛くにあらすして、南部氏こそ津軽を横奪するの兇賊」であり、津軽家は南部氏の臣ではなかったと論じる。『弘前城主越中守津軽信政公』（一九〇二年）では、新田開発、岩木川の土木工事、飢饉の救済、検地などの事績とともに、近衛家に常に使いを送り、姻戚関係を持とうとしたことが記される。

(3) 仙　台

表高六二万石余であった幕末の仙台藩藩主伊達慶邦は、戊辰戦争時に当初中立主義をとった。国家老の但木《ただき》成行をはじめとする安田竹之助・玉虫左太夫・若生文十郎らは会津の降伏歎願を運動し、藩論となり慶応四年閏四月一五日に歎願書を提出するが、鎮撫総督に却下される。鎮撫使の侮蔑的な態度に対し、仙台藩士は奥羽鎮撫総督参謀世良修蔵を暗殺する。この間、仙台藩勤王派と目された三好清房らは粛正される。同年五月三日に奥羽越列藩同盟が成立し、同年九月一一日の仙台藩の降伏、九月二二日の会津落城まで熾烈な戦いがつづくのである。戊辰戦争による仙台藩の殉難者は一、二六〇人、会津藩の殉難者は二、七〇〇人にのぼった。明治二年五月には、儒学者の大槻磐渓の影響をうけた佐幕派国老但木成行や坂英力が、処刑された(103)。但木成行と坂英力は、「家名断絶」となり、但木の子孫は、立花と姓を変えて「農ニ帰」していたが、一八八三年になってやっと「家名再興」となる(104)。

明治四年、四鎮台(仙台・東京・大阪・熊本)の一つとして旧仙台城跡に東北鎮台が設置される。一八七四年には藩祖政宗を祀る青葉神社が創建される。一八七六年(明治九)には、賊であった東北に初めて天皇が足を踏み入れる行幸が行われる。同年六月二二日には仙台藩により殺害された鎮撫使の世良修蔵に祭粢料が、六月二六日には、特に仙台藩の勤王派三好良房(監物)・吉田大八ら戊辰戦役殉国者の墳墓に金幣がおくられる。このとき明治天皇は仙台に六月二四日から二九日まで滞在し、宮城県庁・裁判所や仙台鎮台や多賀城跡に行ったほか、支倉常長の油絵などが展示される博覧会にも臨む(105)。行幸から帰京直後の同年八月一八日、太政官達書(第一〇八号)「幕軍戦死者の祭祀許可」により、賊軍の慰霊が可能になる。歴代藩主の廟である瑞鳳殿に隣接して、一八七七年一〇月に、戊辰・己巳(明治元年・二年)の殉難者九〇六霊を祀った「弔魂碑」が伯爵伊達宗基の手で建てられる。銘にいう、「戊辰乱ニ仙台士民ノ本藩ノ為ニ命ヲ四方ニ致セシ者無慮一千人、今一碑ヲ祖廟ノ側ニ建テ以テ其ノ魂ヲ冥々ノ中ニネガワクハ其レ慰ムル所有ランコトヲ」。この段階では、仙台藩の殉難者を天下に胸を張っては慰霊できないが、伊達家と旧仙台藩の思いは、その死を「祖廟ノ側」という仙台の特別な聖地に埋葬した。

また一八七八年一一月には、「西討戦歿之碑」が建立される。宮城県で追討軍に従軍し新撰旅団に編入されたものは七〇〇名にのぼった。「弔魂碑」には西南戦争における仙台鎮台や警視隊新撰、旅団の戦死者、「朝鮮事変」の戦死者一四九人が合祀された。当初は、榴ケ岡に「招魂碑」として建てられたものが、おそらく一八八四年に旧藩士族により両山（経峰茂嶺）講が設立される頃に、瑞鳳殿脇に移築されたと思われる。[106] 殉難者の慰霊は士族の手により、藩祖とともにある。

西南戦争への仙台藩士族の参戦は、戊辰戦争の汚辱を除く気持ちが強く、一八七七年一一月一九日付の『仙台新聞』の「論説」には、「抑モ本地方面ノ士民カ今日ニ至リ積年ノ汚点ヲ洗除シ得タル所以ノモノハ職トシテ是レ戦死ノ兵士輩カ早クモ身ヲ挺シ王事ニ従ヒ以テ征討ノ烈功ヲ毘補（シ）タルニ由ル事ノ無キニ非サレハ、誰カ碌々然トシテ之ヲ犬狗ノ死物ト一般ニ看流シ置テ可ナランヤ」とある。

一八八四年七月には華族令で、伊達宗基は伯爵となる。一八八六年には、第二高等中学校が設置され、仙台鎮台は第二師団に改組となる。一八九〇年で仙台の人口は六〇、一五五人であった。一八九二年に小学校向けの郷土史の教科書、宇野九八郎・四竈仁邇『宮城県史談』（高藤書店）が出版されている。古跡神社仏閣等のほか、伊達政宗・林子平・三好清房ら郷土の偉人が紹介されるが、「本書は小学校生徒に郷土に関する史談を知らしめ、以て歴史上の観念を啓き、忠君愛国の基礎を作るを以て本旨」とした。

一八九九年五月二三、二四日の両日、仙台開府三百年祭がおこなわれる。世嗣伊達邦宗を総理とし、宮城県会議長遠藤庸治を紀念祭委員長、仙台市長を副委員長として、二四、七〇四人から九、四四四円余にのぼる寄附金が集められた。祭典当日五月二三日に青葉神社から神輿が川内大斎場の神殿にむかう。邦宗は、「城中の殷賑として益々文明の域に進まん」との祭文をあげる。この日、第二師団司令部は旧城跡を開放し、「士女の登観する者雲霞の」ごとくあった。[107] 市中は、「何れも国旗を樹て軒提灯を吊し、吹花を飾り、煙火山車競馬撃剣能楽剣舞自転車競争等」の余興があり、市中の人出はほとんど一〇万人に達したという[108]。五城館での古物展覧会には、伊達家よりの重宝、政宗公出陣の甲冑御物などが展覧された[109]。三百年祭では、「政宗公朝鮮征伐」、「朝鮮征伐凱陣」、「青葉城御撰定縄張」、「支倉常長に羅馬派遣」、「政宗公中納言に御昇進」など藩祖の事蹟にちなむ一〇カ町から一〇台の山車がだされるが、これは近世以来の東照宮の祭礼である仙台祭の終焉となった[110]。また同年五月、矢野顕蔵『仙台藩祖尊皇事蹟』も発行された。同書では天正一九年（一五九一）から寛永一一年（一六三四）まで政宗が朝廷に参内し献納した事蹟や、宮中から政宗への下賜が記録される。また本丸には「帝座之間」があったという。

仙台開設三百年紀念祭の性格を考える上で、同年五月三日付の『東北新聞』の一面巻頭にのった「三百年祭準備委員長に望む」の投稿記事は興味深い。

> 奥羽の大都市たることを天下に紹介して間接に其繁栄を加へ新たなる生命を吹込むの機会を作るもの故、尋常祭事を以て目すべからざるは勿論なり、夫の平安奠都祭が如何に西京の繁栄を新たにせるか、江戸城三十（百）年祭が如何に全国の人気を東京に集めたるか、近くは大阪の豊公祭、宮崎県の皇祖祭、頃日に於ける金沢の前田家三百年祭等其規模の大小こそあれ其目的其趣旨は同一にして爾も能く成功せるものなり、我仙台の大典は其費額八千四百円にして敢て多しとするに足らざるも準備其当を得て悉く之を活用せんには亦以て天下の耳目を惹くに足らん

とする。全国への日本鉄道会社の乗車割引券とそれを添付した案内状、「手引草」の発行といった宣伝策を講じる。そして「祭典は元と公衆共同のものにして強ち官衙吏人の職を執るが如き究屈のことをなすに及ばず、可成丈目覚しき手段を以て奥羽の中心に天下の耳目を集むるを目的とすべし」と論じる。この論説は、東京開市三百年祭（一八八九年）にはじまり、平安遷都千百年祭（一八九五年）、（金沢）旧藩祖三百年祭（一八九九年）とくりひろ

げられる紀念祭を地域振興策とみて、仙台開設三百年紀念祭もその一環に位置づける。

他の旧藩との競争意識が紀念祭の特色だが、『河北新報』同年五月一四日の投書では、四月一〇日に東京本郷で行われた前田家三百年祭で「金筋の多き金鵄勲章」をおびた人が多かったので、金沢に負けないように、充分資金を投じて「金筋の沢山ある」功労者を仙台でも参拝させるように論じる。また『河北新報』同年五月一七日、巻頭の論説「旧仙台藩士に望む」でも、青葉神社の別格官幣社への昇格を望むとともに、現当主伊達宗基の伯爵の位は低すぎるとの主張がなされる。

また一八九九年五月一日に雑誌『仙台』が発刊される（一九〇〇年、一八号まで）が、創刊号に細谷直英が、「『仙台』の本領」として、「我藩祖瑞巌公か府を開き給へる仙台の名声を揚げ、西南人士と轡を並べて一旦銷沈せる士気を興奮し以て戊辰の国辱を雪ぐ」との、戊辰戦争の怨念を吐露する。細谷直英は戊辰戦争、西南戦争、日清戦争と参戦した奇傑である。(111)

一九〇一年一一月八日、築館附近で陸軍大演習があり、天皇は仙台に行幸する。このとき藩祖伊達政宗は従三位に追陞され、供奉の侍従北条氏恭が策命使として仙台市瑞鳳寺に遣される。策命には、「政宗は夙に祖業を紹ぎ、常に尊王の志厚く、内、治民に努め、外、武威を輝かし、勲功顕著なり、今車駕其の旧封地に幸し、特に之れを追念したまふ」とされた。(112) あくる一九〇二年一一月には仙台城の旧本丸跡に「昭忠標」が建設された。佐賀の乱や西南戦争、日清・日露戦争などの戦死病没者への臨時招魂祭が挙行された。一九〇四年二月に日露戦争が勃発し、宮城県で一八、八四七人が召集されるが、その年八月には、隣接して常設の招魂祭殿が築かれる。(113) 一九〇五年一〇月に発行された、『最新仙台案内』（藤原相之助編纂、木文書店）の歩兵第四連隊の写真にはソメイヨシノが咲き乱れる。

このころ仙台の地域史として、仙台市役所編纂の『仙台市史』(藤原愛之助主任、一九〇八年)が発刊される。天正一九年(一五九一)上京時の伊達政宗の朝廷への忠誠と後陽成天皇からの恩賞、青葉城本丸に設置された帝座の秘話が語られ、戊辰戦争時には「朝廷に於ける政権回収」の手段方法が「列藩」と政府とでは意見を異にし、会津に対する政府の措置も復讐的であったと回顧する。また秋田出身の藤原相之助が、史料を博捜して叙述し、その後の仙台から見た戊辰戦争史の基礎となる藤原相之助『仙台戊辰史』(一九一一年、荒井活版製造所)が刊行される。『仙台戊辰史』は当初新聞に連載されるが、大槻文彦の協力もあり出版された。「白河口ノ激戦」から「函館戦争」まで、戦死者、負傷者が克明に記載される。「戊辰事変ノ総括」にあるように、ポイントとなる会津や庄内にたいする仙台藩の態度の叙述は、「政治上ノ見識ヨリ反対シ、騎虎ノ勢ヒ彼ノ如キ状態」に陥ったとする。伊達氏の特色は藩祖以来、一貫して「勤王、外交、平和」にあり、戊辰戦時の政権担当者の但木土佐は大槻磐渓、福沢諭吉らを通じて外国の形勢を知って攘夷党を批判した。慶応四年二月一一日に、徳川の追討には平和を旨として「干戈ヲ用」いずとの伊達慶邦名の請願をし、会津の征討には、会津の降伏をすすめたが鎮撫総督は薩長の専権を背景に降伏を許さなかった。しかし仙台藩の「勤王」の精神は一貫していたと主張する。

県社であった青葉神社を別格官幣社にしようとする動きは、他の城下町との対抗において積極的になされる。一九一四年(大正三)の、「伊達政宗ガ霊ヲ祀レル宮城県社青葉神社ヲ別格官幣社ニ昇セラレタキ願」[114]が残されている。一九〇一年一一月の陸軍大演習の時に、伊達政宗が従三位に贈位されたが、そのおり「撫民文武外交勤王」が贈位の根拠となったが、青葉神社の昇格では、朝廷に関係する事実と、使者をヨーロッパに遣わした事情が詳しく具陳される。

天正一二年(一五八四)の比叡山根本中堂と日吉社の造営への政宗の献金、慶長一七年(一六一二)一二月の仙洞御所の築地の造営、その他たびたびの政宗・宗忠父子の宮中への参内と献納。将軍秀忠に対する天下は家康が創業したのではなく、朝廷が治めてきたとする諫言。慶長五年（一六〇〇）に建築された仙台城本丸に幕府に秘密に「帝座ノ間」をつくったこと、「征韓ノ役」で伊勢神宮の大麻を船に掲げたなど逸話が記される。また支倉常長が、慶長一八年（一六一三）にメキシコをへて、ポルトガル国王と修交し、イタリアのローマ法王に謁見した次第を、文科大学史料編纂掛の『大日本史料』で裏づける。そして「政宗ニ勤王ノ志篤カリシコト著ク又外教ノ国家ニ毒スルヲ攘ヒテ皇国ノ威力ヲ海外ニ拡メムノ精神モ亦偉ナリト云フベシ是等ノ志操ヲ顕彰シ人民ヲシテ愈忠君ノ気節ヲ励マシメ軍人ヲシテ益敵愾ノ志気ヲ鼓舞セシメ仰ギテ矜式スル所アラシメムガ為ニ青葉神社ヲ別格官幣社ニ昇セラシムコトヲ願ヒ奉ル」と結ぶ。

同じ簿冊に、辞書『言海』の著者である帝国学士院会員大槻文彦による「青葉神社昇格願書材料取調」がつづられている。品川の伊達家の文書、『御湯殿上日記』、大学史局刊行『伊達家文書』『大日本史料』などを博捜しても藩祖に関係する記述は見いだせない。やっと日参して大学史局の未刊行史料のなかに皇居の南側の築地造営に藩祖より献金があった記事を、大槻は発見している。そして藩祖が「奥州の大乱を討平」し、関ケ原の戦いを勝利に導いたことを「昇格願」に加筆している。そのほか、別格官幣社になった上杉神社（米沢）、尾山神社（金沢）、光雲《てるも》神社（福岡）などの成功例が取調べられている。上杉神社でいえば、在東京の崇敬者総代、千坂高雅ほかから、一九〇一年一一月二日に提出された「県社上杉神社昇格願進達ノ義上申」や、先に紹介した一九〇二年一月の旧藩重臣本多政以ほかから提出された「県社尾山神社昇格願」などには、史料に即した「勤王ノ功績」が述べられる。また一九一四年五月一日には、黒田家々令山中立木より宮城県知事森雅隆へ、福岡藩祖光雲神社の「社殿敷地図面及び造営費目御問合」への回答もなされている。しかし結局、青葉神社の別格官幣社への昇格はかなわず、県社のまま終わる。

大正大礼の前年、一九一四年一〇月の『宮城県教育会雑誌』[115]には、仙台の即仏となのる者からは「藩祖政宗公に私淑せしめ訓育上効果あらしむる方案」として、藩祖に関わる修身教授、記念講話、記念行軍、肖像(塑像)の奉掲、祭日に於ける参拝、公讃美の歌、卒業記念参拝と記念物奉納などが提案される。一九一五年一一月の大正大礼では、「正月と七夕を一緒に各町益々美化し来る」といった状況で、このとき行われた「御大礼記念教育品展覧会」では、郷土に関わる教材が多いのは「郷土主義教育を反映」したとされた。紀念事業として、宮城県で小学校の郷土誌または村誌の編纂一一件、通俗図書館建設四三件あった[116]。

さて一九一七年(大正六)は、戊辰戦争から五〇年目にあたり、賊軍殉難者の慰霊が全国的に繰り広げられる。仙台でも一〇月一〇日に桜岡の祭場で戊辰殉難五十年祭がおこなわれる。仏式・神式の弔祭のあと、能狂言・騎射・煙火などの余興がおこなわれ、旧養賢堂で殉難者の遺物展がひらかれた。杉沼修一の『仙台藩戊辰殉難小史』[117]が寄付者に配られる。

戊辰殉難者五十年弔祭会長伊達宗経の祭文には、「必竟するに国是を思ふ意見の相違に因せるものにて、皇国の為に竭さむとせし誠意に至ては天地間に昭々たり此事既に明治二十二年の大赦に因て明白せり(中略)殉難各霊はおのづから身を殺して仁を成し、宛然今日昭運の開拓者なり」とある。一八八九年の大赦によって殉難者は復権されたとみる。そして「戊辰殉難者五十年祭旨意書[118]」では、

嗚呼戊辰の事、復た言ふに忍びさるなり、明治維新の時に当り同く国難に殉したるもの、一は贈位の恩典に浴し、一は冤枉不祀の鬼となる、其当時にありては勢已むを得さるものありしとするも、今日よりして之を視るに其君国に尽すの至誠に至りては両者決して径庭を見す、殊に我仙台藩の如きは奥羽越列藩の盟主とな

り、皇国の為めに干戈を用ゐずして維新の大業を翼成せんとせしも不幸其の志を達する能はす、勢の激する所、遂に兄弟牆に鬩き戎軒の間に相見ゆるに至りしなり、当時一意主命を奉して国難に殉したる忠義の士実に壱千弐百有余名の為に祭典を執行し以て忠魂毅魄を慰めんとす、大方の諸君幸に吾人の微衷を察し賛成援助あらんことを冀ふ

大正六年五月　発起人

と、「冤枉不祀の鬼」となった殉難者においても「君国に尽すの至誠」において、贈位の恩典に加わったものとかわらないと主張する。

また「戊辰懐旧談話会」[119]のなかで、大槻文彦は、「戊辰の挙兵は尊王の精神より起る」と題し「一体明治十二三年頃（一八七七年の誤り──高木）富田鐵之助、大槻如電（修二）相図つて戊辰殉難者の為めに弔魂碑を立てること〻致しましたが伊達家に於ても金を出され瑞鳳殿の側に建立しました彼の鉄柵は有志の出金でありました。然し其当時は戊辰の挙兵は反逆の意ありしとして頗る世をはゞかつて居たものでした。（中略）戊辰当時に於ける仙台藩の挙兵について反逆賊軍なりと五十年此方私共は一回だに思つたことはない。実に尊王の大義より出でたのである。時日はうつてこ〻に当時の事実を述べることの自由を与へられたことは私共の最も喜ぶところである」とのべ、明治初年の殉難者の慰霊が世をはばかったものであったときから、おおっぴらに顕彰できる日が来たことを喜ぶ。さらに仙台藩の戊辰戦争への立場には、大槻磐渓の将軍政治を可とする説の影響があったとする。磐渓の説は、皇室にわずらいをもたらすものでない、仙台藩は「立君定律」の政体を可とするのみとみる。藤原相之助の『仙台戊辰史』を踏襲し、世良修蔵の会津討伐は私怨であるとし、会津は非難すべきところなし、と大槻文彦は論じる。[120]

のちに一九三五年五月には、藩祖政宗公三百年祭がとりおこなわれ、伊達政宗公の銅像が建立された。

(4) 京　都

明治二年(一八六九)三月の東京「奠都」以後、京都は一地方都市化してゆくが、一八八三年一月の岩倉具視の「旧慣」保存策にみられるように、東京に対する独自の文化的「伝統」を顕彰してゆこうとする。それでも今までとりあげた地方城下町とは都市の規模が違い、一八八九年で京都市の人口は二七九、一六五人にのぼった。

一八九〇年より東京美術学校ではじまった「日本美術史」の講義では、推古時代から日本美術がはじまり、天平時代に奈良美術の極に達するとみる。平安前期の弘仁時代は「純粋唐風美術」とあり、平安後期の延喜時代になって、「優美」な「純然たる日本風」となる。「延喜時代」(のちの「国風文化」)は、日本独自の文化として一八九〇年代には特別の意味をもち、京都表徴となってゆく。藤原氏の貴族文化、かな文字、宇治の平等院鳳凰堂、平家納経などが、その要素である。岡倉天心は、国際社会に対してもたとえば一八九三年のシカゴ博覧会の日本パビリオンの鳳凰殿のように、国の表徴をつくりあげる。

そして京都に即していえば、京都文化の最初のピークは、藤原時代(国風文化)であり、二度目のピークは、豊臣時代(安土桃山文化)と解釈されてゆく。たとえば、一八九三年四月二八日の『京都日出新聞』には、「京都は古来歌舞の勝地で桓武天皇奠都以来隋唐の舞楽を変化して一種の面目を開き彼の足利豊臣の時に能楽の成立つたも此地である」とされる[121](傍線は高木)。一八九四年には、御土居のなかに平安時代の「文化財」が少ない中で、東京美術学校の福地復一に京都市参事会は、「平安時代ノ遺存物」の調査を依頼する。宇治平等院鳳凰堂・信貴山縁起・厳島神社平家納経・吉備大臣入唐絵詞など一五〇点の「文化財」が書き上げられる[122]。

一八九二年頃、著名な経済学者の田口卯吉が平安遷都事情の調査のために京都に来て、中村栄助に「市民全体の祭礼」として平安遷都千百年紀念祭の開催を示唆したことが、紀念祭の嚆矢となる。田口卯吉は、一八八九年の東京開市三百年祭の事務委員をつとめ、東京の紀念祭の京都への影響がうかがえる。また福沢諭吉は、『時事新報』紙上で、「東京三百年祭会」（一八八九年八月二三日）として、「家康公の大名《たいめい》を明言して其功徳を後世の今日に頌するこそ祭典の本意」とした。福沢は、「京都の一千百年祭」（一八九二年五月二七日）について、東京開市三百年祭の「都て其例に傚ひ、数日の間、大騒ぎに騒がんとの目論見」と論じる。[123]

一八九二年五月には、京都の実業家有志が平安遷都千百年紀念祭、第四回内国博覧会（東京以外で初めて）、京都・舞鶴間の鉄道開設を「三大事件」と位置づけ開催に向けて京都商工同盟会を結成する。[124]

第四回内国博覧会は、一八九五年四月から七月まで、三カ月間で一一三万人の観客を集めた。平安遷都千百年祭は同年一〇月二二日に挙行され、翌日には時代祭が行われた。平安遷都千百年紀念祭は、協賛会の会長に有栖川宮、総裁は近衛篤麿で、評議員は東京・京都をはじめ全国にわたり、府県知事全員が支部長となり、政財界をあげての体制が整い、収入が三八万七〇〇〇円で、寄附金が七六パーセントにのぼった。[125]

平安神宮が、平安京の大極殿を縮小して創建される。この年の三月二五日から七月一七日まで、時代品展覧会が催され、一二万一二九人（外国人三五七人）の観客がおしかける。延暦時代、藤原時代、鎌倉時代、足利時代、豊臣時代、徳川時代、明治大家の製作品、唐・宋・元・明・歴代、征清戦利品など三、四八五点が展示され、「延暦ノ気格、藤原ノ優雅、鎌倉ノ質朴、足利ノ清純、豊臣ノ豪壮、徳川ノ厳正」と、時代ごとの特色があらわされる。[126]

また紀念祭にあわせて『平安通志』が発刊される。『平安通志』の編纂をになった湯本文彦は、一八九二年の久米邦武事件以降に史料編集作業にたずさわる、川田剛・小中村清ら東京の国語国文派と提携して『平安通志』を編纂しようとする。[127]湯本文彦は『平安通志』の「編纂議」において、平安遷都千百年祭のために「建都以来ノ制度文物、美術工芸、其他百般ノ沿革変遷ヲ考明」するとし、洛陽・ローマと比して、「千載変セス、終古渝《ユ》ヲサルモノ独リ我平安京アル而已」とし、平安京が世界的に見て比類なく永く変化しなかった唯一の古都であることを誇る。名勝旧蹟には桓武以来の歴史があり、海外へも紹介することが国威の発揚につながるとの議論である。そして第一編は、「平安京」「大内裏」から記述される。

巻の四〇から四三までが「美術工芸志」で、その総論・時代の変遷のなかで、平安時代は、「藤原氏権ヲ専ニスルニ至リ、国家ノ力ヲ尽シテ、以テ華奢風流ヲ極ム、故ヲ以テ其製作タル高尚優美ヲ極メ、華麗善美ヲ尽シタリ」と評価する。「美術工芸志」では、絵画・書・織物・陶器・友禅染・彫刻・建築・園芸などのジャンルが叙述される。臨時全国宝物取調などの成果にもとづいて、巻の四四から四六までの「宝物志」が編まれる。

一〇月二五日の時代祭は、延暦時代から徳川時代までの平安京の歴史の変遷を映すが、「第五列織田公入洛の事」では、「織田公入京は王室中興京都再造の本にして平安京建奠に亜ぎ京都人の永く紀念して忘却すべからざる事蹟」と評価され、久保田米僊が取調委員になっている[128]。

この平安遷都千百年紀念祭に際し、平安京、長岡京の顕彰がなされる[129]。また一八九七年五月一日には、平安京の「文化財」を中心に展覧する帝国京都博物館が開館し、同年六月五日には古社寺保存法が制定される。

京都における次の紀念祭は一八九八年四月一日から五月三一日におこなわれた豊公三百年祭である。

近代における豊臣秀吉顕彰の意味は、仙台や金沢などにおける藩祖顕彰のときにあらわれたように、徳川幕府の否定とともに、徳川に滅亡させられた豊臣家の復権という側面がある。豊臣秀吉の衰微した朝廷に対する保護や聚楽第への後陽成天皇行幸などが強調される。さらに近代の軍隊の性格を考えるときに、「武士道」の四民化は、秀吉の出自の物語と呼応する。

豊国神社は慶応四年閏四月六日、御沙汰書で秀吉の「大勲遺烈」を表彰するが、徳川政権によって秀吉の「大勲」は「晦没ニ委シ、其鬼殆ト餒《あざれ》ントス」とする。徳川政権の否定と秀吉の復権である。同年八月には、豊国社および豊国廟の再興、一八七五年一二月二五日に、方広寺大仏殿跡地に豊国神社社殿造営が決まる。翌年一〇月一日より一〇日間、大阪に豊国神社が移らなかった祝いとして、京都の「市街各区申合」て砂持ちが盛大におこなわれ、その様は豊国神社蔵の「砂持絵図屏風」に描かれる。(130) 一八八〇年九月に、大仏殿址に豊国神社社殿が建立される。

一八九〇年六月二五日に豊太閤三百年祭開催、豊国廟御墳栄営繕を目的として豊国会が結成される。福岡の黒田長成を会長にし副会長に阿波の蜂須賀茂韶、旧金沢藩の前田利嗣、肥前の鍋島直大など豊臣家の遺臣の家柄をはじめ、近衛篤麿・伊藤博文や、安田善次郎・古河市兵衛といった財界人や京都の雨森菊太郎・浜岡光哲・中村栄助・湯本文彦・熊谷直行といった平安遷都千百年紀念祭を担った人物までが評議員に名を連ねる。黒田長成は、「豊国会ニ関スル演説」で、「豊太閤カ勤王愛国ノ志ニ厚ク」、大内の修繕、聚楽第への行幸時に諸侯伯に盟わせた事例をひくとともに、また「外征の師を興し大に辺陲を鎮め封土を拡め」と文禄・慶長の役を讃美する。(131)

一八九八年の紀念祭では、阿弥陀ケ峰の豊国山廟の建築が、最も大きな事業であった。四月一日の奉告祭典から五月三一日の直会式まで、余興として相撲や市民の踊り込みがなされる。踊り連中のなかで特に目立ったのが、豊遊会で、帝国京都博物館にある「慶長年間の踊画」にならい、桔梗笠をかぶり大花傘を押し立て、瓢蝶の紋付、拍子木結びの帯、紫足袋に重ね草履で、「元はいやしき民家に出て神に祭らる人はたれ　ホーコウサン、ドエライ御威徳　参れ人々あみだが峰に鎮まり在ます人はたれ　ホーコウサン、ドエライ御威徳」などと金子静枝作の囃子歌をうたい歩いた。また帝国京都博物館内では豊臣氏時代の文物の陳列がおこなわれ、京都府下の豊公縁故の社寺では宝物重器を陳列された。奉納能は維新後最大規模のものであった。(132)

この豊公三百年祭のときには大仏前の耳塚のまわりに木柵がめぐらされ、一九一五年五月に伏見の侠客勇山こと、小畑岩次郎が音頭をとって、東西の歌舞伎役者や義太夫語りなどが献納する石柵で整備される。[133]

京都府が政策的に豊臣秀吉関係史跡の保存に乗りだすのは、木内重四郎の一九一六年四月の京都府知事就任が大きい（一九一八年六月まで）。木内は経歴として、一九〇五年一二月に統監府農商工務総長から、一九一〇年一〇月に朝鮮総督府農商工部長官に就いている。木内は、「予は豊公の神霊を仰いで日本民族海外発展の守本尊と為さん」と志す。天智天皇陵や桓武天皇陵の修補をおこない、徳川氏の秀吉の墓地の元和の破壊を憎み、実際に発掘して毀傷された遺骸に嘆く。[134]

一九一八年二月九日、京都府知事木内重四郎「曩ニ韓国併合セラレ日本民族ノ漸次亜細亜大陸ニ発展スルニ従ヒ豊公ヲ追慕シテ其廟社ニ参スルモノ逐年増加セリ」とのべ、日韓併合と豊臣秀吉の顕彰を結びつけている。[135] また一九一八年の「社寺事務引継演説書[136]」には、

一、史跡勝地保存ニ関スル件

一、豊国廟域拡張ノ件

とあるが、豊国廟の整備と京都府の史蹟勝地保存が等価に並べてある点が、重要である。豊国廟域の拡張とは、具体的には「阿弥陀峰国有林全部ヲ廟域ニ組替復旧シ、尚山麓附近ノ土地ヲ買収シテ兆域ニ編入シテ一大林園ヲ造営シ森厳雄大ナル規模ヲ大成シテ豊公ノ人格功業ト相副ハシメ以テ民風ノ振興ニ資センコトヲ計画」であった。[137] 秀吉史跡の顕彰は、一九一九年の史蹟名勝天然紀念物保存法の施行と関わり、『京都府史蹟勝地調査会報告』第一冊には、聚楽第址、第二冊には御土居、聚楽第址、第五冊には豊国廟と、京都における重要な史跡として位置づけられる。

秀吉の顕彰は、一九一〇年代以降の、織豊政権期、安土桃山時代を京都イメージに重ねる動向と関わった。一九一一年には、歴史地理学会が滋賀県教育会主催で大津に開催され、五六〇余名の参加者がある。[138] このとき小学校の教員などの聴衆に混じって、中学四年生の梅原末治（のちの京都帝国大学教授・考古学）も参加していた。[139] 八月三日の「安土現地講話」では、藤田明が「古蹟保存を論じて安土村民に望む」として、「本会が此の安土桃山時代史の講演会を開きたるも、安土を天下に紹介し信長の遺業を表彰せんとする為に外ならず」と論じる。また内田銀蔵は、第一鎌倉武家時代、第二京都武家時代、第三江戸武家時代、との黒板勝美『国史の研究』（一九〇八年）の時代区分を援用しつつ、「織田豊臣二氏の時代」は、「第二の時代、即ち中心点が京都又は其の附近に在つた時代の末期」とする。また福井利吉郎は「桃山時代の美術」で、「然るに我が文芸復興期である桃山時代の絵画は何を以て新意を出したか。その精髄は「装飾的に帰る」事であると同時に、大和絵の復興であつたのではありますまいか」と論じる。[140]

早くは関野貞が一九〇五年に、藤原時代と桃山江戸時代とを「固有ノ発展」をなせし時代とみるが、[141] こうした見方は一貫している。一九二八年の江馬務「時代と風俗」[142] では、藤原時代以降を「国風発達時代」、応仁の乱から江戸時代の終わりまでを「国風全盛時代」と、通観する。

むすびにかえて

近年研究が進みつつある、旧藩の顕彰や戦争と慰霊の問題、あるいは地域社会における歴史編纂の研究成果に学びながら、帝国憲法発布から日清・日露戦争後の、国家の文化的アイデンティティと地域の文化的アイデンティティの連関について考えた。そこでは地域の固有の文化が、紀念祭という形で現われた。

一八九〇年代から一九一〇年代を通じて、「国史」や「日本文化」が形成されるなかで、そのなかに地域の歴史(藩史や郷土史)や文化を位置づけようとする営みがはじまる。その発端になるのが帝国憲法発布にともなう維新の内乱の和解という政府の方針(大赦令や贈位や賊軍への慰霊)であり、天皇のもとでの「臣民」の創出である、その理念が地方の社会にも広まるのが日清・日露戦争後である。地域社会に国家がむきだしであらわれ、農民を武士(兵士)として徴兵し、近代の「武士道」が語られる。また国体や祖先崇拝と家族国家観を旨とし神道非宗教論に適応する国民道徳論が、社会を覆う。藩祖の顕彰や藩史の編纂が旧城下町で進み、各藩が「勤王」であったとの藩史の歴史叙述や皇室とのかかわりの顕彰など、地域社会は天皇制との位置どりを模索してゆく。名教的な歴史観への包摂である。また古代文化や平安京・安土桃山文化に奈良や京都は自らの地域の文化的アイデンティティを重ねてゆく。こうして紀念祭の時代は展開する。そして紀念祭には、新しい担い手となる士族や商工業者などの市民が積極的に地域おこしをしようとする、地域社会からの働きかけもあった。

(1) 古都奈良を古代文化に特化し重ねる近代の過程については、高木博志『近代天皇制の文化史的研究――天皇就任儀礼・年中行事・文化財――』校倉書房、一九九七年、同「近代天皇制と古代文化」『岩波講座 天皇と王権を考える』五、岩波書店、二〇〇二年、で分析した。奈良では、大正期になると『奈良県風俗志』など小学校の教員をも巻き込んだ郷土への関心がでてくるが、明治維新以来の国家による奈良における古代文化の顕彰が、地域社会の側から積極的にはじまるのは、昭和期の「大和国史会」や高田十郎、辰巳利文の万葉顕彰など地域の郷土史家の活動が本格化する昭和期をまたねばならない(黒岩康博「『うまし国奈良』の形成と万葉地理研究」『人文学報』八九号、二〇〇三年)。

一九一〇年(明治四三)一一月一九日から二一日まで、平城遷都千二百年祭がおこなわれ、民間で顕彰に尽力した棚田嘉十郎はじめ、奈良県知事若林賚蔵ら四〇〇余名が列席し、相撲、俄《にわか》、自転車大会、芸妓の練り込みなどの催しでにぎわった(『日出新聞』一九一〇年一一月一九日、二一日)。

（2）高木博志「桜とナショナリズム――日清戦争以後のソメイヨシノの植樹――」西川長夫ほか編『世紀転換期の国際秩序と国民文化の形成』柏書房、一九九九年。
（3）大日方純夫は「『伝統と文化』論議の問題視角」『歴史評論』六四七号、二〇〇四年、で明治初期のナショナリズムにとって地域（郷土）の「伝統は桎梏」になることを指摘する。
（4）遷都千百年祭が皇室を前面に出した京都の地域開発であった点については、高久嶺之介「『地方化』する京都――『建都千百年』のころ」日本史研究会ほか編『京都千二百年の素顔』校倉書房、一九九五年。
（5）檜山幸夫『日清戦争』講談社、一九九七年。
（6）本康宏史『軍都の慰霊空間』吉川弘文館、二〇〇二年。
（7）秦郁彦編『日本陸海軍総合事典』東京大学出版会、一九九一年。
（8）広瀬繁明「日本城郭の顕彰から保存へ」『織豊城郭』一〇号、二〇〇三年。
（9）荒川章二『軍隊と地域』青木書店、二〇〇一年。
（10）羽賀祥二『明治維新と宗教』筑摩書房、一九九四年、同「日本近代における『伝統』」『歴史評論』六四七号、二〇〇四年。
（11）山室信一「国民国家・日本の発現――ナショナリティの立論構成をめぐって」『人文学報』六七号、一九九〇年。
（12）国民道徳論については、磯前順一『近代日本の宗教言説とその系譜』岩波書店、二〇〇三年、参照。
（13）今井昭彦「会津少年白虎隊士の殉難とその埋葬」『常民文化』二四号、二〇〇一年。
（14）中島三千男「『靖国』問題に見る戦争の『記憶』」『歴史学研究』七六八号、二〇〇二年。
（15）「飯盛山下の太夫桜」『風俗画報』二四九号、一九〇二年。
（16）田中彰『明治維新観の研究』北海道大学図書刊行会、一九八七年、大久保利謙『日本近代史学史の成立』吉川弘文館、一九八八年。
（17）『京都日出新聞』一九〇二年二月九日。
（18）『太陽』一二巻一一号、一九〇六年。
（19）森岡清美・今井昭彦「国事殉難戦没者、とくに反政府軍戦死者の慰霊実態（調査報告）」『成城文芸』一〇二号、一九八二年。
(20) 原武史『可視化された帝国』みすず書房、二〇〇一年。
(21) 『神社協会雑誌』六巻六号、一九〇七年。
(22) 『明治天皇紀』一九〇八年九月九日条。
(23) 『東奥日報』一九〇八年九月一一、一三日。
(24) 田尻佐『贈位諸賢伝』国友社、一九二七年。
(25) 『歴史地理』三〇巻一号、一九一七年。
(26) 成田龍一は一八八〇年代後半から郷友会が叢生し、「郷里が国家との相似」で描かれ、東京で「郷里」が発見される点を指摘し、東京開市三百年祭を通じて江戸を過去のものとし、帝都意識が形成されたとみる(「帝都東京」『岩波講座日本通史』一六巻、一九九四年)。
(27) 田口卯吉「東京三百年祭熱」『東京経済雑誌』四八五号、一八八九年八月三一日。
(28) 大槻修二編輯並発行人『東京開市三百年祭記事』一八九〇年五月。大槻修二(如電)は文彦の兄で、仙台藩養賢堂に学び、東京で活躍した和漢洋にわたる学者である。仙台開祖三百年祭への影響が考えられる。
(29) 前掲注(27)に同じ。
(30) 『全国神職会会報』二七号、一九〇一年。
(31) 『風俗画報』三三九号、一九〇六年。
(32) 『風俗画報』三五二号、『歴史地理』八巻一一号、一九〇六年。
(33) 山中立木編『光雲神社々誌』報古会、一九三〇年。
(34) 「本立院清正公三百年祭」『風俗画報』三九八号、一九〇九年。
(35) 『風俗画報』三九八・三九九・四〇二号、一九〇九年、四〇四号、一九一〇年。
(36) 『風俗画報』四〇八号、一九一〇年。
(37) 『太陽』一六巻八号、一九一〇年。
(38) 『歴史地理』一七巻一号、一九一一年。

(39)『歴史地理』二二巻五号、一九一三年。
(40)『歴史地理』二三巻四号、一九一四年、二五巻四号、一九一五年、三〇巻一号、一九一七年。
(41)『太陽』五巻六号、一八九九年。
(42)『太陽』五巻一六号、一八九九年。
(43)「偉人と紀念祭典」『歴史地理』二五巻六号、一九一五年。
(44)『太陽』八巻一〇号、一九〇二年。
(45)『風俗画報』四〇六号、一九一〇年。
(46)『歴史地理』第一七巻第一号、一九一一年。
(47)本康宏史ほか『石川県の歴史』山川出版社、二〇〇〇年。
(48)石川県立歴史博物館『紀尾伊町事件』一九九九年。
(49)尾山神社『図説前田利家公――藩祖前田利家公四百年祭記念――』北國新聞社、一九九九年。
(50)前掲注(6)に同じ。
(51・52・55)上森捨次郎編輯発行『金沢開始三百年祭記事』一八九六年。
(53)『石川県史』第四編、一九三一年。
(54)『久徵館同窓会雑誌』四一号、一八九一年。同誌は、加越能出身者の同窓会誌である(金沢市史編さん委員会『金沢市史　資料編一五　学芸』金沢市、二〇〇一年)。
(56)『久徵館同窓会雑誌』六一号、一八九三年。
(57)『久徵館同窓会雑誌』六三号、一八九三年。
(58)「尾山神社の封国祭」『久徵館同窓会雑誌』七二号、一八九四年。
(59)前掲注(6)に同じ。
(60)『北國新聞』一八九九年四月十五日。
(61)佐久間龍太郎著作兼発行者『旧藩祖三百年祭記事』一九〇二年。
(62)金沢の遊廓については、本康宏史「茶屋町と観光文化――イメージでたどる金沢の『遊廓』」『観光文化の振興と地域社会』ミネルヴァ書房、二〇〇二年、を参照のこと。『北國新聞』一八九九年四月二七日。
(63)『北國新聞』一八九九年四月一五日、一八日、五月三日。
(64)『北國新聞』一八九九年五月四日、八日。
(65)『北國新聞』一八九九年四月一四日。
(66)「尾山神社々格昇進の事」『北國新聞』一八九九年四月一三日。
(67)『明治三十四年、社寺神社 二ノ二、青葉神社奉賛会』宮城県庁文書、T一四〜三三、宮城県立文書館所蔵。
(68)『風俗画報』二五六号、一九〇二年。
(69)『北國新聞』一九〇二年七月四日。
(70)佐久間龍太郎編輯『尾山神社昇格慶賀会記事』尾山神社昇格慶賀会残務取扱所、一九〇四年。
(71)『北國新聞』付録、一九〇二年七月三日付。
(72)金沢市役所『鶴駕奉迎録』一九一一年。
(73)『加越能郷友会々報』二七号、一九三〇年。
(74)一八九二年に神道界の圧力を背景にし政府は、「神道は祭天の古俗」を書いた久米邦武を大学から追放し、重野の史誌編纂掛を廃止する、いわゆる久米事件が起きる。一八九五年に、基礎史料の編纂・出版を旨とし修史を目的としない帝国大学史料編纂掛が設置され、叙述を任された歴史家には、名教的歴史学が支配的となる(宮地正人『天皇制の政治史的研究』校倉書房、一九八一年)。
(75)長谷川成一『弘前藩』吉川弘文館、二〇〇四年。
(76)「沿道地方官心得書」、青森県『青森県に於ける明治天皇の御遺蹟』一九一五年、所収。
(77)津軽承昭公伝刊行会編『津軽承昭公伝』津軽承昭公伝刊行会、一九一七年。
(78)山上笙介『弘前市史』津軽書房、一九八五年。
(79)内山覚弥『花翁遺詠』一九三五年、弘前市立図書館所蔵。
(80)前掲注(2)に同じ。
(81)弘前市史刊行会編『弘前市史』二、弘前市史刊行会、一九六四年。

(82) 一戸謙三「弘前」一九三四年（『津軽の詩』津軽書房、一九六四年）。
(83) 羽賀与七郎『津軽英麿伝』陸奥史談会、一九六五年。
(84) 前掲注(77)に同じ。
(85) 『弘前新聞』一九〇六年九月一四日。
(86) 『東奥日報』一九〇六年九月一一日。
(87) 『東奥日報』一九〇六年九月一二日。
(88) 前掲注(81)に同じ。
(89) 近松豊助『東宮殿下、青森県御巡啓記』北辰社、一九〇八年、弘前市立図書館所蔵。
(90) 『弘前新聞』一九〇八年一一月一〇日、『東奥日報』同年一一月五日。
(91) 『弘前新聞』一九〇八年九月三日、九日。
(92) 『弘前新聞』一九〇八年九月一九日。
(93) 『津軽先哲贈位記念帖』陸奥史談会、一九一六年七月。
(94) 『弘前新聞』一九〇八年九月二四日。
(95) 『弘前風俗時報臨時増刊』（附「為信公御銅像寄附金人名録」）、一九〇八年三月。
(96) 外崎覚『外乃浜風――贈従三位津軽信政公事蹟』、一九〇九年。
(97) 前掲注(81)に同じ。
(98) 「明治四十一年津軽為信公銅像建設関係綴」ＫＤ七一五～一。
(99) 『東奥日報』一九〇九年九月三日。
(100) 『東奥日報』一九一五年一〇月一四日。
(101) 前掲注(83)に同じ。
(102) 前掲注(77)に同じ。
(103) 平重道『伊達政宗・戊辰戦争』宝文堂、一九六九年、安孫子麟『宮城県の百年』山川出版社、一九九九年。
(104) 『明治十六年、戸籍綴、兵事課』宮城県庁文書、Ｍ一六～三四、宮城県立文書館所蔵。

(105)『明治天皇紀』一八七六年六月二二日条。
(106)「明治十一年一月ヨリ、宮城郡諸願窺決議綴、地籍係」宮城県庁文書M一一〜六五、仙台市役所編纂『仙台市史』一九〇八年。なお「西討戦歿之碑」の移築に関しては佐藤雅也氏のご教示による。仙台市歴史民俗資料館『足元からみる民俗(一三)』（二〇〇五年）を参照のこと。
(107)『仙台開設三百年紀念祭誌』仙台開市三百年紀念祭事務所、一八九九年、『仙台市史』一九〇八年。
(108)『仙台』三号、一八九九年。
(109)『風俗画報』一九二号、一八九九年。
(110)『仙台郷土研究』第六巻六号、一九三六年、『仙台開設三百年紀念祭誌』。
(111)菊田定郷『仙台人名大辞書』仙台人名大辞書刊行会、一九三三年。
(112)『明治天皇紀』一九〇一年一一月八日条。
(113)『仙台市史』一九〇八年。
(114)『明治三十四年、社寺神社　二ノ二、青葉神社奉賛会』T一四〜三三、宮城県立公文書館。
(115)『宮城県教育会雑誌』二〇九号、一九一四年。
(116)『宮城県教育会雑誌』二二〇号、御大礼記念号、一九一五年。
(117)杉沼修一『仙台藩戊辰殉難小史』仙台藩戊辰殉難者五十年弔祭会、一九一七年。
(118・119・120)杉沼修一『仙台藩戊辰殉難者五十年弔祭誌』仙台藩戊辰殉難者五十年弔祭会、一九一八年。
(121)「九鬼隆一の演説」『京都日出新聞』一八九三年四月二八日、『京都府百年の資料　九芸能編』。
(122)高木博志「平安文化論の成立」ひろたまさき編『歴史叙述の臨界』東京大学出版会、近刊。
(123)『福沢諭吉全集』一二巻、一三巻、岩波書店。
(124)『京都の歴史』八、学芸書林、一九七五年、高久前掲論文、小林丈広『明治維新と京都』臨川書店、一九九八年。
(125)前掲注(4)に同じ。
(126)京都博覧協会編纂『京都博覧会沿革誌』中巻、一九〇三年（フジミ書房、一九九七年復刻）。
(127)前掲注(124)小林丈広書。

(128)「平安神宮時代祭縁起及行列明細記」『京都日出新聞』一〇月二二日、『京都府百年の資料　九芸能編』。
(129) 内田和伸「奈良県・京都府における古代遺跡の保存と整備」『日本歴史』五八六号、一九九七年。
(130)「豊国神社砂持之義ニ付伺書」（『豊国神社建営一件』所収）京都府庁文書、明九～三七、京都府立総合資料館所蔵、『豊国神社誌』一九二五年。
(131)『豊国会趣意書』一八九七年、「豊国会に就て」『太陽』二巻一六号、一八九六年。秀吉の顕彰については、津田三郎『秀吉英雄伝説の謎』（中央公論社、一九九七年）が、秀吉の死から現代まで総合的に論じている。
(132)「豊公三百年祭図会」『風俗画報』臨時増刊一六四号、一八九八年、『京都の歴史』八。
(133) 琴秉洞『増補改訂、耳塚――秀吉の鼻斬り・耳斬りをめぐって――』総和社、一九九四年。
(134) 馬場恒吾『木内重四郎伝』ヘラルド社、一九三七年。
(135)『豊国廟関係調査綴、大正十三年　豊国廟関係調査綴一』、京都府社寺課、京都府庁文書。
(136)『大正七年五月、事務引継書（木内知事）』京都府庁文書、大七～八。
(137) また木内知事は一九一八年四月二八日に維新以来贈位された京都府に縁故のある先賢三三三人の慰霊祭や先賢遺墨展覧会をおこなった（『贈位先賢小伝』、『贈位先賢遺墨陳列目録』）。
(138)『歴史地理』一八巻三号、一九一一年。
(139) 梅原末治『考古学六十年』平凡社、一九七三年（内田好昭氏のご教示による）。
(140)『歴史地理』一八巻三号、一九一一年。日本歴史地理学会編『安土桃山時代史論』一九一五年（日本図書センター、一九八六年復刻）。
(141)「飛鳥時代といへる名称に就き」『歴史地理』七巻七号、一九〇五年。
(142) 西田直二郎ほか編『近畿京都』刀江書院、一九二八年。

［付記］本稿執筆に際し、小山秀樹・佐藤雅也・辻真澄・本康宏史諸氏にご教示を受けた。記して感謝したい。

『平安通志』の構成と「志」の構想

小林丈広

はじめに

小文は、一八九五年（明治二八）に京都市参事会が発行した『平安通志』について、その歴史書としての特徴を検討することを目的とする。同書の編纂過程についてはすでに別稿で詳しく論じたのでそちらを参照していただきたいが、同書は、編纂主事湯本文彦を中心に、補助員、編纂員など多数の学者、文化人が様々な形で参加して完成された(1)。具体的には、湯本文彦の他に、岩本範治・大沢敬之ら京都府属グループ、吉田秀穀ら京都在住の教員・学識者グループ、増田于信・和田英松ら新進研究者グループ、田中勘兵衛ら京都在住の碩学グループなどが関わり、府属と教員・学識者は補助員、新進研究者は編纂員、田中勘兵衛らは嘱托員などと呼ばれていた。また、編纂企画については雨森菊太郎ら市参事会などの有力者が、原稿の点検には小中村清矩・川田剛ら東京在住の学者も関与した。前者は紀念祭委員、後者は校閲者と呼ばれ、それぞれの役割についても別稿で詳しく述べた。

ただ、それだけでは湯本文彦の影響やその他のスタッフの関わり方について、十分に明らかになったとはいえない。やはり、内容に踏み込んでその記述内容や、それぞれの構成などについても検討する必要があろう。そこで、小文では『平安通志』が前述のような多彩な人々による共同の著作であるとの前提の上で、その構成の面から具体的な分析を加えていくことにする。これにより、一九世紀末期という時代における歴史認識の一端をうかがうことができるものと思われる。

一　『平安通志』の構成に見る史書の影響

(1)刊行された『平安通志』の構成

本章では、刊行された『平安通志』の構成から読みとることのできる編纂スタッフの思想や発想を検討することにしたい。まず、『平安通志』（刊行版）（以下「刊行版」と記す）(2)の構成を一瞥しておく。

第一編　平安京　大内裏　里内裏記事　平安京沿革　京都古図
　京都皇居　離宮　現今京都記事
　桓武天皇御紀　延暦詔勅　皇室紀事　延暦功臣伝　歴世京都職制略記
第二編　総説　官制志　法制志　兵制志　礼儀志　祭祀志　文学志
　食貨志　氏族志　服飾志　国郡志　外交志　神社志　仏寺志　宗教志
　人物志　陵墓志　物産志　美術工芸志　宝物志　旧蹟志　名勝志
第三編　歴史紀事
第四編　平安京長暦

構成の大枠を見て明らかなのは、いわゆる紀伝体を編纂の骨格としていることである。紀伝体とは、司馬遷の

『史記』に代表される歴史叙述の体例で、以後中国の正史がこれを踏襲したことから、日本でもいくつかの史書に採用されることになった。『平安通志』の構成を考える時、まずこの紀伝体の影響を指摘しなければならない。

紀伝体は、「紀」「伝」「志」「表」という基本となる四部によって構成されるが、『平安通志』の場合、中心をなす「紀」「伝」は第一編に集められている。すなわち、本紀にあたる天皇の事績については「桓武天皇御紀」と「皇室紀事」が、列伝については「延暦功臣伝」などがそれにあたると考えれば、『平安通志』は正史の体例を継承していることになる。

つづく第二編は官制志、法制志などいわゆる各分野の歴史であり、紀伝体における「志」にあたるものである。これらは独立して各分野の沿革を記すものであり、礼儀志、食貨志などの名称も、中国史書に見られる名称を踏襲していることが多い。

第四編の「平安京長暦」は今日風にいえば年表であり、紀伝体で言うところの「表」にあたる。「平安京」と銘打っているように、最初の記事は『日本紀略』を典拠とする延暦一二年正月二五日条の「勅シテ藤原小黒麻呂、紀古佐美等ヲ遣ハシ葛野郡宇多村ノ地ヲ相セシム、将ニ都ヲ遷サントスルヲ以テナリ」という記事に始まるが、終わりは明治二八年四月二七日条の「詔シテ大本営ヲ京都皇宮ニ移シ、天皇広島ヨリ行幸ス、官民大ニ七条ニ奉迎ス」に及んでおり、平安京にとどまらない京都の通史的な年表となっている。最後の記事は、日清戦争に関連して明治天皇が京都に行幸したことを指している。

こうして見ると、『平安通志』が歴史叙述の規範としていたのが紀伝体であることは明らかであろう。

ただ、このような叙述スタイルは、日本の史書の中では必ずしも支配的なものではなかった。『日本書紀』をはじめ六国史自体が編年体を基本とし、『吾妻鑑』『徳川実紀』なども編年体であった。(3) こうした中、紀伝体の代表例とされたのは水戸藩が編纂した『大日本史』であった。『大日本史』は、本紀七三巻、列伝一七〇巻、志一二六巻、表二八巻という浩瀚な歴史書で、明暦三年（一六五七）に着手されてから二〇〇年余りも編纂が続けられ、近世以降の歴史認識の形成に大きな影響を与えてきた。(4) いわば、『平安通志』は広い意味では中国正史の伝統の上に構想されたものであり、直接的には『大日本史』を模範とした可能性が高いと思われる。

ところで、『平安通志』にはもうひとつ大きな特徴があった。それは、平安京の建造物や空間構造などに関する記述で、従来の史書の体例には収まらないものであった。この部分については、以前より『大内裏図考証』の影響が指摘されている。(5)『大内裏図考証』は、江戸時代に裏松固禅によって編纂され、天明の大火によって御所が焼失した際、松平定信らの働きかけにより寛政の御所造営の拠り所とされたことでも知られる。いわば、江戸期の京都における考証学の集大成であった。『平安通志』は、第一編の前半部分すなわち全体の冒頭部分に「平安京」「大内裏」などといった項目を置き、多くの附図を添え、空間的記述を同書の骨格のひとつに据えた。ここに展開された記述は、現在でも考古学の参考資料などとして参照されることがあるが、『大内裏図考証』に見られるような江戸期の研究成果を土台にしていたのである。

こうしてみると、『平安通志』は、『大内裏図考証』などをもとにした平安京の空間的な記述と、紀伝体に範を取った京都の通史的な記述を合体させることで成立したものということができるであろう。「刊行版」の凡例にも、「本書体例ハ、我国ニ於テ蓋シ創始ニ属セリ」と記されているが、ここには湯本の自負もうかがえるように思われる。(6)

次に、第二編の各分野史の充実ぶりであるが、これはそもそも『史記』や『大日本史』など紀伝体の史書の特徴でもあり、その意味では紀伝体の影響の範囲内にあると考えられる。ただ、「志」の取り扱いについては、他の史書でも様々な議論がなされてきたところであり[7]、これだけでは『平安通志』の特徴を指摘したということはできない。そこで、「志」の構成については、次章において具体的に検討することにしたい。

(2)湯本文彦の構成案

前節では、刊行された『平安通志』の構成を示し、それを手がかりに同書に表れた他の史書の影響を述べたが、本節ではこれを湯本文彦が当初に計画していた構成案と比較することで、湯本の果たした役割について検討することにしたい。

湯本によれば、当初思い描いていた構成案（以下、「当初案」と記す）は次のようなものであった[8]。

第一編　総説　奠都事実考証　平安京造立紀事
　　平安京造営年表　同沿革考証　同沿革図式
　　桓武天皇御紀　同補佐元功伝
　　延暦以後紀事　同皇室紀並皇室略系　歴世京都制度
第二編　総説　藤原氏紀事　院政紀事　平家紀事
　　建武中興紀事　南北分争紀事　室町氏紀事
　　織田氏紀事　豊臣氏紀事　大政（マヽ）復古紀事
第三編　総説　官制　法制　兵制　文学　財政
　　神社仏寺　美術工芸　氏族　戸口　旧跡名勝
　　陵墓　文詞　宝器　風俗　人物

第四編　平安京全盛　平城上皇ノ変　廃太子ノ変

（中略、六八項目）

今上即位　車駕東遷　皇室典範

第五編　平安京長暦

これを見ると、前節で述べた平安京の空間的記述と京都の通史的記述との総合という構想は、湯本が当初から抱いていたものだということがわかる。「当初案」のうち、第一編は「刊行版」の第一編に、第三編の分野史は「刊行版」の第二編に、第五編の長暦（年表）は「刊行版」の第四編に、ほぼ該当する。分野史に関しては、一見するとその内容が大きく変更されているように見えるが、単なる名称の変更や、「神社」と「仏寺」の分割など、出来上がった原稿の内容や分量などにしたがって編纂技術上の変更がなされたと思われるケースが多く、構成の骨格は変わっていないと見ることができよう。

構成上から見た最大の変更点は、「当初案」の第二編が完全に消滅してしまったことであろう。そこでは、平安京以来の京都の歴史が九期に分けて記述されるはずであった。これは、湯本が歴史家として抱いていた時期区分を示すものとして興味深い。ただ、この部分については、「当初案」第四編（「刊行版」第三編）の歴史紀事に吸収される形で、その趣旨が生かされたと考えることができる。「刊行版」では、歴史紀事を六巻に分け時代順に配列することで時期区分を表現し、全体として京都の通史となるように記述されたのである。

いずれにしても、「刊行版」と「当初案」を比較する限り、『平安通志』の構成を決定する過程において湯本が主導的な位置にあったことは疑いない。そこで次章では、「刊行版」第二編すなわち「志」にあたる部分をめぐって、湯本の考え方と『平安通志』に与えた影響について検討することにしたい。

二　「志」の構想

(1)島根県史の経験

湯本文彦が歴史家としての歩みを開始したのは、一八八〇年（明治一三）に島根県修史御用掛に就任してからであった。そこでは、政府が推進する府県史編纂事業を担当しており、湯本はそれにふさわしい学識の持ち主として迎えられたのである。(9)

つまり、島根県は府県史編纂事業に対してそれなりの体制を整えたのであるが、それに対して、政府の府県史編纂に対する姿勢はあいまいなままであった。一八七四年、政府は各府県に「歴史編輯例則」を示すが、以後、一八八六年に事業が終焉するまでの間大きな見直しも行われず、各府県の取り組みも統一のとれないまま放置されたのである。

一八八〇年に修史御用掛となった湯本は、同年三月、そうした状況を観察した結果として「島根県史看詳議幷条件」を著す。(10)

（前略）歴史編輯例則ニ照ラスニ、府県史ナル者ハ政府ニテ国史修撰ノ挙アルカ為ニ蒐録スル所ノ史料ニシテ、未タ直チニ之ヲ以テ史ト称シカタキ者タルニ似タリ。夫レ史ニ三体アリ、一ニ日ク紀伝、二日ク編年、三日ク紀事本末、人ヲ見ルニハ紀伝ヲ尚ヒ、世ヲ見ルニハ編年ヲ尚ヒ、事ヲ見ルニハ紀事本末ヲ尚フ、府県史ハ其事ヲ見ルヲ主脳トナスヲ以テ其編輯ノ例則概ネ紀事本末ニ倣フ者ナリ。而シテ其制度ノ部ノ如キハ最モ紀伝史中ノ志類ノ如ク其編録ノ体ハ甚タ類従格例ノ如シ、時ニ其綴属過度ノ為メ記事アリト雖モ之ヲ概スルニ編輯成書ニ至ラス、記事成文ヲ用イス、只其事ヲ部分類聚シ、之ヲ叙記列載シ国史修撰ノ史料ニ供スル者タ

リ。（後略）

ここには、府県史編纂に関して論じながら、湯本の史書の体例に関する考え方が端的に示されている。確かに、政府の「歴史編輯例則」には、「紀事ノ本末ヲ全フシ」と記事本末体によることが示され、さらに、政治の施設、制度の沿革、租法、禄制、拓地、勧農、軍役、工業、騒擾、事変などと「事類ヲ分チ歴叙スヘシ」とある。[11] この布達には、「国史編修ニ付、維新以来地方施治沿革等、左ノ例則ニ依リ叙記シ正院歴史課ヘ可差出」ことと、国史編纂のための材料としての位置づけが明確に示されていた。

湯本は、これを「紀伝史中ノ志類ノ如」きものと考えた。このようにして編纂される府県史は、史書というよりは、史料としての価値は高いものの、そのまま歴史叙述として完成されたものになるとは考えられなかったのであろう。ただ、それが「国史編修」の一環であることに意義を見いだしていたのである。[12]

結果的に、この時の府県史編纂事業は「府県史料」として結実し、今日では維新期に試行錯誤過程にあった制度の変遷を知る上での基本史料として用いられている。「島根県史看詳議幷条件」は、府県史編纂に従事した当事者の考え方をうかがわせる貴重な記録といえるであろう。

(2)星野恒との問答

一八八二年（明治一五）冬、島根県で府県史編纂に携わっていた湯本文彦は、政府の国史編纂事業を担当していた修史館を訪ね、編修官らと意見を交わした。相手は、監事長松幹、同岩谷修、四等編修官星野恒、元修史館編修官・内務省地理局地誌編纂総長塚本明毅らであった。ここではその中でも、史書の体例に関わる議論をおこなった星野恒との問答を取り上げることにしたい。[13]

問答は、最初に湯本が府県史編纂作業の進捗状況と修史館の現状を尋ねたところから始まる。星野は府県史編纂については多くの府県で作業が遅滞しており、修史館では『大日本史』の続編作成を主たる事業としていると答えた。これは、一八八一年一二月におこなわれた修史館改革の結果を踏まえたものと思われる[14]。

星野は、修史館では以前、「大日本史ノ後編ヲ作ル事」や「塙氏ノ史稿ニヨリ刪集スル事」などをおこなってきたが、改革以後は「日本史(大日本史——引用者注)後ノ国史ノ編纂」を本務とすることに決まったと答えた。そこで湯本が、「紀伝カ編年カ記事本末体カ」と編纂中の「国史」の体例について端的に尋ねると、星野は、「其体裁ハ編年ノ体ニシテ温公通鑑ノ如クナルヘシ。然シテ重野ハ南北合併迄ヲ受ケ、余ハ足利、久米ハ織豊、伊地知ハ徳川ト部分セリ」と、率直に答えている。「温公」とは司馬光のことで、『資治通鑑』のような編年体を用いることを意味し、各編修官はその編纂を時代ごとに担当する予定だという[15]。

湯本は、「時世ヲ見ルニハ編年ヲ重トスレト、編年ノミニテハ猶欠如ニ属スル者アリ。其制度典章ヨリ凡志類ニ属スル者ハ甚疎略ニ属スル者タリ。此等ハ如何セラルルヤ」と、編年史の欠点を指摘、別に「志」を編纂することの必要性に言及した。また、「余ハ凡ソ史ヲ見ルニハ兼テ志類ヲ見サレハ実効ナシト云フ見込也」とも述べたのである。これに対し星野は、「然リ其事也。是ハ十二志類ヲ別ニ編纂スルノ内議也。温史ニ文献通考アルカ如クセント云フ。然レトモ未タ決定セス。固ヨリ着手ニ至ラス」と、修史館内にも「志」編纂の動きがあることを紹介した[16]。

ただ、湯本は、志類がしばしば「行文ヲ立派ニスル」ために「真ヲ害スル事多シ」と、その問題点を述べ、とくに漢文体を用いることでその弊害が助長されることを指摘した。

最後に湯本は、再び府県史の編纂方針について自説を述べるが、全体として星野は湯本の主張に賛意を表したという。一八八二年一一月一九日におこなわれたといわれるこの問答は、国史編纂の草創期になされたものとして貴重であるが、星野と湯本の史書の体例に対する考え方もうかがえ、内容的にも興味深い。湯本は、ここでも国史の体例として紀事本末体が優れているとの見方を示した。また、「制度典章」に関するものの沿革を明らかにするためには編年体では不十分で、別に「志」を編纂することの重要性をも主張した。その立場は、島根県においてまさに実践していたものであるが、それを一府県の試みにとどめず、国史や府県史全体に推し進めていこうとの意欲が感じられるやりとりであった。

(3)修史館と『古事類苑』

「志」を重視する認識については、星野恒にも異論はなかった。問答の中でも触れられたように、当時、修史館でも一二志類の編纂が計画されており、星野はこれを編年史を補完するものであると述べた。ここでいう一二志類とは、神祇・兵・刑・氏族・職官・礼楽・仏事・芸文・風俗・食貨・地理・陰陽のことで、修史館が中国正史の先例などを勘案して選定したものであるが、一八七九年（明治一二）には、とりあえず神祇から風俗までの九志の編纂に着手した(17)。この当時の状況について、修史館の三等編修官であった依田百川は、次のように記す(18)。

> 十九日（明治一二年一一月——引用者注）、修史館に仰せられて、礼楽・職官・食貨・風俗・兵・刑等の志を編纂せしめらる。余が局に於ては礼楽・職官・風俗の三志を得たり。風俗志は近頃常陸鹿島より召かれたる吉川勁これを撰す。余は職官のうち鎌倉・室町の部を草すべきに定めらる。

ただ、「志」編纂については編纂の例則もなく、体制の不安定さは府県史編纂以上であった(19)。一八八二年一月には、修史館編修副長官重野安繹が「志類題目」としてあらためて天文・地理・社寺など一三志を挙げ、そのうちのひとつ風俗志についてさらに一三項目を挙げて編纂の手がかりとした。しかし、この一三志は七九年案の一二志と比べてもいくつかの異同があり、その間に、「志」の編纂がさほど進んでいなかったことをうかがわせる。[20]

また、一八七九年といえば、文部省において『古事類苑』が発議された年でもあった。

『古事類苑』は、一八七九年(明治一二)に文部大書記官西村茂樹の建議によって編纂に着手されたものであり、『太平御覧』『淵鑑類函』『和漢三才図会』などを参考に部類分けされた一種の百科事典であった。しかし、この事業は文部行政の方針転換の影響を受け、編纂過程で編纂主体の変更が繰り返された。同事業は、文部省を離れてからは東京学士会院、皇典講究所、神宮司庁などを転々とした後、一九一四年(大正三)ようやく完成に至るが、それは発議から三五年後のことであった。したがって、『平安通志』編纂時には『古事類苑』は日の目を見ていなかったが、一八九五年段階でも原稿約六四〇巻ができあがっていたと伝えられる。[21]

『古事類苑』は古典など関係文献からの史料を網羅的に収集、列挙したところに特徴があり、史書を目指したものではなかった。しかし、天部から金石部までの三〇部門(計画段階では四〇部門)に分類された同書は、やはり「志」の試みということができる。

これとは別に、水戸藩の『大日本史』も編纂作業が続けられていた。廃藩置県以後閉鎖状態であった彰考館が、栗田寛を中心に再開されたのも一八七九年であるが、そこでも残された事業の中心は「志」「表」の編纂であった。[22]

こうして見ると、一八八〇年代には、いくつかの本格的な「志」編纂事業が並行して試みられていた。上記の三つの事業は、組織的にも内容的にも別のものであるが、人的には重なりあう部分があるので、相互に影響を与え合っていたことは十分に考えられる。修史館の記録にも『大日本史』を参照した形跡が見られるが、こうした点の具体的な検討については今後を期したい。

宋書８志	南斉書８志	魏書10志	隋書10志	新唐書13志	明史15志
符瑞	祥瑞	霊徴			
				兵	兵
		○罰	○法	○法	○法
		○	○	○	○
百○		○氏	百○	百○	○
州郡		地形	○	○	○・河渠
○・○	○・○・輿服		礼儀・音楽	○・儀衛・車服	○・○・儀衛・輿服
暦・天文・五行	天文・五行	天象・律暦	律暦・天文・五行	暦・天文・五行	暦・天文・五行
		釈老			
			経籍	○	○
				選挙	

を、「礼楽」の項の「○・○」は「礼・楽」を表すものと思われる。

(4)中国正史と諸「志」

ところで、一八七九年に修史館が「志」編纂に着手する際、中国正史における「志」を参考にしたことが、『太政官沿革志』に残されている史料からうかがえる。表1がそれであるが、ここでは『史記』から『明史』まで一〇の史書から「志」を抜き出し、修史局が掲げる一二志との対応関係を示している。修史局の「志」選定が、中国正史を参考にしたことは、この表によって明らかであろう。[23] ただ、この表を現在翻刻出版されている各史書と対照すると、「志」の記載漏れや誤記が多く、非常に粗漏なものであることがわかるので、記載内容をそのまま信じることは出来ない。そこで、あらためて表2において各正史の「志」の表題を列挙し、今後の参考に供することにした。[24] ただ、修史館の作成した表がなぜ粗漏な結果に終わったかについては、今

表１　修史館による修史館案と中国正史との「志」の対照表

	志目	史記８書	漢書10志	後漢書８志	晋書10志
大日本史10志	神祇	封禅	郊祀	祭祀	
	兵	律	律		
	刑		○法		○法
	氏族				
	食貨	平準	○		○
	職官			百○	職○
	地理	河渠	○・溝洫	郡国	○
	礼楽	○・○		礼儀・輿服	○・○・輿服
	陰陽	天官・暦	律暦・天文・五行	律暦・天文・五行	律暦・五行
	仏事				
今般加目	芸文		○		
	風俗				

注：○は史料通りだが、各志目を基本にした表記と思われる。たとえば、「刑」の項の「○法」は「刑法」

のところ不明である。

また表3では、修史館、『大日本史』、『平安通志』などに見られる「志」の構成の比較を試みた。修史館は一八七九年の「志」編纂計画と八二年の重野案、『大日本史』は刊行版、『平安通志』は湯本文彦による原案（「当初案」）と「刊行版」を掲げた。[25]

表1～3を比較参照していただければ、修史館の一八七九年案と『大日本史』の「志」の構成が相互に影響を与えていたこと、それらが中国正史から日本にそぐわない表現を取り除き、神祇・氏族・仏寺などの項目を追加した形になっていることなどがわかるであろう。また、修史館の一八八二年案は、基本的に七九年案を踏襲しているものの、工芸志というこれまでにない「志」を付け加え、さらに前述のように、風俗志に関して細かな項目を例示し、制度史にとどまらない社会史的な

旧唐書	新唐書	旧五代史	宋　史	遼　史	金　史	元　史	明　史	清史稿
						⑦祭祀		
	⑩兵		⑬兵	①営衛 ②兵衛	⑩兵	⑫兵	⑬兵	⑫兵
⑪刑法	⑫刑法	⑦刑法	⑭刑法	⑩刑法	⑪刑	⑬刑法	⑭刑法	⑬刑法
⑩食貨	⑪食貨	⑥食貨	⑫食貨	⑨食貨	⑫食貨	⑪食貨	⑪食貨	⑩食貨
⑦職官	⑧選挙 ⑨百官	⑧選挙 ⑨職官	⑩選挙 ⑪職官	⑤百官	⑬選挙 ⑭百官	⑨選挙 ⑩百官	⑨選挙 ⑩職官	⑧選挙 ⑨職官
⑥地理	⑦地理	⑩郡県	④地理 ⑤河渠	③地理	④地理 ⑤河渠	④地理 ⑤河渠	④地理 ⑫河渠	④地理 ⑪河渠 ⑮交通 ⑯邦交
①礼儀 ②音楽 ⑧輿服	①礼楽 ②儀衛 ③車服	④礼 ⑤楽	⑥礼 ⑦楽 ⑧儀衛 ⑨輿服	⑥礼 ⑦楽 ⑧儀衛	⑥礼 ⑦楽 ⑧儀衛 ⑨輿服	⑥礼楽 ⑧輿服	⑤礼 ⑥楽 ⑦儀衛 ⑧輿服	⑤礼 ⑥楽 ⑦輿服
③暦 ④天文 ⑤五行	④暦 ⑤天文 ⑥五行	①天文 ②暦 ③五行	①天文 ②五行 ③律暦	④暦象	①天文 ②暦 ③五行	①天文 ②五行 ③暦	①天文 ②五行 ③暦	①天文 ②災異 ③時憲
⑨経籍	⑬芸文		⑮芸文				⑮芸文	⑭芸文

おける「志」の配列順を表したものである。

表２　修史館案と中国正史における「志」の対照表

修史館案	史　記	漢　書	後漢書	晋　書	宋　書	南斉書	魏　書	隋　書
神祇	⑥封禅	⑤郊祀	③祭祀		⑤符瑞	⑦祥瑞	⑧霊徴	
兵	③律							
刑		③刑法		⑩刑法			⑦刑罰	⑦刑法
氏族								
食貨	⑧平準	④食貨		⑧食貨			⑥食貨	⑥食貨
職官			⑦百官	⑥職官	⑧百官	⑤百官	⑨官氏	⑧百官
地理	⑦河渠	⑧地理 ⑨溝洫	⑥郡国	②地理	⑦州郡	④州郡	②地形	⑨地理
礼楽	①礼 ②楽	②礼楽	②礼儀 ⑧輿服	④礼 ⑤楽 ⑦輿服	②礼 ③楽	①礼 ②楽 ⑥輿服	④礼 ⑤楽	①礼儀 ②音楽
陰陽	④暦 ⑤天官	①律暦 ⑥天文 ⑦五行	①律暦 ④天文 ⑤五行	①天文 ③律暦 ⑨五行	①律暦 ④天文 ⑥五行	③天文 ⑧五行	①天象 ③律暦	③律暦 ④天文 ⑤五行
仏事							⑩釈老	
芸文		⑩芸文						⑩経籍
風俗								

注：本表の配列は表１にならったが、「志」の配属は筆者が試みた。なお、丸数字は各正史内に

表3　『平安通志』と諸「志」の比較

<table>
<tr><th>平安通志
(刊行版)</th><th>平安通志
(当初案)</th><th>大日本史</th><th>修史館案
(1882年)</th><th>修史館案
(1879年)</th></tr>
<tr><td>①官制志</td><td>①官制</td><td>③職官</td><td>職官</td><td>職官</td></tr>
<tr><td>②法制志</td><td>②法制</td><td>⑧刑法</td><td>刑</td><td>刑</td></tr>
<tr><td>③兵制志</td><td>③兵制</td><td>⑦兵</td><td>兵</td><td>兵</td></tr>
<tr><td>④礼儀志</td><td></td><td>⑥礼楽</td><td>礼楽</td><td>礼楽</td></tr>
<tr><td>⑤祭祀志</td><td></td><td>①神祇</td><td></td><td>神祇</td></tr>
<tr><td>⑥文学志</td><td>④文学⑫文詞</td><td></td><td>芸文</td><td>芸文</td></tr>
<tr><td>⑦食貨志</td><td>⑤財政</td><td>⑤食貨</td><td>食貨</td><td>食貨</td></tr>
<tr><td>⑧氏族志</td><td>⑧氏族</td><td>②氏族</td><td>氏族</td><td>氏族</td></tr>
<tr><td>⑨服飾志</td><td>⑭風俗</td><td></td><td>風俗</td><td>風俗</td></tr>
<tr><td>⑩国郡志</td><td>⑨戸口</td><td>④国郡</td><td>地理</td><td>地理</td></tr>
<tr><td>⑪外交志</td><td></td><td></td><td>外交</td><td></td></tr>
<tr><td>⑫神社志</td><td rowspan="2">⑥神社仏寺</td><td></td><td rowspan="2">社寺</td><td></td></tr>
<tr><td>⑬仏寺志</td><td>⑩仏事</td><td>仏事</td></tr>
<tr><td>⑭宗教志</td><td></td><td></td><td></td><td></td></tr>
<tr><td>⑮人物志</td><td>⑮人物</td><td></td><td></td><td></td></tr>
<tr><td>⑯陵墓志</td><td>⑪陵墓</td><td></td><td></td><td></td></tr>
<tr><td>⑰物産志</td><td></td><td></td><td></td><td></td></tr>
<tr><td>⑱美術工芸志</td><td>⑦美術工芸</td><td></td><td>工芸</td><td></td></tr>
<tr><td>⑲宝物志</td><td>⑬宝器</td><td></td><td></td><td></td></tr>
<tr><td>⑳旧蹟志</td><td>⑩旧跡名勝</td><td></td><td></td><td></td></tr>
<tr><td>㉑名勝志</td><td></td><td></td><td></td><td></td></tr>
<tr><td></td><td></td><td>⑨陰陽</td><td>天文</td><td>陰陽</td></tr>
</table>

注：丸数字は諸「志」内における配列順

内容を組み入れようとしたことが注目される。

(5)『平安通志』の「志」

以上のような中国正史や日本における諸「志」の試みを踏まえて、『平安通志』の「志」について検討しよう。『平安通志』「刊行版」第二編の総説によれば、「延暦以来ノ制度典章、即チ天下ヲ経綸シ国家ヲ統治セラレシ治術制令ヲ記シ、次ニ此平安京ニ属スル神社、仏寺、陵墓、人物、宝器、名勝、旧跡等ヲ記セリ」という。これは、官制志から外交志にかけては平安京を都とした時期の日本の国制全般に関わる記述を多く含み、神社志以下名勝志までは地理的な意味での平安京あるいは京都に関わる事項に限定して取り上げたことを意味している。

このうち、国制に関する項目については中国正史を初めとして参照できる「志」はいくつかあったが、修史館案との微妙な表現の違いなどを考えると、湯本らが様々な文献を参考にしながら適宜実情を勘案して創案したとみるべきであろう。また、神社志以下については、古社寺や美術工芸に関して網羅的かつ簡潔明快な解説をおこなっており、その内容は『平安通志』の成果として特筆されるべきものである。これらの項目立ては、紀念祭や博覧会の趣旨や目的に即して京都を考えた時に、すでに古社寺や美術工芸への高い関心があったことがうかがえ、興味深い。見方を変えれば、神社志以下は、紀念祭側から見た『平安通志』の企画意図である記念誌や名所記的な内容をカバーするものともいえる。「刊行版」に結実した「志」は、こうした要素も際立たない程度に巧みに全体の中に消化しようとしたものといえるのではないだろうか。

次に、「当初案」との比較であるが、「当初案」の「志」においては上記のような国制と京都関係というような整理はまだなされていなかった。しかし、美術工芸や人物、陵墓などへの着目はすでに見られ、「刊行版」にそのまま反映されたものも少なくない。また、『鉄宇文稿十一平安通志総序幷序記』[26]には、『平安通志』の草稿と思われる文章が綴り込まれている。そのうち「志」に関係するものは、第二編総叙のほか、官制志序、法制志序など一七の志の冒頭部分である。言い換えれば、「刊行版」にあってここにないのは服飾・宗教・物産・名勝の四志であり、これらはいずれも「当初案」にはなかったものである。このことは、「当初案」で示された「志」については湯本自身が原稿作成にも深く関わっていたが、それ以外の「志」については他の編纂スタッフやその分野に精通した人物に原稿作成を委ねたことを示しているように思われる。こうしてみると、「刊行版」と「当初案」との比較検討は、『平安通志』編纂における湯本の役割を検証し、その影響力を計るための手がかりになるものと思われる。

また、一八九五年三月に作成されたと思われる『平安通志』(稿本)においては、その「志」の構成は次のようになっている[27]。

官制　法制　兵制　礼儀　祭祀　国郡　外交　食貨　物産　服飾　氏族

人物　陵墓　文学　文詞　神社　仏寺　宗教　美術工芸　宝物　旧蹟　名勝

ここでは当然のことながら、「刊行版」にまとめられる「志」がほぼ出揃っているが、「当初案」にあった「文詞」などがまだ名称として残っているなどなお若干の食い違いが見られる。また、「文学」や「物産」の位置など配列にも大きな相違点があることがわかる。最終段階でこうした配列を変更し、前述したような国制と京都関係に整理し直したのもおそらく湯本をはじめとする少数の中核メンバーであったであろう。

おわりに

以上、小文では『平安通志』の構成からうかがうことのできる史書としての特徴と、「刊行版」第二編をめぐる湯本の考え方、さらには『平安通志』に与えた影響などについて検討した。第二編は、紀伝体でいうところの「志」にあたるが、湯本が歴史家として成長した一八八〇年代は様々な形での「志」の試みがなされた時代でもあった。『平安通志』第二編は、そうした試みに対してもそれなりに独自性を有するものであり、そこには湯本の創見も含まれていた。

また、修史館の史料に見られるように、「志」の編纂については中国正史の影響を見落とすことはできないが、そうした観点から参考になる先行研究は、管見の限りでは少なかった。そこで、乏しい知見の範囲で小文なりの問題提起をおこない、大方のご批正を乞うことにした(28)。

『平安通志』に関していえば、「志」にあたる第二編には、国制を中心に記述されたものと京都独自の内容を記述したものの二種類があることが明らかとなった。大別すれば、官制志から外交志にかけてが国制を中心に記述したもの、神社志から名勝志までが京都独自の内容を記述したものである。このうち、前者には中国正史をはじめ先行する「志」の試みの影響が見られたが、後者は『平安通志』独自のものといっていいであろう。

こうした「志」の選定にあたっても湯本文彦は大きな役割を果たした。ただ、執筆にあたっては湯本の役割は限定的なものであった。小文では触れることができなかったが、美術工芸志の執筆実務には吉田秀穀、大村西崖らが携わったことが明らかとなっている(29)。また、今回は構成の上から見た外形的な検討にとどまったが、今後は記述内容を含めた分析が求められるであろう。その中で、編纂に関わったスタッフ個々の役割や思想なども明らかにする必要があると思われる。

（1）拙稿「『平安通志』の編纂と湯本文彦」『明治維新と歴史意識』（吉川弘文館、二〇〇五年）所収。『平安通志』をめぐる研究史についても拙稿参照。

（2）「刊行版」は京都の主要な図書館や史料保存機関には所蔵されているが、小文では上野(務)家旧蔵本を底本とした。ただし、読者の便宜のため、具体的な箇所を参照する際には、一九七七年に新人物往来社から出版された復刻版のページ数で示すことにする。なお、「刊行版」の中でも目次と本文では表題が異なる場合があるので注意を要する。

（3）六国史の体例については、一般的に編年体と理解されているが、三浦周行は「日本紀は即ち支那の史体に依ると紀伝体の中の本紀である」などと述べ、六国史は紀伝体の中の紀、あるいはその基礎史料となった実録にあたるものと考えた（「日本史学史概説」『日本史の研究第二輯』岩波書店、一九三〇年、四〇九頁以下参照）。これに対し、坂本太郎は「日本書紀の撰者の参考し得た支那史書においても勿論此の二体（紀伝体と編年体――引用者注）があつたのであるが、撰者は之に対し紀伝を棄てゝ編年を採つたのである」と述べた（「六国史について」『本邦史学史論叢上巻』史学会編・冨山房、一九三九年、一二八頁以下参照）。ただ、坂本もその後、厳密な意味での編年体ではなく、紀伝体の本紀に近いものとも述べる（『六国史』吉川弘文館、一九七〇年、二〇頁以下参照）。

（4）『大日本史』の編纂完了は一九〇六年（明治三九）のことであるが、それ以前から流布本が多く見られた。

（5）角田文衞「解説」（『平安通志』復刻版、新人物往来社、一九七七年）、七四八頁参照。なお、裏松の仕事の背景には、近世前期以来の京都における古典研究や有職故実研究などの蓄積があったと考えられるが、この点については後考を期したい。

（6）前掲注(5)、二二頁。

（7）周知のように、「志表」の取り扱いは『大日本史』編纂過程において深刻な論争を惹起した。立原翠軒派と藤田幽谷派の対立に至る論争であるが、これについては尾藤正英「水戸学の特質」『日本思想大系五十三水戸学』（岩波書店、一九七三年）参照。

（8）「編纂事務文書」（「上野(務)家文書」京都市歴史資料館写真版NO.43）所収。『平安通志』の原案については、「平安通志附録編纂始末」(「上野(務)家文書」京都市歴史資料館写真版NO.126)にも記されているが、細部が異なる。後者は編纂完了後に湯本がまとめたものであるのに対し、前者は文書をそのまま編綴したものなので、ここでは前者を「当初案」として採用した。

(9) その経過については山中寿夫「鳥取藩史編纂と湯本文彦の史学思想」『鳥取大学学芸学部研究報告人文科学』第一一巻第二号、一九六〇年、太田富康「『府県史料』の性格・構成とその編纂作業」『(埼玉県立文書館)文書館紀要』第一一号、一九九八年に詳しい。

(10) 前掲注(9)太田論文、三七頁所引。

(11) 「府県史編輯例則」一八七四年一一月一〇日、『東京大学史料編纂所史料集』(東京大学史料編纂所、二〇〇一年)、七頁所収。

(12) 前掲注(9)太田論文は、湯本のこの論を取り上げ、「府県史は、国史編纂のための史料収集である、との位置付けを『歴史編輯例則』から読み取り、府県史そのものは『史』とは言えないものである、と言い切っている。しかし、すぐれた史料なくしてすぐれた正史編纂は不可能である、として史料編纂の重要性を認識している」と評価する。

(13) 「府県史ノ事ニ付四等編輯官星野恒ト問答筆記」(鳥取県立博物館所蔵湯本文彦関係文書のうち『鉄宇筆録(三)』所収)。

(14) 修史館では、この改革の結果、翌八二年一月より「編年史稿」(『大日本編年史』)の編纂に着手する。星野の返答もその動きを踏まえたものと思われる。修史館改革については、久米邦武「余が見たる重野博士」(『歴史地理』第一七巻第三号、一九一一年)参照。

(15) 「温公通鑑」「温史」といえば『資治通鑑』のことを指す。また、ここに記された編修官は、重野安繹、久米邦武、伊地知貞馨、星野のことである。ただ、前掲注(14)久米論文は、『大日本編年史』は久米、星野、伊地知、藤野正啓によって分担されたと記しており、星野の答えとやや食い違っている。編修副長官の重野は全体の統括者であり、最終的には久米論文のような方向になったのではないかと思われる。同書は、『大日本史』の続編といいながら編年体をとったのである。

(16) 前掲注(13)。

(17)「神祇以下九志ノ編輯ヲ本館ニ命ス達文(一八七九年四月一四日)」(『太政官沿革志九』東京大学出版会、一九八七年、三五〇頁以下所収)によれば一二志選定にあたり、史記、漢書、後漢書、晋書、宋書、南斉書、魏書、隋書、新唐書、明史を比較検討している。
(18)『学海日録』第四巻(岩波書店、一九九二年)、二二四頁。
(19)同右、二七四~二七五頁によれば、一八八〇年七月に依田と三浦安が「志」編纂をめぐり激しく口論するなど、修史のあり方についてはまだ試行錯誤の段階であったといえよう。
(20)重野の掲げる一三志は、天文・地理・社寺・職官・礼楽・兵・刑・食貨・芸文・風俗・工芸・外交・氏族で、そのうち風俗志の内容はとして掲げられたのは、神仏・儀節・人品・人事・性行・産業・支体・言語・服飾・飲食・居所・遊戯・拘忌の一三項目であった(「志類題目、風俗志略例・風俗志目録」前掲注17の一八四頁以下参照)。
(21)「古事類苑編纂事歴」(『古事類苑』総目録・索引、神宮司庁、一九一四年)など参照。
(22)吉田一徳『大日本史紀伝志表撰者考』(風間書房、一九六五年)、五四二頁以下参照。
(23)対照表は前掲注(17)三五二頁以下所引。
(24)中国正史については、中華書院版を参照した。
(25)湯本の原案についても史料によって二通りあるが、表3では「編纂事務文書」から引用した。その理由は前掲注(8)で述べた通りである。ちなみに、「平安通志附録編纂始末」の方は官制・法制・儀式・兵制・文学・財政・神社仏寺・陵墓・宝器・美術工芸・旧跡名勝・氏族・戸口・服飾・風俗・人物の一六志を掲げ、「刊行版」により近い構成になっている。
(26)「上野(務)家文書」京都市歴史資料館写真版NO.11。ただし、この文書ではすべて漢文体で記されている。
(27)一八九五年初頭にまとめられたと思われる『平安通志』(稿本)の目次として作成された『平安通志目録』(一八九五年)所載の構成案。この稿本類は京都市歴史資料館所蔵。
(28)一八八二年頃の湯本の動向を見ると、史書の体例として紀事本末体を重視していることがうかがえる。これについては『平安通志』第三編を検討する中であらためて言及することにしたい。
(29)前掲注(1)参照。

おわりに

京都大学人文科学研究所における共同研究の成果として『それぞれの明治維新』(吉川弘文館、二〇〇〇年)に続いて、本書を刊行できたことを喜びたい。いろいろな事情で本書に論文を書いていただけなかった方もいるが、研究会では研究発表と討論に参加していただき、充実した研究会を続けることができた。この方々がおられなかったら研究会は成り立たない。たまたま論文の執筆が、諸種の事情で可能とならなかっただけのことである。本書の執筆者はもとより、研究会に協力していただいたすべての方々に、心から感謝の気持ちを申し上げたい。またとくに若い方々に伝えたいが、この研究会で得たものをこれからの研究に生かしていってほしい。それもまた研究会の成果だと、私は思っている。

さらに、出版事情が厳しい現今、ささやかな縁をたよりにお願いして、このような研究論文集の出版を引き受けてくださった思文閣出版と編集長の林秀樹さんにお礼を申し上げて、二七年間にわたる人文研の共同研究を終える言葉としたい。

二〇〇五年三月三一日・京都大学退職一周年の日に

佐々木　克

永井　和（ながい　かず）
1951年大阪府生．京都大学大学院文学研究科博士課程中退（日本現代史）．現在，京都大学文学研究科教授．『近代日本の軍部と政治』（思文閣出版，1993年），『青年君主昭和天皇と元老西園寺』（京都大学学術出版会，2003年），「万機親裁体制の成立」（『思想』557号，2004年）など．

高木博志（たかぎ　ひろし）
1959年大阪府生．立命館大学大学院文学研究科博士課程単位取得退学．現在，京都大学人文科学研究所助教授．『近代天皇制の文化史的研究』（校倉書房，1997年），『文化財と近代日本』（共編著，山川出版社，2002年），「近世の内裏空間・近代の京都御苑」（『岩波講座・近代日本の文化史　２』岩波書店，2001年）など．

小林丈広（こばやし　たけひろ）
1961年静岡県生．金沢大学大学院修了．現在，京都市歴史資料館職員．『明治維新と京都』（臨川書店，1998年），『近代日本と公衆衛生』（雄山閣出版，2001年）など．

執筆者紹介(収録順)

佐々木　克　→　別掲

岸本　　覚（きしもと　さとる）

1967年山口県生．立命館大学文学研究科後期博士課程単位取得退学．現在，鳥取大学地域学部助教授．「秋良敦之助と海防」（佐々木克編『それぞれの明治維新』，吉川弘文館，2000年），「長州藩の藩祖顕彰と藩政改革」（『日本史研究』464，2001年），「彦根藩と相川警衛」（佐々木克編『彦根城博物館叢書　幕末維新の彦根藩』，2001年）など．

塚本　　明（つかもと　あきら）

1960年愛知県生．京都大学大学院文学研究科博士課程単位取得（国史学専攻）．現在，三重大学人文学部教授．「近世の宇治・山田における死穢の忌避について」（『人文論叢』21号，2004年），「速懸——近世宇治・山田における葬送儀礼——」（『三重大史学』４号，2004年），「拝田・牛谷の民——近世宇治・山田の非人集団——」（『人文論叢』22号，2005年）など．

谷山正道（たにやま　まさみち）

1952年奈良県生．1979年広島大学大学院文学研究科国史学専攻博士課程後期中退．現在，天理大学文学部教授．『近世民衆運動の展開』（髙科書店，1994年），『大和国高瀬道常年代記』（共編著，清文堂出版，1999年），『奈良県の歴史』（共著，山川出版社，2003年）など．

佐藤隆一（さとう　りゅういち）

1956年東京都生．青山学院大学大学院文学研究科博士課程単位取得済退学．現在，青山学院高等部教諭．「長野義言が伊勢国堀内家にもたらした情報」（佐々木克編『幕末維新の彦根藩』サンライズ出版，2001年），「彦根・土浦両藩と阿蘭陀風説書」（片桐一男編『日蘭交流史　その人・物・情報』思文閣出版，2002年），「将軍家茂上洛をめぐる老中水野忠精の情報収集」（横浜開港資料館・横浜近世史研究会編『幕末維新期の治安と情報』大河書房，2003年）など．

奈良勝司（なら　かつじ）

1977年京都府生．立命館大学大学院文学研究科史学専攻日本史学専修博士課程後期課程単位取得退学．現在，日本学術振興会特別研究員（ＰＤ）．「幕末の幕府改革派勢力の動向」（『日本史研究』476，2002年），「奉勅攘夷体制下における徳川将軍家の動向」（『日本史研究』507，2004年），「攘夷と奉勅」（大平祐一・桂島宣弘編『「日本型社会」論の射程』，文理閣，2005年）など．

落合弘樹（おちあい　ひろき）

1962年大阪府生．中央大学大学院文学研究科博士課程修了．現在，明治大学文学部助教授．『西郷隆盛と士族』（吉川弘文館，2005年），『明治国家と士族』（吉川弘文館，2001年），『秩禄処分』（中公新書，1999年）など．

谷川　　穣（たにがわ　ゆたか）

1973年京都府生．京都大学大学院文学研究科博士後期課程学修認定退学（日本史学専修）．現在，京都大学人文科学研究所助手．「明治六年松本小教院事件」（『日本史研究』492号，2003年），「〈奇人〉佐田介石の近代」（『人文学報』87号，2002年），「明治前期における僧侶養成学校と「俗人教育」」（『日本の教育史学』46集，2003年）など．

編者略歴

佐々木　克（ささき　すぐる）
1940年秋田県生．1970年立教大学大学院文学研究科日本史学専攻博士課程修了．2004年京都大学定年退職．京都大学名誉教授．
主要著書に『戊辰戦争』（中公新書，1977年）『志士と官僚』（ミネルヴァ書房，1984年．のち講談社学術文庫，2000年）『日本近代の出発』（集英社，1992年）『大久保利通と明治維新』（吉川弘文館，1998年）『江戸が東京になった日』（講談社選書メチエ，2001年）『幕末政治と薩摩藩』（吉川弘文館，2004年）など．

明治維新期の政治文化

2005（平成17）年９月25日発行　　定価：本体5,400円（税別）

編　者　　佐々木　　克
発行者　　田　中　周　二

発行所　　株式会社　思文閣出版
京都市左京区田中関田町2-7
〒606-8203　TEL 075-751-1781

印刷所
製本所　　株式会社図書印刷同朋舎

ISBN4-7842-1262-0　C3024